Langenscheidt
Praxiswörterbücher

Langenscheidt

Praxiswörterbuch
Logistik
Englisch

Englisch – Deutsch
Deutsch – Englisch

von

Ludwig Merz

Ulrich Neubauer

Langenscheidt

Berlin · München · Wien · Zürich · New York

Bibliografische Information der Deutschen Bibliothek
Die Deutsche Bibliothek verzeichnet diese Publikation in der Deutschen Nationalbibliothek; detaillierte bibliografische Daten sind im Internet über http://dnb.d-nb.de abrufbar.

Eingetragene (registrierte) Marken sowie Gebrauchsmuster und Patente sind in diesem Wörterbuch nicht ausdrücklich gekennzeichnet. Daraus kann nicht geschlossen werden, dass die betreffenden Bezeichnungen frei sind oder frei verwendet werden können.

Satz: Hagedorn Medien[design], Stuttgart
Druck: Stürtz GmbH, Würzburg
Printed in Germany
ISBN 978-3-86117-313-7

12021

Vorwort

Klingelt die elektronisch vernetzte Ladenkasse einer Restaurant-Kette, weil soeben ein frischer Salat bezahlt wurde, dann ist das (u. U.) nicht bloß ein simpler Kasseneingang mit Relevanz für die Buchhaltung des Restaurationsbetriebs. Es könnte vielmehr, weil vielleicht eine Meldeschwelle überschritten wurde, auslösendes Signal für eine Vielzahl von Informations-, Warenbeschaffungs- und -bereitstellungsaktivitäten entlang der integrierten Lieferkette des Restaurants sein, das Kunde eines im Hintergrund agierenden Logistik-Unternehmens ist.

Lange schon ist *Logistik* nicht mehr die Lehre vom Material-, Energie- und Warenfluss innerhalb einer Betriebswirtschaft oder zwischen dieser und ihrer Umwelt. Der moderne Logistik-Begriff umfasst heute weit mehr als die von logistischen Laien wahrgenommenen Bereiche ‚Transport, Umschlag und Lagerung' von Gütern (TUL-Logistik); vielmehr bezeichnet der stark erweiterte Begriff heute intelligente, softwaregestützte Planung und Steuerung integrierter, sowohl unternehmensinterner als auch unternehmens- und branchenübergreifender Wertschöpfungsketten, im Englischen häufig mit *Supply Chain Management, SCM* umschrieben (vgl. z. B. 4PL-Anbieter, fourth-party-logistics provider, ECR, efficient customer response). Kürzer: Fortschrittliche Logistik moderner Systemintegratoren ist Schnittstellenmanagement aller Waren- und Informationsflüsse entlang integrierter globaler Wertschöpfungsketten. Systemanbieter unter den Logistikdienstleistern offerieren dabei ganzheitliche logistische Problemlösungen, entweder indem sie alle nachgefragten Dienstleistungen selbst erbringen, oder indem sie ihr Portfolio zwar durch Leistungen von Komponentenanbietern ergänzen, aber dennoch als Ganzes am Markt anbieten.

Die *Autoren* des vorliegenden Fachwörterbuchs sind praxiserfahrene Fachleute: Der eine, Speditionskaufmann und Verkehrsfachwirt, der logistische Niederlassungen und Netze im In- und Ausland aufgebaut hat und derzeit als Prokurist und Niederlassungsleiter eines großen mittelständischen Logistik- und Handelsunternehmens tätig ist (Neubauer); der zweite ein Industriekaufmann und Volkswirt, Dozent und erfahrener Autor englischer Fachwörterbücher aus den Bereichen Controlling, Wirtschaft, Handel und Finanzen, erschienen beim Langenscheidt Fachverlag, München, und bei Routledge, London (Merz).

Die *Fachgebiete* beschränken sich auf wesentliche logistische Kernbereiche: Lagerlogistik/Materialwirtschaft, Personalwesen, Information/Kommunikation, Recht, Schienen- und Straßenverkehr, Binnen- und Seeschifffahrt, Luftfahrt, Versicherung, Zoll und Außenhandel sowie die allgemeine Logistik einschließlich Logistikmanagement.

Vorgänge der Produktionslogistik i. e. S., wie z. B. Produktionsplanungs-Systeme oder Materialbewegungen in integrierten Anlagestraßen, die unmittelbar mit produktiven Prozessen verbunden und betriebswirtschaftlich der Funktion ‚Produktion' zuzuordnen sind, hätten allerdings den beschränkten Umfang dieses Logistik-Praxiswörterbuchs gesprengt.

Grundlage unserer *Stichwort-Auswahl* waren ausschließlich praxisrelevante Texte aus den verschiedenen, in den Fachgebieten widergespiegelten Logistikbereichen. Bei wenig verbreiteten, neuen oder in überraschenden Zusammenhängen auftauchenden Begriffen gehört es zu unseren Grundsätzen, den Eintrag mit Zusatzinformationen, Definitionen und Kurzkommentaren, Synonymen und/oder Antonymen anzureichern, um auf diese Weise Orientierung und Hilfestellung bei der Einordnung in komplexe Fachsysteme zu bieten.

Mit unserem Praxiswörterbuch Logistik möchten wir die folgenden *Zielgruppen* ansprechen: Auszubildende und Fachkräfte der Fachrichtungen Lagerlogistik, Spedition und Logistikdienstleistung, Kurier-, Express- und Paketdienstleistungen sowie angehende Luftverkehrskaufleute; Studenten an Berufsakademien und Fachhochschulen der Fachrichtung Logistik/SCM, Teilnehmer und Absolventen der IHK-Lehrgänge Logistik und Materialmanagement, Spediteure und Logistiker aus der Praxis.

Im *Anhang* findet der Benutzer eine umfangreiche Zusammenstellung praxisrelevanter Materialien sowie weiterführende Informationen zur Unterstützung seiner täglichen Arbeit.

Unser besonderer Dank geht an die Redakteurinnen Konstanze Ernst und Gitta Koven beim Langenscheidt Fachverlag für ihr ganz besonderes Engagement, das sie bei der aufwändigen redaktionellen Aufbereitung und der, wie immer, kompetenten lexikographischen Betreuung dieses Titels gezeigt haben.

Ihre Anregungen und Vorschläge, auch kritische Hinweise, sind willkommen; bitte senden Sie diese an den Langenscheidt Fachverlag, Postfach 40 11 20, 80711 München oder an Fachverlag@langenscheidt.de.

Saulheim, im Februar 2009

Ludwig Merz, Ulrich Neubauer

Benutzungshinweise

1. Beispiele für die alphabetische Ordnung

CMR Convention
C/N
co-driver
co-load forwarder
co-loader
coast
COD
COD consignment
code *v*
code
code number
code of commercial law
codesharing

dispatch *v*
dispatch
dispatch according to instructions
dispatch advice message
dispatch notification
dispatch of goods
dispatch warehouse
dispatcher
dispatching place
display pallet
disposal of/at the
disposition

EAN
EAN-Artikelnummer
EANCOM-Logistiknachrichten
EAN-Datenmatrix
EAN-Prüfziffernberechnung
EAN-128-Transportetikett
EAN-Verbundsymbolsatz
EBA
ECE-Lieferbedingungen
Eckschiene
ECR
EDI
Effektivgewicht
EG-Warenverkehrsbescheinigung
Eichschein

Koppelverband
Kosten • auf Kosten und Gefahr von
• ohne Kosten
Kosten/andere
Kosten der Lagerhaltung
Kosten/direkte
Kosten und Fracht
Kosten/variable
Kosten, Versicherung, Fracht
Kostendeckungspunkt

2. Bedeutung der Zeichen

/	board/on = on board Akkreditiv/bestätigtes = bestätigtes Akkreditiv
( )	passenger cab(in) = passenger cab *or* passenger cabin Auftraggeber(in) = Auftraggeber *oder* Auftraggeberin
( )	Kursive Klammern enthalten Erklärungen
•	kennzeichnet Wendungen

Zur klaren Unterscheidung von Bindestrich und Trennstrich am Zeilenende werden Bindestriche am Anfang der Zeile wiederholt:

Übergabe *f (ALog)* presentation hand-
-over

3. Abkürzungen

adj	Adjektiv / adjective
(AE)	amerikanisches Englisch / American English
(BE)	britisches Englisch / British English
bzw.	beziehungsweise / or
ca.	circa / zirka
cf	compare / vergleiche
d.h.	das heißt
e. g.	(exempli gratia) for example / zum Beispiel
etc.	et cetera
etw.	etwas
(EU)	Europäische Union / European Union
f	Femininum / feminine noun
(frml)	formal / förmlich
i. e.	(id est) das heißt / that is to say
i. e. S.	im engeren Sinne / in the narrower sense
i. S. v.	im Sinne von / in the sense of
i. w. S.	im weiteren Sinne / in the broader sense
(infrml)	umgangssprachlich / informal
(jarg)	Jargon / jargon
m	Maskulinum / masculine noun
n	Neutrum / neuter noun
(obs.)	obsolete / veraltet
pl	Plural / plural
sth	something
u. a.	unter anderem
v	Verb / verb
z. B.	zum Beispiel / for instance

4. Fachgebietskürzel

ALog	allgemeine Logistik, Logistikmanagement / general logistics, logistics management
Inf	Kommunikation, IT / communication, IT
Lager	Materialwirtschaft / warehousing, inventory management
Luft	Luftfahrt / aviation
Pers	Personalentwicklung, Aus- und Weiterbildung / personnel management, further training
Recht	Logistikrecht national, EU, international / logistics law national, EU, international
Schiene	Schienenverkehr / rail transport
Schiff	Binnen- und Seeschifffahrt / inland waterway transport and deep-sea shipping
Straße	Straßenverkehr / road traffic
Vers	Versicherung / insurance
ZollAHa	Zollwesen und Außenhandel / customs and foreign trade

Das Werk entspricht der neuen deutschen Rechtschreibung (Stand 1. 8. 2006)

Englisch – Deutsch

A

ABC *(Abk. für: 1. analysis of benefits and costs; 2. activity-based costing)* 1. *(ALog)* KNA *f*, Kosten/Nutzen-Analyse *f*, Nutzen-Kosten-Analyse *f*; 2. *(ALog)* Prozesskostenrechnung *f (synonymous: activity costing = activity-based accounting)*
ABC analysis *(ALog, Lager)* ABC-Analyse *f (synonymous: ABC evaluation analysis; Einteilung der Artikel in Umsatz- oder Absatzklassen; cf ABC method)*
ABC evaluation analysis *(ALog, Lager)* ABC-Analyse *f (cf ABC method)*
ABC method *(ALog, Lager)* ABC-Verfahren *n (synonymous: ABC analysis = ABC-Analyse; inventory management, Lagerwirtschaft: Klassifizierungskriterium für die Einteilung der Artikel in Umsatz- oder Absatzklassen ist das Mengen--Wert-Verhältnis, z. B. A-Teile mit hohem Wert- und geringem Mengenanteil, C-Teile umgekehrt mit hohem Mengen- und geringem Wertanteil, B-Teile dazwischen)*
abnormal load *(Straße, Schiene, Schiff, Luft)* Sondertransport *m (nicht vorgeplanter Transport einer Sendung, in der Regel mit Sonderkosten verbunden)*
absolute liability *(Recht, Vers)* Gefährdungshaftung *f*
acceptance *(ZollAHa)* Akzept *n*
acceptor *(ZollAHa)* Akzeptant *m*
access *(ALog)* Zugriff *m*
access frequency *(Lager)* Zugriffshäufigkeit *f*
access rate *(Lager)* Zugriffsgrad *m*
access to passenger data *(Inf, Luft, Recht)* Zugriff *m* auf Passagierdaten *(cf passenger data sharing)*
accessibility *(ALog)* Unterfahrbarkeit *f*
accessories *(Luft)* Zubehör *n (Warenbezeichnung zur Luftfrachtermittlung)*
accident *(ALog)* Unfall *m*
accident procedures sheet *(Recht, Straße)* Unfallmerkblatt *n*
accident report *(Recht, Vers)* Unfallbericht *m*
accompanying document *(Recht)* Begleitpapier *n*
account *(ALog)* Konto *n*
account and risk of/on *(Recht, Vers, ZollAHa)* auf Kosten und Gefahr von
account of charges *(Schiff, ZollAHa)* Spesenrechnung *f*
accumulating conveyor *(Lager)* Stauförderer *m*
accumulating roller conveyor *(Lager)* Staurollenbahn *f*
acknowledgement *(Lager)* Empfangsbestätigung *f*
acoustical picking *(Lager)* akustische Kommissionierung *f*
ACP states *(Abk. für: African, Caribbean and Pacific states) (Recht, ZollAHa)* AKP-Staaten *mpl*; Staaten in Afrika, im karibischen Raum und im Pazifischen Ozean *(the group is party to the Lomé Convention = Lomé-Abkommen; EU)*
act of god *(Recht, Vers)* unabwendbares Ereignis *n*
active tag *(Inf)* selbstwirkendes Anhängeretikett *n*
active transponder *(Inf)* aktiver Transponder *m*
actual carrier *(Recht)* ausführender Frachtführer *m*
actual payload *(ALog)* zahlende Nutzlast *f (net weight)*
actual weight *(ALog)* Effektivgewicht *n*, tatsächliches Gewicht *n*, wirkliches Gewicht *n*
actuator *(Lager)* Stellantrieb *m*
add *v* **to** *(Straße, Schiene, Schiff, Luft)* beipacken
added value *(ALog)* Wertschöpfung *f*, Mehrwert *m*
additional charges 1. *(ALog)* Mehrkosten *pl*; 2. *(Schiff, ZollAHa)* zusätzliche Spesen *pl*
additional expenditure *(Recht)* Mehraufwendung *f*
additional fees *(ALog)* Nebengebühren *fpl*
additional insurance *(Vers)* Nachversicherung *f*
additional premium *(a.P.) (Recht, Vers)* Zulageprämie *f*
address *(ALog)* Adresse *f* • **to your address** *(ALog)* an Ihre Anschrift
adhesion *(ALog)* Adhäsion *f (Haftung von Rädern/Reifen auf einer Fahrbahn/Schiene)*
administration costs *(ALog)* Verwaltungskosten *pl*

ADR certification *(Recht, Straße)* ADR--Bescheinigung *f*
ADR transport document *(Recht, Straße)* ADR-Beförderungspapier *n*
advance payment *(Recht, ZollAHa)* Vorschuss *m*, Anzahlung *f*, Vorauszahlung *f*
advanced planning systems *(APS) (Inf)* vorausschauendes Planungssystem *n (Simulationssystem im Rahmen einer vorausschauenden Planung)*
advancement *(ZollAHa)* Vorlage *f*
advancement of freight charges *(ALog)* Frachtvorlage *f*
advertising *(ALog)* Werbung *f*
advice *(ALog)* Avis *n*
advice of damage *(Recht, Vers)* Schadensanzeige *f*
advice of settlement *(ALog)* Zahlungsavis *n*
advise *v (ALog)* avisieren
AEA *(Abk. für: Association of European Airlines) (Luft, Recht)* Vereinigung *f* der europäischen Fluggesellschaften
AEO *(Abk. für: authorized economic operator) (ZollAHa)* zugelassener Wirtschaftbeteiligter *m*
AES *(Abk. für: automated export system) (ZollAHa)* automatisches Exportsystem *n (Annahme der Ausfuhranmeldung und Datenübermittlung von Ausfuhr an die Ausgangszollstelle)*
AETR *(Abk. für: European Agreement Concerning the Work of Crews of Vehicles Engaged in International Road Transport) (Straße)* Europäisches Übereinkommen *n* über die Arbeit des im internationalen Straßenverkehr beschäftigten Fahrpersonals
African, Caribbean and Pacific states *(ACP states) (Recht, ZollAHa)* Staaten in Afrika, im karibischen Raum und im Pazifischen Ozean, AKP-Staaten *mpl (the group is party to the Lomé Convention = Lomé-Abkommen; EU)*
against documents *(ZollAHa)* gegen Dokumente
agency *(Vers)* Agentur *f*
agent 1. *(ALog, Recht)* Erfüllungsgehilfe *m*, Erfüllungsgehilfin *f (person employed by the debtor in the performance of his or her obligations)*; 2. *(Schiff)* Schiffsmakler *m*, Agent *m*
agreed upon/unless otherwise *(ALog, Recht)* wenn nichts Gegenteiliges vereinbart ist
agreement *(ALog)* Abkommen *n*, Absprache *f*, Übereinkunft *f*, Kontrakt *m*
AGV *(Abk. für: automated guided vehicle) (Straße, Schiene)* fahrerloses Transportfahrzeug *n*
AI *(Abk. für: artificial intelligence) (Inf)* KI *f*, künstliche Intelligenz *f*
air *(Luft)* Luft *f* • **by air** *(Luft)* per Flugzeug, auf dem Luftweg *m* • **go by air** *(Luft)* das Flugzeug nehmen, fliegen
air bill of lading *(Luft)* Luftfrachtbrief *m (synonymous: AWB, air waybill)*
air cargo *(Luft)* Luftfracht *f*
air cargo container *(Luft)* Luftfrachtcontainer *m (standardisierter Luftfrachtcontainer)*
air curtain *(Lager, Straße)* Luftvorhang *m*
air freight *(Luft)* Luftfracht *f* • **by air freight** *(Luft)* per Luftfracht
air freight charges *(Luft)* Luftfrachtkosten *pl*
air freight forwarder *(Luft)* Luftfrachtführer *m*
air freight packaging *(Luft)* Luftfrachtverpackung *f*
air freight service *(Luft)* Luftfrachtverkehr *m*
air freight space *(Luft)* Luftfrachtraum *m*
air freighter *(Luft)* Transportflugzeug *n*, Frachtflugzeug *n (synonymous: cargo plane, freight plane, freighter)*
air mail *(Luft)* Luftpost *f*
air route *(Luft)* Flugstrecke *f*
air safety *(Luft)* Flugsicherheit *f*
air traffic control *(ATC) (Luft)* Flugverkehrskontrolldienst *m*, FVK *m*; Flugleitstelle *f*, Flugsicherung *f*
air traffic control centre *(ATCC) (Luft, Recht)* Flugverkehrskontrollzentrum *n*, Flugsicherungszentrum *n*
air traffic law *(Luft)* Luftverkehrsrecht *n*
air traffic service *(Luft, Recht)* Flugverkehrsdienst *m*
air waybill *(AWB) (Luft)* Luftfrachtbrief *m*
aircraft *(Luft)* Flugzeug *n*
airfield *(Luft)* Flugplatz *m*, Landeplatz *m*
airline designator *(Luft) in der Flugnummer die Abkürzung für den Namen einer Luftverkehrsgesellschaft*
airline transport pilot's licence *(ATPL) (Pers, Luft)* Linienflugzeugführerschein *m*

(die Voraussetzung für die Führung eines im gewerblichen Linienluftverkehr eingesetzten Flugzeuges = scheduled aircraft = Linienmaschine)
airliner *(Luft)* Passagierflugzeug *n*
airport *(Luft)* Flughafen *m*
airport business company *(Luft)* Flughafengesellschaft *f*
airport of departure *(Luft)* Abgangsflughafen *m*
airport of destination *(Luft)* Bestimmungsflughafen *m*
airtight pack *(ALog)* Frischhaltepackung *f*
aisle width *(Lager)* Arbeitsgangbreite *f*
all rights reserved *(Recht)* alle Rechte vorbehalten *(Versicherungsklausel)*
all-risk insurance *(Vers)* Versicherung gegen alle Risiken *(Versicherungsklausel)*
all risks *(A.R.) (Recht, Vers)* alle Gefahren *(Versicherungsklausel)*
all-wheel drive *(Straße)* permanenter Allradantrieb *m (full-time all-wheel drive; Gegensatz: zuschaltbarer Allradantrieb)*
allocated slot *(Luft)* zugewiesene Zeitnische *f*, zugeteilte Zeitnische *f (die Start- und Landerechte können nur im Rahmen zugewiesener Zeitnischen -allocated slots- genutzt werden; cf slot, grandfather clause)*
allocation of slots *(Luft)* Zuweisung *f* von Start- und Landerechten, Zuteilung *f* von Start- und Landerechten, *(jarg)* Slot--Zuweisung *f (cf slot = Zeitfenster, Zeitnische, grandfather clause)*
allowance *(ALog)* Nachlass *m*
allowed traffic load *(ALog)* Nutzlast *f (für einen bestimmten Streckenabschnitt zur Verfügung stehende Kapazität)*
allowed weight for take-off *(Luft)* höchstzulässiges Startgewicht *n*
alphanumeric *adj (Inf)* alphanumerisch
amending construction *(Recht, ZollA-Ha)* nachträgliche Verfügung *f*
amenities *(ALog)* Zusatzleistungen *f*
amicable *(Recht, Vers)* einvernehmlich
amount *(ALog)* Betrag *m*
amount to be collected on delivery *(Schiene, Schiff, Straße)* Nachnahmebetrag *m*
analogue tachograph *(Recht, Straße)* analoger Tachograph *m*
anchor *(Schiff)* Anker *m*
ancillary industry *(ALog)* Zulieferindustrie *f*
ancillary services *(ALog)* Nebenleistungen *fpl*, zusätzliche Dienstleistungen *fpl*
angular roller conveyor *(Lager)* Schrägrollenförderer *m*
announce *v (ALog)* avisieren
announcement *(ALog)* Ankündigung *f*
annual inventory count *(Lager)* Stichtagsinventur *f*
antenna *(ALog)* Antenne *f*
anti-slip stopp *(Lager)* Durchschubsicherung *f*
a.P. *(Abk. für: additional premium) (Recht, Vers)* Zulageprämie *f*
ApD *(Abk. für: appended declaration) (Recht, Vers)* ergänzende Erklärung *f (der Transportversicherer)*
appended declaration *(ApD) (Recht, Vers)* ergänzende Erklärung *f (der Transportversicherer)*
appendix *(ALog)* Anhang *m*
appropriate storage *(Lager)* sachgemäße Lagerung *f*
appropriation *(ALog)* Vereinnahmung *f (physische und administrative Übernahme von Waren)*
approximately *(ALog)* ungefähr
apron *(Luft)* Vorfeld *n (controlled area between terminal and runway; einschließlich: Abstell- und Wartungsflächen = parking and maintenance areas für Flugzeuge, Rollwege = apron-taxiways und Vorfeldflächen, auf denen Servicefahrzeuge fahren = apron-service--roads; synonymous: ramp, parking ramp)*
apron-service-roads *(Luft)* Vorfeldservicebereiche *mpl (Vorfeldflächen für Servicefahrzeuge)*
apron-taxiway *(Luft)* Rollweg *m (für Flugzeuge)*
APS *(Abk. für: advanced planning systems) (Inf)* vorausschauendes Planungssystem *n (Simulationssystem im Rahmen einer vorausschauenden Planung)*
A.R. *(Abk. für: all risks) (Recht, Vers)* alle Gefahren *fpl*
ARA ports *(Schiene, Schiff, Straße)* ARA--Häfen *mpl (Amsterdam, Rotterdam, Antwerpen)*
area code *(AE) (Inf)* Vorwahl *f*, Vorwahlnummer *f (synonymous: dialing code)*
area contract freight forwarder *(Straße)* Gebietsspediteur *m (Spediteur,*

der für seine Auftraggeber in einem geographischen Gebiet den Güterversand und -empfang übernimmt)
arrival *(ALog)* Ankunft *f* • **on arrival apply to** *(Recht)* bei Ankunft melden bei *(Meldeadresse)*
arrival notice message *(ZollAHa, Lager)* Eingangsbestätigungsmitteilung *f*
article *(ALog)* Artikel *m*
articulated lorry *(Straße)* Sattelzug *m*
articulated road train *(Straße)* Sattelkraftfahrzeug *n*
artificial intelligence *(AI)* künstliche Intelligenz *f*, KI
AS/RS *(Abk. für: automated storage/retrieval system) (Lager)* Regalbediengerät *n*
assemble *v (Lager)* konfektionieren
assistant *(Recht)* Erfüllungsgehilfe *m*
Association of European Airlines *(AEA) (Luft, Recht)* Vereinigung *f* der europäischen Fluggesellschaften
assortment *(Lager)* Sortiment *n*
assumed fault *(Recht, Vers)* vermutetes Verschulden *n*
ATK *(Abk. für: available tonne kilometres) (Luft)* angebotene Tonnenkilometer *(die angebotene Gesamtleistung einer Luftverkehrsgesellschaft; synonymous: TKO = tonnes kilomètres offertes = Nutzlast in Tonnen x Teilstreckenentfernung)*
ATP Certificate *(Straße)* ATP-Bescheinigung *f (on the basis of the European agreement on the international carriage of perishable foodstuffs; bei der Beförderung temperaturgeführter Güter)*
ATC *(Abk. für: air traffic control) (Luft)* FVK *m*, Flugverkehrskontrolldienst *m*; Flugleitstelle *f*, Flugsicherung *f*
ATCC *(Abk. für: air traffic control centre) (Luft)* Flugverkehrskontrollzentrum *n*; Flugsicherungszentrum *n*
ATPL *(Abk. für: airline transport pilot's licence) (Pers, Luft)* Linienflugzeugführerschein *m (die Voraussetzung für die Führung eines im gewerblichen Linienluftverkehr eingesetzten Flugzeuges = scheduled aircraft = Linienmaschine)*
audit *(ALog)* Prüfung *f*
authorized economic operator *(AEO) (ZollAHa)* zugelassener Wirtschaftbeteiligter *m*
autobahn *(Straße)* Autobahn *f*
automated export system *(AES) (Inf, ZollAHa)* automatisches Exportsystem *n (Annahme der Ausfuhranmeldung und Datenübermittlung von Ausfuhr an die Ausgangszollstelle)*
automated guided vehicle *(AGV) (Straße, Schiene)* fahrerloses Transportfahrzeug *n*
automated guided vehicle system *(Straße, Schiene)* fahrerloses Transportsystem *n (flurgebundes Fördersystem ohne Fahrer mit automatischer Spurführung)*
automated small-parts storage *(Lager)* automatisches Kleinteilelager *n*, AKL *n (synonymous: automated small--parts warehouse)*
automated small-parts warehouse *(Lager)* automatisches Kleinteilelager *n*, AKL *n (synonymous: automated small--parts storage)*
automated storage/retrieval system *(AS/RS) (Lager)* Regalbediengerät *n*
automatic control *(Straße)* automatische Kontolle *f*
automatic tariff and local customs clearing system *(Luft)* automatisiertes Tarif- und lokales Zollabwicklungssystem *n*, ATLAS *(Abfertigung und Überwachung des EU-grenzüberschreitenden Warenverkehrs in der Zollabfertigung)*
automotive logistics *(Schiene, Schiff, Straße, Luft)* Automobillogistik *f*
auxiliary packing aids *(ALog)* Hilfspackmittel *npl*
av. *(Abk. für: avoirdupois, avdp.) (ALog)* Avoirdupois *n (synonymous: avoirdupois weight; system of weights based on a pound of 16 ounces = 453,59 g; anglo--amerikanisches Handelsgewicht)*
availability *(ALog)* Verfügbarkeit *f*
available shipping space *(Straße)* Laderaumangebot *n*
available stock *(Lager)* verfügbarer Bestand *m*
available tonne kilometres *(ATK) (Luft)* angebotene Tonnenkilometer *mpl (die angebotene Gesamtleistung einer Luftverkehrsgesellschaft; synonymous: TKO = tonnes kilomètres offertes = Nutzlast in Tonnen x Teilstreckenentfernung)*
aval *(ZollAHa)* Aval *n*
avdp. *(Abk. für: avoirdupois, av.) (ALog)* Avoirdupois *n (synonymous: avoirdupois weight; system of weights based on a*

pound of 16 ounces = 453,59 g; anglo--amerikanisches Handelsgewicht)
average *(Schiene, Schiff, Straße)* Havarie *f* • **with average, W.A.** *(Vers)* mit Beschädigung
average adjuster *(Schiene, Schiff, Straße)* Havariekommissar *m*
average inventory *(Lager)* durchschnittlicher Lagerbestand *m*
average layover *(Schiff)* mittlere Liegezeit *f*, durchschnittliche Liegezeit *f*
average laytime *(Schiff)* mittlere Liegezeit *f*, durchschnittliche Liegezeit *f*
average monthly sales *(ALog)* durchschnittlicher Monatsabsatz *m*
average time of storage *(Lager)* durchschnittliche Lagerdauer *f*
aviation fuel *(Luft)* Flugtreibstoff *m*, Flugtreibstoffe *mpl*
aviation law *(Luft, Recht)* Luftverkehrsgesetz *n*
aviation spirit *(Luft)* Flugbenzin *n*
aviation statistics *(Luft)* Luftfahrtstatistik *f*
avionics *(Luft)* Avionik *f (aviation + electronics for electronics used in aviation, i.e. flight instruments, navigation aids etc; Elektronikanwendungen in der Luftfahrt)*; Bordelektronik *f*
avoirdupois *(av., avdp.) (ALog)* Avoirdupois *n (synonymous: avoirdupois weight; system of weights based on a pound of 16 ounces = 453,59 g; anglo-amerikanisches Handelsgewicht)*
AWB *(Abk. für: air waybill, airwaybill, airway bill) (Luft)* Luftfrachtbrief *m*
axle base *(Schiene, Straße)* Achsstand *m (Abstand zwischen den Achsen eines Fahrzeuges)*
axle load 1. *(Schiene)* Radsatzlast *f (Belastung des Radsatzes)*; 2. *(Schiene, Straße)* Achslast *f (Traglast einer Achse)*

B

backdoor *(Schiff, Straße)* Heckklappe *f*
backflushing *(ALog, Lager)* retrograde Entnahme *f (die Produktkomponenten werden erst nach der Fertigstellung des Gesamtproduktes aus dem Bestand gebucht)*
backlog 1. *(Lager)* Auftragsrückstand *m*; 2. *(Luft)* Rückstau *m (Beförderungsrückstau in der Luftfracht aufgrund zu geringer Beförderungskapazitäten)*
backup *(AE) (Straße)* Stau *m*, Rückstau *m*
bacoliner *(Schiff)* Barge-Containerschiff *n (Kombination aus Leichter-Mutterschiff und Containerschiff)*
BAF *(Abk. für: bunker adjustment factor) (ALog)* Bunkerölzuschlag *m*, Frachtkostenangleich *m* an wechselnde Rohstoffpreise
bag *(ALog)* Sack *m*
bag torn *(Schiff)* zerissener Sack *m*
baggage *(ALog)* Gepäck *n*
balance *(Recht)* Saldo *n*
bale *(ALog)* Ballen *m*
ball table *(Lager)* Kugelrollentisch *m*
bank acceptance *(ZollAHa)* Bankakzept *n*, Bankwechsel *m*
bank account *(ZollAHa)* Bankkonto *n*
bank charges *(ZollAHa)* Bankspesen *pl*, Bankgebühren *fpl*
bank cheque *(ZollAHa)* Bankscheck *m*
bank confirmation *(ZollAHa)* Bankbestätigung *f*
bank credit *(ZollAHa)* Bankkredit *m*, Akkreditiv *n*
bank guarantee *(ZollAHa)* Bankbürgschaft *f*
bar code *(Inf)* Strichcode *m*
barge *(AE) (Schiff)* Leichter *m*, Schute *f*, Binnenschiff *n*
barge carrier *(Schiff)* Leichter-Mutterschiff *n (Trägereinheit für Leichter)*
BARIG *(Abk. für: board of airline representatives in Germany) (Luft)* Vereinigung *f* der in Deutschland tätigen Luftverkehrsgesellschaften *(Mitglieder sind Gesellschaften mit operativer oder auch nur vertrieblicher Präsenz in Deutschland)*
barrel leaking *(Schiff)* leckendes Fass *n*
barriers *(Recht, Vers)* Hindernisse *npl*
basic rate *(ALog)* Basisrate *f*
basin *(Schiff)* Hafenbecken *n*
batch *(ALog)* Charge *f*
batch picking *(Lager)* Chargenkommissionierung *f*, Stapelkommissionierung *f*
battery-charging station *(Lager)* Batterieladestation *f (bei elektrisch betriebenen FFZ)*
bay *(Schiff)* Bucht *f*
bay plan *(Schiff)* Stauplan *m (legt fest,*

wie und wo Güter in der Transporteinheit bzw. dem Transportmittel zu stauen sind)
BBD *(Abk. für: best before date) (ALog)* Mindesthaltbarkeitsdatum *n*
bearing position *(Lager)* Lagerstelle *f*
belly 1. *(Schiff)* Schiffsbauch *m*; 2. *(Luft)* Unterflur-Laderaum *m (für die Fracht in einem Passagierflugzeug)*
below-deck *(Luft)* Unterdeck *n (der Unterflurladeraum eines Flugzeuges; reine Frachtflugzeuge können Container und Paletten auf dem Haupt- und Unterdeck laden; Passagierflugzeuge transportieren Güter nur unterflur im Unterdeck)*
belt conveyer *(Lager)* Bandförderer *m*
beneficiary *(ZollAHa)* Begünstigte *m*
BeP *(Abk. für: break-even-point, break-even point) (ALog)* Kostendeckungspunkt *m*; Gewinnschwelle *f*; Zeitpunkt *m* der Vollkostendeckung
best before date *(BBD) (ALog)* Mindesthaltbarkeitsdatum *n*
best of breed *(ALog)* die besten seiner Art
best practice *(ALog)* optimales Verfahren *n*
B/G, b/g *(Abk. für: bonded goods) (ZollAHa)* Waren *fpl* unter Zollverschluss
bid invitation *(Lager)* Ausschreibung *f*
bilateral licence *(Schiene, Straße)* bilaterale Genehmigung *f*
bilateral transport agreement *(Straße)* bilaterales Verkehrsabkommen *n*
bilge *(Schiff)* Schiffsbauch *m*
bilge pump *(Schiff)* Lenzpumpe *f*
bill *(ALog, Inf)* Faktura *f*
bill of exchange *(ALog, ZollAHa)* Wechsel *m*
bill of lading *(B/L, b.l.) (Schiff, ZollAHa)* Konnossement *n*, Ladeschein *m*, Seefrachtbrief *m*, Frachtbrief *m (synonymous: shipping bill)*
bill of material *(ALog)* Warenrechnung *f*
bill stamp *(ALog, ZollAHa)* Wechselsteuer *f*
billing *(ALog, Inf)* Fakturierung *f*
bin *v (Lager)* auslagern, einlagern
bin location *(Lager)* Lagerplatz *m*
bin location reference number *(Lager)* Lagerplatzkontrollzahl *f*
bin occupancy *(Lager)* Belegung *f*
bin occupancy information *(Lager)* Belegungsinformation *f*
bin status report *(Lager)* Lagerspiegel *m*
biodiesel *(ALog, Straße)* Biodiesel *m*
B/L, b.l. *(Abk. für: bill of lading) (Schiff, ZollAHa)* Konnossement *n*, Ladeschein *m*, Seefrachtbrief *m*, Frachtbrief *m* *(synonymous: shipping bill)*
blank *(ALog)* Formular *n*
blank endorsement *(Recht, ZollAHa)* Blankoindossament *n*
blind spot *(Straße)* toter Winkel *m*
blind storage *(Lager)* Blindeinlagerung *f*
blister pack *(ALog)* Blisterpackung *f*
block storage *(Lager)* Blocklager *n*, Kompaktlager *n*
block train *(Schiene)* Ganzzug *m*
blocked space agreement *(Luft)* freigehaltener Frachtraum *m (Festraum-Chartervertrag in der Luftfracht; die Fluggesellschaft überlässt einem Verlader auf einem Linienflug ein genau festgelegtes Ausmaß der Transportkapazität)*
Board of Airline Representatives in Germany *(BARIG) (Luft)* Vereinigung der in Deutschland tätigen Luftverkehrsgesellschaften *(Mitglieder sind Gesellschaften mit operativer oder auch nur vertrieblicher Präsenz in Deutschland)*
board/on *(Schiff)* an Bord
bodily injury *(Recht, Vers)* Körperletzung *f*; Personenschaden *m*
body *(Straße)* Karosserie *f*
bond *(ZollAHa)* Bürgschaft *f* • **in bond** unter Zollverschluss
bond acknowledgement *(Recht, ZollAHa)* Zollverschlussanerkenntnis *n*
bonded goods *(ZollAHa)* Waren *fpl* unter Zollverschluss
bonded warehouse *(ZollAHa, Lager)* Zolllager *n*, Freilager *n*
book inventory balance *(ALog)* Buchbestand *m*
book *v* **through** 1. *(Luft)* durchbuchen *(Flugticket für mindestens zwei Reiseabschnitte, die auch getrennt buchbar wären)*; 2. *(Schiene)* durchlösen *(Fahrkarte für mindestens zwei Reiseabschnitte, die auch getrennt buchbar wären)*
book-through pallet system *(Luft)* Durchpalettensystem *n (Angebot von Frachtanschlüssen für Paletten und Container mit Umladung von einem Flug bzw. Flugzeugtyp zu einem anderen; die Fracht verbleibt dabei in den Containern und auf den Paletten)*
booked-through pallet *(Luft)* Durchpa-

lette *f (Palette oder Container im Luftfrachtverkehr, für Umladungen auf einen anderen Flugzeugtyp geeignet)*
booking *(ALog)* Buchung *f*
booking confirmation message *(ALog)* Buchungsbestätigung *f*
booking of space *(ALog)* Frachtbuchung *f*, Frachtraumbuchung *f*
border *(ZollAHa)* Grenze *f*
border stop *(Schiene)* Grenzaufenthalt *m*
borrow *v* **on bottomry** *(ALog, Recht)* auf Bodmerei nehmen *(Verpfändung eines Schiffs per Schiffsverpfändungsvertrag = bottomry)*
bottle *(ALog)* Flasche *f*
bottomry 1. *(Schiff)* Bodmerei *f*, Schiffsverpfändung *f*; 2. *(Recht, Vers)* Schiffsverpfändungsvertrag *m (a traditional system of credit insurance in which a ship is used as security against a loan to finance a voyage; Verpfändung eines Schiffs per Schiffsverpfändungsvertrag)*
bottomry bond *(Recht, Vers)* Bodmereibrief *m*, Bodmereivertrag *m*, Schiffspfandbrief *m*, Seewechsel *m*
bottomry insurance *(Vers)* Bodmereiversicherung *f*
bottomry loan *(ALog, Recht)* Bodmereigeld *n*
bow *(Schiff)* Bug *m*
bow gate *(Schiff)* Bugpforte *f (beim Ro-Ro-Schiff)*
box *(ALog)* Schachtel *f*
box body *(Schiene, Straße, Lager)* Kofferaufbau *m*
B./R. *(Abk. für: building risks) (Vers)* Baurisiken *npl*
brake *(Straße)* Bremse *f*
brake fluid *(Straße)* Bremsflüssigkeit *f*
brake power *(Straße)* Bremskraft *f*
brake-power assist unit *(Straße)* Bremskraftverstärker *m*
braking distance *(Straße)* Bremsweg *m*
break bulk *(Schiene, Schiff, Straße, Luft)* Stückgut *n*
break-bulk point *(ALog)* Vereinzelungspunkt *m (logistischer Knotenpunkt, wo eine größere Sendung in einzelne Teilmengen aufgespalten wird)*
break-even analysis, breakeven analysis *(ALog)* Gewinnschwellenanalyse *f*, Deckungsbeitragsrechnung *f*, Break-Even-Analyse *f*
break-even-point, breakeven point *(BeP) (ALog)* Kostendeckungspunkt *m*; Gewinnschwelle *f*; Zeitpunkt *m* der Vollkostendeckung
break of journey *(Recht, Straße)* Fahrtunterbrechung *f*
breakdown service *(Straße)* Pannenhilfe *f*
bridge *(ALog)* Brücke *f*
bridge headroom *(Schiff)* Brückendurchfahrtshöhe *f*
broad gauge *(Schiene)* Breitspur *f*
brokerage *(Schiff)* Courtage *f*
bucket *(ALog)* Eimer *m*
buffer stock *(Lager)* Vorratslager *f*
buffer stock gap *(Lager)* Vorratslücke *f (nicht vorhandener Artikel in einem Vorratslager)*
buffer warehouse *(Lager)* Pufferlager *n (Produktionszwischenlager)*
building risks *(B.R.) (ALog, Vers)* Baurisiken *npl*
building site logistics *(Schiene, Schiff, Straße, Luft)* Baustellenlogistik *f*
bulbous bow *(Schiff)* Wulstbug *m*
bulk *(ALog)* Masse *f*
bulk *(Schiene, Schiff, Straße)* lose Ware(n) *f(pl)*, Schüttgut *n* • **in bulk** *(Schiene, Schiff, Straße)* unverpackt, Bulk... *(without individual packagings)*
bulk cargo *(Schiene, Schiff, Straße)* Massenladung *f*
bulk cargo container *(Schiene, Schiff, Straße)* Schüttgutcontainer *m*
bulk carrier *(Schiff)* Massengutschiff *n*
bulk commodity *(Schiene, Schiff, Straße)* Massengut *n*
bulk floor storage *(Lager)* Lagerung *f* von Massengütern *(bulk goods)*
bulk freight *(ALog)* Schüttgut *n*
bulk good *(ALog)* Massengut *n*
bulk shipment *(ALog)* Massentransport *m*
bulk storage *(Lager)* Sammellagerung *f*
bulk transport *(Schiene, Schiff, Straße, Luft)* Sammeltransport *n*
bulkiness *(Schiene, Schiff, Straße, Luft)* Sperrigkeit *f*
bulky cargo *(ALog)* sperrige Ladung *f*
bulky freight *(ALog)* Sperrgut *n*
bulky goods *(ALog)* Sperrgut *n*, sperrige Güter *npl*
bullwhip effect *(ALog, Inf)* Peitscheneffekt *m (unterschiedliche Bedarfsverläufe bzw. kleine Veränderungen der Endkun-*

dennachfrage führen zu Schwankungen der Bestellmengen, die sich entlang der logistischen Kette wie ein Peitschenhieb aufschaukeln können)
bumper *(Lager)* Anfahrschutz *m*
bundle effect *(ALog)* Bündelungseffekt *m*
bundling of goods flow *(ALog)* Bündelung *f* von Güterströmen
bunker adjustment factor *(BAF)* *(Straße, Schiene, Schiff, Luft)* Bunkerölzuschlag *m*, Frachtkostenangleich *m* an wechselnde Rohstoffpreise
bunker surcharge *(Schiff)* Bunkerzuschlag *m*
bus lane *(Straße)* Busspur *f*
business logistics *(ALog)* logistisches System *n* der Firma, logistisches System *n* von Betriebswirtschaften *(synonymous: logistics of the firm)*
buyer *(ALog, Recht)* Käufer *m*

C

cabin time *(Straße)* Kabinenzeit *f (Zeit, die ein Lkw-Fahrer in seiner Kabine verbringt und nicht fährt oder in Arbeitsbereitschaft ist)*
cabotage *(Recht)* Kabotage *f (Güterverkehr zwischen zwei Orten desselben Staatsgebietes, der von ausländischen Frachtführern durchgeführt wird)*
CAD *(Abk. für: cash on delivery) (Recht, ZollAHa)* Kasse gegen Dokumente
CAF *(Abk. für: currency adjustment factor) (Schiff)* Währungszuschlag *m (zum Ausgleich von Währungsschwankungen)*
calculate *v (ALog)* kalkulieren
calibrate *v (ALog)* kalibrieren
calibration *(ALog)* Kalibrierung *f*
calibration certificate *(Schiff)* Eichschein *m*
call center *(ALog)* Anrufzentrale *n*
call forward *(ALog)* Abruf *m*
call/on *(ALog)* auf Abruf
can *(ALog)* Dose *f*, Kanne *f*
canal *(Schiff)* Kanal *m*
canal fees *(Schiff)* Kanalabgaben *fpl*
canal transit charge *(Schiff)* Kanalzuschlag *m*
canister *(ALog)* Kanister *m*
canopied storage space *(Lager)* überdachte Lagerfläche *f*
cantilever shelf *(Lager)* Kragarmregal *n*
cantilever shelf warehouse *(Lager)* Kragarmregallager *n*
capacity *(ALog)* Kapazität *f*
capacity planning *(ALog)* Kapazitätsplanung *f*
capacity utilisation *(Schiene, Schiff, Straße, Luft)* Auslastung *f*
capital lockup *(Lager)* Kapitalbindung *f (Ware; durchschnittlicher Bestand bewertet zum Einkaufspreis)*
carburettor *(ALog)* Vergaser *m*
cardboard box *(ALog)* Karton *m*
cardboard case *(Schiene, Schiff, Straße, Luft)* Pappkarton *m*
cargo *(Luft, Schiff)* Cargo *m*, Kargo *m*; Fracht *f*, Seefracht *f*, Schiffsfracht *f*, Frachtgut *n*; Ladung *f*, Ladegut *n*
cargo accounts settlement system *(CASS) (Luft)* Luftfrachtabrechnungssystem *n*
cargo afloat *(Schiff)* schwimmende Ladung *f*, schwimmende Fracht *f*
cargo capacity *(CC) (Straße)* Ladungskapazität *f*
cargo clearance *(ALog, ZollAHa)* Frachtabfertigung *f*
cargo gear *(Schiff)* Schiffsgeschirr *n*
cargo hatchway *(Schiff)* Ladeluke *f*
cargo insurance *(Luft, Schiff)* Frachtversicherung *f*, Kargoversicherung *f*
cargo manifest *(ALog)* Bordero *n (an inventory of cargo loaded and shipped)*
cargo plane *(Luft)* Transportflugzeug *n*, Frachtflugzeug *n (synonymous: freighter, air freighter, freight plane)*
cargo securing *(Schiene, Schiff, Straße, Luft)* Ladungssicherung *f*
cargo ship *(Schiff)* Frachtschiff *n*
cargo terminal *(Luft)* Frachtterminal *n*
cargo transport centre *(ALog)* Güterverkehrszentrum *n (geographische Konzentration von Logistikdienstleistern, mit dem Ziel, den Warenübergang zwischen unterschiedlichen Verkehrsträgern - z. B. Straße/Schiene - effizient durchzuführen)*
cargo vessel *(Schiff)* Frachter *m*, Frachtschiff *n*
carload *(Schiene)* Wagenladung *f*
carnet ATA mode *(Recht, ZollAHa)* Carnet-ATA-Verfahren *n (gemeinschaftliches*

Versandverfahren: dient der vorübergehenden Einfuhr bestimmter Waren)

carnet TIR mode *(Recht, ZollAHa)* Carnet-TIR-Verfahren *n (gemeinschaftliches Versandverfahren: Ziel ist es, die Warenbeförderung möglichst wenig durch Grenzformalitäten zu beeinträchtigen)*

carriage *(ALog)* Beförderung *f* • **on carriage** *(Schiene, Straße, Schiff)* Nachlauf *m (Transport vom Empfangsspediteur = deconsolidator zum Empfänger)*

carriage and duty prepaid *(ALog)* franko Fracht und Zoll

carriage and insurance paid to *(CIP) (Recht, ZollAHa)* frachtfrei versichert, CIP *(cf Anhang: Incoterms 2000)*

carriage charges *(ALog)* Beförderungskosten *pl*

carriage paid to *(CPT) (Recht, ZollAHa)* frachtfrei, CPT *(cf Anhang: Incoterms 2000)*

carrier 1. *(ALog)* Frachtführer *m*, Beförderungsunternehmer *m*, Beförderer *m*, Transportunternehmer *m*, Verfrachter *m*, Transporter *m*, Beförderungsunternehmen *n*, Spediteur *m*, Carrier *m*; 2. *(Luft)* Fluglinie *f*, Fluggesellschaft *f*, Luftverkehrsgesellschaft *f*; Luftfrachtverkehrsunternehmen *n*, Luftfrachtführer *m*

carrier's liability *(Vers)* Frachtführer-Haftpflicht *f*

carrier's lien *(Recht, Vers)* Pfandrecht *n*

carriers-owned container *(Schiff)* reedereieigener Container *m*

carrier's risk *(ALog)* Risiko *n* des Frachtführers, Frachtführerrisiko *n*

carry *v* **sth.** *(Schiene, Schiff, Straße, Luft)* etw. transportieren

carrying capacity *(Schiene, Schiff, Straße, Luft)* Nutzlast *f*

carrying costs *(Lager)* Bestandskosten *pl*

carrying ram *(Lager)* Tragedorn *m*

cartage *(Straße)* Rollgeld *n*, Rollfuhrgebühr *f*, Umfuhr *n*

cartage note *(Schiene, Straße)* Rollkarte *f (uneinheitliches Lade-/Entladepapier für die Auslieferung von Gütern im Güternahverkehr)*

cartel authority *(Recht, Vers)* Kartellbehörde *f*

case *(ALog)* Kiste *f*

case damaged *(Schiff)* beschädigte Kiste *f*

case of loss *(Recht, Vers)* Schadensfall *m*

cash against documents *(CAD) (Recht, ZollAHa)* Kasse gegen Dokumente

cash cheque *(ALog)* Barscheck *m*

cash down payment *(ALog)* Barzahlung *f*

cash flow *(ALog)* Geldfluss *m*

cash on delivery *(COD) (ALog, Recht)* Zahlung bei Lieferung der Ware, Nachnahme *f*

cash payment *(ALog)* Barzahlung *f*

cask *(ALog)* Fass *n*

CASS *(Abk. für: cargo accounts settlement system) (Luft)* Luftfrachtabrechnungssystem *n*

CBR *(Abk. für: commodity box rate) (Schiff)* Pauschalfracht *f* per Container *(Pauschalfracht im Containerverkehr)*

CC *(Abk. für: 1.charges collect, 2. cargo capacity)* 1. *(Luft)* Beförderungskostennachnahme *f (Zahlung der Beförderungskosten am Bestimmungsflughafen)*; 2. *(Straße)* Ladungskapazität *f*

C.D. *(Abk. für: country damage) (Recht, Vers)* Landbeschädigung *f*

cell guide *(Schiff)* Eckschiene *f*, Gleitschiene *f (Führungsschiene in Containerschiffen = cellular vessels zur Aufnahme der Container)*

central warehouse *(Lager)* Zentrallager *n*

central warehouse function *(Lager)* Zentrallagerfunktion *f*

centre of distribution *(Lager)* Distributionslager *n*

certificate of circulation *(Recht, ZollAHa)* Warenverkehrsbescheinigung *f*

certificate of damage *(Recht, Vers)* Schadenszertifikat *n*

certificate of exemption *(Straße)* Ausnahmegenehmigung *f*

certificate of origin *(ZollAHa)* Ursprungszeugnis *n*

certificate of quality *(ALog)* Qualitätsbescheinigung *f*

certificate of vaccination *(Recht)* Impfnachweis *m*

cession *(Recht, Vers)* Abtretung *f*

C&F, C/F, CF *(Abk. für: cost and freight) (ALog)* Kosten und Fracht *(Lieferklausel, deren Inhalt im Detail nicht übereinstimmen muss mit der entsprechenden Klausel der Incoterms, CFR, für die Rechte und Pflichten der Verkäufer und Käufer* *sowie der Risikoübergang präzise definiert sind; cf Anhang: Incoterms 2000)*

CFR *(Abk. für: cost and freight)* 1. *(Recht, ZollAHa)* CFR, Kosten und Fracht *(cf Anhang: Incoterms 2000)*; 2. *(ALog)* C&F, C/F, CF, Kosten und Fracht *(Lieferklausel, deren Inhalt im Detail nicht übereinstimmen muss mit der entsprechenden Klausel der Incoterms, CFR, für die Rechte und Pflichten der Verkäufer und Käufer sowie der Risikoübergang präzise definiert sind; cf Anhang: Incoterms 2000)*

CFS *(Abk. für: container freight station) (Schiff)* Containerpackstation *f (Packstation für Container)*

chamber of commerce *(ALog)* Handelskammer *f*

change *v* **flag** *(Schiff)* ausflaggen

channel *(Schiff)* Kanal *m*

chargeable weight *(ALog)* zu berechnendes Gewicht *n*; frachtpflichtiges Gewicht *n*

charged with an amount to be collected on delivery *(Schiene, Schiff, Straße)* mit Nachnahme belastet

charges *(ALog)* Kosten *pl* • **no charges** *(ALog)* ohne Kosten

charges collect *(CC) (Luft)* Beförderungskostennachnahme *f (Zahlung der Beförderungskosten am Bestimmungsflughafen)*

charging point *(ALog)* Ladestation *f*

charter *(ALog)* Charter *f*

charter *v* **a ship** *(Schiff)* Schiffsraum chartern

charter *v* **out** *(Luft, Schiff, Straße)* verchartern

charter party *(C/P) (Schiff)* Chartervertrag *m*

chartered vessel *(Schiff)* Charterschiff *n*

charterer *(Schiff)* Befrachter *m*

chartering out *(Luft, Schiff, Straße)* Vercharterung *f*

chassis *(Straße)* Fahrgestell *n*

chauffeur *(Straße)* Fahrer *m*

check *v (ALog)* kontrollieren *(einfache Kontrolle, z. B. Passkontrolle)*; überprüfen; nachprüfen, checken *(examine)*; unter Kontrolle halten *(restrain)*; *(AE)* abhaken *(mark; BE tick)*

check 1. *(Schiene, Schiff, Straße)* Kontrolle *f*; 2. *(ALog) (AE)* Scheck *m*, Bankscheck *m*

check digit *(Inf)* Prüfziffer *f*

check-in point *(Straße)* Einbuchungsstelle *f*

check weighing *(Schiene, Schiff, Straße)* Kontrollverwiegung *f*

cheque *(BE) (ALog)* Scheck *m*, Bankscheck *m*

Chicago Agreement *(Luft)* Chicagoer Abkommen *n (Abkommen zur einheitlichen Regelung von Fragen in technischen, wirtschaftlichen und rechtlichen Belangen des Weltluftverkehrs)*

chip label *(Lager, Inf)* Chip-Etikett *n*, elektronisches Etikett *n (synonymous: smart label; cf RFID)*

christmas allowance *(Pers)* Weihnachtsgeld *n*

CIF *(Abk. für: cost, insurance, freight) (Recht, ZollAHa)* CIF; Kosten, Versicherung, Fracht *(cf Anhang: Incoterms 2000)*

CIM *(Abk. für: Convention on the contract for the international carriage of goods by rail) (Schiene)* Übereinkommen *n* über den Beförderungsvertrag im internationalen Eisenbahnverkehr

CIP *(Abk. für: carriage and insurance paid to) (Recht, ZollAHa)* CIP, frachtfrei versichert *(cf Anhang: Incoterms 2000)*

circle conveyer *(Lager)* Kreisförderer *m*

circle picking *(Lager)* Umlaufkommissionierung *f*

city street *(Straße)* Stadtstraße *f*

CKD parts *(Abk. für: completely knocked down parts) (ALog)* CKD-Teile *npl*, vollzerlegte Teile *npl (in Einzelteile zerlegte und versendete Maschinen, Anlagen oder Bauelemente; dient häufig dazu, Einfuhrbeschränkungen oder hohe Zölle für Fertigprodukte zu umgehen)*

claim *(ALog, Recht)* Beanstandung *f*, Reklamation *f*

class rates *(Luft)* Warenklassenraten *fpl (Gruppe im IATA-Tarifgefüge)*

classification *(Schiff)* Klassifizierung *f*

clause *(Schiff)* Abschreibung *f (auf dem Konnossement)*

clean bill of lading *(Schiff)* reines Konnossement *n (Seefrachtbrief ohne Schadensvermerk)*

clean draft *(ALog)* Tratte *f* ohne Dokumente

clear outward *(Schiff)* Ausklarierung *f (beim Auslaufen vom Schiffmakler als*

Reedereivertreter durchzuführende Tätigkeiten wie die Organisation von Liegeplätzen und Schlepperhilfen oder die Zahlung von Lotsen- und Hafenliegegeldern)

clearance *(Schiff)* Einklarierung *f (beim Einlaufen vom Schiffmakler als Reedereivertreter durchzuführende Tätigkeiten wie die Organisation von Liegeplätzen und Schlepperhilfen oder die Zahlung von Lotsen- und Hafenliegegeldern)*

clearance to land *(Luft)* Landeerlaubnis *f*

client *(ALog)* Kunde *m*

closing for cargo *(Schiene, Schiff, Straße, Luft)* Ladeschluss *m*

CMR *(Abk. für: Convention on the Contract for the International Carriage of Goods by Road) (Straße)* Übereinkommen *n* über den Beförderungsvertrag im internationalen Straßengüterverkehr *(Convention relative au contrat de transport international de marchandises par route = Convention CMR; the Convention applies automatically, so haulage operators should ensure their liabilities are fully covered by an appropriate insurance; völkerrechtlich verbindliches Übereinkommen, gilt im grenzüberschreitenden Transport von und nach Deutschland als zwingendes Recht, d.h. ohne die Möglichkeit der einzelvertraglichen Abdingbarkeit = modifiability by individual contract)*

CMR Convention *(jarg) (Straße) (jarg)* CMR-Convention *f; (frml)* Übereinkommen *n* über den Beförderungsvertrag im internationalen Straßengüterverkehr *(Convention relative au contrat de transport international de marchandises par route = Convention CMR)*

C/N, CN, C.N. *(Abk. für: 1. cover note, 2. consignment note)* 1. *(Recht, Vers)* Deckungsbestätigung *f*, Deckungsnote *f*, Deckungszusage *f*, vorläufige Deckungszusage *f (vorläufige Versicherungspolice)*; 2. *(ALog)* FB *m*, Frachtbrief *m*, Ladeschein *m*, Versandanzeige *f*, WBS *m*, Warenbegleitschein *m*

co-driver *(Straße)* Beifahrer *m*

co-load forwarder *(Straße, Schiene, Schiff, Luft)* Beiladerspediteur *m (Spediteur, der für eine bestimmtes Zielgebiet keine eigene Sammelladung zusammenstellt, sondern das von ihm gesammelte Gut in den Sammelgutverkehr eines anderen Spediteurs - Versandspediteur - einfließen lässt)*

co-loader *(Straße, Schiene, Schiff, Luft)* Beilader *m*

co-pack *(Straße, Schiene, Schiff, Luft)* Beipack *n*

coast *(Schiff)* Küste *f*, Ufer *n*

COD *(Abk. für: cash on delivery) (ALog)* Nachnahme *f*, Barzahlung *f* bei Lieferung

COD consignment *(Schiene, Schiff, Straße)* Nachnahmesendung *f*

code *v (Inf)* codieren, kodieren, chiffrieren, verschlüsseln

code 1. *(ALog)* Kennzeichen *n*; 2. *(Recht)* Kodex, Gesetzbuch *n*, Gesetzessammlung *f*; 3. *(Inf)* Schlüssel *m*

code number *(Inf)* Kennziffer *f*

code of commercial law *(ALog) (Deu)* Handelsgesetzbuch *n*, HGB *n*

codesharing *(Luft)* Codesharing *n*, Kennzeichenteilung *f (Abkommen, das es einer selbständig am Markt auftretenden Fluggesellschaft erlaubt, einen Flug unter der eigenen Flugnummer zu verkaufen, obwohl er teilweise oder ganz von einer anderen Fluggesellschaft durchgeführt wird; cf Marketingflugnummer = bei Kooperationsflügen die Flugnummer des nicht operierenden Carriers; operationelle Flugnummer = die Flugnummer des operierenden Carriers)*

coding *(Inf)* Codierung *f*, Kodierung *f*, Verschlüsselung *f*

coil *(Straße, Schiene, Schiff)* Coil *n*

cold store *(Lager)* Kühlhaus *n*

collaborative planning, forcasting and replenishment *(CPFR) (Inf)* kooperatives Planen *n* und Prognostizieren *n* von Beständen und Warenströmen

collect *v (ALog)* (ein)kassieren

collection *(ALog, Recht, ZollAHa)* Abholung *f*, Einzug *m*, Inkasso *n*

collection of goods *(ALog)* Abholung *f* der Güter

collection order *(Recht, ZollAHa)* Inkassoauftrag *m*

collective truck *(Schiene, Schiff, Straße, Luft)* Sammelwagen *m*

comb rack *(Lager)* Wabenregal *n*

combined road-rail transport, combined traffic, combined transport

(Schiene, Straße) kombinierter Verkehr *m*, KV, Kombiverkehr *m*, intermodaler Verkehr *m (Gütertransporte, bei denen komplette Transporteinheiten - dies sind meist Container, Wechselbehälter, Sattelanhänger oder komplette LKW - auf der Strecke von mindestens zwei unterschiedlichen Verkehrsmitteln - LKW, Eisenbahn oder Schiff - befördert werden)*
combined transport operator *(CTO) (Schiff)* Kombinationstransportunternehmer *m*, multimodaler Frachtführer *m*
combustion engine *(ALog)* Verbrennungsmotor *m*
command stock *(Lager)* verfügter Bestand *m*
command storage *(Lager, Recht)* verfügte Lagerung *f*
commercial code *(ALog) (Deu)* Handelsgesetzbuch *n*, HGB *n*
commercial description *(ALog)* handelmäßige Bezeichnung *f*
commercial invoice *(Recht, ZollAHa)* Handelsrechnung *f*, Handelsfaktura *f*
commercial partner *(ALog)* Handelspartner *m*
commercial road haulage *(Straße)* gewerblicher Güterkraftverkehr *m*
commercial stockkeeping *(Lager)* gewerbliche Lagerhaltung *f*
commercial transport *(Straße)* Güterverkehr *m*
commission *(Schiff, ALog)* Courtage *f*, Kommission *f*, Provision *f*
commission agent *(ALog)* Kommissionär *m*
commodity *(ALog)* Gut *n*, Handelsgut *n*, Ware *f*; Rohstoff *m*
commodity box rate *(CBR) (Schiff)* Pauschalfracht *f* per Container *(Pauschalfracht im Containerverkehr)*
Commodity Classification for Transport Statistics in Europe *(CSTE) (ZollAHa)* Internationales Güterverzeichnis für die Verkehrsstatistik in Europa (CSTE)
common duties *(Schiene)* gemeinwirtschaftliche Aufgaben *fpl*
company logistics *(ALog)* Unternehmenslogistik *f*
compensation *(Recht)* Schadenersatz *m*
compensation delivery *(ALog)* Ersatzlieferung *f*
complain *v (Recht)* reklamieren
complaint 1. *(Recht)* Reklamation *f*; 2. *(ALog)* Beanstandung *f*
complementary item *(ALog)* Komplementärartikel *m (Artikel, die einen anderen Artikel im Nutzen ergänzen)*
complete load *(Schiene, Schiff, Straße)* Komplettladung *f (Gütermenge, die für einen Transport bei einem Versender abgeholt und ohne Umschlag an einen Empfänger transportiert wird und die allein das Transportmittel auslastet)*
completely knocked down parts *(CKD parts) (ALog)* CKD-Teile *npl (in Einzelteilen zerlegte und versendete Maschinen, Anlagen oder Bauelemente; dient häufig dazu, Einfuhrbeschränkungen oder hohe Zölle für Fertigprodukte zu umgehen)*
compliance *(ALog)* Einhaltung *f*, Erfüllung *f*, Übereinstimmung *f*; Regeltreue *f*, Gesetzestreue *f (die Beachtung von Gesetzen, Richtlinien und auch freiwilligen Vereinbarungen auf allen Organisationsebenen des Unternehmens)*
compliance with the law/in *(ALog)* gesetzestreu *(die Beachtung von Gesetzen, Richtlinien und auch freiwilligen Vereinbarungen auf allen Organisationsebenen des Unternehmens)*
compliant *adj (ALog)* regeltreu, gesetzestreu *(die Beachtung von Gesetzen, Richtlinien und auch freiwilligen Vereinbarungen auf allen Organisationsebenen des Unternehmens)*
compulsory third-party insurance *(Vers)* Pflichthaftpflichtversicherung *f*
computer-based ordering system *(Inf, Lager)* computerunterstütztes Bestellsystem *n (Softwaresystem, das unter Berücksichtigung laufend aktualisierter logistischer Rahmenbedingungen - wie Bestands- und Verbrauchsdaten - automatisch Bestellungen generiert)*
concession 1. *(Recht)* Konzession *f*, Erlaubnisurkunde *f*, behördliche Zulassung *f*; 2. *(ALog)* Vergünstigung *f*, Konzession *f*; Preisermäßigung *f*
conclusion of contract *(Recht)* Vertragsabschluss *m*
condition *(ALog)* Bedingung *f*
conditional acceptance *(Recht)* Annahmevorbehalt *m*
conditions of carriage *(ALog)* Beförderungsbedingungen *fpl*

conference vessel *(Schiff)* Konferenzschiff *n (a vessel belonging to a shipping conference, i.e. a cartel of ship owners offering services on particular sea routes under agreed conditions; ein nach den abgestimmten Bedingungen und Verhaltensweisen eines Reederkartells einzusetzendes Schiff: nach nationalem Recht und EU-Wettbewerbsrecht grundsätzlich verboten)*
confirmation of from-bin transfer *(Lager)* Auslagerungsquittung *f*
confirmation of order *(ALog)* Auftragsbestätigung *f*
confirmation of to-bin transfer *(Lager)* Einlagerungsquittung *f*
confirmed letter of credit *(ALog, ZollAHa)* bestätigtes Akkreditiv *n*
congestion charge *(Recht, Straße)* Citymaut *f*; Stauabgabe *f*, Staugebühr *f*
congestion surcharge *(Recht, Schiff)* Verstopfungszuschlag *m*
consensus contract *(Recht)* Konsensualvertrag *m (formlose übereinstimmende Willenserklärung)*
consignee *(ALog)* Empfänger *m*
consignment *(ALog)* Sendung *f*, Konsignation *f (Gütermenge, die bei einem Verlader an einem Versandort für einen Empfänger an einem Empfangsort und für einen Anliefertermin übernommen wird)*
consignment item *(ALog)* Sendungsposition *f (ist ein einzelner, qualitativ unterscheidbarer Bestandteil einer Sendung)*
consignment note *(Schiene)* Frachtbrief *m (Blatt 4 des Formularsatzes Frachtbrief - Empfänger)*
consignment safe to operate *(Recht)* betriebssichere Verladung *f (obliegt dem Frachtführer)*
consignment warehouse *(Lager)* Konsignationslager *n (bis zur Entnahme bleiben hier die eingelagerten Waren im Besitz des Lieferanten, der Abnehmer bezahlt nur für die tatsächlich entnommene Ware; die Bezeichnung geht auf das Konsignationsgeschäft zurück, in dem ein Importeur in Kommission für einen Exporteur den Verkauf von Waren vermittelt und dafür eine Provision erhält)*
consignor *(Schiene, Schiff, Straße)* Verfrachter *m*, Verlader *m*, Absender *m*
consolidate *v (ALog)* konsolidieren
consolidated consignment *(Schiene, Schiff, Straße, Luft)* Sammelsendung *f*
consolidated shipment *(Schiene, Schiff, Straße, Luft)* Sammelladung *f*
consolidation *(ALog)* Konsolidierung *f*
consolidator *(Schiene, Straße, Schiff, Luft)* Versandspediteur *m*, Luftfrachtspediteur *m (Spediteur, der im Auftrag mehrerer Versender Einzelsendungen zu einer Sammelladung zusammenfasst)*
constructive total loss *(C.T.L.) (Recht, Vers)* konstruktiver Totalverlust *m*
consular charges *(Schiff, Recht, ZollAHa)* Konsulatsgebühren *fpl*
consular invoice *(Schiff, Recht, ZollAHa)* Konsulatsfaktura *f*
consumer *(Lager)* Verbraucher *m*, Konsument *m*
consumer goods logistics *(Schiene, Schiff, Straße, Luft)* Konsumgüterlogistik *f*
consumer packaging *(ALog)* Verkaufsverpackung *f*
container *(ALog)* Behälter *m*, Behältnis *n*; Container *m*
container coach *(Schiene)* Behälterwagen *m*
container crane *(Schiff)* Containerkran *m*
container depot *(Schiene)* Containerbahnhof *m*, Containerterminal *m (synonymous: container terminal)*
container freight station *(CFS) (Schiff)* Containerpackstation *f (place for packing and unpacking LCL consignments; Packstation für Container)*
container rack *(Lager)* Behälterregal *n*
container security initiative *(CSI) (ALog)* Container-Sicherheitsinitiative *f (Reedereien und Seehafenspediteure müssen das Lademanifest spätestens 24 Stunden vor Schiffsbeladung an den US-Zoll melden; daher haben Versender den Spediteuren die Transportinformationen deutlich früher zu übergeben als in der Vergangenheit; das Lademanifest enthält neben Daten über Fahrtroute, Verlader und Verladehafen auch eine genaue Warenbeschreibung; bei Vollcontainern - FCL - ist die Containernummer und die Siegelnummer anzugeben; Vollcontainer sind ab Werk zu versiegeln)*
container service charges *(CSC)*

(Schiff) Containerhandlingsgebühren *fpl (Hafenkosten)*
container ship *(Schiff)* Containerschiff *n*
container terminal *(Schiene)* Containerbahnhof *m (synonymous: container depot)*
container yard *(CY) (Schiff)* Containerterminal *n*
containers and outer packages *(ALog)* Behältnisse *npl* und äußere Umhüllungen *fpl*
content *(ALog)* Inhalt *m*
contingency clause *(Schiff)* Notstandsklausel *f*
contingent *(Recht)* Kontingent *n*
continuous conveyor *(Lager)* Stetigförderer *m*
continuous replenishment *(Lager)* kontinuierliche Warenversorgung *f (kontinuierliche Warenversorgung entlang der gesamten logistischen Kette vom Hersteller zum Händler; der Impuls für die Nachschubversorgung geht nicht mehr vom Handel, sondern von der tatsächlichen Nachfrage oder dem prognostizierten Bedarf aus)*
continuous vertical conveyor *(Lager)* Z-Förderer *m*
contract *(ALog)* Kontrakt *m*
contract logistics *(Schiene, Schiff, Straße, Luft)* Kontraktlogistik *f*
contract of affreightment *(Schiff)* Schiffsfrachtvertrag *m*, Befrachtungsvertrag *m (langfristige Bindung an einen Befrachter, z. B. beim Tankschiff)*
contract of carriage *(Schiene, Schiff, Straße, Luft)* Frachtvertrag *m*
contract of labour *(Recht)* Arbeitsvertrag *m*
contract of sale *(Recht)* Kaufvertrag *m*
contract rate *(Schiff)* Kontraktrate *f*
contract warehouse *(Lager)* Fremdlager *n*
contracting carrier *(Recht)* Hauptfrachtführer *m*
contractual partner *(Recht)* Vertragspartner *m*
contribution *(Recht, Vers)* Selbstbeteiligung *f*
contribution margine *(ALog)* Deckungsbeitrag *m*
control *(ALog)* Steuerung *f*
control card *(Straße)* Kontrollkarte *f*
control system *(ALog)* Leitsystem *n*
control unit *(Recht, Straße)* Kontrollgerät *n*
convention concerning international carriage by rail *(COTIF) (Schiene)* Übereinkommen *n* über den internationalen Eisenbahnverkehr *(Convention relative aux transports internationaux ferroviaires; regelt das zivilrechtliche Vertragsverhältnis zwischen Kunden und Bahnen)*
convention on the contract for the international carriage of goods by rail *(CIM) (Schiene)* Übereinkommen *n* über den Beförderungsvertrag im internationalen Eisenbahnverkehr
convention on the contract for the international carriage of goods by road *(CMR) (Straße)* Übereinkommen *n* über den Beförderungsvertrag im internationalen Straßengüterverkehr *(Convention relative au contrat de transport international de marchandises par route; cf CMR)*
conventional cargo *(Schiene, Schiff, Straße, Luft)* Stückgut *n*
conversion rate *(ZollAHa)* Kurs *m (Währung)*
conveyance obligation *(Schiene)* Beförderungspflicht *f*
conveyances *(Convs.) (ALog, Vers)* Transportmittel *npl*
conveyor *(Lager)* Fördermittel *n*
conveyor technic *(Luft)* Fördertechnik *f*
Convs. *(Abk. für: conveyances) (ALog, Vers)* Transportmittel *npl*
copy *(ALog)* Kopie *f*, Exemplar *n*
corporate logistics *(ALog)* überbetriebliche Logistik *f*
corridor of liability *(Recht, Vers)* Haftungskorridor *m*
corrosive goods *(ALog)* ätzende Güter *npl*
corrugated fibre-board *(ALog)* Wellpappe *f*
cost and freight *(CFR)* 1. *(Recht, ZollAHa)* Kosten und Fracht, CFR *(cf Anhang: Incoterms 2000)*; 2. *(ALog)* Kosten und Fracht, C&F, C/F, CF *(Lieferklausel, deren Inhalt im Detail nicht übereinstimmen muss mit der entsprechenden Klausel der Incoterms, CFR, für die Rechte und Pflichten der Verkäufer und Käufer sowie der Risikoübergang präzise definiert sind; cf Anhang: Incoterms 2000)*

cost calculation *(ALog)* Kostenrechnung *f*

cost, insurance, freight *(CIF) (Recht, ZollAHa)* Kosten, Versicherung, Fracht; CIF *(cf Anhang: Incoterms 2000)*

cost of energy *(Lager)* Energiekosten *pl*

cost of waiting time *(ALog)* Wartekosten *pl*

cost price *(ALog)* Einstandspreis *m*, Selbstkostenpreis *m*

costing *(ALog)* Kostenrechnung *f*

costs *(ALog)* Kosten *pl*

costs of operation *(ALog)* Betriebskosten *pl*

costs of repairs *(ALog)* Reparaturkosten *pl*

COTIF Convention *(Abk. für: convention concerning international carriage of goods by rail) (Schiene)* Übereinkommen *n* über den internationalen Eisenbahnverkehr *(Convention relative aux transports internationaux ferroviaires; regelt das zivilrechtliche Vertragsverhältnis zwischen Kunden und Bahnen)*

countervalue *(ZollAHa)* Gegenwert *m*

country damage *(C.D.) (Recht, Vers)* Landbeschädigung *f*

country of origin *(ZollAHa)* Herkunftsland *n*, Ursprungsland *n*

country road *(Straße)* Landstraße *f*

cover *v (Vers)* eindecken *(einer Versicherung)*

cover *v* **with tarpaulins** *(ALog)* abdecken

cover letter *(AE) (ALog, Inf)* Begleitbrief *m (synonymous: covering letter, advice-note)*

cover note *(C.N., CN, C/N) (Recht, Vers)* Deckungsbestätigung *f*, Deckungsnote *f*, Deckungszusage *f*, vorläufige Deckungszusage *f (vorläufige Versicherungspolice)*

coverage *(Recht, Vers)* Anwendungsbereich *m*

covered waggon *(Schiene)* gedeckter Güterwagen *m*

C/P *(Abk. für: charter party) (Schiff)* Chartervertrag *m*

CPFR *(Abk. für: collaborative planning, forcasting and replenishment) (Inf)* kooperatives Planen *n* und Prognostizieren *n* von Beständen und Warenströmen

CPT *(Abk. für: carriage paid to) (Recht, ZollAHa)* CPT, frachtfrei *(cf Anhang: Incoterms 2000)*

crane *(Schiff)* Kran *m*

crate *(Schiene, Schiff, Straße)* Lattenverschlag *m*, Verschlag *m*

credit *(ALog)* Gutschrift *f*

credit note *(ALog)* Gutschriftanzeige *f*, Kreditnota *f*

criminal act *(Recht)* Straftat *f*

criminal offence *(Recht)* Straftat *f*

cross-border *(ZollAHa)* grenzüberschreitend

cross-border traffic *(Straße, Schiene, Schiff, Luft)* grenzüberschreitender Verkehr *m*

cross-dock *v (Schiene, Schiff, Straße, Luft)* umschlagen

cross-docking pallet *(Lager)* Umschlagspalette *f*

cross-town link *(Straße)* Ortsdurchfahrt *f*

cross trader *(Schiff)* direkt fahrendes Linienschiff *n (Schiffe die im internationalen Linienverkehr eingesetzt werden ohne den Heimathafen anzulaufen)*

crossed cheque *(ALog)* Verrechnungsscheck *m*

crosswind *(ALog)* Seitenwind *m*

crosswise storing *(Lager)* Quereinlagerung *f*

cruising speed *(Schiene)* Reisegeschwindigkeit *f*

CSC *(Abk. für: container service charges) (Schiff)* Containerhandlingsgebühr *fpl (Hafenkosten)*

CSI *(Abk. für: container security initiative) (ALog)* Container-Sicherheitsinitiative *f (Reedereien und Seehafenspediteure müssen das Lademanifest spätestens 24 Stunden vor Schiffsbeladung an den US-Zoll melden; daher haben Versender den Spediteuren die Transportinformationen deutlich früher zu übergeben als in der Vergangenheit; das Lademanifest enthält neben Daten über Fahrtroute, Verlader und Verladehafen auch eine genaue Warenbeschreibung. Bei Vollcontainern -FCL- ist die Containernummer und die Siegelnummer anzugeben; Vollcontainer sind ab Werk zu versiegeln)*

CSTE *(Abk. für: Commodity Classification for Transport Statistics in Europe) (ZollAHa)* CSTE, Internationales Güterverzeichnis für die Verkehrsstatistik in Europa (CSTE)

ct GT *(Abk. für: gross ton) (Schiff)* Bruttoraumzahl *f (Gesamtraumgehalt aller geschlossenen Schiffsräume auf Innenkante Außenhaut)*
ct NT *(Abk. für: net ton) (Schiff)* Nettoraumzahl *f (Gesamtraumgehalt aller Laderäume auf Innenkante Außenhaut)*
C.T.L. *(Abk. für: constructive total loss) (Recht, Schiff, Vers)* konstruktiver Totalverlust *m*, angenommener Totalverlust *m*
CTO *(Abk. für: combined transport operator) (Schiff)* Kombinationstransportunternehmer *m*, multimodaler Frachtführer *m*
cubic metre *(ALog)* Kubikmeter *m*
cumulate *v* 1. *(ALog)* anhäufen, aufhäufen; kumulieren; 2. *(Recht)* vereinigen
cumulation *(ALog, Recht, ZollAHa)* Kumulierung *f*, Kumulation *f (z. B. paneuropäische Kumulation: einheitliche Regeln, welche die Einbeziehung von Vorerzeugnissen aus Be- oder Verarbeitungsvorgängen in bestimmten Partnerländern zum Erwerb oder zur Beibehaltung des präferenziellen Ursprungs der Waren erlauben; Waren mit Ursprung aus einem Land der paneuropäischen Kumulation erfüllen die Kriterien zur Gewährung der Zollpräferenz; rules allowing components and processing in certain partner countries to be considered for the acquisition or maintenance of preferential origin; cf Pan-European Cumulation)*
curing the damage *(Recht, Vers)* Schadensbehebung *f*
currency *(ZollAHa)* Währung *f*
currency adjustment factor *(CAF) (Schiff)* Währungszuschlag *m (zum Ausgleich von Währungsschwankungen)*
currency fluctuation *(ZollAHa)* Kursschwankung *f*
curtainsider *(Straße)* Planenauflieger *m*
customer *(ALog)* Kunde *m*
customer exempted from forwarding, logistics and warehousing insurance *(Recht, Vers)* Verbotskunde *m*, Verzichtskunde *m*
customized fabricated *(Lager)* konfektioniert *(Veredelung von Ware bzw. Produktion neuer Artikel durch das Zusammenfügen von Fertig- und/oder Halbfertigprodukten)*
customs *(ZollAHa)* Zoll *m*
customs clearance *(ZollAHa)* Verzollung *f*, Zollabfertigung *f*
customs duty *(ZollAHa)* Zollabgabe *f*
customs investigation office *(Recht, ZollAHa)* Zollfahndungsamt *n*
customs invoice *(ZollAHa)* Zollfaktura *f*
customs permit *(ZollAHa)* Zollbegleitschein *m*
customs receipt *(ZollAHa)* Zollquittung *f*
customs seal *(ZollAHa)* Zollblei *n*, Zollplombe *f*
customs tariff *(ZollAHa)* Zolltarif *m*
customs tariff number *(ZollAHa)* Zolltarifnummer *f*
customs warehouse *(ZollAHa, Lager)* Zolllager *n*
cwt, cwt. *(Abk. für: hundredweight) (ALog) britisches und amerikanisches Handelsgewicht; Plural: hundredweight or hundredweights; BE 1 long hundredweight = 112 lbs. = 112 pounds = 50,802 kg; AE 1 short hundredweight = 100 lbs. = 100 pounds = 45,359 kg; 1 metric hundredweight = 50,0 kg = 1 Zentner; cf Anhang Handelsgewichte*
CY *(Abk. für: container yard) (Schiff)* Containerterminal *n*, Hafenbereich *m* für Container
cycle time *(Lager)* Durchlaufzeit *f (Zeitdauer zwischen der Auftragserteilung und der Warenlieferung)*
cylinder capacity *(ALog)* Hubraum *m*

D

DAF *(Abk. für: delivered at frontier) (Recht, ZollAHa)* DAF, geliefert Grenze *(cf Anhang: Incoterms 2000)*
daily driving time *(Recht, Straße)* tägliche Lenkzeit *f*
daily rest period *(Recht, Straße)* tägliche Ruhezeit *f*
damage *(Recht, Vers)* Beschädigung *f*, Schaden *m*
damage caused by moisture *(ALog)* Nässeschaden *m*
damage event *(Recht, Vers)* Schadensfall *m*
damage in transit *(Schiene, Schiff, Straße, Luft)* Transportschaden *m*
damage of delay *(Recht, Vers)* Verspätungsschaden *m*

damage of goods *(Recht, Vers)* Güterschaden *m*
dangerous cargo *(ALog)* gefährliche Ladung *f*
dangerous goods *(ALog)* Gefahrgut *n*, gefährliche Güter *npl*
dangerous goods regulations fee *(DGR-fee) (Luft)* Gefahrgutgebühr *f*
data *(Inf)* Daten *pl*
data item *(Inf)* Datenelement *n*
data processing *(Inf)* Datenverarbeitung *f*
data security *(Inf)* Datenschutz *m*
data transfer *(Inf)* Datenübertragung *f*
date *(ALog)* Datum *n*
date of collection *(ALog)* Abholtermin *m*
date of dispatch *(Schiene, Schiff, Straße, Luft)* Versandtermin *m*, Versanddatum *n*
date of invoice *(Recht, ZollAHa)* Rechnungsdatum *n*
DCM *(Abk. für: deadheading crew member) (Luft)* DCM *m (fliegendes Personal, ohne Ausübung dienstlicher Tätigkeiten an Bord, um den Einsatz an einem anderen Ort aufzunehmen oder nach absolviertem Einsatz zum Heimatflughafen zurückzukehren)*
dd *(Abk. für: direct dialling, direct dialing) (Inf)* Durchwahl *f (zur Nebenstelle = extension)*
DDD *(Abk. für: direct distance dialing) (Inf)* Selbstwählferndienst *m*, Selbstfernwahl *f*, Teilnehmerfernwahl *f*
DDP *(Abk. für: delivered duty paid) (Recht, ZollAHa)* DDP, geliefert verzollt *(cf Anhang: Incoterms 2000)*
DDU *(Abk. für: delivered duty unpaid) (Recht, ZollAHa)* DDU, geliefert unverzollt *(cf Anhang: Incoterms 2000)*
dead corner *(ALog, Straße)* toter Winkel *m*
dead freight 1. *(ALog)* Leerfracht *f*; 2. *(Schiene, Schiff, Straße, Luft)* Fautfracht *f*, Fehlfracht *f (space reserved but not taken up; Ausgleichsfracht für nicht genutzten Laderaum)*
dead load *(ALog)* Leergewicht *n*, Eigengewicht *n*, Totgewicht *n*, totes Gewicht *n*, Totlast *f*, tote Last *f (the weight of a vehicle or any structure, excluding the weight of passengers or goods; synonymous: dead weight)*
dead weight *(dwt) (ALog)* Leergewicht *n*, Eigengewicht *n*, Totgewicht *n*, totes Gewicht *n*, Totlast *f (the weight of a vehicle or any structure, excluding the weight of passengers or goods; synonymous: dead load)*
dead weight carrying capacity *(dwcc) (Schiff)* Ladefähigkeit *f (Tragfähigkeit minus Brenn- und Schmierstoff, sämtliches Wasser an Bord, Besatzung, Ausrüstung und Proviant)*
deadhead 1. *(Schiene, Straße)* Schwarzfahrer *m*; 2. *(Schiff)* blinder Passagier *m (synonymous: stowaway)*; 3. *(Schiene)* Leerwagon *m*; 4. *(Luft)* DCM *m (DCM = deadheading crew member; fliegendes Personal, ohne Ausübung dienstlicher Tätigkeiten an Bord, um den Einsatz an einem anderen Ort aufzunehmen oder nach absolviertem Einsatz zum Heimatflughafen zurückzukehren)*
deadheading crew member *(DCM) (Luft)* DCM *m (fliegendes Personal, ohne Ausübung dienstlicher Tätigkeiten an Bord, um den Einsatz an einem anderen Ort aufzunehmen oder nach absolviertem Einsatz zum Heimatflughafen zurückzukehren)*
deadheadings *(Schiff)* Leercontainertransport *m*
deadline *(ALog)* Fristablauf *m*
deadload *(Luft)* Gesamtladung *f*, Zuladung *f (Summe aus Fracht, Post und Gepäck an Bord eines Flugzeuges)*
deadweight *(Schiff)* Gesamtladung *f (total weight of cargo, stores etc. which a ship can carry)*
deadweight capacity *(dwc) (ALog)* Ladefähigkeit *f*, Tragfähigkeit *f*, Ladevermögen *n*, Gesamtzuladung *f (synonymous: deadweight loading capacity)*
deadweight loading capacity *(ALog)* Ladefähigkeit *f*, Tragfähigkeit *f*, Ladevermögen *n*, Gesamtzuladung *f*
deadweight ton *(Schiene, Schiff, Straße)* Leertonne *f*, Tonne *f* Leergewicht
deadweight tonnage *(ALog)* Gesamtzuladungsgewicht *n*, Ladefähigkeit *f*, Tragfähigkeit *f (synonymous: deadweight loading capacity)*
deadweight tonne *(Schiene, Schiff, Straße)* Leertonne *f*, Tonne *f* Leergewicht
deck *(Schiff)* Deck *n* • **on deck** auf Deck • **under deck** unter Deck
deck area *(Schiff)* Decksfläche *f*

deck container *(Schiff)* Deckscontainer *m (Container über Deck auf einem Containerschiff)*
deck crane *(Schiff)* Deckskran *m*
declaration of delivery time *(Recht, Vers)* Lieferfristangabe *f*
declaration of goods *(ALog)* Inhaltsangabe *f*
declaration of values *(ZollAHa)* Wertangabe *f*
deconsolidate *v (ALog)* entflechten
deconsolidator *(Schiene, Straße)* Empfangsspediteur *m*
decoupling point *(ALog)* Entkopplungspunkt *m*
deduction *(ZollAHa)* Abzug *m* • **after deduction** *(ALog)* nach Abzug
deep-freezing *(Schiene, Schiff, Straße, Luft)* Tiefkühlung *f*
default in delivery *(ALog, Recht)* Lieferverzug *m*
defective packaging *(ALog)* mangelhafte Verpackung *f*
deferred payment *(ZollAHa)* Zahlungsaufschub *m*
deferred rebate *(ALog)* Zeitrabatt *m*
defined costs forwarder *(Straße, Schiene, Schiff, Luft)* Fixkostenspediteur *m*
degree of utilisation *(ALog)* Nutzungsgrad *m*
delay *(Schiene, Schiff, Straße, Luft)* Verzögerung *f*
delayed delivery *(ALog, Recht)* verspätete Lieferung *f*
deliver *v* **only against** *(ALog)* aushändigen nur gegen • **to be delivered only against the duplicate of consignment note** auszuliefern nur gegen Übergabe des Frachtbriefdoppels
delivered at frontier *(DAF) (Recht, ZollAHa)* geliefert Grenze, DAF *(cf Anhang: Incoterms 2000)*
delivered duty paid *(DDP) (Recht, ZollAHa)* geliefert verzollt, DDP *(cf Anhang: Incoterms 2000)*
delivered duty unpaid *(DDU) (Recht, ZollAHa)* geliefert unverzollt, DDU *(cf Anhang: Incoterms 2000)*
delivered ex quay *(DEQ) (Recht, ZollAHa)* geliefert ab Kai, DEQ *(cf Anhang: Incoterms 2000)*
delivered ex ship *(DES) (Recht, ZollAHa)* geliefert ab Schiff, DES *(cf Anhang: Incoterms 2000)*
delivery 1. *(ALog)* Lieferung *f*; 2. *(Schiene, Straße, Schiff, Luft)* Anfuhr *f*, Auslieferung *f*, Zustellung *f*
delivery barrier *(Recht)* Ablieferungshindernis *n*
delivery control *(ALog)* Lieferkontrolle *f*
delivery date *(ALog)* Anlieferdatum *n*
delivery flexibility *(ALog)* Lieferflexibilität *f*
delivery free on board *(Schiff)* Anbordlieferung *f*
delivery note *(ALog)* Lieferschein *m (vom Lieferanten erstelltes Dokument über den Umfang einer Lieferung mit der Beschreibung von einer oder mehreren Lieferpositionen von einem Verkäufer an einen Käufer)*
delivery only against the duplicate of consignment note *(ALog)* Lieferung nur gegen Übergabe des Frachtbriefdoppels
delivery order *(ALog)* Bezugsschein *m*
delivery papers *(ALog)* Lieferbelege *fpl (alle Schriftstücke, die für die Abwicklung und gegebenenfalls Begleitung einer Lieferung erstellt werden)*
delivery quality *(ALog)* Lieferqualität *f*
delivery reliability *(ALog)* Liefertreue *f*, Lieferzuverlässigkeit *f (Qualitätsindikator der Logistikleistung in der Produktion; gibt Aufschluss darüber, wie groß der Anteil der termingerecht und vollständig ausgelieferten Aufträge an der Gesamtzahl der ausgelieferten Aufträge ist)*
delivery run sheet *(Schiene, Straße)* Rollkarte *f (uneinheitliches Lade-/Entladepapier für die Auslieferung von Gütern im Güternahverkehr)*
delivery schedule message *(ALog)* Lieferplanmeldung *f*
delivery service *(ALog)* Lieferservice *m*
delivery service level *(ALog)* Lieferservicegrad *m*
delivery terms *(ALog, Recht)* Lieferbedingungen *fpl*, Lieferungsbedingungen *fpl*
delivery ticket *(ALog)* Lieferschein *m*
delivery time *(ALog)* Anliefertermin *m*, Lieferfrist *f*
delivery transport *(Straße)* Zustelltransport *m*
delivery unit *(ALog)* Liefereinheit *f*

demand *(Lager)* Bedarf *m*
demand planning *(Lager)* Bedarfsplanung *f*
demurrage *(ALog)* Liegegeld *n*, Standgeld *n*, Überliegegeld *n*, Liegezeit *f*, Überliegezeit *f*
demurrage charges *(Schiene)* Wagenstandgeld *n*
departure *(ALog, Schiff)* Abfahrt *f*
depositer *(Lager)* Einlagerer *m*
deposits *(ALog)* Einlagen *fpl*
depot *(Lager)* Lager *n*
depreciation *(ALog)* Absetzung *f* für Abnutzung, Afa *f*
DEQ *(Abk. für: delivered ex quay) (Recht, ZollAHa)* DEQ, geliefert ab Kai *(cf Anhang: Incoterms 2000)*
deregulation *(Schiene, Schiff, Straße, Luft)* Liberalisierung *f*
derrick *(Schiff)* Ladebaum *m*
DERV, Derv *(Abk. für: diesel-engined road vehicle; BE) (Straße)* Straßenfahrzeug *n* mit Dieselmotor, dieselbetriebenes Straßenfahrzeug *n*
DES *(Abk. für: delivered ex ship) (Recht, ZollAHa)* DES, geliefert ab Schiff *(cf Anhang: Incoterms 2000)*
DESADV *(Abk. für: dispatch advice message) (Inf)* Lieferavis *n (Nachrichtentyp im EDIFACT)*
description of goods *(ALog, ZollAHa)* Warenbezeichnung *f*, Bezeichnung *f* des Gutes, Güterbezeichnung *f*
detail of route *(Schiene, Schiff, Straße, Luft)* Leitungsweg *m*
detailed loading list *(Schiff)* detaillierte Ladeliste *f*
detention charge *(Schiff)* Containermiete *f (progressive Containermiete im Vor- und Nachlauf)*
determination of demand *(Lager)* Bedarfsermittlung *f*
detour *(ALog)* Umleitung *f*; Umweg *m*
devaluation *(ZollAHa)* Abwertung *f*
DGR *(Abk. für: IATA dangerous goods regulations) (ALog, Recht)* IATA-Gefahrgutverordnung *f*
DGR-fee *(Abk. für: dangerous goods regulations fee) (ALog)* Gefahrgutgebühr *f*
dialling code *(BE) (Inf)* Vorwahl *f*, Vorwahlnummer *f (telephone)*
diesel engine *(ALog)* Dieselmotor *m*
diesel-engined road vehicle *(BE) (DERV, Derv) (Straße)* Straßenfahrzeug *n* mit Dieselmotor, dieselbetriebenes Straßenfahrzeug *n*
diesel fuel *(ALog)* Dieselkraftstoff *m*, Dieseltreibstoff *m*
diesel fuel-driven forklift *(Lager)* dieselbetriebener Gabelstapler *m*
dieselize *v (Straße)* auf Dieselbetrieb umstellen, auf Diesel umstellen
differential gear *(ALog)* Differentialgetriebe *n*
differential lock *(ALog)* Differentialsperre *f*
digital tachograph *(Recht, Straße)* digitaler Tachograph *m*
dimensional weight *(Straße, Schiene, Schiff, Luft)* Volumengewicht *n*
dimensions *(ALog)* Abmessungen *fpl*
direct charges *(ALog)* direkte Kosten *pl*
direct costing *(ALog)* Teilkostenrechnung *f*
direct costs *(ALog)* direkte Kosten *pl*
direct delivery *(ALog)* Direktbelieferung *f*, Direktlieferung *f*
direct dialing *(dd) (AE) (Inf)* Durchwahl *f*
direct dialling *(dd) (BE) (Inf)* Durchwahl *f*
direct fuel injection *(ALog)* Direkteinspritzung *f*, Benzineinspritzung *f*
direct load *(Straße)* Direktladung *f (Gütermenge, die auf einem Direkttransport befördert wird)*
direct store delivery *(ALog)* direkte Filialbelieferung *f (vom Hersteller durchgeführte Filialbelieferung unter Umgehung der händlereigenen Distributionslager, siehe auch: Streckengeschäft)*
direct traffic *(ALog)* Direktverkehr *m (Verkehre, die ohne Wechsel des Transportmittels direkt, ohne Umschlag, zwischen Versender und Empfänger erfolgen)*
direct train *(Schiene)* Direktzug *m*
direct transport *(Straße)* Direkttransport *m (Transport von Sendungen eines oder mehrerer Verlader ohne zwischengeschalteten Umschlag)*
direction indicator *(Straße)* Blinker *m*
disbursement *(ALog, ZollAHa)* Verauslagung *f*, Vorlage *f*, Barauszahlung *f*, Barvorschuss *m*
discharge *v* 1. *(ALog)* entladen; 2. *(Schiff)* löschen
discharging berth *(Schiff)* Löschplatz *m*
discharging expenses *(Schiff)* Löschkosten *pl*

disclaimer *(Recht, Vers)* Haftungsausschluss *m*
discount *(ZollAHa, ALog)* Diskont *m*, Skonto *n*
discount rate *(ZollAHa, ALog)* Diskontsatz *m*
dispatch *v (Schiene, Schiff, Straße, Luft)* abfertigen; versenden
dispatch *(ALog)* Abgang *m*, Versand *m*; Abfertigung *f*
dispatch according to instructions *(ALog)* Versand *m* gemäß Instruktionen
dispatch advice message *(DESADV) (Inf)* Lieferavis *n (Nachrichtentyp im EDIFACT)*
dispatch notification *(ALog)* Liefermeldung *f*
dispatch of goods *(ALog)* Güterabfertigung *f*
dispatch warehouse *(Lager)* Versandlager *n*
dispatcher 1. *(Schiene, Schiff, Straße, Luft)* Versender *m*; 2. *(Luft)* Abfertiger *m (Bodendienstleister der Luftfrachtabfertigung)*
dispatching place *(ALog)* Abgangsort *m*
display pallet *(ALog)* Ausstellungpalette *f (Palette für den Transport und für die Präsentation der Ware in den Verkaufsräumen)*
disposal of/at the *(Recht, ZollAHa)* zur Verfügung von
disposition *(ALog)* Einteilung *f*
distance securing *(Lager)* Abstandssicherung *f*
distance selling *(ALog)* Distanzhandel *m*, Fernabsatz *m*
distribution *(ALog)* Feinverteilung *f*, Verteilung *f*
distribution center *(AE) (Lager)* Verteilzentrum *n*, Warenverteilzentrum *n*
distribution logistic *(ALog)* Verteilerlogistik *f*, Absatzlogistik *f*
distribution transport *(Straße)* Verteiltransport *m*
distribution warehouse *(Lager)* Auslieferungslager *n*, Verteilungslager *n*
division of labor *(AE) (ALog, Lager)* Arbeitsteilung *f*
dock *v (Schiene, Schiff, Straße, Luft)* andocken
dock dues *(Schiff)* Hafengebühren *fpl*
dock leveller *(Straße, Schiene, Lager)* Anpassrampe *f*, Überladebrücke *f*
dock railway *(Schiff, Schiene)* Hafenbahn *f*
dock receipt *(Schiff)* Kaiannahmeschein *m*, Kaiempfangsschein *m*
dock shed *(Schiff)* Kaischuppen *m*
dock warrant *(Schiff)* Dockschein *m*, Ladeplatzberechtigung *m*
dock worker *(Schiff)* Hafenarbeiter *m*
docking station *(Schiene, Schiff, Straße, Luft)* Andockstelle *f*
documentary collection *(ZollAHa)* Dokumenteninkasso *n*
documentary credit *(ZollAHa)* Dokumentenakkreditiv *n*, Warenakkreditiv *n*
documents against payment *(ZollAHa)* Dokumente gegen Zahlung *(Zahlungsbedingungen)*
domestic market *(ALog)* Inlandsmarkt *m*
domestic port *(Schiff)* Binnenhafen *m*
don't drop *(ALog)* nicht stürzen
door-to-door carriage *(Schiene, Schiff, Straße)* Haus-Haus-Beförderung *f*
door-to-door transport *(Straße)* Haus-zu-Haus-Verkehr *m*
double shelf system *(Lager)* Doppelregal *n*
DOW *(Abk. für: dry operating weight) (Luft)* DOW *n*, Betriebsgewicht *n* ohne Treibstoff, Betriebsgewicht *n* trocken *(operating weight minus take-off fuel = dry operating weight; voll ausgerüstetes Flugzeug einschließlich Besatzung, Bordverpflegung sowie Standardmengen sonstiger Flüssigkeiten, jedoch ohne Kraftstoff, Ladung und -gegebenenfalls-Passagiere)*
downhill passage *(Schiff)* Talfahrt *f (mit dem Strom)*
downstream traffic *(Schiff)* Talverkehr *m*
downtime *(Schiff)* Leergang *m*
draft *(ALog)* Tratte *f (ein Wertpapier, das eine unbedingte Zahlungsanweisung des Ausstellers an den Bezogenen enthält, an ihn oder einen Dritten zu einem bestimmten Zeitpunkt an einem bestimmten Ort eine bestimmte Geldsumme zu zahlen, auch: gezogener Wechsel)*
drag circular conveyor *(Lager)* Schleppkreisförderer *m*
draught *(Schiff)* Tiefgang *m*
draw *v (ALog)* ziehen
drawer *(ALog)* Aussteller *m (Wechselgeschäft)*
drive *(ALog)* Antrieb *m*

drive in rack *(Lager)* Einfahrregal *n*
drive in shelf *(Lager)* Einfahrregal *n*
driver *(Straße)* Fahrer *m*
driver expenses *(Pers, Straße)* Fahrerspesen *pl*
driver licence *(Recht)* Führerschein *m*
driver wage *(Pers, Straße)* Fahrerlohn *m*
drivers' act *(Recht, Straße)* Fahrpersonalgesetz *n*
driver's cab *(Straße)* Führerhaus *n*
driver's card *(Straße)* Fahrerkarte *f*
driver's certificate *(Recht)* Fahrerbescheinigung *f*
driver's licence *(BE)*, **driver's license** *(AE) (Recht, Straße)* Fahrerlaubnis *f*; *(infrml)* Führerschein *m*
drivers regulation *(Recht, Straße)* Fahrpersonalverordnung *f*
driving licence *(BE)*, **driving license** *(AE) (Recht, Straße)* Fahrerlaubnis *f*; *(infrml)* Führerschein *m*
driving time *(Straße)* Lenkzeit *f*
drum *(ALog)* Trommel *f*
dry charter *(Luft)* Trockencharter *f (der Vercharterer stellt -im Gegensatz zum Nasscharter- nur das Flugzeug, ohne Besatzung; cf Nasscharter = wet charter, wet lease)*
dry dock *(Schiff)* Trockendock *n*
dry lease *(Luft)* Trockencharter *f (der Vercharterer stellt -im Gegensatz zum Nasscharter- nur das Flugzeug, ohne Besatzung; cf Nasscharter = wet charter, wet lease)*
dry operating weight *(DOW) (Luft)* Betriebsgewicht *n* ohne Treibstoff, Betriebsgewicht *n* trocken *(operating weight minus take-off fuel = dry operating weight; voll ausgerüstetes Flugzeug einschließlich Besatzung, Bordverpflegung sowie Standardmengen sonstiger Flüssigkeiten, jedoch ohne Kraftstoff, Ladung und -gegebenenfalls- Passagiere)*
due date *(Recht)* Verfalltag *m*
due on presentation *(ALog)* fällig bei Vorlage
duesseldorf pallet *(Lager)* Düsseldorfer Palette *f (Halbpalette mit einer halben Grundfläche der Europalette)*
duplicate of consignment note *(ALog, ZollAHa)* Duplikatfrachtbrief *m*
duplicate of the consignment note *(Schiene)* Frachtbriefdoppel *n (Blatt 2 des Formularsatzes Frachtbrief - Absender)*
durable packaging *(ALog)* dauerhafte Verpackung *f*
duration *(ALog)* Laufzeit *f*
dutiable *adj (ZollAHa)* abgabepflichtig *f*
dutiable goods in bond *(ZollAHa)* Zollgut *n*
duty-free *(ZollAHa)* zollfrei
duty-free zone *(ZollAHa, Lager)* Zollfreilager *n*
duty of care *(Recht, Vers)* Sorgfaltspflicht *f*
duty of care liability *(Recht, Vers)* Obhutshaftung *f*
duty of custody liability *(Recht, Vers)* Gewahrsamshaftung *f*
duty to inform *(Recht, Vers)* Informationspflicht *f*
duty unpaid *(ZollAHa)* unverzollt
dwc *(Abk. für: deadweight capacity) (ALog)* Ladefähigkeit *f*, Tragfähigkeit *f*, Ladevermögen *m (synonymous: deadweight loading capacity)*
dwcc *(Abk. für: dead-weight carrying capacity) (Schiff)* Ladefähigkeit *f*, Tragfähigkeit *f*, Ladevermögen *n*, Gesamtzuladung *f (Tragfähigkeit minus Brenn- und Schmierstoff, sämtliches Wasser an Bord, Besatzung, Ausrüstung und Proviant)*
dwt *(Abk. für: dead weight) (ALog)* Leergewicht *n*, Eigengewicht *n*, Totgewicht *n*, totes Gewicht *n*, Totlast *f (the weight of a vehicle or any structure, excluding the weight of passengers or goods; synonymous: dead load)*
dynamic bin location *(Lager)* dynamischer Lagerplatz *m*
dynamic quota system *(Inf)* dynamisches Zuteilungssystem *n (Softwaresystem, das offene Bezugsmengen mit Absatzprognosen, Wiederbeschaffungszeiten und Mindestbestellmengen kombiniert, um durch einen dynamischen Verteilprozess die effizienteste Bezugsquelle für den Artikel festzustellen)*

E

EAN *(Abk. für: European Article Number) (Inf)* Europäische Artikelnummer *f (ursprünglich: Europa-einheitliche Artikelnummer; jetzt: Internationale Artikelnummer; in ca. 50 Ländern für den Nahrungsmittelbereich genormte Schnittstelle zwischen der artikelbezogenen DV der verschiedenen Handelsstufen; integriert sind ein zweistelliges Länderkennzeichen, eine fünfstellige Herstellerbetriebsnummer, eine fünfstellige, vom Hersteller vergebene Artikelnummer und eine Prüfziffer; cf EAN item number = EAN-Artikelnummer)*

EAN code *(Inf)* EAN-Kennzeichen *n*

EAN communication *(EANCOM)* EAN-Kommunikation *f (zusammengesetzt aus EAN und COMmunication; Standard für den elektronischen Datenaustausch)*

EAN composite symbology *(Inf)* EAN-Verbundsymbolsatz *m*

EAN data matrix *(Inf)* EAN-Datenmatrix *f*

EAN item number *(Inf)* EAN-Artikelnummer *f (international abgestimmte, einheitliche und weltweit überschneidungsfreie 8-, 13- oder 14-stellige Artikelnummer für Produkte und Dienstleistungen; sie bildet die Grundlage für den Einsatz der Scannertechnologie und erleichtert wesentlich die elektronische Kommunikation)*

EAN reference number *(Inf)* EAN-Prüfziffernberechnung *f*

EAN short number *(Inf)* EAN-Kurznummer *f*

EAN 128 transport label *(Inf)* EAN 128-Transportetikett *n (von der EAN international empfohlenes Etikett mit Artikel-, Transport- und Logistik- sowie Verbraucherinformationen, sowohl in Klarschrift als auch in Strichcode nach dem EAN-128 Standard)*

EANCOM *(Abk. für: EAN communication)* EAN-Kommunikation *f (zusammengesetzt aus EAN und COMmunication; Standard für den elektronischen Datenaustausch)*

EANCOM news *(Inf)* EANCOM-Logistiknachrichten *fpl (Nachrichtentyp im EANCOM, die Instruktionen oder Informationen in Bezug auf Artikel und Mengen beinhalten)*

East Coast of South America *(E.C.S.A.) (ALog, Schiff)* Ostküste *f* Südamerikas

EC *(extended cover) (Recht, Vers)* erweiterte Deckung *f*

EC-movement certificate *(ZollAHa)* EG-Warenverkehrsbescheinigung *f*

ECE *(Abk. für: Economic Commission for Europe) (ALog, Recht)* ECE *f*, Wirtschaftskommission *f* (der UN) für Europa, UN-Wirtschaftskommission *f* für Europa *(synonymous: United Nations Economic Commission for Europe, UNECE; a UN agency seated in Geneva; eine Unterorganisation der Vereinten Nationen mit Sitz in Genf)*

ECE terms of delivery *(ALog, Recht)* ECE-Lieferbedingungen *fpl (von der UN-Wirtschaftskommission für Europa entwickelte Bedingungen im Hinblick auf Lieferverträge für Anlagen, Maschinen und langlebige Konsumgüter; anders: die Incoterms der Internationalen Handelskammer, Paris)*

ECMT *(Abk. für: European Conference of Ministers of Transport) (ALog, Recht)* CEMT, Cemt, Europäische Konferenz der Verkehrsminister *(CEMT = Conférence Européenne des Ministres des Transports)*; *(jarg)* (europäische) Verkehrsministerkonferenz *f (Cemt)*

ECMT licence, ECMT permit *(Recht, Straße)* CEMT-Genehmigung *f (permit valid for road haulage activities between the member states of the ECMT; berechtigt zur grenzüberschreitenden Beförderung zwischen den Mitgliedstaaten der CEMT)*

Economic Commission for Europe *(ECE) (ALog, Recht)* Wirtschaftskommission *f* (der UN) für Europa, UN-Wirtschaftskommission *f* für Europa, ECE *f (synonymous: United Nations Economic Commission for Europe, UNECE; a UN agency seated in Geneva; eine Unterorganisation der Vereinten Nationen mit Sitz in Genf)*

economic order quantity *(Lager)* optimale Bestellmenge *f (synonymous: optimum order size)*

economic zone *(Recht, Schiff)* Wirtschaftszone *f (200 Seemeilen von der Küstenlinie)*

ECR *(Abk. für: efficient customer response, efficient consumer response) (Inf)* ECR *f*, effiziente Kundenresonanz *f*, effiziente Reaktion *f* auf Verbraucheranfragen *(logistics concept with the aim to minimize inventory and logistics costs and to optimize product availability = Produktverfügbarkeit; effiziente Reaktion auf die Kundenanfrage; partnerschaftliches Distributionssystem der Konsumgüterindustrie und des Handels zur betriebsübergreifenden Optimierung komplexer Prozesse entlang der Wertschöpfungskette; der Einsatz verschiedener Managementmethoden zielt auf die effiziente Reaktion auf Anfragen durch die bedarfsorientierte = demand-driven bzw. verbraucherorientierte Steuerung der Versorgungskette = consumer-oriented control of the supply chain; cf SCM)*

ECS *(Abk. für: export control system) (ZollAHa)* Exportkontrollsystem *n*, Export-Control-System *n (elektronische Kommunikation zwischen der Ausfuhrstelle eines EU Mitgliedsstaates und der Eingangszollstelle eines anderen EU Mitgliedstaates)*

E.C.S.A. *(Abk. für: East Coast of South America) (ALog, Schiff)* Ostküste *f* Südamerikas

ECSA *(Abk. für: European Community Shipowners' Association) (ALog, Recht)* Europäischer Reederverband *m*

EDD *(Abk. für: estimated delivery date) (Recht)* voraussichtlicher Liefertermin *m*

EDI *(Abk. für: electronic data interchange) (Inf)* EDI *m*, elektronischer Datenaustausch *m (elektronische Übermittlung strukturierter Daten mittels festgelegter Nachrichtenstandards)*

EDI delivery note *(Inf)* DFÜ-Warenbegleitschein *m (Standardlieferscheinform auf Normalpapier für Ware, die dem Empfänger vom Lieferanten per elektronischer Datenübertragung avisiert wird)*

EDIFACT *(Abk. für: Electronic Data Interchange for Administration, Commerce and Transport) (Inf)* elektronischer Datenaustausch *m* für Verwaltung, Wirtschaft und Transport *(UN standard for handling business data; UN-Standard für die elektronische, branchenübergreifende Datenübertragung im Geschäftsverkehr)*

EDIFOR *(Abk. für: Electronic Data Interchange for the Forwarding Community) (Inf)* EDIFOR *(elektronischer Datenaustausch für den gesamten Speditions- und Logistikbereich auf der Basis des EDIFACT-Standards)*

EEA *(Abk. für: European Economic Area) (ALog, ZollAHa)* Europäischer Wirtschaftsraum *m*, EWR *m (umfasst EU + EFTA ohne die Schweiz; cf EFTA = European Free Trade Association = Europäische Freihandelsassoziation)*

EEC-movement certificate *(ZollAHa)* EWG-Warenverkehrsbescheinigung *f*

efficient consumer response *(ECR) (Inf)* ECR *f*, effiziente Reaktion *f* auf Verbraucheranfragen *(logistics concept with the aim to minimize inventory and logistics costs and to optimize product availability = Produktverfügbarkeit; auch: effiziente Reaktion auf die Kundenanfrage; partnerschaftliches Distributionssystem der Konsumgüterindustrie und des Handels zur betriebsübergreifenden Optimierung komplexer Prozesse entlang der Wertschöpfungskette; der Einsatz verschiedener Managementmethoden zielt auf die effiziente Reaktion auf Verbraucher- und Kundenanfragen durch die bedarfsorientierte = demand-driven bzw. verbraucherorientierte Steuerung der Versorgungskette = consumer-oriented control of the supply chain; cf ECR = efficient customer response; cf SCM)*

efficient customer response *(ECR) (Inf)* ECR *f*, effiziente Kundenresonanz *f (logistics concept with the aim to minimize inventory and logistics costs and to optimize product availability = Produktverfügbarkeit; effiziente Reaktion auf die Kundenanfrage; partnerschaftliches Distributionssystem der Konsumgüterindustrie und des Handels zur betriebsübergreifenden Optimierung komplexer Prozesse entlang der Wertschöpfungskette; der Einsatz verschiedener Managementmethoden zielt auf die effiziente Reaktion auf Anfragen durch die bedarfsorientierte = demand-driven bzw. verbraucherorientierte Steuerung der Versorgungskette = consumer-oriented control* *of the supply chain; cf efficient consumer response, ECR; cf SCM)*

efficient unit loads *(EUL) (ALog)* optimale Ladungseinheiten *fpl*, effiziente Transporteinheiten *fpl*

EFT *(Abk. für: electronic funds transfer) (ALog)* elektronischer Zahlungsverkehr *m*, belegloser Überweisungsverkehr *m*, belegloser Zahlungsverkehr *m*; elektronische Zahlungsabwicklung *f (Abwicklung des Zahlungsverkehrs zwischen Handel und Herstellern über EDI)*

EFTA *(Abk. für: European Free Trade Association) (ALog, ZollAHa)* EFTA *f*, Europäische Freihandelsassoziation *f*; *(infrml)* Europäische Freihandelszone *f (seit 1995, nach dem Beitritt verschiedener Mitgliedstaaten zur EU, noch 4 Mitglieder: Island, Liechtenstein, Schweiz und Norwegen, die -alle außer der Schweiz- mit der EU in einer Freihandelszone = free trade area, dem EWR = Europäischer Wirtschaftsraum = European Economic Area = EEA verbunden sind)*

e-fulfilment *(Inf)* elektronische Ausführung *f*

ELA *(Abk. für: European Logistics Association) (ALog) Dachverband der nationalen europäischen Logistikverbände, befasst sich u. a. auch mit der Normierung innerhalb des CEN = Comité Européen de Normalisation = European Committee for Standardization = Europäisches Komitee für Normung*

electric forklift *(Lager)* elektrobetriebener Gabelstapler *m*

electronic charging *(Inf, Straße)* elektronisches Erhebungssystem *n*

electronic customs tariff *(Inf, ZollAHa)* elektronischer Zolltarif *m*, EZT *m*

electronic data interchange *(EDI) (Inf)* elektronischer Datenaustausch *m (elektronische Übermittlung strukturierter Daten mittels festgelegter Nachrichtenstandards)*

Electronic Data Interchange for Administration, Commerce and Transport *(EDIFACT) (Inf)* elektronischer Datenaustausch *m* für Verwaltung, Wirtschaft und Transport *(UN standard for handling business data; UN-Standard für die elektronische, branchenübergreifende Datenübertragung im Geschäftsverkehr)*

electronic document storage *(ALog)* elektronische Belegarchivierung *f*

electronic goods issue slip *(Inf)* DFÜ-Warenbegleitschein *m*

electronic inventory management *(Lager)* elektronische Bestandsführung *f*

electronic message *(Inf)* elektronische Nachricht *f*

electronic payment *(Inf)* elektronische Zahlungsabwicklung *f (Abwicklung des Zahlungsverkehrs zwischen Handel und Herstellern über EDI)*

electronic product code *(EPC) (Inf)* elektronische Produktkennzeichnung *f (definierte Ziffernfolge für die eindeutige Identifizierung eines einzelnen Objektes, vorrangig von Waren; wird auf RFID-Transpondern gespeichert und von Lesegeräten berührungslos ausgelesen)*

electronic signature *(Inf)* elektronische Signatur *f*

emergency lane *(Straße)* Pannenstreifen *m*, Standstreifen *m*

emergency telephone *(Straße)* Notrufsäule *f*

emission category *(Straße)* Emmissionsklasse *f*

emission-free *adj (Straße)* abgasfrei

emissions inspection *(ALog, Straße)* Abgasuntersuchung *f*

employers liability insurance association *(Straße)* Berufsgenossenschaft *f* für Fahrzeughaltung

employment contract *(Pers, Recht)* Arbeitsvertrag *m*

empties *(Schiene, Schiff, Straße)* Leergut *n*

empty bin location *(Lager)* Leerplatz *m*

empty run *(ALog)* Leerfahrt *f*

empty trip *(ALog)* Leerfahrt *f*

enclose *v (Straße, Schiene, Schiff, Luft)* beipacken

enclosure *(Straße, Schiene, Schiff, Luft)* Beipack *n*

encode *v (Inf)* kodieren, verschlüsseln, chiffrieren

encoding *(Inf)* Kodierung *f*, Verschlüsselung *f*, Chiffrierung *f*

encrypt *v (Inf)* kodieren, verschlüsseln, chiffrieren

encryption *(Inf)* Kodierung *f*, Verschlüsselung *f*, Chiffrierung *f*

end-loading ramp *(Schiene, Straße)* Kopframpe *f*, Stirnrampe *f*

endorse *v (Schiff)* indossieren
endorsement *(Schiff)* Indossament *n (Übertragungseintragung auf einem Konnossement)*
engagement/without *(Recht)* unverbindlich
engine power *(Schiene, Straße)* Leistung *f*
enquiry *(ALog)* Anfrage *f*
enterprise resource planning *(ERP) (ALog, Inf, Lager)* betriebliches Ressourcenplanungssystem *n (bereichsübergreifendes betriebswirtschaftliches Standard-Softwaresystem zur einheitlichen Steuerung und Auswertung betrieblicher Prozesse in unterschiedlichen Unternehmensbereichen, z. B. in Logistik, Produktion, Vertrieb, Personal und Finanzen; effizientes Controlling-Instrument unternehmensinterner wie -externer Geschäftsprozesse)*; Warenwirtschaftssystem *n*
entitled to dispose of *(Recht)* Verfügungsberechtigter *m*
entrain *v (Schiene, Straße)* verladen
entrain *v* **for ...** *(Schiene)* verladen nach..., nach ... verladen
entrainment *(Schiene, Straße)* Verladung *f*
entrepreneurial profit *(ALog)* Unternehmerlohn *m*
EOQ *(Abk. für: economic order quantity) (ALog)* optimale Bestellmenge *f*
EPC *(Abk. für: electronic product code) (Inf)* elektronische Produktkennzeichnung *f (definierte Ziffernfolge für die eindeutige Identifizierung eines einzelnen Objektes, vorrangig von Waren; wird auf RFID-Transpondern gespeichert und von Lesegeräten berührungslos ausgelesen; cf RIFID)*
equity *(ALog)* Eigenkapital *n*
equivalent *(ZollAHa)* Gegenwert *m*
ERP *(Abk. für: enterprise resource planning) (ALog, Inf, Lager)* betriebliches Ressourcenplanungssystem *n (bereichsübergreifendes betriebswirtschaftliches Standard-Softwaresystem zur einheitlichen Steuerung und Auswertung betrieblicher Prozesse in unterschiedlichen Unternehmensbereichen, z. B. in Logistik, Produktion, Vertrieb, Personal und Finanzen; effizientes Controlling-Instrument unternehmensinterner wie -externer Geschäftsprozesse)*; Warenwirtschaftssystem *n*
errors and omissions excepted *(Recht)* Irrtümer und Auslassungen vorbehalten
ESC *(Abk. für: European National Shippers' Council) (ALog) Vereinigung von Spediteuren der EU-Mitgliedstaaten auf europäischer Ebene*
escape lane *(Straße)* Notfallspur *f*, Notspur *f*
escort vehicle *(Straße)* Begleitfahrzeug *n*
estimated delivery date *(EDD) (Recht)* voraussichtlicher Liefertermin *m*
EU domestic market *(Straße)* EU-Binnenmarkt *m*
EU licence *(Straße)* EU-Gemeinschaftslizenz *f*
EUL *(Abk. für: efficient unit loads) (ALog)* Optimierung *f* von Ladungseinheiten
European agreement concerning the international carriage of dangerous goods by road *(Straße)* Europäisches Übereinkommen für die internationale Beförderung gefährlicher Güter auf der Straße *(Accord européen relatif au transport des marchandises dangereuses par route)*
European agreement concerning the work of crews of vehicles engaged in international road transport *(AETR) (Pers, Straße)* Europäisches Übereinkommen über die Arbeit des im internationalen Straßenverkehr beschäftigten Fahrpersonals
European Article Number *(EAN) (Inf)* Europäische Artikelnummer *f*
European Committee for Standardization *(ALog, Recht)* Europäisches Komitee für Normung *(Comité Européen de Normalisation, CEN; Sitz in Brüssel)*
European Company *(SE) (Recht)* Europäische Gesellschaft *f*, SE *f*, Societas Europaea; *(infrml)* Europa AG *f*, Europa--Ag *f (synonymous: Societas Europaea; EU)*
European Conference of Ministers of Transport *(ECMT) (ALog, Recht)* Europäische Konferenz der Verkehrsminister, CEMT *(CEMT = Conférence Européenne des Ministres des Transports)*; *(jarg)* (europäische) Verkehrsministerkonferenz *f*
European Cooperative Society *(SCE) (Recht)* Europäische Genossenschaft *f*,

SCE *f*, Societas Cooperativa Europaea *(synonymous: Societas Cooperativa Europaea; die SCE steht in den EU-Mitgliedstaaten als alternative Rechtsform neben den Genossenschaften nach dem bestehenden nationalen Recht)*

European Economic Area *(EEA) (ALog, ZollAHa)* Europäischer Wirtschaftsraum *m*, EWR *m (umfasst EU + EFTA ohne die Schweiz; cf EFTA = European Free Trade Association = Europäische Freihandelsassoziation)*

European Free Trade Association *(EFTA) (ALog, ZollAHa)* Europäische Freihandelsassoziation *f*, EFTA *f*; *(infrml)* Europäische Freihandelszone *f (seit 1995, nach dem Beitritt verschiedener Mitgliedstaaten zur EU, noch 4 Mitglieder: Island, Liechtenstein, Schweiz und Norwegen, die -alle außer der Schweiz- mit der EU in einer Freihandelszone = free trade area, dem EWR = Europäischer Wirtschaftsraum = European Economic Area = EEA verbunden sind)*

European Logistics Association *(ELA) (ALog) europäischer Logistik-Dachverband mit Sitz in Brüssel, befasst sich u. a. mit der Normung innerhalb des CEN = Comité Européen de Normalisation = European Committee for Standardization = Europäisches Komitee für Normung*

European pool palette *(Lager)* Europoolpalette *f (UIC-genormte Flachpalette mit den Maßen 1200 x 800 x 144 mm)*

evaluation of suppliers *(ALog)* Lieferantenbewertung *f*

evidence of dispatch *(Schiene, Schiff, Straße, Luft)* Versandnachweis *m*

ex factory *(Recht, ZollAHa)* ab Werk *(ex works, EXW, cf Anhang: Incoterms 2000)*; ab Fabrik, x-Fabrik *(Lieferklausel)*

ex plant *(ALog)* ab Fabrik *f*, ab Werk *n*

ex warehouse *(ALog)* ab Lager *n*

ex works *(EXW)* 1. *(Recht, ZollAHa)* ab Werk, EXW *(cf Anhang: Incoterms 2000)*; 2. *(ALog)* ab Fabrik, ex Fabrik, x-Fabrik *(Lieferklausel)*

examination *(ALog)* Nachprüfung *f*

exceeding delivery time *(Recht)* Lieferfristüberschreitung *f*

excess baggage *(Luft)* Übergepäck *n (aufgegebenes Gepäck, das die im Flugschein ausgewiesene Freigepäckgrenze überschreitet und das nach Gewicht oder als Festpreis gesondert zu bezahlen ist)*

excess/in *(ALog)* überzählig

excess overhang *(Lager)* Palettenüberstand *m*

exempt from duty *(ZollAHa)* abgabenfrei

exemption from duty *(ZollAHa)* Zollbefreiung *f*

exhaust emission *(Straße)* Schadstoffklasse *f*

exhibition goods *(ALog)* Ausstellungsgüter *npl*

expected useful life *(ALog)* Nutzungsdauer *f*

expert's survey *(Recht, Vers)* Schadensbesichtigung *f* durch Sachverständigen

expiring date *(ALog)* Fristablauf *m*

expiry date *(ALog)* Ablaufdatum *n*

explosive goods *(Straße, Schiene, Schiff, Luft)* explosionsgefährliche Güter *npl*

export *(ZollAHa)* Ausfuhr *f* • **for export to** *(ZollAHa)* Ausfuhr nach

export control system *(ECS) (ZollAHa)* Exportkontrollsystem *n*, Export-Control-System *n (elektronische Kommunikation zwischen der Ausfuhrstelle eines EU-Mitgliedstaates und der Eingangszollstelle eines anderen EU-Mitgliedstaates)*

export declaration *(ZollAHa) (AE)* Ausfuhrerklärung *f*

export firm *(ZollAHa)* Exporteur *m*

export goods *(ZollAHa)* Ausfuhrgut *n*, Exportgut *n*

export letter of credit *(ALog)* Exportakkreditiv *n*

export notification *(ZollAHa)* Ausfuhranmeldung *f*

export packaging *(ZollAHa, Lager)* Exportverpackung *f*

export premium *(ZollAHa)* Ausfuhrvergütung *f*

export price *(ZollAHa)* Exportpreis *m*

export shipping *(ZollAHa, Lager)* Exportversand *m*

exporter *(ZollAHa)* Exporteur *m*

express delivery *(Straße, Schiene, Schiff, Luft)* Expressbeförderung *f*; Eilversand *m*

express parcels *(Straße, Schiene, Schiff, Luft)* Expressgut *n*

express service *(ALog)* Expressdienst *m*

express slot *(Schiene)* Expresstrasse *f (eine schnelle und direkte Verbindung* *mit hoher Zuverlässigkeit zwischen Ballungsgebieten)*

extend *v (Recht, ZollAHa)* verlängern

extended benefits *(ALog)* Zusatzleistungen *fpl*

extended cover *(EC) (Recht, Vers)* erweiterte Deckung *f*

extension *(Inf)* Nebenstelle *f*, Nebenanschluss *m*; Durchwahl *f (BE direct dialling, AE direct dialing)*

extension of validity *(Recht)* Verlängerung *f* der Geltungsdauer

exterior dimension *(ALog)* Außenmaß *n*

exterior dock *(Lager)* Außenrampe *f*

external supplier *(ALog)* Fremdlieferant *m*, externer Lieferant *m*; Drittanbieter *m (third-party supplier)*

extra item *(Straße, Schiene, Schiff, Luft)* Beipack *n*

extra section *(Luft)* Verdichtungsflug *m*, Zusatzflug *m (wenn das planmäßige Angebot die saisonal oder durch andere Faktoren, wie z. B. Messen oder Großveranstaltungen, beeinflusste erhebliche Nachfrageveränderung nicht abdecken kann)*

EXW *(Abk. für: ex works) (Recht, ZollAHa)* EXW, ab Werk *(cf Anhang: Incoterms 2000)*

F

factory *(ALog)* Fabrik *f*, Werk *n* • **ex factory** *(Recht, ZollAHa)* ab Werk *(ex works, EXW, cf Anhang: Incoterms 2000)*; ab Fabrik, x-Fabrik *(Lieferklausel)*

factory price *(AE) (ALog)* Preis *m* ab Fabrik, Fabrikpreis *m*

fair goods *(Schiene, Schiff, Straße, Luft)* Messegut *n*

FAK *(Abk. für: freight all kind) (Luft, Schiff)* Fracht *f* jeder Art, artikelunabhängige Pauschalfracht *f*

FAS *(Abk. für: free alongside ship) (Recht, ZollAHa, Schiff)* FAS, frei Längsseite Schiff *(cf Anhang: Incoterms 2000)*

fast-moving consumer goods *(FMCG) (ALog)* schnell drehende Konsumgüter *npl*

fast mover *(Lager)* Schnelldreher *m*

fast-selling article *(ALog, Lager)* Schnelldreher *m*, Renner *m (products with a high turnover rate = Umschlagshäufigkeit; opposite: slow seller = Langsamdreher)*

fast-selling merchandise *(ALog, Lager)* Schnelldreher *m*, Renner *m (products with a high turnover rate = Umschlagshäufigkeit; opposite: slow seller = Langsamdreher)*

fast-selling product *(ALog, Lager)* Schnelldreher *m*, Renner *m (products with a high turnover rate = Umschlagshäufigkeit; opposite: slow seller = Langsamdreher)*

favour of/in *(ALog)* zu Gunsten von

FBL *(Abk. für: FIATA multimodal transport bill of lading) (ALog)* Durchfrachtkonnossement *n* für den kombinierten Transport, FIATA Durchkonnossement *n* für kombinierte Transporte *(FIATA = International Federation of Forwarding Agents' Associations)*

f.c. and s. *(Abk. für: free of capture and seizure) (ZollAHa, Schiff, Recht)* frei von Beschlagnahme

FCA *(Abk. für: free carrier) (Recht, ZollAHa)* FCA, frei Frachtführer *(cf Anhang: Incoterms 2000)*

FCL, F.C.L. *(Abk. für: full container load) (Schiff)* volle Containerladung *f*, Voll--Containerladung *f*

FCR *(Abk. für: forwarders certificate of receipt, forwarding agent's certificate of receipt) (ALog, Recht)* Spediteurübernahmebescheinigung *f*, Spediteur-Übernahmebescheinigung *f*

FCT *(Abk. für: forwarders certificate of transport) (Schiene, Schiff, Straße, Luft)* Spediteurtransportbescheinigung *f*

Federal commercial transport authority *(Straße)* Bundesamt *n* für Güterverkehr *(BAG)*

Federal office of civil aviation *(Luft)* Luftfahrtbundesamt *n*

Federal railway authority *(Schiene)* Eisenbahn-Bundesamt *n (EBA)*

federal road *(Straße)* Bundesstraße *f*

fee *(ALog)* Gebühr *f*, Provision *f*

feeder 1. *(Straße)* Zubringer *m*, Zubringerstraße *f*; Zubringer *m*, Zubringerbus *m*, Shuttlebus *m*, Shuttle *n(m) (Bus)*; 2. *(Schiene)* Zubringer *m*

feeder bus *(Straße)* Zubringerbus *m*

feeder line *(Luft)* Zubringerlinie *f*, Zubringerstrecke *f*
feeder road *(Straße)* Zubringer *m*, Zubringerstraße *f*
feeder service *(Luft, Schiene, Schiff, Straße)* Zubringerdienst *m*, Zubringerverkehr *m*
feeder slot *(Schiene)* Zubringertrasse *f* *(für die Überführung beladener und leerer Wagen)*
Fefo, FEFO, fefo *(Abk. für: first expiration - first out, first expired - first out) (Inf, Lager)* Fefo, Fefo-Methode *f*, Fefo-Prinzip *n* *(inventory valuation = Lagerbestandsbewertung; warenwirtschaftliches Verbrauchsfolgeverfahren für die Bestandsbewertung: Zuerstentnahme der Bestände/Waren/Artikel mit dem zeitlich am nächsten liegenden Verfallsdatum = frühestes Ablaufdatum; oder: die Ware mit dem frühesten Ablaufdatum wird zuerst ausgeliefert)*
ferry *(Schiff)* Fähre *f*
ferry boat traffic *(Schiff)* Fährbootverkehr *m*
FFI *(Abk. für: FIATA Forwarding Instruction) (ALog)* Speditionsauftrag *m* *(dokumentiert Inhalt und Abwicklung des Speditionsvertrages, der sich auf eine Sendung bezieht; FIATA = Fédération Internationale des Associations de Transitaires et Assimilés = International Federation of Freight Forwarders Associations)*
FIATA *(Abk. für: Fédération Internationale des Associations de Transitaires et Assimilés) (ALog)* Internationale Föderation *f* der Spediteurorganisationen, *(infrml)* Weltspediteurverband *m* *(International Federation of Freight Forwarders Associations)*
FIATA certificate of transport *(FCT, FIATA FCT) (ALog, Recht)* FIATA-Spediteur-Transportbescheinigung *f*
FIATA FBL *(Abk. für: FIATA multimodal transport bill of lading) (ALog)* FIATA--Durchkonnossement *n* für kombinierte Transporte, Durchfrachtkonnossement *n* für den kombinierten Transport *(FIATA = Fédération Internationale des Associations de Transitaires et Assimilés = International Federation of Freight Forwarders Associations)*
FIATA FCR *(Abk. für: FIATA forwarders certificate of receipt) (ALog)* FIATA-Spediteur-Übernahmebescheinigung *f*
FIATA FCT *(Abk. für: FIATA certificate of transport) (ALog)* FIATA-Spediteur-Transportbescheinigung *f*
FIATA forwarders certificate of receipt *(FIATA FCR) (ALog)* FIATA-Spediteur-Übernahmebescheinigung *f*
FIATA forwarding instruction *(FFI) (ALog)* Speditionsauftrag *m* *(dokumentiert Inhalt und Abwicklung des Speditionsvertrages, der sich auf eine Sendung bezieht)*
FIATA FWR *(Abk. für: FIATA warehouse receipt) (ALog)* FIATA-Lagerschein *m*
FIATA multimodal transport bill of lading *(FBL) (ALog)* FIATA-Durchfrachtkonnossement *n* für den kombinierten Transport
FIATA Shippers Declaration for the Transport of dangerous Goods *(SDT) (ALog)* Deklaration *f* des Verladers für den Transport von gefährlichen Gütern
FIATA warehouse receipt *(FWR) (Lager)* Lagerschein *m*, FIATA-Lagerschein *m*
field installation *(ALog)* Montage *f*
field load *(Lager)* Feldlast *f* *(Summe der Fachlasten in einem Regal zwischen zwei senkrechten Regalrahmen)*
fifo *(Abk. für: first in - fist out) (Lager)* Fifo-Prinzip *n* *(zeitlich zuerst eingelagerte Ware wird auch zeitlich zuerst wieder ausgelagert; Bestandsbewertung)*
fifth generation containership *(Schiff)* Containerschiff *n* der 5. Generation *(bis 5000 TEUs und mehr)*
filling pump *(ALog)* Zapfsäule *f*
filling station *(Straße)* Tankstelle *f*
filo *(Abk. für: first in - last out) (Lager)* Filo-Prinzip *n* *(zeitlich zuerst eingelagerte Ware wird zeitlich zuletzt wieder ausgelagert; Bestandsbewertung)*
financial damage *(Recht, Vers)* Vermögensschaden *m*
fine *(ALog)* Geldstrafe *f*
firm offer *(ALog)* Festofferte *f*
first expiration - first out *(Fefo, fefo, FEFO) (Inf, Lager)* Fefo-Methode *f*, Fefo--Prinzip *n*, Fefo *(synonymous: first expired - first out; inventory valuation = Lagerbestandsbewertung, warenwirtschaftliches Verbrauchsfolgeverfahren für die Bestandsbewertung: Zuerstentnahme*

der Bestände/Waren/Artikel mit dem zeitlich am nächsten liegenden Verfallsdatum = frühestes Ablaufdatum; oder: die Ware mit dem frühesten Ablaufdatum wird zuerst ausgeliefert)

first expired - first out *(Fefo, fefo, FEFO) (Inf, Lager)* Fefo-Prinzip *n*, Fefo-Methode *f*, Fefo *(synonymous: first expiration - first out; inventory valuation = Lagerbestandsbewertung, warenwirtschaftliches Verbrauchsfolgeverfahren für die Bestandsbewertung: Zuerstentnahme der Bestände/Waren/Artikel mit dem zeitlich am nächsten liegenden Verfallsdatum = frühestes Ablaufdatum; oder: die Ware mit dem frühesten Ablaufdatum wird zuerst ausgeliefert)*

first generation containership *(Schiff)* Containerschiff *n* der 1. Generation *(bis 1000 TEUs)*

first in - first out *(fifo) (Lager)* Fifo-Prinzip *n (zeitlich zuerst eingelagerte Ware wird auch zeitlich zuerst wieder ausgelagert; Verbrauchsfolgeverfahren für die Bestandsbewertung)*

first in - last out *(filo) (Lager)* Filo-Prinzip *n (zeitlich zuerst eingelagerte Ware wird zeitlich zuletzt wieder ausgelagert; Verbrauchsfolgeverfahren für die Bestandsbewertung)*

first instalment *(ALog)* Anzahlung *f*

first-party-logistics provider *(1PL) (ALog)* 1PL-Anbieter *m (von produzierenden Unternehmen intern abgewickelte logistische Leistungen; die physische Warenbewegung, d.h. Transport-, Umschlag- oder Lagerungsleistungen, wird selbst durchgeführt)*

fixed costs *(ALog)* fixe Kosten *pl*, Fixkosten *pl*, Bereitschaftskosten *pl (synonymous: constant costs, capacity costs; business costs that are constant whatever the amount of goods produced, z. B. Miete)*

fixed length *(ALog)* fixe Länge *f*

fixed bin location *(Lager)* Festplatzsystem *n*

fjord *(Schiff)* Förde *f*

flag discrimination *(Recht, Schiff)* Flaggendiskriminierung *f*

flag of convenience *(Recht, Schiff)* Billigflagge *n*

flag protectionism *(Recht, Schiff)* Flaggenprotektionismus *m (Bevorzugung der eigenen, nationalen Schiffe)*

flashing blue light *(ALog)* Blaulicht *n*

flat pallet *(Lager)* Flachpalette *f*

flat rate *(ALog)* Basisrate *f*; Flatrate *f*

flat tire *(AE) (Straße)* Reifenpanne *f (synonymous: puncture)*

flat tyre *(BE) (Straße)* Reifenpanne *f (synonymous: puncture)*

flat wagon *(Schiene, Schiff, Straße)* Flachwagen *m*, Plattformwagen *m*

flawed bill of lading *(Schiff)* unreines Konossement *n (Seefrachtbrief mit Beschädigungsvermerk)*

fleet *(Schiff, Straße)* Flotte *f*, Fuhrpark *m*

fleet management *(Straße, Schiff, Luft)* Flottenmanagement *n*

flight kilometers *(ALog, Luft)* Flugkilometer *mpl*, FKM *mpl (Verkehrsstatistik: die von einem Flugzeug theoretisch zurückgelegte, über Großkreiskilometer berechnete Entfernung = Großkreiskilometer-Entfernung; im Fernstreckenverkehr ist der Großkreisbogen die kostenoptimale Verbindung zweier Punkte auf der Erdoberfläche; cf great circle distance = Großkreisentfernung)*

flight number *(Luft)* Flugnummer *f (mit einem numerischen Teil und der Abkürzung für die Luftverkehrsgesellschaft = Airline designator)*

flight schedule *(Luft)* Flugplan *m*

floating capital *(ALog)* Umlaufvermögen *n*

floating crane *(Schiff)* Schwimmkran *m*

floating dock *(Schiff)* Schwimmdock *n*

flood *(Schiff)* Hochwasser *n*

floor chain conveyor *(Lager)* Flurförderkette *f*

floor conveyor *(Lager)* Flurförderfahrzeug *f*, FFZ *n*

floor load *(Lager)* Bodenbelastbarkeit *f*

flow chart *(ALog)* Durchlaufplan *m*, Flowchart *m*

flow of information *(Inf)* Informationsfluss *m*

flow of material *(Lager)* Materialfluss *m*

flow of service *(ALog)* Dienstleistungsfluss *m*

flow rack *(Lager)* Durchlaufregal *n*

FMCG *(Abk. für: fast moving consumer goods) (ALog)* schnell drehende Konsumgüter *npl*

FOB *(Abk. für: free on board) (Recht, Zoll/AHa)* FOB, frei an Bord *(cf Anhang: Incoterms 2000)*

FOB charges *(ALog)* FOB-Kosten *pl*

FOB delivery *(Schiff)* Anbordlieferung *f*
F.O.D. abs. *(Abk. für: free of damage absolutely) (Recht, Vers)* frei von jeglicher Beschädigung
force majeure *(Recht)* höhere Gewalt *f*
force majeure excepted *(Recht, Vers)* höhere Gewalt vorbehalten
forecast *(ALog)* Prognose *f*
foreign exchange *(ZollAHa)* Devisen *pl*
forfeiture clause *(Schiff)* kassatorische Klausel *f (Ungültigkeitserklärung weiterer Originale; Konnossementoriginale - meistens 3 - verbriefen das gleiche Recht auf die Ware; wird jedoch ein Original vom rechtmäßigen Besitzer im Bestimmungshafen nach Schiffsankunft eingereicht, so verlieren die anderen Originale ihren Anspruchscharakter)*
fork arm *(Lager)* Gabelzinke *f*
fork-lift, forklift *(Lager)* Stapler *m*, Gabelstapler *m*
forklift driver *(Lager, Pers)* Gabelstaplerfahrer(in) *m(f)*
forklift truck *(Lager)* Gabelstapler *m*
form *(ALog)* Formular *n*
formal regulation *(Recht)* Formvorschrift *f*
forty foot container *(Schiff)* 40' Container *m (Außenmaß: Länge 12,192 m, Breite 2,438 m, Höhe 2,591 m, Rauminhalt 67,5 m^3, Nutzlast: 26.480 kg)*
forward *v (ALog)* expedieren, fördern, versenden
forward deck *(Schiff)* Vorderdeck *n*
forwarded by *(ALog)* verladen mit
forwarder's certificate of receipt *(FCR) (Schiene, Schiff, Straße, Luft)* Spediteur-Übernahmebescheinigung *f*
forwarder's certificate of transport *(FCT) (Schiene, Schiff, Straße, Luft)* Spediteur-Transportbescheinigung *f*
forwarder's handling *(ALog)* Speditionsabwicklung *f*
forwarding *(ALog)* Beförderung *f*, Versand *m*
forwarding agent *(ALog)* Spediteur *m*
forwarding agent's certificate of receipt *(FCR) (Schiene, Schiff, Straße, Luft)* Spediteur-Übernahmebescheinigung *f*
forwarding at fixed costs *(Recht)* Spedition zu festen Kosten
forwarding barrier *(Recht)* Beförderungshindernis *n*
forwarding contract *(Recht, ALog)* Speditionsvertrag *m (beinhaltet die Organisation von Güterbeförderungen; hierzu gehört die Wahl der Frachtführer, Verfrachter und Zwischenspediteure, sowie das Erbringen von Nebenleistungen = ancillary services)*
forwarding instructions *(ALog)* Versandanweisung *f*
forwarding insurance *(Recht, Vers)* Speditionsversicherung *f*
fourth-generation containership *(Schiff)* Containerschiff *n* der 4. Generation *(bis 4000 TEUs)*
fourth-party-logistics provider *(4PL) (ALog)* 4PL-Anbieter *m (Systemintegratoren, die die Geschäftsbeziehungen zwischen ihren Kunden und anderen Logistikdienstleistern regeln; sie koordinieren und organisieren alle Geschäftsprozesse entlang der Wertschöpfungskette; unter Zuhilfenahme moderner Technologien steuern sie die gesamte Supply Chain und koordinieren unternehmensübergreifende Geschäftsprozesse; sie verfügen über keine eigenen Transport-, Umschlag- und Lagerkapazitäten)*
four-wheel drive *(Straße)* Allradantrieb *m*
F.P.A. *(Abk. für: free of particular average) (Recht, Vers)* frei von Beschädigung
fragile *(ALog)* zerbrechlich
fragile goods *(ALog)* leicht zerbrechliche Güter *npl*
frame contract *(Schiene, Schiff, Straße, Luft)* Rahmenvertrag *m*
f.r.c. *(Abk. für: free of reported casualty) (Recht, Vers)* frei von bekanntem Schaden
free alongside ship *(FAS) (Recht, ZollAHa, Schiff)* frei Längsseite Schiff, FAS *(cf Anhang: Incoterms 2000)*
free arriving waggon *(Schiene)* frei Ankunftswaggon
free carrier *(FCA) (Recht, ZollAHa)* frei Frachtführer, FCA *(cf Anhang: Incoterms 2000)*
free circulation *(ZollAHa)* freier Verkehr *m*
free of all charges *(ALog)* franko
free of capture and seizure *(f.c. and s) (ZollAHa, Schiff, Recht)* frei von Beschlagnahme
free of charge *(Recht)* unentgeltlich

free of damage absolutely *(F.O.D. abs.) (Recht, Vers)* frei von jeglicher Beschädigung
free of particular average *(F.P.A.) (Recht, Vers)* frei von Beschädigung
free of particular average unless caused by *(F.P.A.u.c.b.) (Recht, Vers)* frei von Beschädigung außer verursacht durch
free of reported casualty *(f.r.c.) (Recht, Vers)* frei von bekanntem Schaden
free on board *(FOB) (Recht, ZollAHa)* frei an Bord, FOB *(cf Anhang: Incoterms 2000)*
free trade area *(ALog, ZollAHa)* Freihandelszone *f*
freeboard *(Schiff)* Freibord *n (Seitenbordfläche, mit der das beladene Schiff noch über die Wasserlinie herausragt)*
freeboard indication *(Schiff)* Freibordmarkierung *f (macht die Überladung eines Schiffes von außen sichtbar)*
freedom of contract *(Recht)* Vertragsfreiheit *f*
freedom of inland water navigation *(Schiff)* Freiheit *f* der Binnenschifffahrt
freedoms of the air *(Luft, Recht)* Freiheiten *fpl* der Luft
freedoms of the seas *(Schiff, Recht)* Freiheiten *fpl* der Meere
freeport *(Schiff)* Freihafen *m*
freezer *(Schiff)* Gefrierraum *m*
freight 1. *(ALog)* Fracht *f (Preis für den Transport von Gütern)*; Frachtgut *n (cargo; Fracht ausschließlich Post)*; 2. *(Straße)* Rollgut *n*, Ladung *f*
freight agreement *(ALog)* Frachtvereinbarung *f*
freight aircraft *(Luft)* Frachtflugzeug *n*
freight all kind *(FAK) (Luft, Schiff)* Fracht *f* jeder Art, artikelunabhängige Pauschalfracht *f*
freight capacity *(Luft)* Frachtkapazität *f*
freight carrier *(Schiene, Schiff, Straße)* Frachtführer *m*, Transportunternehmer *m*
freight charges *(ALog)* Transportkosten *pl*
freight contract *(ALog, Recht)* Frachtvertrag *m*
freight elevator *(Lager)* Lastenaufzug *m*
freight forwarder *(ALog)* Spediteur *m (organisiert die Beförderung, ergänzt sie gegebenenfalls durch selbst produzierte Dienstleistungen und verkauft beides als Gesamtleistung an seinen Auftraggeber)*
freight list *(Schiff)* Frachtmanifest *n (cf freight manifest)*
freight load factor *(Luft)* Frachtnutzladefaktor *m*, Nutzladefaktor *m* Fracht, FNLF *m (der Auslastungsgrad der für einen Flug zur Verfügung stehenden Nutzlast = Verhältnis zwischen der verkauften und der angebotenen Frachtleistung)*
freight manifest *(Luft)* Frachtmanifest *n (schriftliche Aufstellung der auf einem Flug beförderten Sendungen; Funktionen: Abrechnungsunterlage, Zollabfertigungsunterlage, Arbeitspapier für statistische Zwecke; Gegensatz: passenger manifest = Passagiermanifest)*
freight *v* **out** *(Luft, Schiff, Straße)* verchartern
freight payable at *(ALog)* Fracht zahlbar in
freight payable at destination *(Schiff)* Fracht zahlbar am Bestimmungsort, Frachtzahlung am Bestimmungsort; Collect-Seefrachten *fpl*
freight plane *(Luft)* Transportflugzeug *n*, Frachtflugzeug *n (synonymous: cargo plane, freighter, air freighter)*
freight prepaid *(ALog)* Fracht frei; Fracht im Voraus bezahlt
freight reduction *(ALog)* Frachtermäßigung *f*
freight revenue *(ALog)* Frachterlös *m*
freight station *(AE) (Schiene)* Güterbahnhof *m*, Frachtenbahnhof *m*
freight terminal *(Luft, Straße)* Abfertigungsgebäude *n*, Abfertigungshalle *f*, Frachtterminal *n*; Frachtabfertigung *f*
freight terms *(Recht, ZollAHa)* Frankatur *f*
freight TKT *(Luft)* Fracht-TKT *pl (TKT = tonnes kilomètres transportées = RTK = revenue tonne kilometres = nachgefragte Tonnenkilometer)*
freight ton *(f/t) (ALog)* Frachttonne *f (synonymous: measurement ton; tonnage -in BE imperial tons = long tons or in AE short tons- on which freight is charged; Raummaß: die nicht-metrisch gemessene Abrechnungsbasis für die Fracht; imperial measure: 1 freight ton = 1 measurement ton = BE 40 cubic feet = 1,133 m^3; AE 1 freight ton = 1 measurement ton = AE 42 cubic feet = 1,189*

m^3; cf Anhang: Britische und amerikanische Maße, Gewichte und Umrechnungsfaktoren)

freight tonne *(ALog)* Frachttonne *f (synonymous: measurement tonne; tonnage -in metrical tonnes- on which freight is charged; Raummaß: die metrisch gemessene Abrechnungsbasis für die Fracht; cf Anhang: Britische und amerikanische Maße, Gewichte und Umrechnungsfaktoren)*

freight village *(ALog)* Güterverkehrszentrum *n (geographische Konzentration von Logistikdienstleistern mit dem Ziel, den Warenübergang zwischen unterschiedlichen Verkehrsträgern, z. B. Straße/Schiene, effizient durchzuführen)*

freighter 1. *(Schiff)* Frachter *m*, Frachtschiff *n (freight ship)*; Befrachter *m*; 2. *(Luft)* Transportflugzeug *n*, Frachtflugzeug *n (synonymous: cargo plane, freight plane, air freighter)*

frequent flyer *(Luft)* Vielflieger(in) *m(f) (synonymous: BE frequent traveller, AE frequent traveler, FTL)*

frequent traveler *(FTL) (AE) (Luft)* Vielflieger(in) *m(f) (synonymous: frequent flyer)*

frequent traveller *(FTL) (BE) (Luft)* Vielflieger(in) *m(f) (synonymous: frequent flyer)*

freshwater damage *(f.w.d.) (Recht, Vers, Schiff)* Süßwasserschaden *m*

from-bin location *(Lager)* Auslagerung *f*

from-bin transfer quantity *(Lager)* Auslagerungsmenge *f*

frontier *(ZollAHa)* Grenze *f*

frontier customs clearance *(ZollAHa)* Grenzzollabfertigung *f*

f/t *(Abk. für: freight ton, freight tonne) (ALog)* Frachttonne *f (Raummaß; die Basis der Abrechnung für die Fracht; tonnage - in metrical tonnes - on which freight is charged)*

FTL *(Abk. für: frequent traveller) (Luft)* Vielflieger *m*

fuel *(Luft, Schiff, Straße)* Kraftstoff *m*, Treibstoff *m*, Betriebsstoff *m*

fuel consumption *(Luft, Schiff, Straße)* Kraftstoffverbrauch *m*, Benzinverbrauch *m*, Treibstoffverbrauch *m*

fuel costs *(Schiene, Schiff, Straße, Luft)* Treibstoffkosten *pl*

fuel dispenser *(ALog)* Zapfsäule *f*

fuel gage *(AE) (Luft, Straße)* Benzinuhr *f*, Treibstoffmesser *m*, Kraftstoffanzeiger *m*

fuel gauge *(BE) (Luft, Straße)* Benzinuhr *f*, Treibstoffmesser *m*, Kraftstoffanzeiger *m*

fuel price *(Schiene, Schiff, Straße, Luft)* Kraftstoffpreis *m*

fuel tank *(ALog)* Treibstofftank *m*

fuel-efficient *(Luft, Straße)* Benzin sparend *(synonymous: fuel-thrifty)*

fuel-thrifty *(Luft, Straße)* Benzin sparend *(synonymous: fuel-efficient)*

full container load *(FCL, F.C.L.) (Schiene, Schiff, Straße, Luft)* volle Containerladung *f*, Voll-Containerladung *f*

full-cost pricing *(ALog)* Vollkostenrechnung *f*

full load *(Schiene, Schiff, Straße)* Komplettladung *f (Gütermenge die für einen Transport bei einem Versender abgeholt und ohne Umschlag an einen Empfänger transportiert wird und die allein das Transportmittel auslastet)*

full-time all-wheel drive *(Straße)* permanenter Allradantrieb *m*

full truck load *(Schiene, Straße)* Wagenladung *f*

furniture removal *(Schiene, Schiff, Straße, Luft)* Möbeltransport *m*

furniture remover *(Schiene, Schiff, Straße, Luft)* Möbelspediteur *m*

f.w.d. *(Abk. für: freshwater damage) (Recht, Vers, Schiff)* Süßwasserschaden *m*

FWR *(Abk. für: FIATA warehouse receipt) (Lager)* Lagerschein *m*

G

gage *(AE)* 1. *(ALog)* Umfang *m*, Inhalt *m*; Maßstab *m*, Norm *f*, Normalmaß *n*; Messgerät *n*, Anzeiger *m*, Messer *m*, Druckmesser *m*; 2. *(Schiene)* Spur *f*, Spurweite *f*; 3. *(Schiff)* Abstand *m*, Lage *f (eines Schiffes)* • **out of gage** *(Luft, Schiff, Straße)* das Lademaß überschreitend

gantry crane *(Schiff)* Containerbrücke *f*

gauge *(Schiff)* Pegel *m*

gas station *(Straße)* Tankstelle *f*

gateway *(ALog, Inf)* Schnittstelle *f*

GATT *(Abk. für: General Agreement on Tariffs and Trade; obs) (Recht, ZollAHa) (obs)* GATT *n*, Allgemeines Zoll- und Handelsabkommen *n (the predecessor organization of WTO = World Trade Organization, der historische Vorläufer der WTO = Welthandelsorganisation)*
gauge height *(Schiff)* Pegelstand *m*
gearbox *(ALog)* Getriebe *n*
General Agreement on Tariffs and Trade *(GATT) (obs) (Recht, ZollAHa) (obs)* GATT *n*, Allgemeines Zoll- und Handeslabkommen *n (replaced by WTO = World Trade Organization = Welthandelsorganisation)*
general average *(Recht, Vers, Schiff)* große Havarie *f*
general average bond *(Schiff)* Havarie--grosse-Verpflichtungsschein *m*
general average statement *(Schiff)* Havarie-grosse-Schlussbericht *m*
general bill of loading *(Schiene, Schiff, Straße, Luft)* Sammelkonnossement *n*
general cargot rates *(Luft)* allgemeine Frachtraten *fpl (Gruppe im IATA-Tarifgefüge)*
general expenses *(ALog)* Gemeinkosten *pl*
General German Forwarder Rules *(Recht, Vers)* Allgemeine Deutsche Spediteurbedingungen *fpl*, ADSp *fpl*
general performance conditions for rail transport *(Schiene)* allgemeine Leistungsbedingungen Bahn
general policy *(Vers)* Generalpolice *f*
general railway act *(Schiene)* allgemeines Eisenbahngesetz *n*
general terms and conditions *(Recht)* allgemeine Geschäftsbedingungen *fpl*
German Association of Forwarding and Logistics *(Schiene, Straße, Schiff, Luft)* Deutscher Speditions- und Logistikverband *m*
German Civil Code *(Recht)* Bürgerliches Gesetzbuch *n*, BGB *n*
German Institute for Standardisation *(ALog)* Deutsches Institut *n* für Normung
German ordinance on the construction and operation of railway systems *(Recht, Schiene)* Eisenbahn-Bau- und Betriebsordnung *f*
GLN *(Abk. für: global location number) (Inf)* internationale Lokationsnummer *f (identifiziert international die volle Firmen- oder Betriebsbezeichnung sowie die Anschrift; sie wird von den GS1-Organisationen vergeben)*
global location number *(GLN) (Inf)* internationale Lokationsnummer *f (identifiziert international die volle Firmen- oder Betriebsbezeichnung sowie die Anschrift; sie wird von den GS1-Organisationen vergeben)*
global positioning system *(GPS) (ALog)* globale Satellitennavigation *f*
global system for mobile communication *(GSM) (ALog)* globales Telekommunikationssystem *n* für den Mobilfunk
Global Trade Item Number *(GTIN) (Inf)* Packstück-Identifikationsnummer *f*
go *v* **by air** *(Luft)* das Flugzeug nehmen, fliegen
goods *(ALog)* Güter *npl*; Waren *fpl*
goods afloat *(Schiff)* schwimmende Ware *f*
goods in *(Lager)* Wareneingang *m*
goods-in certificate *(Lager)* Wareneingangsschein *m*, Eingangsschein *m*
goods in rail or road transit *(ALog, Schiene, Straße)* rollende Ware *f*, unterwegs befindliche Ware *f*; Ware *f* auf dem Straßen- oder Schienentransport *(Bilanzierung als Bestand in der Bilanz des Verkäufers bis zum Zeitpunkt des Übergangs der Gefahr auf den Käufer, ab dann Ausweis als Forderung gegen den Käufer; synonymous: goods in transit)*
goods issue check *(Lager)* Warenausgangsprüfung *f*
goods issuing department *(Lager)* Warenausgang *m*
goods of consignment *(ALog)* Konsignationsware *f*
goods receipt *(Lager)* Wareneingang *m*
goods receipt check *(Lager)* Wareneingangskontrolle *f*
goods sent by post *(Schiene, Schiff, Straße, Luft)* Postsendung *f*
goods station *(Schiene)* Güterbahnhof *m*, Frachtenbahnhof *m*
goods structure effect *(ALog)* Güterstruktureffekt *m*
goods to man *(Lager)* Ware zum Mann *(Kommissionierprinzip, bei dem die dynamische Bereitstellung im Vordergrund steht; die zu kommissionierende Ware gelangt aus dem Lager an einen festen*

Kommissionierplatz, an dem der Mitarbeiter zur Entnahme bereitsteht)
goods value *(ZollAHa)* Warenwert *m*
goods waggon *(Schiene)* Güterwagen *m*
goshow *(Luft)* Goshow *m (Fluggast ohne Flugreservierung, der spontan zu einem Abflug erscheint und auf der Basis freier Kapazitäten für den betreffenden Flug akzeptiert wird; Gegensatz: Noshow)*
GPS *(Abk. für: Global Positioning System) (Straße)* globales Satellitennavigationssystem *n*
grandfather clause *(Recht, Luft)* Besitzstandsklausel *f (a grandfather clause allows someone who previously had the right to do something to continue doing it even though a rule or the law forbids it to others; allgemein: Regelung, die für vor einem bestimmten Stichtag, z. B. dem Inkrafttreten eines neuen Umweltgesetzes, geltende Rechtsvorschriften einen Bestandsschutz gewährt; von Bedeutung u. a. bei der Zuteilung knapper Start- und Landerechte -allocation of slots- im Luftverkehr und bei der Vergabe von Umweltzertifikaten; synonymous: grandfathering-clause)*
grandfather rights *(AE) (Recht, Luft)* Großvaterrechte *npl*, angestammte Rechte *npl*, überkommene Rechte *npl (von Bedeutung im Umweltschutz und bei der Zuteilung knapper Start- und Landerechte -allocation of slots- im Luftverkehr; allgemein: Regelungen, die für vor einem bestimmten Stichtag, z. B. dem Inkrafttreten eines neuen Gesetzes, geltende Rechtsvorschriften einen Bestandsschutz gewähren; cf grandfather clause)*
grandfathering *(AE) (Recht, Luft)* Bestandsschutz *m (maintenance of vested rights = Besitzstandswahrung; cf grandfather clause; betrifft Regelungen, die für vor einem Stichtag = cutoff date geltende Rechtsvorschriften einen Bestandsschutz gewähren, z. B. beim Inkrafttreten eines neuen Umweltgesetzes)*; Vertrauensschutz *m*
grandfathering-clause *(AE) (Recht, Luft)* Besitzstandsklausel *f (synonymous: grandfather clause)*
grasp *(ALog)* Zugriff *m*
great circle *(ALog, Luft, Schiff)* Großkreis *m (die kürzeste Verbindung zwischen zwei Punkten auf der Erdoberfläche, logistisch also die wirtschaftlichste Alternative; der Mittelpunkt eines Großkreises ist der Erdmittelpunkt)*
great circle distance *(ALog, Luft, Schiff)* Großkreisentfernung *f (kürzeste Entfernung zwischen zwei Punkten auf der Erdoberfläche, gemessen in Großkreiskilometern = great circle kilometers oder nautischen Meilen; der Mittelpunkt eines Großkreises ist der Erdmittelpunkt)*
great circle kilometer *(ALog, Luft, Schiff)* Großkreiskilometer *m (cf Großkreis)*
grid density *(Schiene)* Netzdichte *f*
gross registerd ton *(GRT) (Schiff)* Bruttoregistertonne *f (Grundlage ist der gesamte Schiffsraum ohne Niedergänge, Kombüse, Licht- und Luftschächte, Doppelboden, Ruderhaus, Wasch- und Toilettenräume)*
gross ton *(ct GT) (Schiff)* Bruttoraumzahl *f (Gesamtraumgehalt aller geschlossenen Schiffsräume auf Innenkante Außenhaut)*
gross vehicle weight *(Schiene, Straße)* zulässiges Gesamtgewicht *n*
gross weight *(ALog)* Bruttogewicht *n*, Rohgewicht *n*
ground floor stocking *(Lager)* Bodenlagerung *f*
ground handling agreement *(Luft, Recht)* Bodenabfertigungsvertrag *m*, Bodenabfertigungsvereinbarung *f*
groupage *(ALog)* Sammelladung *f*, Sammelgut *n*
groupage agent *(Schiene, Straße)* Versandspediteur *m (Spediteur, der im Auftrag mehrerer Versender Einzelsendungen zu einer Sammelladung zusammenfasst)*
groupage consignment *(ALog)* Stückgutsendung *f*
groupage service *(ALog)* Sammelgutverkehr *m*, Spediteursammelgutverkehr *m*, Sammelverkehr *m*
GRT *(Abk. für: gross registerd ton) (Schiff)* Bruttoregistertonne *f (Grundlage ist der gesamte Schiffsraum ohne Niedergänge, Kombüse, Licht- und Luftschächte, Doppelboden, Ruderhaus, Wasch- und Toilettenräume)*
GSM *(Abk. für: Global system for mobile communication) (Straße)* globales Tele-

kommunikationssystem *n* für den Mobilfunk

GTIN *(Abk. für: Global trade item number) (Inf)* Packstück-Identifikationsnummer *f*

guarantee 1. *(ZollAHa)* Aval *n*; 2. *(ALog)* Bürgschaft *f*, Garantie *f* • **without guarantee for** ohne Garantie für

guarantee bond *(Recht, Vers)* Garantieerklärung *f*

guarantee for a bill *(ZollAHa)* Wechselbürgschaft *f*

guarantee of delivery time *(Recht, Vers)* Lieferfristgarantie *f*

H

H. and M. *(Abk. für: hull and materials) (Recht, Vers)* Kasko und Zubehör *(bei Segelschiffen)*

h. and o. *(Abk. für: hook and oil damage) (Recht, Vers)* Hakenriss- und Ölschaden *m*

HACCP *(Abk. für: hazard analysis and critical control points) (ALog)* Gefahrenanalyse *f* durch kritische Kontrollpunkte *(Risikoanalyse, die auf der Festlegung und Auswertung kritischer Kontrollpunkte im gesamten Herstellungs- und Vertriebsprozess basiert)*

Hague Protocol *(HP) (Luft)* Haager Protokoll *n (Zusatzvereinbarung zum Warschauer Abkommen)*

Hague Rules *(Schiff)* Haager Regeln *fpl (internationales Seehandelsrecht, übernommen in das deutsche Handelsgesetzbuch als 4. Buch Seehandel)*

Hague-Visby Rules *(Schiff)* Haager-Visby Regeln *fpl (Zusatzabkommen zu den Haager Regeln)*

half size pallet *(Lager)* Düsseldorfer Palette *f (Halbpalette mit der halben Grundfläche der Europalette)*

hand lift truck *(Lager)* Hubwagen *n*

hand-over *(ALog)* Übergabe *f*

hand pallet truck *(Lager)* Handgabelhubwagen *m*, Palettenhubwagen *m*

handle *v (ALog)* umschlagen

handling *(hdlg) (ALog, Lager)* Umschlag *m*, Handling *n*, Handhabung *f*

handling capacity *(Lager)* Umschlagleistung *f*

handling costs *(ALog)* Abfertigungskosten *pl*, Bearbeitungskosten *pl*

handling fee *(Lager)* Abfertigungsgebühr *f*, Handhabungsgebühr *f*, Handlinggebühr *f*, Bearbeitungsgebühr *f*

handling of goods *(ALog)* Warenumschlag *m*

hanging goods *(Lager)* Hängeware *f*

harbour *(Schiff)* Hafen *m*

harbour dues *(Schiff)* Hafenabgabe *f*

hard shoulder *(Straße)* Standstreifen *m*

harmonisation *(ALog, Recht)* Harmonisierung *f (Angleichen von Wettbewerbsbedingungen; EU)*

hatch *(Schiff)* Luke *f*

hatchway *(Schiff)* Lukendeckel *m*

haul *v* **sth.** *(ALog)* etw. transportieren

haulage *(ALog)* Beförderung *f*

haulage contract *(Recht)* Beförderungsvertrag *m*

hazard analysis and critical control points *(HACCP) (ALog)* Gefahrenanalyse *f* durch kritische Kontrollpunkte *(Risikoanalyse, die auf der Festlegung und Auswertung kritischer Kontrollpunkte im gesamten Herstellungs- und Vertriebsprozess basiert)*

hazardous goods store *(Lager)* Gefahrstofflager *n*

hdlg *(Abk. für: handling) (ALog, Lager)* Umschlag *m*, Handling *n*, Handhabung *f*

health certificate *(Recht, ZollAHa)* Gesundheitszeugnis *n*, Gesundheitsattest *n*

heavy lift *(ALog)* Schwergut *n*

heavy-lift additionals *(H/L) (Schiene, Schiff, Straße, Luft)* Schwergewichtszuschläge *mpl (überwiegend ab 20 t Einzelgewicht)*

height *(ALog)* Höhe *f*

held covered *(hlc) (Recht, Vers)* vorläufig gedeckt

hidden damage *(Recht, Vers)* verdeckter Schaden *m*

HIFO, hifo *(Abk. für: highest in - first out) (ALog, Lager)* HIFO, HIFO-Methode *f (Materialwirtschaft; bei Preisschwankungen gewinnrelevantes Verbrauchsfolgeverfahren für die Bewertung gleicher Gegenstände des Vorratsvermögens = inventory valuation; die teuersten Gegenstände werden als zuerst verbraucht oder veräußert unterstellt, in Deutschland steuerrechtlich verboten, handelsrechtlich umstritten)*

high bay warehouse *(Lager)* Hochregallager *n (Lagerart mit einer Stapelhöhe, die über sechs Meter liegt; entweder handelt es sich um eine freistehende Konstruktion als Palettenregal, das in einer entsprechend hohen Halle untergebracht ist, oder es werden die Wände und das Dach der Halle direkt an dem Regal angebracht: Lagersilo 12 m bis 45 m Höhe)*
high cube container *(Schiff)* 45' Container *m (Außenmaß: Länge 13,716 m, Breite 2,438 m, Höhe 2,896 m, Rauminhalt 86,1 m^3, Nutzlast: 25.680 kg)*
high rack *(Lager)* Hochregal *n*
high rack stacker *(Lager)* Hochregalstapler *m*
high-speed train *(HST) (Schiene)* Hochgeschwindigkeitszug *m*
high tide *(Schiff)* Hochwasser *n*
highest in - first out *(HIFO, hifo) (ALog, Lager)* HIFO, HIFO-Methode *f (Materialwirtschaft; bei Preisschwankungen gewinnrelevantes Verbrauchsfolgeverfahren für die Bewertung gleicher Gegenstände des Vorratsvermögens = inventory valuation; die teuersten Gegenstände werden als zuerst verbraucht oder veräußert unterstellt, in Deutschland steuerrechtlich verboten, handelsrechtlich umstritten; Bestandsbewertung)*
highway *(Straße)* Autobahn *f*
hindsight advice *(Recht)* nachträgliche Weisung *f*
H/L *(Abk. für: heavy-lift additionals) (Schiene, Schiff, Straße, Luft)* Schwergewichtszuschläge *mpl (überwiegend ab 20 t Einzelgewicht)*
hlc *(Abk. für: held covered) (Recht, Vers)* vorläufig gedeckt
H.M. etc. *(Abk. für: hull machinery etc.) (Recht, Vers)* Kasko, Maschine etc. *(bei Motorschiffen)*
holding cost *(Lager)* Lagerkosten *pl (the cost associated with holding goods in stock for one period of time including elements to cover capital cost = Kapitalkosten, taxes = Steuern, insurance = Versicherung, storage = Lagerung, handling = Umschlag, administration = Verwaltung, shrinkage = Schwund, obsolescence = Veralten, deterioration = Verschlechterung)*
holster *(Lager)* Halfter *n (Tasche für Handscanner, die der Bediener in der Regel am Körper trägt)*
hook and oil damage *(h. and o.) (Recht, Vers)* Hakenriss- und Ölschaden *m*
hoop-iron *(Schiff)* Bandeisen *n*
horsepower *(HP) (ALog)* Pferdestärke *f*
hospital logistics *(ALog)* Krankenhauslogistik *f*
HP *(Abk. für: 1. Hague Protocol, 2. horsepower)* 1. *(Luft)* Haager Protokoll *n (Zusatzvereinbarung zum Warschauer Abkommen)*; 2. *(ALog)* Pferdestärke *f*
HRD *(Abk. für: human resource development) (Pers)* Personalentwicklung *f*
HRM *(Abk. für: human resource management) (Pers)* Personalmanagement *n*, Personalverwaltung *f*, Personalplanung *f*, Arbeitskräfteplanung *f*
HST *(Abk. für: high-speed train) (Schiene)* Hochgeschwindigkeitszug *m*
hub 1. *(ALog)* Zentrum *n*, Mittelpunkt *m*, Dreh- und Angelpunkt *m*; 2. *(Luft)* Güterverteilzentrum *n*, Drehkreuz *n*, Verkehrskreuz *n*, Luftverkehrskreuz *n*, *(jarg)* Hub *m(n) (regional and local services feed into a central hub where long-haul connections are available for goods and/or passengers; Konzept: mit Hilfe von Zubringerlinien = feeder lines die systematische Zusammenführung von Passagieren und Fracht in einem Zentrum, dem Dreh- und Angelpunkt eines Streckennetzes, um zeitlich optimierte, kostengünstige Umsteige- und Umlademöglichkeiten sowie Größenvorteile = economies of scale im Hub und auf den Hauptstrecken zu erzielen)*; 3. *(Straße)* Güterverteilzentrum *n*, Gütersammelzentrum *n*
hub and spoke system *(Straße)* Nabe--und-Speiche-System *n*, Nabe-Speiche--System *n (all goods are brought into a central point for sorting, the hub = Nabe, and they are distributed out from the centre in all directions, the spoke = Speiche; Frachtverkehrsnetz, mit einem zentralen Umschlagplatz = hub, und darauf sternförmig zulaufenden Strecken = spokes; synonymous: hub-spoke system)*
hub of industry *(ALog)* Industriezentrum *n*
hub-spoke system *(Straße)* Nabe-Speiche-System *n*, Nabe-und-Speiche-Sys-

tem *n (all goods are brought into a central point for sorting, the hub = Nabe, and they are distributed out from the centre in all directions, the spoke = Speiche; Frachtverkehrsnetz, mit einem zentralen Umschlagplatz = hub und darauf sternförmig zulaufenden Strecken = spoke; synonymous: hub and spoke system)*

hull and materials *(H. and M.) (Recht, Schiff, Vers)* Kasko und Zubehör *(bei Segelschiffen)*

hull, machinery etc. *(H.and M. etc.) (Recht, Schiff, Vers)* Kasko, Maschine etc. *(bei Motorschiffen)*

human resource development *(HRD) (Pers)* Personalentwicklung *f*

human resource management *(HRM) (Pers)* Personalmanagement *n*, Personalverwaltung *f*, Personalplanung *f*, Arbeitskräfteplanung *f*

hundredweight *(cwt, cwt.) (ALog) anglo-amerikanisches Handelsgewicht; Plural: hundredweight or hundredweights; BE 1 long hundredweight = 112 lbs. = 112 pounds = 50,802 kg; AE 1 short hundredweight = 100 lbs. = 100 pounds = 45,359 kg; 1 metric hundredweight = 50,0 kg = 1 Zentner; cf Anhang Handelsgewichte*

hurdle *(Recht, Vers)* Hindernis *n*

I

IATA *(Abk. für: International Air Transport Association) (Luft, Recht)* Internationale Luftverkehrsorganisation *f (weltweite Dachorganisation zur Vereinheitlichung und Regelung des internationalen Luftverkehrs)*

IATA cargo agent *(Luft)* IATA-Luftfrachtagent *m*

IATA conditions of carriage *(Luft, Recht)* IATA-Luftbeförderungsbedingungen *fpl*

IATA conditions of contract *(Luft, Recht)* IATA-Vertragsbedingungen *fpl (zwingend vorgeschrieben, abgedruckt auf der Frachtbriefrückseite)*

IATA dangerous goods regulations *(DGR) (Luft)* IATA-Gefahrgutverordnung *f*

IATA standard ground handling agreement *(SGHA) (Luft, Recht)* IATA-Bodenabfertigungsvertrag *m (häufig benutzte IATA-Standardisierung vertraglicher Leistungen und entsprechender Abfertigungsentgelte)*

ICAO *(Abk. für: International Civil Aviation Organisation) (Luft, Recht)* Internationale Zivilluftfahrtorganisation *f (Unterorganisation der UN zur Durchführung und Umsetzung des Chicagoer Abkommens)*

ICC *(Abk. für: Institute Cargo Clause) (Recht, Vers)* Versicherungsbedingungen *fpl* für Gütertransporte

ICC *(Abk. für: International Chamber of Commerce) (ZollAHa)* Internationale Handelskammer *f*

ice drift *(Schiff)* Eisgang *m*

identity card *(Recht)* Personalausweis *m*

idle shipping *(Schiff)* Leerverschiffung *f*

ILS *(Abk. für: instrument landing system) (Luft)* Instrumentenlandesystem *n*

ILT *(Abk. für: Institute of Logistics and Transport) (ALog, Recht) britischer Logistikverband; www.iolt.org.uk*

image *(ALog)* Abbild *n*

IMM *(Abk. für: international mercantile marine) (Schiff)* internationale Handelsmarine *f*

immediate payment *(ALog)* sofortige Bezahlung *f*

immediate rebate *(ALog)* Sofortrabatt *m*

IMO *(Abk. für: International Maritime Organisation) (Schiff)* Internationale Seefahrerorganisaton *f*

imperial gallon *(BE) (ALog)* Gallone *f (1 imperial gallon = 4,5459 Liter)*

imperial system *(ALog)* imperiales System *n*, nicht-metrisches System *n*, angelsächsisch-imperiales System *n (gesetzliches, nicht-metrisches = non-metric Maß- und Gewichtssystem in Großbritannien und Nordirland = UK = United Kingdom = VK = Vereinigtes Königreich; cf Anhang: Britische und amerikanische Maße, Gewichte und Umrechnungsfaktoren)*

imperial system of units *(ALog)* imperiale Maßeinheiten *fpl*, angelsächsisch-imperiale Maßeinheiten *fpl*, nicht-metrische Maßeinheiten *fpl (entsprechend dem gesetzlichen Maß- und Gewichtssystem in Großbritannien und Nordirland = UK = United Kingdom = VK = Verei-*

nigtes Königreich; cf Anhang: Britische und amerikanische Maße, Gewichte und Umrechnungsfaktoren)

imperial ton *(BE) (ALog)* britische Tonne *f*, englische Tonne *f*, UK-Tonne *f*, VK--Tonne *f (Handelsgewicht: 1 long ton = BE 20 hundredweight = 2240 lbs = 1016,05 kg; synonymous: long ton; Gegensatz: AE short ton = 907,185 kg; metric ton = 1000 kg)*

imperial units of measurement *(ALog)* Einheiten *fpl* des imperialen Maßsystems, Einheiten *fpl* des angelsächsisch--imperialen Systems, Einheiten *fpl* des angelsächsischen Systems *(gesetzliches, nicht-metrisches = non-metric Maß- und Gewichtssystem in Großbritannien und Nordirland = UK = United Kingdom = VK = Vereinigtes Königreich; cf Anhang: Britische und amerikanische Maße, Gewichte und Umrechnungsfaktoren)*

import *(ZollAHa)* Einfuhr *f*

import duty *(ZollAHa)* Einfuhrzoll *m*

import licence *(ZollAHa, Recht)* Einfuhrbewilligung *f*, Importlizenz *f*

import turnover tax *(ZollAHa)* Einfuhrumsatzsteuer *f (Steuer, die bei der Einfuhr von Waren aus Drittländern erhoben wird)*

importer *(ZollAHa)* Importeur *m*

imputed costs *(ALog)* kalkulatorische Kosten *pl*

in-house logistics *(ALog)* innerbetriebliche Logistik *f*, Intralogistik *f (innerbetrieblicher Material- und Informationsfluss)*

in-house transport *(Schiene, Schiff, Straße)* innerbetrieblicher Transport *m*

incidental services *(ALog)* Nebenleistungen *fpl*

incidental wage costs *(Pers)* Personalnebenkosten *pl*

including *(ALog)* inklusive

inclusive rate *(Schiene, Schiff, Straße, Luft)* Übernahmesatz *m*

incoming goods department *(Lager)* Warenannahme *f*

increase *(ALog)* Erhöhung *f*

increase of freight *(ALog)* Frachterhöhung *f*

increased value *(I.V.) (ALog, ZollAHa)* Mehrwert *m*

indemnitee *(Recht, Vers)* Entschädigungsberechtigter *m*

independent vehicle heater *(ALog)* Standheizung *f*

indirect charges *(ALog)* indirekte Kosten *pl*

indirect costs *(ALog)* indirekte Kosten *pl*

industrial truck *(Lager)* Flurförderfahrzeug *f*

industry *(ALog)* Industrie *f*

ineviable event *(Recht, Vers)* unabwendbares Ereignis *n*

inflammable goods *(ALog)* leicht entzündbare Güter *npl*, inflammable goods

information ability *(Inf)* Informationsfähigkeit *f*

initial lift *(Lager)* Initialhub *m (durch den Initialhub werden die Radarme eines FFZ angehoben)*

inland water vessel *(Schiff)* Binnenschiff *n*

inland waterway carrier *(Schiff)* Binnenschiffer *m*

inland waterway transportation *(Schiff)* Binnenschifffahrt *f*

inner dock *(Lager)* innenliegende Rampe *f*

inner harbour *(Schiff)* Binnenhafen *m*, Hafenbecken *n*

inner packaging *(ALog)* innere Verpackung *f (Packmittel, die einen direkten Kontakt mit den zu befördernden Artikeln haben)*

inside measurement *(ALog)* Innenmaße *npl*

insourcing *(ALog)* Leistungseigenerstellung *f*

inspection *(Schiene, Schiff, Straße)* Kontrolle *f*

institute cargo clause *(ICC) (Recht, Vers)* Versicherungsbedingungen *fpl* für Gütertransporte

Institute of Logistics and Transport *(ILT) (ALog) britischer Logistikverband; www.iolt.org.uk*

instructions *(Recht)* Weisungen *fpl*

instrument landing system *(ILS) (Luft)* Instrumentenlandesystem *n*

insufficient packaging *(ALog)* ungenügende Verpackung *f*

insurance *(Vers)* Versicherung *f* • **insurance included** *(Vers)* einschließlich Versicherung

insurance coverage *(Recht, Vers)* Versicherungsdeckung *f*
insurance fraud *(Vers)* Versicherungsbetrug *m*
insurance holder *(Recht, Vers)* Versicherungsnehmer *m*
insurance policy *(Recht, Vers)* Versicherungspolice *f*
insurance premium *(Recht, Vers)* Versicherungsprämie *f*
insurance rate *(Recht, Vers)* Versicherungsprämie *f*
insurant *(Recht, Vers)* Versicherter *m*
insure *v (Vers)* versichern
insured against third-party risks *(Vers)* haftpflichtversichert
intercompany transport *(Schiene, Schiff, Straße)* Werkverkehr *m (Beförderung von Gütern für eigene Zwecke mit eigenen Transportmitteln)*
interest *(ALog, ZollAHa)* Zinsen *mpl*
interest on arrears *(Recht, ZollAHa)* Verzugszinsen *mpl*
interface *(Inf, ALog)* Schnittstelle *f*
interface management *(Inf)* Schnittstellen-Management *n (meeting and interaction point of operative subsystems; Planung, Realisierung, Betrieb und Kontrolle von Systemübergängen zur Überwindung kommunikativer Barrieren zwischen operativen Subsystemen)*
Intergovernmental Organisation for International Carriage by Rail *(Schiene)* zwischenstaatliche Organisation *f* für den internationalen Eisenbahnverkehr *(organisation intergouvernementale pour les transports internationaux ferroviares)*
intergroup transport *(Schiene, Schiff, Straße)* Konzernverkehr *m*
interim storage *(Lager)* Zwischenlager *n*
intermediate forwarder *(Schiene, Schiff, Straße, Luft)* Zwischenspediteur *m (wird durch den Hauptspediteur oder Gebietsspediteur beauftragt, Teilaufgaben innerhalb der Abwicklung eines Verkehrsauftrags zu übernehmen, beispielsweise als Empfangsspediteur = deconsolidator im Spediteursammelgutverkehr oder an den Nahtstellen bei Übergang von Sendungen von einem auf ein anderes Beförderungsunternehmen)*
intermediate storage *(Lager)* zeitweilige Zwischenspeicherung *f*, Überlagernahme *f*
intermodal transport *(Schiene, Straße)* kombinierter Verkehr *m*, KV, Kombiverkwehr *m*, intermodaler Verkehr *m (Gütertransporte, bei denen komplette Transporteinheiten - dies sind meist Container, Wechselbehälter, Sattelanhänger oder komplette LKW - auf der Strecke von mindestens zwei unterschiedlichen Verkehrsmitteln - LKW, Eisenbahn oder Schiff - befördert werden)*
International Air Transport Association *(IATA) (Luft)* Internationale Luftverkehrsorganisation *f (weltweite Dachorganisation zur Vereinheitlichung und Regelung des internationalen Luftverkehrs)*
International Article Number *(Inf)* Internationale Artikelnummer *f (veraltetes Artikelnummersystem, früher European Article Number)*
International Chamber of Commerce *(ICC) (ZollAHa)* Internationale Handelskammer *f*
International Civil Aviation Organisation *(ICAO) (Luft)* Internationale Zivilluftfahrtorganisation *f (Unterorganisation der UN zur Durchführung und Umsetzung des Chicagoer Abkommens)*
international customs declaration *(ZollAHa)* internationale Zollanmeldung *f*
international divison of labour *(ALog, Lager)* internationale Arbeitsteilung *f*
International Federation of Freight Forwarders Associations *(FIATA) (ALog)* Internationale Organisation *f* der Spediteure
international forwarding agency *(ALog)* internationale Spedition *f*
international insurance card *(Recht, Straße)* grüne Versicherungskarte *f*
International Maritime Organisation *(IMO) (Schiff)* Internationale Seefahrerorganisation *f*
International Organisation for Standardization *(ISO) (ALog)* Internationale Organisation für Normung
international road haulage *(Schiene, Straße)* grenzüberschreitender Güterkraftverkehr *m*
international ship and port facility security code *(Schiff)* ISPS-Zuschlag *m (Sicherheitsgebühr)*
International Union of Railways *(UIC)*

(Schiene) Internationaler Eisenbahnverband *m (Union internationale des chemins de fer, gegründet 1922 in Paris mit dem Ziel der Vereinheitlichung der europäischen Bahnbetriebsbedingungen)*
intralogistics *(Schiene, Schiff, Straße, Luft)* Intralogistik *f (innerbetrieblicher Material- und Informationsfluss)*
invalidation *(Schiff)* Ungültigkeitserklärung *f*
inventory 1. *(ALog, Lager)* Bestand *m*, Buchbestand *m*, Lagerbestand *m*; 2. *(Lager)* Inventur *f*
inventory accounting *(Lager)* Lagerbuchhaltung *f*
inventory costs *(Lager)* Bestandskosten *pl*
inventory difference *(Lager)* Inventurdifferenz *f*
inventory file *(Lager)* Inventurbestand *m*
inventory management *(Lager)* Lagerverwaltung *f*, Bestandsmanagement *n*, Materialwirtschaft *f (synonymous: materials management, materials and logistics management)*
inventory report *(INVRPT) (Inf)* Bestandsdatenreport *m (Nachrichtentyp im EDIFACT)*
inventory report *(Lager)* Lagerbestandsbericht *m*
inventory sampling procedure *(Lager)* Stichprobeninventur *f (körperliche Bestandsaufnahme bestimmter Vermögenswerte eines Unternehmens; aus einer abgegrenzten Grundgesamtheit wird eine repräsentative Stichprobe gezogen)*
inventory turnover *(Lager)* Lagerumschlag *m*
inventory turnover factor *(Lager)* Lagerumschlagsfaktor *m*
inventory turnover ratio 1. *(Lager)* Umschlaghäufigkeit *f*; 2. *(ALog)* Lagerkennzahl *f*
inventory valuation *(Lager)* Lagerbewertung *f*
INVOIC *(Abk. für: invoice) (Inf)* Rechnung *f (Nachrichtentyp im EDIFACT)*
invoice *(ALog)* Faktura *f*, Rechnung *f*
invoice *(INVOIC) (Inf)* Rechnung *f (Nachrichtentyp im EDIFACT)*
invoice amount *(Recht, ZollAHa)* Rechnungsbetrag *m*
invoice value *(I.V.) (ALog, ZollAHa)* Rechnungswert *m*, Fakturenwert *m*
invoicing *(Inf)* Fakturierung *f*
INVRPT *(Abk. für: inventory report) (Inf)* Bestandsdatenreport *m (Nachrichtentyp im EDIFACT)*
inward cargo *(Schiene, Straße, ZollAHa)* Herfracht *f*, Rückfracht *f*
inward freight *(Schiene, Straße, ZollAHa)* Herfracht *f*, Rückfracht *f*
iron drum *(ALog)* Eisentrommel *f*
iron stock *(Lager)* eisener Bestand *m (absoluter Minimumbestand)*
irrevocable letter of credit *(ZollAHa)* unwiderrufliches Akkreditiv *n*
ISO *(Abk. für: International Organization for Standardization) (ALog)* Internationale Organisation *f* für Normung, ISO *f*
issuer *(ZollAHa)* Herausgeber *m*
item *(ALog)* Artikel *m*
I.V. *(Abk. für: 1. increased value, 2. invoice value)* 1. *(ALog, ZollAHa)* Mehrwert *m*; 2. *(ALog, ZollAHa)* Rechnungswert *m*

J

j. and w.o. *(Abk. für: jettison and washing overboard) (Recht, Vers, Schiff)* Seewurf *m* und Überbordspülen *n*
jack lift *(Lager)* Hubwagen *n*
jettison and washing overboard *(j. and w.o.) (Recht, Vers, Schiff)* Seewurf *m* und Überbordspülen *n*
jib boom *(Schiff)* Kranausleger *m*
JIT, jit *(Abk. für: just-in-time) (ALog, Pers)* JIT, just in time; bedarfsgenau, zeit- und mengengenau, fertigungssynchron, absatzsynchron *(unternehmensinterne und unternehmensübergreifende Güteraustauschprozesse)*
JIT supply *(ALog, Pers)* JIT-Zulieferung *f*, Just-in-Time-Zulieferung *f*
joint service *(ALog)* Gemeinschaftsdienst *m*
journey time *(Schiene, Straße)* Fahrzeit *f*
jump start *(Straße)* Starthilfe *f*
just-in-time *(JIT, jit) (ALog, Pers)* just in time, JIT; bedarfsgenau; zeit- und mengengenau; fertigungssynchron, absatzsynchron *(unternehmensinterne und unternehmensübergreifende Güteraustauschprozesse)*
just-in-time procurement *(ALog, Pers)*

zeit- und mengengenaue Beschaffung *f*, bedarfsgenaue Beschaffung *f*, produktionssynchrone Beschaffung *f*, fertigungssynchrone Beschaffung *f*
jute bag *(ALog)* Jutesack *m*

K

keep *v* **cool** *(ALog)* vor Hitze schützen
keep *v* **dry** *(ALog)* vor Nässe schützen
keep *v* **upright** *(ALog)* nicht umlegen
key performance indicators *(KPI) (ALog)* Kennzahlen *fpl* zur Leistungsmessung, Leistungskennzahlen *fpl*
king pin *(Straße)* Königszapfen *m (Verbindungszapfen zwischen LKW-Zugmaschine und Sattelauflieger)*
known dispatcher *(Schiene, Schiff, Straße, Luft)* bekannter Versender *m*
known location of loss *(Recht, Vers)* bekannter Schadenort *m*
KPI *(Abk. für: key performance indicators) (ALog)* Kennzahlen *fpl* zur Leistungsmessung, Leistungskennzahlen *fpl*

L

label *v (Lager)* etikettieren
label *(ALog)* Etikett *n*, Bezettelung *f*, Zettel *m*
labeling *(Lager)* Etikettierung *f*
labeling obligation *(Lager)* Kennzeichnungspflicht *f*
labour costs *(Pers)* Personalkosten *pl*
labour provisions *(Recht)* Arbeitszeitvorschriften *fpl*
lack of cargo *(Schiene, Schiff, Straße)* Ladungsmangel *m*
lake *(Schiff)* See *m*
land container *(Schiene, Schiff, Straße)* Binnencontainer *m*
landing charge *(Luft)* Landegebühr *f*
landing stage *(Schiff)* Landungsbrücke *f*
landing strip *(Luft)* Landebahn *f*; Landeplatz *m*, Landepiste *f (airstrip; nicht ausgebaute Piste)*
lane *(Straße)* Fahrbahn *f*
large container *(ALog)* Großcontainer *m*, Großraumcontainer *m*
lash *v (Schiff)* verzurren
LASH *(Abk. für: ligther aboard ship) (Schiff)* LASH-Schiff *n (Leichter-Mutterschiff mit bordeigenem Portalkran zur Aufnahme der Barges)*
lash chain *(Schiff)* Laschkette *f (Kette zur Befestigung von Containern auf/über Deck)*
last in - first out *(lifo) (Lager)* Lifo-Prinzip *n (zeitlich zuletzt eingelagerte Ware wird zeitlich zuerst wieder ausgelagert; Verbrauchsfolgeverfahren für die Bestandsbewertung)*
last in - last out *(lilo) (Lager)* Lilo-Prinzip *n (zeitlich zuletzt eingelagerte Ware wird auch zeitlich zuletzt wieder ausgelagert; Bestandsbewertung)*
LAT *(Abk. für: latest acceptance time) (Luft)* spätmöglichste Annahmezeit *f*
latest acceptance time *(LAT) (Luft)* spätmöglichste Annahmezeit *f*
law-abiding *adj (ALog)* gesetzestreu *(Bürger)*
lay days *(Schiff)* Liegetage *mpl (time spent in harbour)*
laytime *(Schiff)* Liegezeit *f (time spent in harbour)*
LC *(Abk. für: letter of credit) (ZollAHa)* Akkreditiv *n*
LCL *(Abk. für: less than container load) (Schiene, Schiff, Straße, Luft)* Sammelcontainerfracht *f*, Stückgutpartie *f*, Stückgutsendung *f (consignments that do not fully fill a standard shipping container or an ISO container; Sendungen, die einen Standard- oder ISO-Container nicht ganz füllen; Gegensatz: FCL = full container load)*
LCL container *(Schiene, Schiff, Straße, Luft)* Sammelcontainer *m (cf LCL)*
lead accumulator *(ALog)* Bleiakkumulator *m*
lead time *(ALog)* Beschaffungszeit *f*; Lieferzeit *f*
lease *(ALog)* Leasing *n*
leave pay *(Pers)* Urlaubsgeld *n*
leg *(Luft)* Teilstrecke *f (Strecke, die eine Maschine zwischen Start und Landung zurücklegt)*
leg distance *(Luft)* Teilstreckenentfernung *f (zwischen Start und Landung zurückgelegte Entfernung)*

legal obligation to insure *(Recht, Vers)* Versicherungspflicht *f*
legalization *(ZollAHa)* Beglaubigung *f*
lend *v* **on bottomry** *(ALog, Recht)* auf Bodmerei geben *(durch Verpfändung eines Schiffs per Schiffsverpfändungsvertrag = bottomry)*
length *(ALog)* Länge *f*
length additionals *(Schiene, Straße)* Längenzuschläge *m*
length over buffers *(Schiene)* Länge *f* über Puffer
lengthwise storage *(Lager)* Längseinlagerung *f*
less than container load *(LCL)* *(Schiene, Schiff, Straße, Luft)* Sammelcontainerfracht *f*, Stückgutpartie *f*, Stückgutsendung *f (consignments that do not fully fill a standard shipping container or an ISO container; Sendungen, die einen Standard- oder ISO-Container nicht ganz füllen, cf FCL)*
letter of credit *(LC) (ZollAHa)* Akkreditiv *n*
letter of imdemnity *(Recht, ZollAHa, Schiff)* Revers *n (Erklärung zur Freistellung von Ersatzansprüchen)*
LEV *(Abk. für: low-emission vehicle, low emission vehicle) (Straße)* abgasarmes Fahrzeug *n*, schadstoffarmes Fahrzeug *n*
level of bin occupancy *(Lager)* Belegungsgrad *m*
liability *(Recht, Vers)* Haftung *f*
liability case *(Recht, Vers)* Schadensfall *m*
liability insurance *(Recht, Vers)* Haftpflichtversicherung *f*
liability of payment of freight charges *(Recht)* Frachtzahlungspflicht *f*
liability regardless of negligence of fault *(Recht)* verschuldensunabhängige Haftung *f*
liberalisation *(Schiene, Schiff, Straße, Luft)* Liberalisierung *f*
licence *(Recht)* Konzession *f*, Lizenz *f*
licence plate *(Straße)* amtliches Kennzeichen *n*
lifo *(Abk. für: last in - first out) (Lager)* Lifo-Prinzip *n (zeitlich zuletzt eingelagerte Ware wird zeitlich zuerst wieder ausgelagert; Verbrauchsfolgeverfahren für die Bestandsbewertung)*
lift *v (Lager)* fördern
lift axle *(Straße)* Liftachse *f*
lift pole *(Lager)* Hubmast *m*
lift pole chain *(Lager)* Hubmastkette *f*
lifting capacity *(ALog)* Hublast *f*, Tragfähigkeit *f*
lifting mast *(Lager)* Hubmast *m*
lifting power *(Lager)* Hublast *f*
light barrier *(ALog)* Lichtschranke *f*
lighter *(Schiff)* Binnenschiff *n*
ligther aboard ship *(LASH) (Schiff)* LASH-Schiff *n (Leichter-Mutterschiff mit bordeigenem Portalkran zur Aufnahme der Barges)*
lilo *(Abk. für: last in - last out) (Lager)* Lilo Prinzip *n (zeitlich zuletzt eingelagerte Ware wird auch zeitlich zuletzt wieder ausgelagert; Bestandsbewertung)*
limit of liability *(Recht, Vers)* Haftungsgrenze *f*
limitation *(Recht, Vers)* Verjährung *f*
line *(Luft, Schiene, Schiff)* Gesellschaft *f (e. g. airline, railway line, etc.)*; Strecke *f*
liner vessel *(Schiff)* Linienschiff *n (verkehrt regelmäßig auf bestimmenten Routen)*
liquid gas driven forklift *(Lager)* flüssiggasbetriebener Gabelstapler *m*
list of passengers *(Luft, Schiff)* Passagierliste *f (synonymous: passenger list)*
L/L *(Abk. für: long lengths) (Schiff)* Längenzuschlag *m (überwiegend ab 12 m Einzellänge)*
load *v (ALog)* einladen
load *(Schiene, Schiff, Straße, Luft)* Ladung *f (Gütermenge, die für einen Transport zusammengestellt und transportiert wird)*
load capacity *(Schiene, Schiff, Straße, Luft)* Nutzlast *f*
load factor *(Luft, Schiene, Straße)* Zuladungsfaktor *m*, Ladefaktor *m (operational logistics ratio; the percentage of capacity utilization: e. g. tonnes carried on a goods vehicle in relation to total capacity; Logistik-Kennziffer zum Auslastungsgrad der zur Verfügung stehenden Kapazität mit zwei Ausprägungen: 1. Sitzladefaktor = SLF = seat load factor = passenger load factor; 2. Nutzladefaktor = NLF = load factor = weight load factor = overall load factor)*
loading *(ALog)* Einladung *f (von Gütern)*
loading area *(ALog)* Ladefläche *f*, Ladezone *f*

loading bay *(Straße)* Ladeplatz *m*, Ladebucht *f*, Ladezone *f*
loading berth *(Schiff)* Ladeplatz *m*
loading capacity *(Schiene, Schiff, Straße, Luft)* Ladefähigkeit *f*
loading device *(Straße, Schiene, Schiff, Luft)* Ladehilfsmittel *n (Spanngurte, Bretter, Balken, Ketten etc., die zur Ladungssicherung verwendet werden)*
loading dimension *(Schiene, Schiff, Straße, Luft)* Lademaß *n*
loading dock *(Schiene, Schiff, Straße, Luft)* Laderampe *f*
loading gauge *(Schiene)* Lademaß *n (Begrenzung, die eine Ladung im geraden Gleis nicht überragen darf)*
loading height *(Schiene, Schiff, Straße, Luft)* Ladehöhe *f*
loading length *(Schiene)* Ladelänge *f*
loading list *(Schiene, Schiff, Straße, Luft)* Ladeliste *f (Verzeichnis über die auf einem Transportmittel verladenen Sendungen)*
loading manifest *(Schiff)* Lademanifest *n*
loading metre *(Straße, Schiene, Schiff, Luft)* Lademeter *m*
loading period *(Schiff)* Beladefrist *f*
loading place *(ALog)* Einladestelle *f*
loading point *(Schiene, Schiff, Straße, Luft)* Beladestelle *f*, Verladestelle *f*
loading profile *(Schiene, Schiff, Straße, Luft)* Lademaß *n*
loading ramp *(Schiene, Schiff, Straße, Luft)* Laderampe *f*
loading sequence instruction *(Schiff, Straße)* Beladeliste *f (vom Spediteur erstellte Beladeanweisung an den Fahrer eines Lkw für eine oder mehrere Beladestellen beim Verlader)*
loading space *(Schiene)* Laderaum *m*
loading surface *(ALog)* Ladefläche *f*
loading tackle *(Straße, Schiene, Schiff, Luft)* Lademittel *n (Paletten, Gitterboxen, Wechselbrücken, Container zur Vereinfachung von Umschlagtätigkeiten)*
loading time *(Schiene, Straße)* Beladezeit *f*, Ladedauer *f*, Ladezeit *f*
loading unit *(LU) (Schiene, Schiff, Straße, Luft)* Ladungsträger *m*, Ladeeinheit *f (tragendes Mittel zur Zusammenfassung von Gütern zu einer Ladeeinheit, z. B. Palette)*; Packstück *n*
loan capital *(ALog)* Fremdkapital *n*
loan container *(ALog, Straße)* Leihverpackung *f*, Leihemballage *f*
location number *(Lager)* Lagerplatznummer *f*
lock *(Schiff)* Schleuse *f*
lock fee *(Schiff)* Schleusungsgebühr *f*
LOFO, lofo *(Abk. für: lowest in - first out) (ALog, Lager)* LOFO; LOFO-Methode *f*, Lofo Prinzip *n (Materialwirtschaft; Ware mit dem niedrigsten Wert wird zuerst ausgeliefert; bei Preisschwankungen gewinnrelevantes Verbrauchsfolgeverfahren für die Bewertung des Vorratsvermögens = inventory valuation; die billigsten Gegenstände werden als zuerst verbraucht oder veräußert unterstellt)*
log-in point *(Straße)* Einbuchungsstelle *f*
logbook *(Schiff)* Bordbuch *n*, Fahrtenbuch *n*
logistic bundling *(ALog)* logistische Bündelung *f (Zusammenfassung des Warenflusses im Sinne einer Transportoptimierung)*
logistic centre *(ALog)* Logistikzentrum *n*
logistic chain *(ALog)* Logistikkette *f*
logistic costs *(ALog)* Logistikkosten *pl*
logistic unit *(ALog)* logistische Einheit *f*
logistical chain *(ALog, Inf)* Logistikkette *f (synonymous: logistics chain)*
logistical services *(ALog)* Logistikleistungen *fpl*, Logistik-Dienstleistungen *fpl (third-party logistics)*
logistical span of control *(ALog)* logistische Kontrollspanne *f (maßgebliche Einflussnahme auf die Ausgestaltung des Logistikkanals; verschiebt sich, zu Lasten der erzeugenden Industrie, zugunsten des marktmächtigen Handels und der Logistik mit ihren anspruchsvollen Informationssystemen; develops to the disadvantage of the manufacturing industry and in favour of the logistics industry and the distributive trade)*
logistician *(ALog)* Logistiker *m*
logistics *(ALog)* Logistik *f (Logistik ist Schnittstellenmanagement aller Güter- und Informationsflüsse entlang integrierter Wertschöpfungsketten = value creation chains; oder: die zeit- und kostenoptimierte Verfügung über knappe Ressourcen zur Befriedigung des Bedarfs der nachfragenden Geschäftskunden und Verbraucher; the time-related and*

cost-related positioning of resources to meet user requirements)
logistics chain *(ALog, Inf)* Logistikkette *f (synonymous: logistical chain)*
logistics channel *(ALog, Inf)* Logistikkanal *m*
logistics consultancy *(ALog)* Logistikberatung *f*
logistics control panel *(ALog)* Logistik-Leitstand *m (ein Softwarewerkzeug zur Steuerung, Kontrolle und Visualisierung von logistischen Prozessen in einem Logistikzentrum)*
logistics controlling *(ALog)* Logistikcontrolling *n*, Logistik-Controlling *n*
logistics management *(ALog)* Logistikmanagement *n*
logistics of disposal *(ALog)* Abfalllogistik *f*
logistics of the firm *(ALog)* logistisches System *n* der Firma, logistisches System *n* **von Betriebswirtschaften** *(synonymous: business logistics)*
logistics performance *(ALog)* Logistikleistungen *fpl*
logistics provider *(ALog)* Logistikdienstleister *m*
logistics system *(ALog)* Logistiksystem *n*
long-distance *adj (Inf, Luft, Straße)* Fern..., Langstrecken... *(synonymous: long-haul)*
long-distance haulage *(Straße)* Güterfernverkehr *m*
long-haul *adj (Flug, Straße)* Fern..., Langstrecken... *(synonymous: long-distance)*
long lengths *(L/L) (Schiff)* Überlänge *f (überwiegend ab 12 m Einzellänge)*
long-term storage *(Lager)* Dauerlagerung *f*
long ton *(BE) (ALog)* britische Tonne *f*, englische Tonne *f*, UK-Tonne *f*, VK-Tonne *f (Handelsgewicht: 1 long ton = BE 20 hundredweight = 2240 lbs = 1016,05 kg; synonymous: imperial ton; Gegensatz: AE short ton = 907,185 kg; metric ton = 1000 kg)*
lorry *(BE) (Straße)* Lastkraftwagen *m*
lorry tippler *(Straße)* LKW-Kipper *m*
lorry truck *(Straße)* Lastauto *n*
loss advice *(Recht, Vers)* Schadensanzeige *f*
loss allocation *(Recht, Vers)* Schadenteilung *f*
loss assumption *(Recht, Vers)* Verlustvermutung *f*
loss of (one's) driving licence *(BE) (Straße)* Entzug *m* der Fahrerlaubnis, Führerscheinentzug *m*
loss of (one's) driver's license *(AE) (Straße)* Entzug *m* der Fahrerlaubnis, Führerscheinentzug *m*
low-distance route *(Schiene, Schiff, Straße, Luft)* entfernungsoptimale Route *f*
low-emission *adj (Straße)* abgasarm, schadstoffarm
low-emission vehicle *(LEV) (Straße)* abgasarmes Fahrzeug *n*, schadstoffarmes Fahrzeug *n*
lowest in - first out *(LOFO, lofo) (ALog, Lager)* LOFO; LOFO-Methode *f (Materialwirtschaft; bei Preisschwankungen gewinnrelevantes Verbrauchsfolgeverfahren für die Bewertung des Vorratsvermögens = inventory valuation; die billigsten Gegenstände werden als zuerst verbraucht oder veräußert unterstellt)*
low-loader *(Schiene, Straße)* Tieflader *m*
low water *(Schiff)* Niedrigwasser *n*
low-water surcharge *(Schiff)* Kleinwasserzuschlag *m*
LU *(Abk. für: loading unit) (Schiene, Schiff, Straße, Luft)* Ladungsträger *m*, Ladeeinheit *f (tragendes Mittel zur Zusammenfassung von Gütern zu einer Ladeeinheit, z. B. Palette)*
lubricant costs *(Schiene, Schiff, Straße, Luft)* Schmierstoffkosten *pl*
luggage *(ALog)* Gepäck *n*
lump sum *(ALog, Recht, ZollAHa)* Pauschalbetrag *m*, Pauschale *f*, Pauschalsumme *f*
lump sum rate *(Schiff)* Pauschalfracht *f* per Ladeeinheit

M

mail order *(ALog)* Versandhandel *m*
mail-ton kilometre *(BE)*, **mail-ton kilometer** *(AE) (ALog)* Posttonnenkilometer *m*

mail-ton mileage *(ALog)* Posttonnenmeile *f*
main carriage *(Schiene, Schiff, Straße)* Hauptlauf *m (der Transport einer Sammelladung von einem Versandspediteur = consolidator = groupage agent an einen Empfangsspediteur = deconsolidator)*
main deck *(Luft)* Hauptdeck *n*
main file *(Inf)* Stammdatei *f*, Hauptdatei *f*
main forwarder *(Straße, Schiene, Schiff, Luft)* Hauptspediteur *m*
main port *(Schiff)* Haupthafen *m*
maintain *v (ALog, Straße)* warten; unterhalten
maintenance *(ALog, Straße)* Wartung *f*
maintenance,repair and overhaul items *(MRO) (ALog)* Instandhaltungsartikel *mpl (Artikel, die für den Zweck von Instandhaltungen beschafft werden)*
MAK *(Abk. für: Montreal Agreement) (Luft)* Montrealer Abkommen *n (Rechtsnorm für die internationale Luftbeförderung)*
mandatory *adj (ALog)* obligatorisch
mandatory declaration *(ALog)* Muss--Angabe *f*
manifest *v (ZollAHa)* im Ladungsverzeichnis aufführen, im Ladungsverzeichnis anzeigen
manifest *(ZollAHa)* Ladungsverzeichnis *n*
manufacturer *(ALog)* Fabrikant *m*, Hersteller *m*
manufacturer's declaration *(Recht, ZollAHa)* Herstellererklärung *f*
margin *(ALog)* Marge *f*
marginal fault *(Recht, Vers)* geringfügiges Verschulden *n*
marine insurance *(Schiff, Vers)* Seetransportversicherung *f*
marine insurance policy *(MIP) (Recht, Vers, Schiff)* Seetransportversicherungspolice *f*
marine propeller *(Schiff)* Schiffsschraube *m*
maritime insurance *(Schiff, Vers)* Seeversicherung *f*, Seetransportversicherung *f*
maritime traffic *(Schiff)* Seeverkehr *m*
mark *(ALog)* Marke *f*
mark-up *(ALog)* Marge *f*, Aufschlag *m*
market price *(Recht, Vers)* Marktpreis *m*
market situation *(Recht, Vers)* Marktlage *f*
marketing flight number *(Luft)* Marketingflugnummer *f (die Flugnummer des nicht operierenden Carriers bei Kooperationsflügen; Gegensatz: operationelle Flugnummer; Verwendung beim Code-sharing)*
marking *(ALog)* Markierung *f*
master data *(Inf)* Stammdaten *pl*
master file *(Inf)* Stammdatei *f*
master's certificate *(Schiff)* Schifferpatent *n*
material damage *(Recht, Vers)* Sachschaden *m*
materials administration *(Lager)* Materialwirtschaft *f*
materials handling *(Lager)* Materialfluss *m*; Materialtransport *m*
materials handling equipment *(Luft)* Fördertechnik *f*
materials management *(Lager)* Warenwirtschaft *f*, Materialwirtschaft *f*, Steuerung *f* des Materialflusses *(synonymous: inventory management, materials and logistics management)*
materials requirements planning *(Lager)* Materialbedarfsplanung *f*
mate's receipt *(M.R.) (ZollAHa, Schiff, Vers)* Bordempfangsschein *m*, Anbord--Bescheinigung *f*
maturity *(ALog)* Fälligkeit *f*
maximum *(ALog)* höchstens
maximum load *(ALog)* Beladegrenze *f*
maximum loading gauge *(Schiene)* Höchstlademaß *n*
maximum permitted load *(ALog)* maximal zulässiges Gewicht *n*
maximum permitted mileage *(MPM) (Luft)* maximal erlaubte Meilen *(für die Berechnung eines Durchgangsflugpreises zwischen zwei Orten)*
maximum speed *(ALog)* Maximalgeschwindigkeit *f*
maximum stock level *(Lager)* Höchstbestand *m*
maximum weight *(ALog)* Höchstgewicht *n*
maximum-zero-fuel-weight *(MZFW) (Luft)* MZFW *n (definiert als DOW + Gesamtzuladung ohne Kraftstoff; cf DOW = dry operating weight)*
MDE *(Abk. für: mobile data entry) (Inf)* mobile Datenerfassung *f*
means of conveyance *(ALog)* Beförderungsmittel *n*
means of lading *(Schiff)* Verladeart *f*

means of transport *(ALog)* Beförderungsmittel *n*, Transportmittel *n*
means of transportation *(Schiene, Schiff, Straße, Luft)* Verkehrsmittel *n*
measurement ton *(ALog)* Frachttonne *f (synonymous: freight ton, f/t; tonnage -in BE imperial tons = long tons or in AE short tons- on which freight is charged; Raummaß: die nicht-metrisch gemessene Abrechnungsbasis für die Fracht; imperial measure: 1 measurement ton = 1 freight ton = BE 40 cubic feet = 1,133 m^3; AE 1 measurement ton = 1 freight ton = AE 42 cubic feet = 1,189 m^3)*
men to goods *(Lager)* Mann zur Ware, MzW *(Kommissionierprinzip der statischen Bereitstellung von Ware; die zu kommissionierende Ware bleibt bis zur Entnahme am Lagerplatz; der Kommissionierer bewegt sich zur Ware hin)*
mercantile marine *(MM) (Schiff)* Handelsmarine *f*
merchandise information system *(MIS) (Inf, Lager)* Warenwirtschaftssystem *n*, WWS *n (Informationssystem zur Abbildung aller warenwirtschaftlichen Prozesse sowie zur mengen- und wertmäßigen Steuerung des Warenflusses und der erforderlichen personellen und finanziellen Prozesse, zeigt Nachfrageänderungen der Kunden zeitnah auf)*
merchant fleet *(Schiff)* Handelsflotte *f*
meter load *(Schiene)* Meterlast *f (Schienenbelastung)*
method of dispatch *(Luft)* Abfertigungsverfahren *n*
method of forwarding *(ZollAHa)* Abfertigungsart *f*
metric ton *(mton, m.t.) (ALog)* metrische Tonne *f (2204,6 lbs. = 1000 kg)*
mileage *(ALog, Straße)* Fahrleistung *f*, Laufleistung *f*; Meilenzahl *f*; Fahrpreis *m* pro Meile, Preis *m* pro Meile
mileage expenses *(Pers)* Fahrgelderstattung *f* je Meile, Fahrgelderstattung *f* pro Meile
miles per gallon *(mpg) (Straße)* Meilen pro Gallone *(das Maß für den Kraftstoffverbrauch im anglo-amerikanischen Bereich ist umgekehrt proportional zum Gebrauch im kontinentaleuropäischen Bereich Liter je 100 km)*
MIME *(Abk. für: multipurpose internet mail extensions) (Inf)* MIME *(Mehrzweck-E-Mail-Erweiterungen; multimedia e-mail standard)*
minimum *(ALog)* mindestens
minimum charges *(Luft)* Mindestfrachtbeträge *mpl (Gruppe im IATA-Tarifgefüge)*
minimum delivery quantity *(ALog)* Mindestliefermenge *f*
minimum freight *(Schiene, Schiff, Straße, Luft)* Minimalfracht *f*
minimum inventory level *(Lager)* Sicherheitsbestand *m (Differenz zwischen dem prognostizierten und tatsächlichen Verbrauch und der Lieferzeit der bestellten Ware)*
minimum order *(ALog)* Mindestabnahmemenge *f*
minimum stock level *(Lager)* Mindestbestand *m*
minor damage *(Recht, Vers)* Bagatellschaden *m*
minutes *(ALog)* Protokoll *n*
MIP *(Abk. für: marine insurance policy) (Recht, Vers, Schiff)* Seetransportversicherungspolice *f*
MIS *(Abk. für: 1. management information system, 2. merchandise information system)* 1. *(ALog, Inf)* FIS *n*, Führungsinformationssystem *n*; MIS *n*, Managementinformationssystem *n*, integriertes Managementinformationssystem *n (synonymous: EIS = executive information system)*; 2. *(Inf, Lager)* WWS *n*, Warenwirtschaftssystem *n (Informationssystem zur Abbildung aller warenwirtschaftlichen Prozesse sowie zur mengen- und wertmäßigen Steuerung des Warenflusses und der erforderlichen personellen und finanziellen Prozesse, zeigt Nachfrageänderungen der Kunden zeitnah auf)*
mitigation of damages *(Recht, Vers)* Schadensminderung *f*
mix of articles *(ALog)* Artikelmix *m (Artikelgruppenaufteilung innerhalb eines Sortiments)*
mixed pallet *(ALog)* Mischpalette *f (Palette, auf welche mehr als ein Artikel kommissioniert wurde)*
MM *(Abk. für: mercantile marine) (Schiff)* Handelsmarine *f*
mobile control *(Schiene, Schiff, Straße)* mobile Kontrolle *f*
mobile data entry *(MDE) (Inf)* mobile Datenerfassung *f*

mobile rack *(Lager)* Verschieberegal *n*
modal split *(ALog)* Gütermengenaufteilung *f (Aufteilung in Tonnenkilometer durch Straßen-, Land- und Binnenschiffsgüterverkehr)*
mode of payment *(ZollAHa)* Zahlungsweise *f*
mode of transport *(ALog)* Verkehrsträger *m (man unterscheidet zwischen den Verkehrsträgern Schiene, Straße, Schifffahrt - Binnen- und Seeschifffahrt -, Luftverkehr und Rohrleitungsverkehr)*
model *(Schiene)* Wagengattung *f*
moisture *(ALog)* Feuchtigkeit *f*
monitoring *(Schiene, Schiff, Straße)* Kontrolle *f*, Überwachung *f*
Montreal Agreement *(MAK) (Luft)* Montrealer Abkommen *n (Rechtsnorm für die internationale Luftbeförderung)*
motor barge *(Schiff)* Motorgüterschiff *n*
motor insurance *(BE) (Vers)* Kfz-Versicherung *f*
motor vehicle registration certificate *(Recht)* Kraftfahrzeugschein *m*
motor vehicle tax *(Straße)* Kraftfahrzeugsteuer *f*
motor vessel *(M.V) (Schiff)* Motorschiff *n*
motorway *(Straße)* Autobahn *f*
motorway junction *(Straße)* Autobahnkreuz *n*
motorway services *(BE) (Straße)* Rasthof *m*
movement certificate *(Recht, ZollAHa)* Warenverkehrsbescheinigung *f*
movement data *(ALog)* Bewegungsdaten *pl*
moving traffic *(Straße)* fließender Verkehr *m*
MP *(Abk. für: multipurpose) (ALog)* Mehrzweck..., Vielzweck...
mpg *(Abk. für: miles per gallon) (Straße)* Meilen pro Gallone *(angloamerikanisches Spritverbrauchsmaß)*
MPM *(Abk. für: maximum permitted mileage) (Luft)* maximal erlaubte Meilen *(für die Berechnung eines Durchgangsflugpreises zwischen zwei Orten)*
M.R. *(Abk. für: mate receipt) (ZollAHa, Schiff, Vers)* Bordempfangsschein *m*
MRO *(Abk. für: maintenance, repair and overhaul items) (ALog)* Instandhaltungsartikel *mpl (Artikel, die für Instandhaltungszwecke beschafft werden)*
m.t. *(Abk. für: metric ton, metric tons, metric tonne, metric tonnes) (ALog)* metrische Tonne(n) *f(pl) (2204,6 lbs. = 1000 kg)*
MTO *(Abk. für: multimodal transport operator) (Schiff)* multimodaler Transportanbieter *m*
mton *(Abk. für: metric ton, metric tonne) (ALog)* metrische Tonne *f (2204,6 lbs. = 1000 kg)*
multi-bin storage system *(Lager)* Mehrplatz-Lagersystem *n*
multilevel transport *(Schiene, Schiff, Straße, Luft)* mehrstufiger Transport *m*
multimodal transport *(Schiene, Schiff, Straße, Luft)* multimodaler Transport *m*; kombinierter Verkehr *m (where several modes of transport are used, e. g. road and rail or rail and ship)*
multimodal transport operator *(MTO) (Schiene, Schiff, Straße, Luft)* multimodaler Transportanbieter *m*, multimodaler Transportunternehmer *m*
multiple bill of lading *(Schiff)* Mehrfachkonnossement *n (nur für den Containerverkehr)*
multiple flight number *(Luft)* Mehrfachflugnummer *f (bei Benutzung mehrerer Flugnummern, z. B. bei Gemeinschaftsdiensten, wird gegenüber der Flugsicherung und den Flughäfen nur eine operationelle Flugnummer angegeben; Gegensatz: Marketingflugnummer)*
multipurpose *(MP) (ALog)* Mehrzweck..., Vielzweck...
multipurpose internet mail extensions *(MIME) (Inf)* MIME *(Mehrzweck-E-Mail-Erweiterungen; multimedia e-mail standard)*
multipurpose ship *(Schiff)* Mehrzweckfrachter *m (konventioneller Frachter)*
multipurpose vessel *(ALog)* Mehrzweckschiff *n*
multipurpose waggon *(Schiene)* Mehrzweckwagen *m*
M.V. *(Abk. für: motor vessel) (Schiff)* Motorschiff *n*
MZFW *(Abk. für: maximum-zero-fuel-weight) (Luft)* MZFW *n (definiert als DOW + Gesamtzuladung ohne Kraftstoff; cf DOW = dry operating weight)*

N

named airport for departure *(Luft)* benannter Abgangsflughafen *m*
narrow aisle racking *(Lager)* Schmalganglager *n*
narrow gauge *(Schiene)* Schmalspur *f*
nautical mile *(Schiff)* Seemeile *f (1 Seemeile entspricht 1,852 km)*
navigable *adj (Schiff)* schiffbar
n.d. *(Abk. für: non delivery) (Recht, Vers)* Nichtauslieferung *f*
necessary operating capital *(ALog)* betriebsnotwendiges Kapital *n*
need *(Lager)* Bedarf *m*
negotiable *adj (Schiff)* verhandelbar
negotiable FIATA multimodal transport bill of lading *(negotiable FIATA FBL) (ALog)* FIATA-Durchkonnossement *n* für kombinierte Transporte
nestable container *(Lager)* nestbarer Behälter *m (ineinander stapelbare Transportbehälter, die insbesondere den Rücklauf von Leergütern optimieren)*
nested *(ALog)* ineinandergesetzt *(bei in sich gestapelten Transportbehältern)*
net *(ALog)* netto
net price *(ALog)* Nettopreis *m*
net terms *(ALog)* Nettobedingungen *fpl*
net ton *(NT) (Schiff)* Nettoregistertonne *f (für Fracht und Passagiere verbleibender Nutzraum = BRT minus Besatzungs- und Provianträume, Maschinenraum, Schiffausrüstungsraum, Wasserballasttanks und Bunkeröltanks)*; Nettoraumzahl *f (Gesamtraumgehalt aller Laderäume auf Innenkante Außenhaut)*
net weight *(ALog)* Nettogewicht *n*, Reingewicht *n*
network *(ALog)* Netzwerk *n*
no risk after discharge *(n.r.a.d.) (Recht, Vers)* keine Deckung nach Entladung *(Versicherungsklausel)*
no risk after landing *(n.r.a.l.) (Recht, Vers)* keine Deckung nach Landung *(Versicherungsklausel)*
no-frills carrier *(Luft) (infrml)* Billigflieger *m*, Flugdiscounter *m (no frills = ohne Schnickschnack; synonymous: low fare carrier, low cost carrier; mit einfachen Leistungen: minimaler Aufwand z. B. durch niedrige Vertriebskosten -Internetbuchung, Verzicht auf die Ausstellung von Flugscheinen oder Erstellung durch den Fluggast selbst- kurze Bodenzeiten, den ausschließlichen Einsatz im Punkt-zu-Punkt-Verkehr = point-to-point transport, die Verwendung von Maschinen eines Typs = verringerte Wartungskosten)*
noise *(ALog)* Lärm *m*
noise protection *(ALog)* Lärmschutz *m*
noise protection wall *(Schiene, Straße)* Lärmschutzwand *f*
non-binding recommendation *(Recht, Vers)* unverbindliche Empfehlung *f*
non-conference vessel *(Schiff)* Außenstehende *m (Frachtschiff das nicht einer Konferenz angehört und somit nicht an die dort gültigen Vereinbarungen gebunden ist)*
non-core activity *(ALog)* Randaktivität *f*, nicht dem (logistischen) Kerngeschäft zurechenbare Geschäftstätigkeit *f*
non-core services *(ALog)* Nebenleistungen *fpl*, nicht dem logistischen Kerngeschäft zurechenbare Leistungen *fpl*
non-delivery *(n.d.) (ALog, Recht, Vers)* Nichtauslieferung *f*, Nichtlieferung *f*
non-negotiable *adj (Recht)* nicht verhandelbar
non-revenue passenger *(Luft)* Freigast *m*, Fluggast *m* außer Tarif
non-vessel-operating common carrier *(NVOCC) (Schiff)* Verfrachter *m* ohne eigenen Schiffsraum
non-vessel operator *(NVO) (Schiff)* Schiffscharterer *m*
normal rate *(Luft)* Normalrate *f (Untergruppe der allgemeinen Frachtrate für Luftfrachtsendungen bis 45 kg)*
noshow *(Luft)* Noshow *m (Fluggast mit Flugreservierung, der weder zum bestätigten Flug erscheint noch storniert; Gegensatz: Goshow)*
not insured *(Vers)* unversichert
notice of cancelation *(Recht, Vers)* Kündigung *f*
notification of goods receipt *(Lager)* Wareneingangsmeldung *f*
notification of goods return *(ALog)* Ankündigung *f* der Warenrückgabe
notify address *(ALog)* Notadresse *f*
n.r.a.d. *(Abk. für: no risk after discharge) (Recht, Vers)* keine Deckung nach Entladung *(Versicherungsklausel)*
n.r.a.l. *(Abk. für: no risk after landing)*

(Recht, Vers) keine Deckung nach Landung *(Versicherungsklausel)*

NT *(Abk. für: net ton) (Schiff)* Nettoregistertonne *f (für Fracht und Passagiere verbleibender Nutzraum = BRT minus Besatzungs- und Proviantträume, Maschinenraum, Schiffausrüstungsraum Wasserballasttanks und Bunkeröltanks)*

number *(ALog)* Nummer *f*

number of axles *(Schiene, Straße)* Achszahl *f*

number of packages *(ALog)* Stückzahl *f*

NVO *(Abk. für: non-vessel operator) (Schiff)* Schiffscharterer *m*

NVOCC *(Abk. für: non-vessel-operating common carrier) (Schiff)* Verfrachter *m* ohne eigenen Schiffsraum

O

objection *(ALog)* Beanstandung *f*

obligation *(ALog)* Pflicht *f*

obligation of entrainment *(Straße)* Mitführungspflicht *f*

obligation of handing-over *(Straße)* Aushändigungspflicht *f*

obligation to buy *(Recht)* Abnahmeverpflichtung *f*, Kaufverpflichtung *f*, Verpflichtung *f* zum Kauf; Kaufzwang *m* • **no obligation to buy** ohne Abnahmeverpflichtung *(synonymous: without obligation to buy)*

obligation to disclose *(Recht, Vers)* Anzeigepflicht *f*

obligatory licence *(Schiene, Schiff, Straße, Luft)* Erlaubnispflicht *f*

obligatory registration *(Recht, Vers)* Anmeldepflicht *f*

obsolescence of stocks *(Lager)* Lagerveralterung *f*, Bestandsveralterung *f*

obsolete stock *(ALog, Lager)* veralteter Bestand *m*, veralteter Lagerbestand *m*

ocean *(Schiff)* Meer *n*

o/d *(Abk. für: on deck) (Schiff)* auf Deck

offer *(ALog)* Angebot *n*

on-board unit *(Straße)* Mitnahmeeinheit *f (zur mobilen Erfassung der Mautgebühren im LKW)*

on-shelf availability *(OSA) (Lager)* Regalverfügbarkeit *f*

on-site logistics *(ALog)* lokale Logistik *f*

oncoming traffic *(Straße)* Begegnungsverkehr *m*

one-way container *(Schiene, Straße)* Einwegbehälter *m*

one-way packing *(Schiene, Straße)* Einwegverpackung *f*

one-way pallet *(Lager)* Einwegpalette *f (nicht wiederverwendbare Transportpaletten mit den Abmessungen 800x600 / 1200x800 /1200x1000 und im Containermaß 1140x1140 mm)*

one-way street *(Straße)* Einbahnstraße *f*

onus of proof *(Recht, Vers)* Beweislast *f*

OOG *(Abk. für: out of gage, out of gauge) (Luft, Schiff, Straße)* das Lademaß überschreitend

OOS *(Abk. für: out of stock) (Lager)* Bestandslücke *f*

open cheque *(ALog)* Barscheck *m*

open customs warehouse *(ZollAHa)* offenes Zolllager *n*

open policy *(Vers)* laufende Police *f*, offene Police *f*

open purchase order quantity *(Lager)* Bestellbestand *m*

open-sky agreement *(Luft)* Open-Sky--Abkommen *n (Regelung zwischen der EU und den USA zum freien Zugang aller Fluggesellschaften der Vertragsstaaten zu allen Flughäfen)*

open stock *(Lager)* offener Bestand *m*

open-top container *(Schiene, Schiff, Straße)* oben offener Container *m*

open waggon *(Schiene)* offener Güterwagen *m*, offener Wagen *m*

operating control *(Straße)* Betriebskontrolle *f*

operating hour *(Pers)* Einsatzstunden *f*

operating weight *(Luft)* Betriebsgewicht *n (the sum of dry operating weight and take-off fuel; cf DOW = dry operating weight)*

operational flight number *(Luft)* operationelle Flugnummer *f (Verwendung bei Flügen mit Mehrfachflugnummer oder Multiple Carrier Designator, u. a. für Flugsicherung, Slot, Flugzeugbereitsstellung, Flugbewegungsmeldung; Gegensatz: Marketingflugnummer)*

operational structuring *(ALog)* Ablauforganisation *f*

operator *(ALog, Recht)* Wirtschaftsbeteiligte *m(f)*

optimum order size *(Lager)* optimale Bestellmenge *f*
optimum warehouse stock *(Lager)* optimaler Lagerbestand *m*
option surcharge *(Schiff)* Optionszuschlag *m (Zuschlag für bei Buchung nicht feststehendem Löschhafen)*
order *(ALog)* Auftrag *m*, Bestellung *f* • **by order and for account of** *(ALog)* im Auftrag und für Rechnung von • **to the order of** *(Recht, ZollAHa)* auf Order von
order costs *(ALog)* Bestellkosten *pl*
order handling *(ALog)* Bestellabwicklung *f*
order management *(Lager)* Bestellmanagement *n*
order picking *(Lager)* Kommissionierung *f*, Auftragskommissionierung *f*
order picking perforamnce *(Lager)* Kommissionierleistung *f*
order processing *(ALog)* Auftragsabwicklung *f*, Bestellabwicklung *f*
order quantity *(ALog)* Bestellmenge *f*
order response *(ORDRSP) (Inf)* Auftragsbestätigung *f (Nachrichtentyp im EDIFACT)*
order status report message *(Lager)* Bestellstatusbericht *m*
order time *(Lager)* Bestellzeitpunkt *m*
orders *(ORDERS) (Inf)* Auftragsdaten *pl (Nachrichtentyp im EDIFACT)*
ORDERS *(Abk. für: orders) (Inf)* Auftragsdaten *pl (Nachrichtentyp im EDIFACT)*
ORDRSP *(Abk. für: order response) (Inf)* Auftragsbestätigung *f (Nachrichtentyp im EDIFACT)*
origin *(ZollAHa)* Herkunft *f*, Ursprung *m*
original document *(ALog)* Originaldokument *n*
OSA *(Abk. für: on shelf availability) (Lager)* Regalverfügbarkeit *f*
other charges *(Luft)* andere Kosten *pl*
out of gage *(OOG) (AE) (Luft, Schiff, Straße)* das Lademaß überschreitend
out of gauge *(OOG) (BE) (Luft, Schiff, Straße)* das Lademaß überschreitend
out of stock *(OOS) (Lager)* Bestandslücke *f*
outbound logistics *(ALog)* Beschaffungslogistik *f*
outer package *(ALog)* Umverpackung *f (andere Bezeichnung für die äußere Verpackung)*
outflagging *(Schiff)* Ausflaggung *f*
outport *(Schiff)* Nebenhafen *m*
output *(Lager)* Durchsatz *m*
outside country *(ALog, Recht, ZollAHa)* Drittland *m*, Drittstaat *m*
outside warehouse *(Lager)* Außenlager *n*
outsider *(Schiff)* Außenstehende *m (Frachtschiff, das nicht einer Konferenz angehört und somit nicht an die dort gültigen Vereinbarungen gebunden ist)*
outsource *v (ALog)* ausgliedern
outsourcing *(ALog)* Leistungsfremdvergabe *f (Fremdvergabe von bisher im Unternehmen erstellten Leistungen oder Funktionen)*
outward flight *(Luft)* Hinflug *m*
outward journey *(Luft, Schiene, Schiff, Straße)* Hinreise *f*
outward leg *(Luft, Schiene, Schiff, Straße)* Hinreise *f*, erste Etappe *f (synonymous: outward journey)*
over-pivot rate *(Luft)* Übergewichtsgebühr *f (bei Palette oder Container im Luftfrachtverkehr)*
overall length *(ALog)* Gesamtlänge *f*
overall load factor *(ALog)* Nutzladefaktor *m*, NLF *m*; Gesamtauslastung *f (synonymous: weight load factor, load factor; percentage of capacity utilization: e. g. tonnes carried on a goods vehicle in relation to its total capacity; Verhältnis zwischen der verkauften Leistung und der angebotenen Gesamtleistung)*
overdraft *(ALog)* Kontokorrentkredit *m*
overhauling *(ALog)* Instandsetzung *f*
overhead costs *(ALog)* Gemeinkosten *pl*
overhead crane *(Lager)* Laufkran *m*
overnight delivery *(ALog)* 24-Stunden-service *m*, Über-Nacht-Lieferung *f*, Über-Nacht-Auslieferung *f (KEP-Dienst)*
overseas container *(Schiene, Schiff, Straße)* Überseecontainer *m*
overtake *v (Straße)* überholen
overtonnage *(Schiene, Schiff, Straße, Luft)* Überkapazität *f*
overweight *(Schiene, Schiff, Straße, Luft)* Übergewicht *n*
own-name transaction *(Schiene, Schiff, Straße, Luft)* Selbsteintritt *m*
owner licence *(Schiene, Straße)* Inhabergenehmigung *f*
owners card *(Straße)* Unternehmenskarte *f*

P

P.A. *(Abk. für: particular average) (Recht, Schiff, Vers)* besondere Havarie *f*
pack *v (ALog, Lager)* verpacken
package *(ALog)* Kollo *n*, Packstück *n*
package list *(ALog)* Kolliliste *f*
package unit *(ALog)* Verpackungseinheit *f*
packaging *(ALog)* Verpackung *f (ganze oder teilweise physische Umhüllung von Waren zur Abgrenzung oder Sicherung)*
packaging aid *(Lager)* Packhilfsmittel *n*
packaging cost *(ALog)* Verpackungskosten *pl*
packaging mean *(Lager)* Packmittel *n (Mehrwegverpackungen mit einer spezifischen Bezeichnung)*
packed *(ALog, Lager)* verpackt
packing center *(Schiff)* Packstation *f*
packing list *(ALog)* Packliste *f*
packing station *(Schiff)* Stauerei *f*
paid *adj (ALog)* bezahlt
paired traffic *(Straße, Schiene, Schiff, Luft)* paarige Verkehre *mpl (gleichmäßige Güterströme zwischen zwei Punkten)*
pallet *(Schiene, Schiff, Straße, Luft)* Palette *f (genormte, stapelbare Mehrwegladeмittel, die mit Gapelstapler oder Gabelhubwagen unterfahren und bewegt werden können)*
pallet cage *(Lager)* Gitterbox *f*
pallet carrier *(Lager)* Gabelhubwagen *m*
pallet conveyor system *(Lager)* Palettenförderanlage *f*
pallet high bay racking *(Lager)* Palettenregallager *n*
pallet jack *(Lager)* Gabelhubwagen *m*
pallet rack *(Lager)* Palettenregal *n*
pallet weight *(Lager)* Palettengewicht *n*
palletize *v (Schiff)* palettieren, palettisieren *(Versandgut auf einer Palette stapeln)*
palletizer *(Pers, Lager)* Palettierer *m*
palletizing *(Lager)* Palettieren *n*
Pan-European Cumulation *(ALog, Recht, ZollAHa)* paneuropäische Kumulation *f*, paneuropäische Kumulationszone *f (Mitglieder: EU-27, die Schweiz, die EWR-Mitglieder Norwegen, Liechtenstein und Island sowie Ceuta, Melilla und die Türkei; seit 1. Juni 2004 Präferenzzone mit einheitlichen Regeln für die Bestimmung des präferenziellen Ursprungs und die präferenzielle Behandlung von Ursprungszeugnissen; Waren mit Ursprung aus einem Land der paneuropäischen Kumulation erfüllen die Kriterien zur Gewährung der Zollpräferenz; a single preferential area with uniform rules for the determination of the preferential origin; cf paneuropäische Kumulation)*
Pan-European Cumulation Area *(ALog, Recht, ZollAHa)* paneuropäische Kumulationszone *f*, paneuropäische Kumulation *f (Mitglieder: EU-27, die Schweiz, die EWR-Mitglieder Norwegen, Liechtenstein und Island sowie Ceuta, Melilla und die Türkei; cf Pan-European Cumulation)*
panama maximum size *(Schiff)* Panama-Maximalgröße *f (Containerschiffe mit einer maximalen Breite von 32,20 m und einer Länge unter 300 m, ca. 4000 bis 5000 TEUs, die den Panamakanal noch passieren können)*
paperless picking *(Lager)* papierlose Kommissionierung *f*
parcel *(Schiene, Schiff, Straße, Luft)* Paket *n*
parcel service *(Schiene, Schiff, Straße, Luft)* Paketdienst *m (Dienstleister, die den Versand, Transport und die Zustellung von Paketen mit Gewichts- und Abmessungsbeschränkungen - in der Regel bis 31,5 kg - organisieren)*
parcel transportation (service) *(ALog)* KEP-Dienst *m (Transport von Päckchen, Kleinstückgütern oder Dokumenten mit begrenztem Volumen oder Gewicht, meist bis ca. 30 kg; gestattet hohe Standardisierung und damit die vereinfachte Automatisierung von Sortierung und Umschlag)*
park heating *(Straße)* Standheizung *f*
parking *(Straße)* Parken *n*
parking and maintenance areas *(Luft)* Abstell- und Wartungsflächen *fpl (für Flugzeuge auf dem Vorfeld = apron)*
parking area *(Straße)* Parkplatz *m*, Parkfläche *f*
parking ramp *(Luft)* Vorfeld *n (einschließlich: Abstell- und Wartungsflächen = parking and maintenance areas für Flugzeuge, Rollwege = apron-taxiways der Flugzeuge und Vorfeldbereiche, auf denen*

Servicefahrzeuge fahren = apron-service-roads; synonymous: ramp, apron)
part bill of lading *(Schiff)* Teilkonnossement *n*
part delivery *(Schiene, Schiff, Straße, Luft)* Teillieferung *f*
part load *(Schiene, Schiff, Straße, Luft)* Teilladung *f (eine Sendung, die aufgrund ihrer Größe nicht umgeschlagen wird, jedoch den zur Verfügung stehenden Frachtraum nicht vollständig auslastet; sie wird deshalb mit anderen Teilladungen oder auch zusammen mit Sammelgut befördert)*
partial loss *(P.L.) (Recht, Vers)* Teilverlust *m*
partial pallet quantity *(Lager)* Anbruchpalette *f*, Palettenanbruch *m*
partial payment *(ALog)* Anzahlung *f*
particle filter *(Straße)* Partikelfilter *m*
particular average *(P.A.) (Recht, Vers, Schiff)* besondere Havarie *f*
particulars *(ALog)* Einzelheiten *fpl*
parts *(Luft)* Teile *npl (Warenbezeichnung zur Luftfrachtermittlung)*
parts list *(ALog)* Stückliste *f*
part-time four-wheel drive *(Straße)* abschaltbarer Allradantrieb *m*, zuschaltbarer Allradantrieb *m*
passage day *(Schiff)* Seetag *m*
passenger cab(in) *(ALog)* Fahrgastzelle *f*
passenger data sharing *(PDS) (Luft, Recht)* gemeinsame Nutzung *f* von Passagierdaten, gemeinsame Passagierdatennutzung *f*, gemeinsame Fluggastdatennutzung *f (on the basis of an agreement between the EU and the USA, the FBI and other agencies are able to access 19 pieces of personal passenger information on transatlantic air passengers, such as name, telephone number and address and can retain the data for 15 years; cf passenger name record = PNR = Fluggastdatensatz)*; gemeinsamer Zugriff *m* auf Passagierdaten *(cf access to passenger data)*
passenger-kilometres transported *(PKT) (Luft)* Passage-TKT, Passagierkilometer, PKM *(synonymous: revenue passenger kilometres, RPK; TKT = tonnes kilomètres transportées = RTK = revenue tonne kilometres = nachgefragte Tonnenkilometer = die verkaufte Passageleistung)*
passenger liner *(Schiff)* Fahrgastschiff *n*
passenger list *(Luft, Schiff)* Passagierliste *f (synonymous: list of passengers)*
passenger load factor *(Luft, Schiene, Straße)* Sitzladefaktor *m (synonymous: seat load factor; Kennziffer der Passagierlogistik: das Verhältnis der verkauften Sitzplätze zur Zahl der insgesamt verfügbaren Plätze; the ratio of seats sold or occupied out of the total number of seats available)*
passenger logistics *(ALog)* Passagierlogistik *f (provision of passenger services)*
passenger manifest *(Luft)* Passagiermanifest *n (namentliche Aufstellung aller an Bord befindlichen Fluggäste; Gegensatz: Lademanifest, Frachtmanifest)*
passenger miles *(ALog)* Passagiermeilen *fpl (Kennziffer der Passagierlogistik: number of passengers carried multiplied by the average length of their journey in miles)*
passenger name record *(PNR) (Luft)* Fluggastdatensatz *m (EU, USA; ein automatisch vergebener Datensatz, der alle Informationen zum Buchungsvorgang eines Passagiers - oder mehrerer Passagiere - enthält; Aufruf über einen sechsstelligen Buchstaben/Zahlencode; cf passenger data sharing)*
passenger plane *(Luft)* Passagierflugzeug *n*
passport *(Recht)* Reisepass *m*
pay in cash *(ALog)* Barzahlung *f*
pay slip *(Recht)* Lohnabrechnung *f*
payload *(pld) (ALog)* Nutzlast *f*, Nutzladefähigkeit *f*
payload capacity *(ALog)* Nutzlast *f*
payment *(ZollAHa)* Zahlung *f*
payment against 3-month's draft *(ALog, Recht)* Zahlung gegen 3-Monats-Wechsel *(Zahlungsbedingungen)*
payment by bank draft *(ALog, Recht)* Zahlung durch Bankwechsel *(Zahlungsbedingungen)*
payment by instalments *(Recht, ZollAHa)* Ratenzahlung *f*
payment of freight charges *(Recht)* Frachtzahlung *f*
payment on advice that goods are ready for dispatch *(ALog, Recht)* Zahlung bei Anzeige der Versandbereitschaft *(Zahlungsbedingungen)*
payment on receipt of invoice *(ALog,*

Recht) Zahlung bei Erhalt der Rechnung *(Zahlungsbedingungen)*

payment to our forwarder on delivery of goods *(ALog, Recht)* Zahlung an unseren Spediteur gegen Auslieferung der Ware *(Zahlungsbedingungen)*

payment with order *(ALog, Recht)* Zahlung bei Auftragserteilung *(Zahlungsbedingungen)*

payment within 10 days with 3% discount, within 30 days, net *(ALog, Recht)* Zahlung innerhalb 10 Tagen mit 3% Skonto, innerhalb 30 Tagen, netto *(Zahlungsbedingungen)*

p.c. *(Abk. für: per cent) (ALog)* v.H., von Hundert, Prozent, %

PDS *(Abk. für: passenger data sharing) (Luft, Recht)* gemeinsame Nutzung *f* von Passagierdaten, gemeinsame Passagierdatennutzung *f*, gemeinsame Fluggastdatennutzung *f (EU and USA; cf passenger name record = PNR = Fluggastdatensatz)*; gemeinsamer Zugriff *m* auf Passagierdaten *(cf access to passenger data)*

pelletising robot *(Lager)* Palettierroboter *m*

penalty *(Recht, Vers)* Bußgeld *n*, Geldbuße *f*, Vertragsstrafe *f*

per cent *(p.c.) (ALog)* v.H., von Hundert, Prozent, %

period *(Recht, Vers)* Frist *f*, Periode *f*

period of availability *(Recht)* Geltungsdauer *f*

period of supply *(ALog)* Lieferzeit *f*

perishable *adj (ALog, Luft)* leicht verderblich

perpetual inventory *(PI) (Lager)* permanente Inventur *f*

personnel expenses *(Pers)* Personalkosten *pl*

petroleum tax *(Straße)* Mineralölsteuer *f*

petty average *(Schiff)* kleine Havarie *f*

petty damage *(Recht, Vers)* Bagatellschaden *m*

PI *(Abk. für: perpetual inventory) (Lager)* permanente Inventur *f*

P&I *(Abk. für: protection and indemnity) (Recht, Vers)* Schiffshaftpflichtversicherung *f*

pick *v (Lager)* kommissionieren *(Ware auftragsbezogen entnehmen und zusammenstellen)*

pick *v* **by item** *(Lager)* artikelweise kommissionieren

pick by light *(Lager)* visuell geführte Kommissionierung *f*

pick-by-voice *(Inf, Lager)* sprachgesteuerte Kommissionierung *f*, sprachgesteuerte Entnahme *f*, sprachgeführte Kommissionierung *f (radiotelephony communication; System bei dem der Kommissionierer die Kommissionierungsaufträge per Sprechfunk über einen Kopfhörer erhält und über ein Mikrophon die Ausführung bestätigt; der Kommissionierer hat so beide Hände frei)*

pick-up *(ALog)* Abholung *f*

pick-up by the customer *(ALog)* Selbstabholung *f (Kunde holt die beim Hersteller bestellte Ware selber oder durch Beauftragte ab)*

pick-up date *(ALog)* Abholtermin *m*, Abholdatum *n*

pick-up logistics *(ALog)* Abhollogistik *f*

pick-up transport *(ALog)* Abholtransport *m*

pick-to-belt *(Lager)* bandunterstützte Kommissionierung *f (ein Kommissionierprinzip, bei dem die zu kommissionierende Ware direkt auf ein Abförderband gelegt wird)*

picking container *(Lager)* Kommissionierbehälter *m*

picking list *(Lager)* Kommissionierliste *f*

picking location *(Lager)* Kommissionierplatz *m*, Kommissionierlager *n*

picking process *(Lager)* Kommissioniervorgang *m*

picking unit *(Lager)* Kommissioniereinheit *f*

pierage *(Schiff)* Kaigeld *n*, Kaigebühr *f*, Kaigebühren *fpl (fee charged to a ship operator for using the wharf; Gebühr für die Benutzung des Kais; synonymous: wharfage, quayage)*

piggyback traffic *(Schiene, Straße)* Huckepackverkehr *m*, Huckepack-Verkehr *m*, Straße-Schiene-Transport *m (combined road-rail transport = kombinierter Verkehr = intermodaler Verkehr, bei dem LKW, Sattelzüge, Auflieger = piggyback trailers und Wechselbehälter als Ladeeinheiten des Schienenverkehrs auf Eisenbahnwaggons transportiert werden; the use of rail wagons for the transport of road trailers and swap containers by *rail; BE road-rail transport; cf rollende Landstraße)*

piggyback transport *(Straße, Schiene)* rollende Landstraße *f*, RoLa *f*

pipeline *(ALog)* Rohrleitung *f*

pitch *v (Schiff)* stampfen

pivot weight *(Luft)* genanntes Gewichtslimit *n (bei Palette oder Container im Luftfrachtverkehr)*

PKT *(Abk. für: passenger-kilometres transported) (Luft)* Passage-TKT, Passagierkilometer, PKM *(synonymous: revenue passenger kilometres, RPK; TKT = tonnes kilomètres transportées = RTK = revenue tonne kilometres = nachgefragte Tonnenkilometer = die verkaufte Passageleistung)*

P.L. *(Abk. für: partial loss) (Recht, Vers)* Teilverlust *m*

1PL *(Abk. für: first-party-logistics provider) (ALog)* 1PL Anbieter *m (von produzierenden Unternehmen intern abgewickelte logistische Leistungen; die physische Warenbewegung - Transport-, Umschlag- oder Lagerungsleistungen - wird selbst durchgeführt)*

2PL *(Abk. für: second-party-logistics provider) (ALog)* 2PL Anbieter *m (Speditionen, Reedereien, Verlader, Lagerei- und Umschlagsunternehmen sowie Anbieter von Kurier-, Express-, und Paketdiensten, die im Zuge der vermehrten Fremdvergabe von Logistikleistungen diese übernommen haben)*

3PL *(Abk. für: third-party-logistics provider) (ALog)* 3PL Anbieter *m (Weiterentwicklung der 2PL Anbieter zu sogenannten Systemdienstleistern; Hauptaufgabe ist die Organisation des Waren- und Informationsflusses, teilweise inklusive Finanz- und Informationsdienstleistungen)*

4PL *(Abk. für: fourth-party-logistics provider) (ALog)* 4PL Anbieter *m (Systemintegratoren, die die Geschäftsbeziehungen zwischen ihren Kunden und anderen Logistikdienstleistern regeln; sie koordinieren und organisieren alle Geschäftsprozesse entlang der Wertschöpfungskette; unter Zuhilfenahme moderner Technologien steuern sie die gesamte Lieferkette = Supply Chain und koordinieren unternehmensübergreifende Geschäftsprozesse; sie verfügen über keine eigenen Transport-, Umschlag- und Lagerkapazitäten)*

P+L *(Abk. für: profit and loss) (ALog)* Gewinn *m* und Verlust *m*

place *v* **upright** *(ALog)* aufrecht stellen

place *(ALog)* Ort *m*

place of destination *(ALog)* Bestimmungsort *m*

place of fulfilment *(Recht, Vers)* Erfüllungsort *m*

place of jurisdiction *(Recht, Vers)* Gerichtsstand *m*

place of unloading *(Schiene, Schiff, Straße, Luft)* Abladestelle *f*

placing the goods at the disposal *(Lager)* Warenbereitstellung *f*

plan ahead *(ALog)* Disposition *f*, vorausschauende Planung *f*

plane *(Luft)* Flugzeug *n*

plant *(ALog)* Fabrik *f*, Werk *n* • **ex plant** *(ALog)* ab Fabrik *f*, ab Werk *n*

platform *(ALog)* Aufbau *m*

pld *(Abk. für: payload) (ALog)* Nutzlast *f*, Nutzladefähigkeit *f*

plywood *(ALog)* glasfaserverstärktes Holz *n*

PML *(Abk. für: probable maximum loss) (Recht, Vers)* wahrscheinlich anzunehmender Höchstschaden *m*

PNR *(Abk. für: passenger name record) (Luft)* Fluggastdatensatz *m (EU, USA; cf passenger data sharing; ein automatisch vergebener Datensatz, der alle Informationen zum Buchungsvorgang eines Passagiers -oder mehrerer Passagiere- enthält; Aufruf über einen sechsstelligen Buchstaben/Zahlencode)*

point of acceptance *(ZollAHa)* Akzeptanzstelle *f*

point of reorder *(Lager)* Nachbestellungszeitpunkt *m (ein vorab definiertes Bestandsniveau, bei dessen Unterschreiten eine Nachbestellung ausgelöst wird)*

point-of-sale *(POS) (Inf)* Verkaufsstelle *f*, Ort *m* des Verkaufs, Point-of-Sale *m*, POS *m*, Verkaufsort *m*, Verkaufspunkt *m*

point-to-point transport *(Luft, Schiene, Schiff, Straße)* Punkt-zu-Punkt-Verkehr *m*

poison *(ALog)* Gift *n*

police *(ALog, Recht)* Polizei *f*

policy *(Vers)* Police *f*

policy of market access *(ALog)* Marktzugangsregelung *f*

pontoon *(Schiff)* Ponton *n*
pontoon dock *(Schiff)* Pontondock *n*
pooled shipment *(ALog)* Sammelladung *f*
port *(Schiff)* Hafen *m*, Seehafen *m*
port authority *(Schiff)* Hafenbehörde *f*
port delay charge *(Schiff)* Verstopfungszuschlag *m*
port lay days *(Schiff)* Hafenliegezeit *f*
port of call *(Schiff)* Anlaufhafen *m*
port of destination *(Schiff)* Bestimmungshafen *m*
port of discharge *(Schiff)* Ausladehafen *m*
port of sailing *(Schiff)* Abfahrtshafen *m*
port option *(Schiff)* Optionshafen *m (bei Buchung des Laderaumes nicht feststehender Löschhafen)*
port risks *(P.R.) (Recht, Vers)* Hafenrisiken *npl*
port to port *(Schiff)* Hafen zu Hafen
port turn(a)round time *(Schiff)* Liegezeit *f* im Hafen, Wendezeit *f*, Hafenumschlagszeit *f*, Be- und Entladungszeit *f* im Hafen
portal frame *(Schiff)* Portalkran *m*
portside *(Schiff)* backbord *(Kennzeichnung = rotes Licht, links)*
post paid *(ALog)* Porto bezahlt, portofrei
post panamax-sized ships *(Schiff)* Post-Panamax-Schiffe *npl (Schiffe, die entweder breiter als 32,20 m oder länger als 300 m sind und somit den Panamakanal nicht mehr passieren können)*
postage & handling *(ALog)* Porto und Versandspesen, Porto und Versandkosten
postal address *(ALog)* Postadresse *f*
postal charges *(ALog)* Postgebühren *f*
postal order *(Recht, ZollAHa)* Postanweisung *f*
postal parcel *(Schiene, Schiff, Straße, Luft)* Postpaket *n*
postal receipt *(Recht, ZollAHa)* Posteinlieferungsschein *m*
pound sterling *(GBP) (ALog)* Pfund Sterling *n*, *(infrml)* Pfund *n (monetary unit = Währungseinheit im VK = Vereinigtes Königreich = UK = United Kingdom of Great Britain -including England, Scotland and Wales- and Northern Ireland; ISO-Währungskürzel: GBP; 1 pound sterling = 1 £ = 100 pence = 100 p)*
pounds avoirdupois *(ALog)* Pfund *pl* Avoirdupois *(synonymous: pounds av., pounds avdp.; britisches Handelsgewicht: 1 pound avoirdupois = 16 ounces = 453,59 g)*
power output *(Schiene, Straße)* Leistung *f*
power take-off *(PTO) (ALog)* Nebenabtrieb *m*
PP *(Abk. für: prepaid) (Luft)* Beförderungskostenvorkasse *f (Zahlung der Beförderungskosten am Abgangsflughafen)*
P.R. *(Abk. für: port risks) (Recht, Vers)* Hafenrisiken *npl*
pre-assembly *(Lager)* Vormontage *f*
pre-carriage *(Schiene, Straße, Schiff)* Vorlauf *m (Transport von Sendungen eines oder mehrerer Verlader zur Umschlagsanlage des Spediteurs)*
pre-control *(Straße)* Vorkontrolle *f*
pre-stuffed load *(Schiff)* vorgestaute Ladung *f*
precisely timed existing system *(Lager)* zeitgenaues Bestandssystem *n (automatisches Bestandsführungssystem für die zeitgenaue Ermittlung des Regalbestandes für jedes Produkt)*
preferential origin *(ALog, Recht, ZollAHa)* präferenzieller Ursprung *m (cf paneuropäische Kumulation: Waren mit Ursprung aus einem Land der paneuropäischen Kumulation erfüllen die Kriterien zur Gewährung der Zollpräferenz)*
prejudice/without *(W.P.) (Vers)* ohne Präjudiz
premium *(Vers)* Prämie *f*
prepaid *(PP)* 1. *(Luft)* Beförderungskostenvorkasse *f (Zahlung der Beförderungskosten am Abgangsflughafen)*; 2. *(ALog, Recht, ZollAHa)* Vorauszahlung *f*
prepaid up to *(ALog)* franko bis
prepayment *(Recht, ZollAHa)* Vorauszahlung *f*
presentation *(ALog)* Übergabe *f*
presentation of documents *(ZollAHa)* Dokumentenübergabe *f*
PRICAT *(Abk. für: price catalog) (Inf)* Preisliste *f (Nachrichtentyp im EDIFACT)*
price *(ALog)* Preis *m*
price calculation *(ALog)* Preiskalkulation *f*
price catalog *(PRICAT) (Inf)* Preisliste *f (Nachrichtentyp im EDIFACT)*
price ex factory *(ZollAHa)* Werkpreis *m*

price ex works *(ALog, ZollAHa)* Preis *m* ab Werk, Preis *m* ab Fabrik
price list *(ALog)* Preisliste *f*
pricing *(Lager)* Preisauszeichnung *f*
principal 1. *(Schiene, Schiff, Straße, Luft)* Versender *m*; 2. *(ALog, Recht)* Auftraggeber *m*, Vollmachtgeber *m*; Kapitalsumme *f*, Hauptsumme *f (zinstragende Geld- oder Kapitalsumme ohne Zinsen)*
principal carrier *(Schiene, Schiff, Straße, Luft)* Hauptbeförderer *m*, Hauptspediteur *m*
principal office *(ALog, Recht)* Hauptgeschäftsstelle *f*, Hauptniederlassung *f*
principal place of business *(ALog, Recht)* Hauptgeschäftsstelle *f*, Hauptniederlassung *f*
principal port *(Schiff)* Haupthafen *m*
prior carriage charges *(Schiene, Schiff, Straße, Luft)* Vorfracht *f*
private company 1. *(ALog)* Privatunternehmen *n (synonymous: private enterprise, privately-owned company)*; 2. *(Recht)* privatrechtliches Unternehmen *n*, personenbezogene Kapitalgesellschaft *f*
private enterprise *(ALog, Recht)* Privatunternehmen *n (synonymous: private company, privately-owned company)*
private haulage *(Schiene, Schiff, Straße)* Werkverkehr *m (Beförderung von Gütern für eigene Zwecke mit eigenen Transportmitteln)*
private limited company *(BE) (ALog, Recht)* beschränkt haftende Gesellschaft *f (synonymous: limited company; a company with limited liability to the extent of the amount of capital invested; die Firma ist ein Rechtssubjekt -a legal entity, legal person- und muss den Zusatz "Limited" oder "Ltd." enthalten; ähnlich Deu: Gesellschaft mit beschränkter Haftung, GmbH, Öst: Ges.m.b.H.; internationale Rechtsformvergleiche sind Annäherungen und immer nur im Hinblick auf einzelne Merkmale und auch da nur eingeschränkt möglich)*
probable maximum loss *(PML) (Recht, Vers)* wahrscheinlich anzunehmender Höchstschaden *f*
probe *(ZollAHa)* Warenprobe *f*
process organisation *(ALog)* Ablauforganisation *f*
process plan *(ALog)* Arbeitsablaufplan *m*
procuration *(Recht, ZollAHa)* Vollmacht *f*
• **per procuration** *(Recht, ZollAHa)* in Vollmacht
procurement *(ALog)* Beschaffung *f*
procurement conditions *(ALog)* Beschaffungskonditionen *fpl*
procurement costs *(ALog)* Beschaffungskosten *pl*
procurement logistics *(ALog)* Beschaffungslogistik *f*
procurement strategy *(ALog)* Beschaffungsstrategie *f*
product groups *(ALog)* Warengruppe *f (bezeichnet eine Gruppe von Produkten und/oder Dienstleistungen, die als zusammengehörend definiert werden)*
product testing *(Lager)* Warenprüfung *f*
production logistics *(ALog)* Produktionslogistik *f*
production planning and control system *(Inf)* Produktionsplanung und -steuerung *f (Softwarelösungen, die die Planung von Primär- und Materialbedarfen, die Durchlaufterminierung, den Kapazitätsabgleich, die Reihenfolgeplanung, die Verfügbarkeitsprüfung und Auftragsfreigabe sowie die Betriebsdatenerfassung und -kontrolle zum Aufgabenbereich durchführen)*
profit *(ALog)* Gewinn *m*
profit and loss *(P+L) (ALog)* Gewinn *m* und Verlust *m*
proforma invoice *(Recht, ZollAHa)* Proformarechnung *f*
project forwarding agency *(Schiene, Schiff, Straße, Luft)* Projektspedition *f*
prolongation *(Recht, ZollAHa)* Prolongation *f*, Verlängerung *f*
promotion *(ALog)* Aktion *f*
promotion item *(ALog)* Aktionsartikel *m (Artikel, die im Rahmen einer zeitlich begrenzten Verkaufsförderungsmaßnahme angeboten werden)*
proof *(Recht)* Nachweis *m*
proof of acceptance *(Recht, Straße)* Übernahmenachweis *m*
proof of delivery *(ALog)* Ablieferungsnachweis *m*
proof of disposal *(Recht, Straße)* Entsorgungsnachweis *m*
proof of health insurance cover *(Recht)* Krankenversicherungsnachweis *m*
proof of insurance *(Recht, Vers)* Versicherungsnachweis *m*

proof of payment *(ZollAHa)* Zahlungsnachweis *m*
proportion of charge *(ALog)* Frachtanteil *m*
proportional freight *(Recht)* anteilige Fracht *f*
proposal *(ALog)* Angebot *n*
propulsion *(ALog)* Antrieb *m*
protection and indemnity *(P&I) (Recht, Schiff, Vers)* Schiffshaftpflichtversicherung *f*
protective duty *(ZollAHa)* Schutzzoll *m (synonymous: protective tariff)*
protective tariff *(ZollAHa)* Schutzzoll *m (synonymous: protective duty)*
protest *v* **for non-acceptance** *(Recht)* protestieren mangels Annahme
protest *v* **for non-payment** *(Recht)* protestieren mangels Zahlung
protest *(Recht, ZollAHa)* Protest *m*
provide *v* **with** *(ALog)* versorgen mit, ausstatten mit, beliefern mit
provisional insurance *(Recht, Vers)* Vorsorgeversicherung *f*
PTO *(Abk. für: power take off) (ALog)* Nebenabtrieb *m*
public company *(Recht)* Aktiengesellschaft *f*, AG *f*; Publikumsgesellschaft *f*, Kapitalgesellschaft *f*, börsennotierte Gesellschaft *f (börsennotierte Gesellschaft mit breit gestreutem Aktienkapital und geringem Einfluss der Aktionäre auf die Geschäftsführung; Gegensatz: Familiengesellschaft, kleine und mittlere Unternehmen = KMU = SMEs = small and medium-sized entities = small and medium-sized enterprises; Gegensatz: GmbH, private limited company, private company)*
public liability insurance *(Vers)* Drittschaden-Haftpflichtversicherung *f*
public limited company *(plc, PLC) (BE) (Recht)* Aktiengesellschaft *f*, AG *f*, Kapitalgesellschaft *f*
public tender *(Lager)* öffentliche Ausschreibung *f*
public warehouse *(Lager)* öffentliches Lagerhaus *n*
pull *v (ALog)* ziehen
puncture *(Straße)* Reifenpanne *f (synonymous BE: flat tyre, AE: flat tire)*
punctual *(ALog)* pünktlich
punctuality *(ALog)* Pünktlichkeit *f*
purchase contract *(Recht)* Kaufvertrag *m*
purchase order change *(ALog)* Bestelländerung *f*
purchase price *(ALog)* Einkaufspreis *m*
purchaser *(ALog, Recht)* Käufer *m*
purchasing *(ALog)* Beschaffung *f*
push *v (ALog)* schieben
push-back rack *(Lager)* zurückschiebbares Regal *m*
push barge *(Schiff)* Schubleichter *m*
push bow *(Schiff)* Schubboot *n*
push convoy *(Schiff)* Schubverband *m*
push-pull boundary *(ALog)* Entkopplungspunkt *m*

Q

qualified fault *(Recht, Vers)* qualifiziertes Verschulden *n*
quality *(ALog)* Qualtität *f*
quality check *(ALog)* Qualitätskontrolle *f*
quantity *(ALog)* Menge *f*
quantity discount rate *(Luft)* Mengenrabattrate *f (Untergruppe der Allgemeinen Frachtrate für Luftfrachtsendungen über 45 kg)*
quantity rebate *(ALog)* Mengenrabatt *m*
quantity requirement *(Lager)* Bedarfsmenge *f*
quantity structure *(ALog)* Mengengerüst *n*
quay *(Schiff)* Kai *n*
quay dues *(Schiff)* Kaigebühren *fpl*
quay rent *(Schiff)* Kailagergeld *n*
quay shed *(Schiff)* Kaischuppen *m*
quayage *(Schiff)* Kaigeld *n*, Kaigebühr *f*, Kaigebühren *fpl (fee charged to a ship operator for using the wharf; Gebühr für die Benutzung des Kais; synonymous: wharfage, pierage)*; Kaianlage *f*
quota *(Recht)* Kontingent *n*
quotation *(ALog)* Frachtangebot *n*
quote *v (Recht, ZollAHa)* quotieren

R

rack face plan *(Lager)* Regalbelegungsplan *m (Aufschlüsselung der Artikelplatzierungen im Regal)*
rack storage *(Lager)* Regallagerung *f*
rack system *(Lager)* Regalanlage *f*
rack type *(Lager)* Regalart *m*
racked warehouse *(Lager)* Regallager *n*
radar *(Schiff)* Radar *n*
radio frequency identification *(RFID) (Inf)* Radiofrequenz-Identifikation *f (Chip--Etikett = smart label mit Minisender für die drahtlose Kommunikation mit Lesestellen, wie z. B. mit dem Kassenterminal für die funktechnische Warenüberwachung; ermöglicht vollautomatische Warenverfolgung in Echtzeit über die gesamte Lieferkette hinweg; optimiert Logistikkette u Lagerhaltung)*
radio messaging system *(ALog, Lager)* Funkrufsystem *n*
radiotelephony *(RT) (ALog, Lager)* Sprechfunk *m*, Funkfernsprechen *n*, Funktelegraphie *f*
raft *(Schiff)* Floß *n*
rafter *(Schiff)* Floßschiff *n*
rail *(Schiene)* Eisenbahn *f* • **by rail** per Bahn
rail head *(Schiene)* Schienenkopf *m*
rail siding *(Schiene)* Anschlussgleis *n*
rail track *(Schiene)* Gleis *n*
rail traffic regulation *(Schiene)* Eisenbahnverkehrsordnung *f*
railcar *(Schiene, Straße)* Schienenbus *m*
railroad bill of lading *(Schiene)* Bahnfrachtbrief *m*
railroad cargo tranfer station *(Schiene)* Umschlagbahnhof *m*
railroad crossing *(Straße, Schiene)* Bahnübergang *m*
railroad ferry *(Schiff, Schiene)* Eisenbahnfähre *f (Fährschiffe, die in der Lage sind, Eisenbahnwaggons oder Triebzüge aufzunehmen; bevorzugte Einsatzgebiete sind Strecken, bei denen Brücken über Meerengen, Seen oder Flüsse aus technischen oder finanziellen Gründen nicht praktikabel sind)*
railroad shunting yard *(Schiene)* Rangierbahnhof *m*
railroad traffic *(Schiene)* Eisenbahnverkehr *m*
railway locomotive *(Schiene)* Lokomotive *f*
railway signal regulation *(Schiene)* Eisenbahnsignalordnung *f*
railway station *(Schiene)* Bahnhof *m*
railway transport *(Schiene)* Bahntransport *m*
railway undertaker *(RU) (Schiene)* Eisenbahnverkehrsunternehmen *n*
railway waggon *(Schiene)* Wagon *m*
ramp 1. *(Luft)* Vorfeld *n (einschließlich: Abstell- und Wartungsflächen = parking and maintenance areas für Flugzeuge, Rollwege = apron-taxiways der Flugzeuge und Vorfeldflächen, auf denen Servicefahrzeuge fahren = apron-service--roads; synonymous: apron, parking ramp)*; Gangway *f*; 2. *(Straße)* Rampe *f*, Laderampe *f*; Auffahrt *f*, schräge Auffahrt *f*
ramp accessible warehouse *(Lager)* Rampenlager *n*
random picking *(Lager)* chaotische Kommissionierung *f*
random storage *(Lager)* chaotische Lagerhaltung *f*
range ports *(Schiff)* Range-Häfen *mpl (Liste von Häfen einer bestimmten Region, z. B. Hamburg-Antwerpen-Range mit den Häfen Hamburg, Bremen, Bremerhaven, Amsterdam, Rotterdam, Antwerpen)*
rate *(Schiene, Schiff, Straße, Luft)* Rate *f*; Tarif *m*
rate of duty *(ZollAHa)* Zollsatz *m*
rate of exchange *(ZollAHa)* Umrechnungskurs *m*
rate of freight *(ALog)* Frachtsatz *m*
rate of turnover *(Lager)* Umschlagshäufigkeit *f (synonymous: turnover rate)*
raw material *(ALog)* Rohstoffe *mpl*
re-mark *v (ALog)* ummarkieren
reach-stacker *(Lager)* Greifstapler *m*
ready for dispatch *(Schiene, Schiff, Straße, Luft)* versandfertig
ready made *(Lager)* konfektioniert *(Veredelung von Ware bzw. Produktion neuer Artikel durch das Zusammenfügen von Fertig- und/oder Halbfertigprodukten)*
ready to deliver *(ALog)* lieferungsbereit
real assets *(ALog)* Sachgüter *npl*
reaxle *v (Schiene)* umachsen
rebate *(ALog)* Rabatt *m*, Rückvergütung *f*

receipt *(ALog)* Empfangsbescheinigung *f*, Quittung *f*
receipt of goods *(ROG) (Lager)* Warenannahme *f*, Wareneingang *m*
receipt of invoice *(Recht, ZollAHa)* Rechnungserhalt *m* • **after receipt of invoice** nach Rechnungserhalt
received for shipment bill of lading *(Schiff)* Übernahmekonnossement *n*
receiver's account/on *(Recht, ZollAHa)* zu Lasten des Empfängers *(Zahlungsbedingungen)*
reception *(ALog)* Empfang *m*
reception sheet *(Schiene)* Empfangsblatt *n (Blatt 3 des Formularsatzes Frachtbrief - Empfangsbahnhof)*
recipient *(ALog)* Empfänger *m*
recommmended speed *(Straße)* Richtgeschwindigkeit *f*
recourse *(Recht, Vers, ZollAHa)* Inanspruchnahme *f*, Rückgriff *m*
rectification *(ALog)* Berichtigung *f*
reduction *(Luft)* Abschlag *m*, Ermäßigung *f*
reduction in earnings *(ALog)* Erlösminderung *f*
reduction of liability *(Recht, Vers)* Haftungsminderung *f*
reefer *(Schiene, Schiff, Straße, Lager)* Kühlcontainer *m*, Kühlraum *m*, Kühlfahrzeug *n*
reefer cargo *(Schiene, Schiff, Straße)* Gefrierladung *f*, Kühlgut *n*
reefer vessel *(Schiff)* Kühlschiff *n*
reexportation *(ZollAHa)* Wiederausfuhr *f*
reforward *v (ALog)* weiterleiten • **for reforwarding to** zur Weiterbeförderung an, zur Weiterbeförderung nach
refrigerated cargo *(Schiene, Schiff, Straße)* Kühlladung *f*
refrigerated warehouse *(Lager)* Kühlhaus *n*
refund of duty *(ZollAHa)* Zollerstattung *f*
refund of overcharges *(Schiene)* Frachterstattung *f*
refusal to pay *(ZollAHa)* Zahlungsverweigerung *f*
refuse *v* **acceptance** *(ALog)* die Annahme verweigern
regauge *v (Schiene)* umspuren
regional transport *(Luft, Schiene, Straße)* Regionalverkehr *m*
regional transport service *(Luft, Schiene, Straße)* Regionaldienst *m*, Regionalverkehr *m*
regional transportation *(Luft, Schiene, Straße)* Regionalverkehr *m*
regional warehouse *(Lager)* Regionallager *n*
register of shipping *(Schiff)* Schiffsregister *n*
register ton *(Schiff)* Registertonne *f (100 cbf = 2,8313 cbm)*
registered *(ALog)* eingeschrieben
regress *(Recht, Vers)* Rückgriff *m*
regular indemnity limit *(Recht, Vers)* Regelhaftungssumme *f*
regulated authorized representative *(Luft)* reglementierte Beauftragte *m(f)*, RegB *m*, RB *m (im Rahmen der EU-Verordnung Nr. 2320/2002 sowie des deutschen Luftsicherheitsgesetzes - LuftSiG - eingeführter Status, den Luftfrachtunternehmen, Speditionen u.Ä. beantragen können, um eine einfachere Abwicklung der Fracht am Flughafen zu erreichen)*
regulation *(ALog)* Steuerung *f*
regulation concerning the transport of dangerous goods by rail *(Schiene)* Gefahrgutverordnung *f* Eisenbahn *(Deutsche Rahmenverordnung, nimmt Bezug auf die ADR)*
regulation concerning the transport of dangerous goods by road *(Straße)* Gefahrgutverordnung *f* Straße *(Deutsche Rahmenverordnung, nimmt Bezug auf die ADR)*
regulatory offence *(Recht)* Ordnungswidrigkeit *f*
reimportation *(ZollAHa)* Wiedereinfuhr *f*
relation *(ALog)* Fahrtgebiet *n (bezeichnet Gesamtheit des Verkehrs oder der Verkehrsströme zwischen zwei Orten)*
release of goods *(ZollAHa)* Warenfreigabe *f*
reliable transport consignment *(Recht)* beförderungssichere Verladung *f (obliegt dem Absender)*
remittance *(ZollAHa)* Geldüberweisung *f*
remote data transmission *(Inf)* Datenfernübertragung *f*
removal *(Schiene, Schiff, Straße)* Umzug *m*, Abfuhr *f*
removal company *(ALog)* Möbelspedition *f (synonymous: removal firm, AE moving company)*
removal factor *(Lager)* Abräumfaktor *m*

(Faktor zur Ermittlung der Nachschubfrequenz)
removal firm *(ALog)* Möbelspedition *f* *(synonymous: removal company, AE moving company)*
removal from storage *(Lager)* Auslagerung *f*
removal goods *(Schiene, Schiff, Straße)* Umzugsgut *n*
removal haulage *(Straße)* Umzugsverkehr *m*
rent *v (ALog)* mieten *(z. B. Haus; synonymous: hire, e. g. a car)*
rent *(ALog)* Miete *f*
rental truck *(AE) (Straße)* Miet-LKW *m*
rentfree period *(Lager)* lagergeldfreie Frist *f*
reorder *(Lager)* Nachbestellung *f*
reorder level *(Lager)* Meldebestand *m*
reorder point procedere *(Lager)* Bestellpunktverfahren *n*
repack *v (ALog)* umpacken
repair *v (ALog)* reparieren
repair *(ALog)* Instandsetzung *f*
repair charges *(ALog)* Reparaturkosten *pl*
repairs *(ALog)* Reparaturen *fpl*
replacement *(ALog)* Ersatz *m*
replacement free of charge *(ALog)* kostenloser Ersatz *m*
replenishment *(Lager)* Nachschub *m*
report *(ALog)* Protokoll *n*
reporting requirement *(Recht, Vers)* Informationspflicht *f*
request *(ALog)* Anfrage *f*
required freight rate *(RFR) (ALog)* Mindestfrachtrate *f*
requirement *(Lager)* Bedarf *m*
reservation *(ALog)* Reservierung *f*
• **under reservation** unter Vorbehalt
reservation confirmation *(Schiene, Straße, Schiff)* Reservierungsbestätigung *f*
reservation of price *(Recht, ZollAHa)* Preisvorbehalt *m*
reservation of the owner's rights *(Recht)* Eigentumsvorbehalt *m*
reshipment *(ALog)* Reexpedition *f*
residence permit *(Recht)* Aufenthaltserlaubnis *f*
responsibilities *(ALog)* Pflichten *fpl*
rest area *(Straße)* Autohof *m*
rest period *(Straße)* Ruhezeit *f*
retail logistics *(Schiene, Schiff, Straße, Luft)* Handelslogistik *f*
return *v (Schiene, Straße, Schiff)* retournieren
return goods *(Schiene, Straße, Schiff)* Retourware *f*
return journey *(Luft, Schiene, Schiff, Straße)* Rückreise *f*
return premium *(R.P.) (Recht, Vers)* Rückgabeprämie *f*
returnable container *(ALog, Lager)* Mehrwegbehälter *m*
returnable packing *(ALog)* Mehrwegverpackung *f (Verpackung, die zum mehrmaligen Gebrauch bei Liefer- und Transportvorgängen geeignet ist)*
returned goods *(ALog, Recht)* Rückwaren *fpl*, Retouren *fpl*
returned without alteration *(ZollAHa)* in unverändertem Zustand wieder eingeführt
returns logistics *(Schiene, Straße, Schiff)* Retourenlogistik *f*
returns management *(Schiene, Straße, Schiff)* Retourenmanagement *n*
revalorization *(ZollAHa)* Aufwertung *f*
revenue load factor *(ALog)* Nutzladefaktor *m*, NLF *m*
revenue passenger *(ALog)* Zahlgast *m*
revenue passenger kilometres *(RPK) (Luft)* verkaufte Passageleistung *f*, Passage-TKT, Passagierkilometer, PKM *(synonymous: passenger-kilometres transported, PKT; TKT = tonnes kilomètres transportées = RTK = revenue tonne kilometres = nachgefragte Tonnenkilometer = die verkaufte Passageleistung)*
revenue tonne kilometres *(RTK) (Luft)* nachgefragte Tonnenkilometer, bezahlte Tonnenkilometer *(synonymous: TKT = tonnes kilomètres transportées)*
reverse logistics *(ALog)* Entsorgungslogistik *f*, Leergutlogistik *f*
reweighing *(Schiene, Schiff, Straße, Luft)* Nachwiegung *f*
RF *(Abk. für: radio frequency) (Inf)* Radiofrequenz *f (used to report movement or location of goods to a control system; für die Warenidentifikation sowie Übermittlung von Bewegungs- oder Bestandsdaten = flow or stock data an eine Lese- oder Überwachungsstation; cf RFID)*
RFID *(Abk. für: radio frequency identifica-*

tion) (Inf) Radiofrequenz-Identifikation *f (Chip-Etikett = smart label mit Minisender für die drahtlose Kommunikation mit Lesestellen, wie z. B. mit dem Kassenterminal für die funktechnische Warenüberwachung; ermöglicht vollautomatische Warenverfolgung in Echtzeit über die gesamte Lieferkette hinweg; optimiert Logistikkette u Lagerhaltung)*

RFID tag *(Inf)* RFID-Etikett *n (besteht aus einer Antenne, einem analogen Schaltkreis zum Empfangen und Senden sowie einem digitalen Schaltkeis zum Speichern von Informationen)*

RFR *(Abk. für: required freight rate) (ALog)* Mindestfrachtrate *f*

right of disposal *(Recht)* Verfügungsrecht *n*

right of recourse *(Recht, Vers, ZollAHa)* Freistellungsanspruch *m*, Regressrecht *n*

right of retention *(Recht, Vers)* Zurückbehaltungsrecht *n*

ring road *(Straße)* Ortsumgehung *f*, Umgehungsstraße *f*

risk *(Vers)* Gefahr *f* • **on account and risk of** *(Recht, Vers, ZollAHa)* auf Kosten und Gefahr von

risk and perils *(Recht, ZollAHa)* Risiko und Gefahr

risk-bearing community *(Schiff)* Gefahrengemeinschaft *f*

risk factor *(Recht, Vers)* Gefahrenumstand *m*

risk of breakage *(Recht, Vers)* Bruchgefahr *f*

river *(Schiff)* Fluss *m*

river bed *(Schiff)* Flussbett *n*

road *(Straße)* Straße *f*; Fahrbahn *f*

road cauldron *(Straße)* Kesselnutzfahrzeug *n*

road charge *(Straße)* Maut *f*

road feeder service *(Luft)* LKW-Zubringerdienst *m*

road haulage *(Straße)* Straßengüterfernverkehr *m*, Straßentransport *m*

road haulage law *(Straße)* Güterkraftverkehrsgesetz *n*

road haulier *(Schiene, Straße)* Frachtführer *m*

road haulier liabilities *(Recht, Vers)* Frachtführerhaftung *f*

road maintenance authority *(Straße)* Autobahnmeisterei *f*

road silo *(Straße)* Silonutzfahrzeug *n*

road tanker *(Straße)* Tanknutzfahrzeug *n*

road tax disc *(Straße)* Vignette *f*

road toll *(Straße)* Straßenbenutzungsgebühr *f*

road traffic licensing regulations *(Recht, Straße)* Straßenverkehrszulassungsordnung *f*

road traffic regulations *(Recht, Straße)* Straßenverkehrsordnung *f*

road transport *(Straße)* Straßengüterverkehr *m*, Straßentransport *m*

road tunnel *(Straße)* Straßentunnel *m*

roadstead *(Schiff)* Reede *f*

ROG *(Abk. für: receipt of goods) (Lager)* Warenannahme *f*, Wareneingang *m*

roll *v (Schiff)* schlingern, rollen

roll-off container *(Straße)* Abrollcontainer-Transportsystem *n*

roll-on-roll-off traffic *(Schiff)* Ro-Ro--Verkehr *m*, RoRo-Verkehr *m*, Roll-on--Roll-off-Verkehr *m*, Roll-on/Roll-off-Verkehr *m (piggyback traffic = combined road-rail transport = Huckepackverkehr Straße/Schiene per Schiff)*

roll-over stock *(Lager)* revolvierender Bestand *m*

roller conveyor *(Lager)* Rollenbahn *f*

roller pallet *(Lager)* Rollpalette *f*

rolltainer *(Lager)* Rollcontainer *m*

roof stick *(Schiene, Schiff, Straße)* LKW--Runge *f*

roundabout rack *(Lager)* Karussellregal *n*

route *(Schiene, Schiff, Straße, Luft)* Route *f*

route for goods *(ALog)* Beförderungsweg *m*

route planning *(Straße)* Tourenplanung *f*

R.P. *(Abk. für: return premium) (Recht, Vers)* Rückgabeprämie *f*

RPK *(Abk. für: revenue passenger kilometres) (Luft)* Passage-TKT, Passagierkilometer, PKM *(synonymous: passenger--kilometres transported, PKT; TKT = tonnes kilomètres transportées = RTK = revenue tonne kilometres = nachgefragte Tonnenkilometer = die verkaufte Passageleistung)*

RT *(Abk. für: radiotelephony) (ALog, Lager)* Sprechfunk *m*, Funkfernsprechen *n*, Funktelegraphie *f*

r.t.b.a. *(Abk. für: rate to be agreed) (ALog)* VHB, Verhandlungsbasis *f*, Preis (ist)

Verhandlungssache *(u. a. in Anzeigen, advertisements)*

RTK *(Abk. für: revenue tonne kilometres) (Luft)* nachgefragte Tonnenkilometer, bezahlte Tonnenkilometer *(synonymous: TKT = tonnes kilomètres transportées)*

RU *(Abk. für: railway undertaker) (Schiene)* Eisenbahnverkehrsunternehmen *n*

running time *(Lager)* Durchlaufzeit *f (Zeitdauer zwischen der Auftragserteilung und der Warenlieferung)*

rust *(ALog)* Rost *m*

S

SAD *(Abk. für: single administrative document) (ZollAHa)* Einheitspapier *n*

safety *(ALog)* Sicherheit *f*

safety distance *(Straße)* Sicherheitsabstand *m*

safety stock *(Lager)* Sicherheitsbestand *m (Differenz zwischen dem prognostizierten und dem tatsächlichen Verbrauch und der Lieferzeit der bestellten Ware)*

safety vest *(ALog)* Warnweste *f*

said to contain *(Schiff)* Inhalt unbekannt *(unbegründete Unbekanntheitsklausel nach § 646 HGB)*

sailing *(ALog, Schiff)* Abfahrt *f*

sailing vessel *(S.V.) (Schiff)* Segelschiff *n*

sale *(ALog)* Abverkauf *m*, Verkauf *m*

sales logistics *(ALog)* Absatzlogistik *f*

sales packaging *(ALog)* Verkaufsverpackung *f*

sales plan *(ALog)* Absatzplan *m*

sales projection *(ALog)* Absatzplan *m*

sales promotion *(ALog)* Verkaufsaktion *f*

sales quantity *(ALog)* Absatz *m (Volumen in Konsumenten- oder Versandeinheiten)*

sales report *(SLSRPT) (Inf)* Abverkaufsmeldung *f (Nachrichtentyp im EDIFACT)*

sales unit *(ALog)* Verkaufseinheit *f*

sales volume *(ALog)* Absatz *m (Volumen in Konsumenten- oder Versandeinheiten)*

salvage charges *(S/C) (Recht, Vers)* Bergungskosten *pl*

same-day delivery *(ALog)* Same-Day--Delivery *f*, taggleiche Auslieferung *f*, Sofortauslieferung *f (KEP-Dienst)*

sample *(ZollAHa)* Warenmuster *n*, Muster *n*; Warenprobe *f*

sample of no commercial value *(ALog)* Muster *n* ohne Wert

sandwich pallet *(Lager)* Sandwichpalette *f (mehrere, zu einer Gesamtpalette aufeinander gestapelte Einzelpaletten)*

S.A.N.R *(Abk. für: subject to approval, no risk) (Recht, Vers)* bis zur Genehmigung kein Vesicherungsschutz

satellite warehouse *(Lager)* Satellitenlager *n*

S/C *(Abk. für: salvage charges) (Recht, Vers)* Bergungskosten *pl*

scanner *(Inf)* Abtaster *m*

SCE *(Abk. für: Societas Cooperativa Europaea) (Recht)* SCE *f*, Europäische Genossenschaft *f*, Societas Cooperativa Europaea *f (synonymous: European Cooperative Society; die SCE steht in den EU-Mitgliedstaaten als alternative Rechtsform neben den Genossenschaften nach dem bestehenden nationalen Recht)*

SCEM *(Abk. für: supply chain event management) (ALog)* Lieferkettenkontrollsystem *n (Kontroll- und Warnsystem für Abläufe in der Logistikkette)*

schedule *(ALog)* Disposition *f*

scheduled flight traffic *(Luft)* Linienflugverkehr *m*

scheduling *(ALog)* Planung *f*

SCM *(Abk. für: Supply Chain Management) (ALog, Inf)* Lieferketten-Management *n*, Lieferkettenmanagement *n*, Management der Versorgungskette *(integriertes, softwaregestütztes und prozessoptimierendes Schnittstellenmanagement entlang der Wertschöpfungskette = value chain bzw. Logistikkette)*

scope of application *(Recht, Vers)* Anwendungsbereich *m*

SD *(Abk. für: sea damage) (Schiff, Vers)* Seeschaden *m*

s.d. *(Abk. für: short delivery) (ALog, Recht, Vers)* Minderauslieferung *f*

SDT *(Abk. für: FIATA Shippers Declaration for the Transport of dangerous Goods) (ALog)* Deklaration *f* des Verladers für den Transport von gefährlichen Gütern

SE *(Abk. für: Societas Europaea) (Recht)* SE *f*, Europäische Gesellschaft *f*, Societas Europaea *f*; *(infrml)* Europa AG *f (synonymous: European Company; EU)*

sea 1. *(Schiff)* Meer *n*; 2. *(Schiff, Vers)* See...
sea damage *(SD) (Schiff, Vers)* Seeschaden *m*
sea freight *(Schiff)* Seefracht *f*
sea worthiness certificate *(Schiff)* Schiffszeugnis *n (trifft Aussagen über die Tauglichkeit eines Schiffes zum Befahren bestimmer Wasserstraßen)*
seagoing vessel *(Schiff)* Seeschiff *n*
seal *v (ZollAHa)* versiegeln, verplomben
seal *(ZollAHa)* Siegel *n*, Plombe *f*
seaport *(Schiff)* Seehafen *m*
seat *v (Luft)* Sitzplätze bieten für
seat belt *(Straße)* Sicherheitsgurt *m*
seat (load) factor *(Luft, Schiene, Straße)* Sitzladefaktor *m (synonymous: passenger load factor; Kennziffer der Passagierlogistik: das Verhältnis der verkauften Sitzplätze zur Zahl der insgesamt verfügbaren Plätze; the ratio of seats sold or occupied out of the total number of seats available)*
seat mile *(ALog, Luft, Schiene)* Sitzkilometer *m (Synonym: seat mileage; Kennziffer der Passagierlogistik)*
seat mileage *(ALog, Luft, Schiene)* Sitzkilometer *m (Synonym: seat mile; Kennziffer der Passagierlogistik)*
seating *(Luft)* Sitzplätze *mpl*
seating capacity *(Luft)* Sitzkapazität *f*
sea waybill *(Schiff)* Seefrachtbrief *m*
seaworthy packaging *(Schiff)* seemäßige Verpackung *f*
second-generation containership *(Schiff)* Containerschiff *n* der 2. Generation *(bis 2000 TEUs)*
second-party-logistics provider *(2PL) (ALog)* 2PL-Anbieter *m (Speditionen, Reedereien, Verlader, Lagerei- und Umschlagsunternehmen sowie Anbieter von Kurier-, Express-, und Paketdiensten, die im Zuge der vermehrten Fremdvergabe von Logistikleistungen diese übernommen haben)*
second-tier supplier *(ALog)* Ersatzlieferant *m*
secondary packaging *(Lager)* Sekundärverpackung *f (Versandverpackungen, in der in der Regel mehrere Primärverpackungen zusammengefasst werden)*
section *(AE) (Schiene)* Streckenabschnitt *m*; Schlafwagenabteil *n*, Abteil *n* (eines Schlafwagens)
secure *v* **by wedges** *(Schiene, Straße, Luft)* verkeilen
security deposit *(Recht, Vers)* Sicherheitsleistung *f*
security of loads *(Schiene, Schiff, Straße, Luft)* Ladungssicherung *f*
sell *v* **by auction** *(Recht)* versteigern
selling price *(ALog)* Verkaufspreis *m*
semi-finished goods *(ALog)* Halbfabrikat *n*
semi-trailer *(Straße)* Sattelauflieger *m*
send *v (ALog)* senden, absenden
sender *(ALog)* Verlader *m*, Absender *m*
seperate storage *(Lager)* gesonderte Lagerung *f*
sequential picking *(Lager)* sequenzielle Kommissionierung *f*
serial number *(Inf)* Seriennummer *f*
serial shipping container code *(SSCC) (Inf)* Versandeinheitennummer *f*
servant *(Recht)* Erfüllungsgehilfe *m*
service *v (ALog)* warten; überholen, in Stand setzen, instand setzen • **the vehicle has been serviced** *(Straße)* das Fahrzeug war bei der Inspektion, das Fahrzeug war beim Kundendienst
service *v* **with** *(ALog)* versorgen mit, beliefern mit, ausstatten mit
service cargo *(Luft)* Dienstfracht *f (konzerninterne, dienstlich veranlasste Beförderung)*
service level *(ALog)* Lieferbereitschaftsgrad *m*
servicing *(ALog, Straße)* Wartung *f*
set *(ALog)* Satz *m*
SGHA *(Abk. für: standard ground handling agreement) (Luft, Recht)* Bodenabfertigungsvertrag *m* (IATA), Standard-Bodenabfertigungsvertrag *m*, IATA-Bodenabfertigungsvertrag *m (häufig benutzte IATA-Standardisierung vertraglicher Leistungen und entsprechender Abfertigungsentgelte)*
shared hook-up *(Schiff)* Koppelverband *m (Verband zwischen einem Schubschiff und mehreren Leichtern)*
shed *(Schiene, Schiff, Straße)* Schuppen *m*
shelf access equipment *(Lager)* Regalförderzeug *n*
shelf aisle *(Lager)* Regalgang *m*
shelf assignment schedule *(Lager)* Regalbelegungsplan *m*
shelf depth *(Lager)* Regaltiefe *f*

shelf height *(Lager)* Regalhöhe *f*
shelf layout *(Lager)* Regallayout *n (Regallandschaft und Artikelanordnung in einem Lager)*
shelf optimisation *(Lager)* Regaloptimierung *f*
shelf passage *(Lager)* Regaldurchfahrt *f*
shelf stocking *(Lager)* Regalservice *m*
shelf zone *(Lager)* Regalzone *f*
shelve *v (Lager)* lagern
ship *v (Schiene, Schiff, Straße)* verfrachten, versenden
ship *v* **on deck** *(Schiff)* auf Deck verladen
ship *(Schiff)* Schiff *n* • **by ship** per Schiff
shipment *(ALog)* Lieferung *f*, Verladung *f*, Verschiffung *f*
shipment on deck *(Schiff)* Decksverladung *f*
shipment tracing *(Inf)* Sendungsverfolgung *f*
shipment unit *(ALog)* Versandeinheit *f (die kleinste Einheit von Gütern, die mit anderen nicht fest verbunden ist und in der Transportkette vom Versender oder Verlader bis zum Empfänger als geschlossener Umfang einzeln behandelt wird; Versandeinheiten sind Kisten, Paletten, Container, aber auch mehrere, physisch nicht verbundene Packstücke)*
shipowner *(Schiff)* Reeder(in) *m(f)*, Schiffseigner(in) *m(f) (Reeder ist der Eigentümer eines ihm zum Erwerb durch die Seefahrt dienenden Schiffes, § 484 HGB)*
shipowner operator *(Schiff)* Partikulier *m*
shipowner's liability *(S.O.L) (Vers, Schiff)* Haftpflicht *f* des Schiffseigentümers
shipped bill of lading *(Schiff)* Bordkonnossement *n*
shipper *(ALog)* Spediteur(in) *m(f)*; Befrachter(in) *m(f)*, Verfrachter *m*, Verlader(in) *m(f)*, Versender(in) *m(f)*, Absender(in) *m(f)*; Verschiffer(in) *m(f) (Nachfrager und Auftraggeber für Transport- und Logistikdienstleistungen)*
shipper and carrier *(ALog)* Befrachter *m* und Beförderer *m*
shippers' council *(Schiff)* Seeverladerkomitee *n (Zusammenschluss von Verladern als Gegenpol zur Schifffahrtskonferenz; in Deutschland ist das deutsche Seeverladekomitee - DSVK - eine Abteilung des Bundesverbandes der Deutschen Industrie e.V. BDI)*
shipper's declaration *(Luft)* Absendererklärung *f*
shipper's intermodal weight certification *(SIC) (ALog)* Deklaration *f* des Verladers über das Bruttogewicht der verladenen Güter
shippers owned container *(Schiff)* befrachtereigener Container *m*
shipping advice *(Schiene, Schiff, Straße, Luft)* Versandavis *n*, Versandanzeige *f*
shipping agent *(Schiff)* Seehafenspedition *f*
shipping capacity *(Schiene, Schiff, Straße, Luft)* Transportkapazität *f*
shipping charges *(Schiff)* Verschiffungskosten *pl*
shipping clerk *(Pers)* Expedient(in) *m(f)*, Versandleiter(in) *m(f)*, Leiter(in) *m(f)* der Versandabteilung
shipping company *(Schiff)* Reederei *f (§ 489 HGB: wird von mehreren Personen ein ihnen gemeinschaftlich zustehendes Schiff zum Erwerb durch die Seefahrt für gemeinschaftliche Rechnung verwendet, so besteht eine Reederei)*
shipping conference *(Schiff)* Schifffahrtskonferenz *f (besteht aus mehreren Reedereien, die auf bestimmten Routen zusammenarbeiten, um regelmäßige Verkehre sicherstellen zu können; mussten in Europa ab Oktober 2008 eingestellt werden)*
shipping document *(Schiene, Schiff, Straße, Luft)* Verladedokument *n*, Lieferpapier *n*, Versandpapier *n*
shipping line *(Schiff)* Reederei *f (§ 489 HGB: wird von mehreren Personen ein ihnen gemeinschaftlich zustehendes Schiff zum Erwerb durch die Seefahrt für gemeinschaftliche Rechnung verwendet, so besteht eine Reederei)*
shipping note *(Recht, Vers)* Konnossement *n*, Ladeschein *m*, Frachtbrief *m*, Transportbeleg *n (alle Schriftstücke die für die Abwicklung und gegebenenfalls Begleitung eines Transports erstellt werden)*
shipping order 1. *(Schiff)* Schiffszettel *m*; 2. *(ALog, Lager)* Versandauftrag *m (richtet sich an einen Lagerhalter und*

fordert ihn auf, Ware zum Versand zu bringen)
ship's accident *(Schiff)* Schiffsunfall *m*
ship's chandler *(Schiff)* Schiffsausrüster *m*
ship's clearance *(Schiff)* Schiffsabfertigung *f*
ship's mail *(Schiff)* Schiffspost *f*
ship's option *(Schiff)* Schiffswahl *f*
shock absorber *(Straße)* Stoßdämpfer *m*
short delivery *(s.d.) (ALog, Recht, Vers)* Minderauslieferung *f*
short-distance hauling *(Schiene, Straße)* Güternahverkehr *m*
short-distance traffic *(Straße)* Nahverkehr *m*
short haul *(Luft)* Kurzstrecke *f (Strecken bis ca. 1000 km oder ca. 90-100 Minuten)*
short-haul flight *(Luft)* Kurzstreckenflug *m (Strecken bis ca. 1000 km oder ca. 90-100 Minuten)*
Short Message Service *(SMS) (Inf)* Textnachrichtenübermittlung *f (weltweiter Service für die Übertragung von Textnachrichten zwischen Mobilfunknutzern)*
short sea shipping *(Schiff)* Küstenverkehr *m (Kurzstreckentransportverkehr im Bereich der Küstenschifffahrt; die Transporte erfolgen in küstennahen Gewässern über eine relativ kurze Strecke)*
short sea vessel *(Schiff)* Küstenmotorschiff *n*
shortage *(ALog)* Fehlmenge *f*
shortest operated route mileage *(Luft)* kürzester Flugweg *m (für die Berechnung der MPM = maximum permitted mileage und daraus eines Durchgangsflugpreises zwischen zwei Orten)*
shortsea *(Schiff)* flussgängiges Schiff *n*
shrinkage *(ALog)* Schwund *m*
shunt *v (Schiene, Straße, Schiff, Luft)* rangieren
shunt yard *(Schiene)* Rangierbahnhof *m*
shunter *(Schiene)* Rangierlokomotive *f*
shunting locomotive *(Schiene)* Rangierlokomotive *f*
shuttle 1. *(Schiene, Schiff, Straße, Luft)* Pendelverkehr *m*; 2. *(Straße)* Zubringer *m*, Zubringerbus *m*, Shuttlebus *m*, Shuttle *n*
SIC *(Abk. für: Shippers Intermodal Weight Certification) (ALog)* Deklaration *f* des Verladers über das Bruttogewicht der verladenen Güter
side gate *(Schiff)* Seitenpforte *f*
side wind *(Straße)* Seitenwind *m*
sight/after *(Recht, Vers)* nach Sicht
sight/at *(ZollAHa)* bei Sicht
sight credit *(ALog)* Kontokorrentkredit *m*
sight draft *(ALog)* Sichttrate *f*
signal horn *(Straße)* Hupe *f*
signature *(ALog)* Unterschrift *f*
simplified loading unit *(ALog)* vereinfachte Ladeeinheit *f (Ladeeinheit entspricht der Liefereinheit)*
single administrative document *(SAD) (ZollAHa)* Einheitspapier *n*
single back *(Straße)* Leerrückfahrt *f*
single material pallet *(Lager)* artikelreine Palette *f (Paletten, die nur einen Artikel enthalten, unabhängig von der Anzahl der Lagen des Artikels)*
single preferential area *(ALog, Recht, ZollAHa)* einheitliche Präferenzzone *f (z. B. paneuropäische Kumulation: Waren mit Ursprung aus einem Land der paneuropäischen Kumulation erfüllen die Kriterien zur Gewährung der Zollpräferenz)*
single waggon freight *(Schiene)* Einzelwagenverkehr *m*
single weight *(ALog)* Einzelgewicht *n*
site *(Schiene, Schiff, Straße, Luft)* Abladestelle *f*
site assembling *(ALog)* Montage *f*
size of consignment *(ALog)* Sendungsgröße *f*
sizing *(ALog)* Kalibrierung *f*
skeleton box pallet *(Schiene, Schiff, Straße)* Gitterboxpalette *f*
skipper *(Schiff)* Schiffer *m*
SKU *(Abk. für: stock keeping unit) (Lager)* Bestandseinheit *f*
S/L.C. *(Abk. für: sue and labor clause) (Recht, Vers)* Schadensminderungspflicht *f*
slide-in rack *(Lager)* Einschubregal *n*
sliding rack *(Lager)* Verschieberegal *n (ein quer zur Regalfront verfahrbares Regalsystem, häufig schienengeführt; der Vorteil der Verschieberegale liegt in der optimalen Flächenausnutzung, da einzelne Regale zu einem Regalblock zusammengeschoben sind und nicht zwischen jedem einzelnen Regal ein Gang*

vorhanden ist; eignet sich vor allem für langsam drehende Güter)

slinging rope *(Schiff)* Anschlagseil *n*

slipper brake *(Schiene)* Schienenbremse *f*

slot 1. *(Luft)* Start- und Landerecht *n*, Slot *m*, Zeitnische *f (Summe der Zeitnischen eines Flughafens = Flughafenkapazität; die Start- und Landerechte können nur im Rahmen zugewiesener Zeitnischen --allocated slots- genutzt werden; cf grandfather clause)*; Platz *m*; 2. *(Schiene)* Trasse *f (zeitlich begrenzte Nutzung einer Infrastruktur)*; 3. *(Inf)* Steckplatz *m (einer Platine)*

slot allocation *(Luft)* Zeitnischenzuweisung *f*, Zeitnischenzuteilung *f (die Start- und Landerechte können nur im Rahmen zugewiesener Zeitnischen -allocated slots- genutzt werden; cf slot, grandfather clause)*

slot allocation procedure *(Luft)* Zeitnischen-Zuweisungsverfahren *n*, Zeitnischen-Zuteilungsverfahren *n (Summe der Zeitnischen eines Flughafens = Flughafenkapazität; die Start- und Landerechte können nur im Rahmen zugewiesener Zeitnischen -allocated slots- genutzt werden; cf slot, grandfather clause)*

slot pricing system *(Schiene)* Trassenpreissystem *n*

slow mover *(Lager)* Langsamdreher *m*

slow-moving consumer goods *(SMCG) (ALog)* langsam drehende Konsumgüter *npl*

SLSRPT *(Abk. für: sales report) (Inf)* Abverkaufsmeldung *f (Nachrichtentyp im EDIFACT)*

small parcel *(Schiene, Schiff, Straße, Luft)* Päckchen *n*

small-parts storage shelving *(Lager)* Fachbodenregal *n (Regal mit festen, durchgehenden Bodeneinlagen; die Böden bestehen vorwiegend aus Metall, Kunststoff oder Holz; die Regale werden zumeist manuell bedient)*

small-parts storage system *(Lager)* automatisches Kleinteilelager *n*, AKL

small-parts warehouse *(Lager)* Kleinteilelager *n*

smart label *(Lager, Inf)* Chip-Etikett *n*, elektronisches Etikett *n (synonymous: chip label; ultraflacher Transponder; wird im RFID-Bereich eingesetzt)*

SMCG *(Abk. für: slow-moving consumer goods) (ALog)* langsam drehende Konsumgüter *npl*

SMS *(Abk. für: Short Message Service) (Inf)* Textnachrichtenübermittlung *f (weltweiter Service für die Übertragung von Textnachrichten zwischen Mobilfunknutzern)*

snow chain *(Straße)* Schneekette *f*

social costs *(Pers)* Sozialaufwendungen *fpl*

social provisions *(Recht)* Sozialvorschriften *fpl*

social security card *(Recht)* Sozialversicherungsausweis *m*

S.O.L *(Abk. für: shipowner's liability) (Vers, Schiff)* Haftpflicht *f* des Schiffseigentümers

solicitor *(Vers)* Agent *m*

sort *v (Lager)* sortieren

sovereign territory *(Schiff)* Hoheitsgebiet *n (12 Seemeilen von der Küstenlinie)*

sovereignty over the airspace *(Luft)* Lufthoheit *f*

span of control *(ALog)* Kontrollspanne *f*, Führungsspanne *f*, Leitungsspanne *f (Anzahl der Stellen, die einer Instanz direkt untergeordnet sind)*

spare part logistics *(Schiene, Schiff, Straße, Luft)* Ersatzteillogistik *f*

spare parts supply *(ALog)* Ersatzteilversorgung *f*

special approval *(Straße)* Ausnahmegenehmigung *f*

special discount *(ALog)* Sonderrabatt *m*

special drawing right *(Recht, Vers)* Sonderziehungsrecht *n*, SZR

special offer price *(ALog)* Aktionspreis *m (Verkaufspreis zeitlich begrenzt unter dem Standardpreis)*

special rebate *(ALog)* Extrarabatt *m*

special trip *(Schiene, Straße)* Sonderfahrt *f*

specific commodity rates *(Luft)* Spezialraten *fpl (Gruppe im IATA-Tarifgefüge)*

speed limit *(Straße)* Geschwindigkeitsbeschränkung *f*, Tempolimit *n*

split charter *(Schiff)* Teilcharter *f (Buchung eines Teiles des Gesamtfrachtraumes)*

spot check *(ALog)* Stichprobe *f*

spur *(Schiene)* Nebengleis *n*

S.R. and C.C. *(Abk. für: strikes, riots and*

civil commotions) (Vers) Streik, Aufruhr und innere Unruhen
SSCC *(Abk. für: serial shipping container code) (Inf)* Versandeinheitennummer *f*
stack *v (Schiff)* stapeln
stacker crane *(Lager)* Regalförderzeug *n*
stacking ground *(Schiff, Lager)* Freilagerfläche *f*
stake *(Straße)* Runge *f*
stamp duty *(ZollAHa)* Stempelgebühr *f*
standard ground handling agreement *(SGHA) (Luft, Recht)* Bodenabfertigungsvertrag *m (häufig benutzte IATA-Standardisierung vertraglicher Leistungen und entsprechender Abfertigungsentgelte)*
standard marine insurance terms and conditions *(Schiff, Vers)* Allgemeine Deutsche Seeversicherungsbedingungen, ADS *(allgemeinverbindliche Regeln für die Versicherung von Gütern - Seewarenversicherung - und Schiffen - Seekaskoversicherung)*
standard slot *(Schiene)* Standardtrasse *f (steht für alle Züge des Güterverkehrs offen)*
standard tariff *(ALog)* Regeltarif *m*
standby passenger *(Luft)* Standby-Fluggast *m*, Standby-Passagier *m*, Fluggast *m* auf (der) Warteliste
standby time *(ALog, Schiene, Straße)* Wartezeit *f*, Bereitschaftszeit *f (synonymous: waiting time)*
starboard *(Schiff)* steuerbord *(Kennzeichnung = grünes Licht, rechts)*
start-up time *(ALog)* Rüstzeit *f*
state of the art *(ALog)* (neuester) Stand *m* der Technik, aktueller Stand *m* der Technik, gegenwärtiger Stand *m* der Technik, neuester Entwicklungsstand *m*
state-of-the-art warehousing *(Lager)* aktueller Stand *m* der Lagertechnik, Spitzenstand *m* in der Lagertechnik, aktuellster Stand *m* der Technik im Lagerwesen
state road *(Straße)* Bundesstraße *f*
statement of account *(ALog)* Kontoauszug *m*
station *(Schiene)* Bahnhof *m*
station of destination *(Schiene)* Bestimmungsbahnhof *m*
stationary control *(Straße)* Standkontrolle *f*
stationary traffic *(Straße)* ruhender Verkehr *m*
steamboat *(Schiff)* Dampfschiff *n*
steamer *(str.) (Schiff)* Dampfer *m*, Dampfschiff *n*
steel plate *(Lager)* Stahlpalette *f*
steering *(ALog)* Steuerung *f*
1 step cross docking *(Lager)* einstufiger Umschlag *m (vom Lieferanten auf den Endempfänger bereits vorkommissionierte Ware, die beim Umschlag nicht weiter gelagert oder bearbeitet wird; sie geht vom Wareneingang direkt in den Warenausgang)*
2 step cross docking *(Lager)* zweistufiger Umschlag *m (vom Lieferanten für mehrere Empfänger zusammengefasste Ware, die beim Umschlag auf den Endempfänger kommissioniert wird; es verbleibt kein Warenbestand im Umschlagslager)*
stern *(Schiff)* Heck *n*
stern door *(Schiff)* Heckpforte *f (beim RO-RO-Schiff)*
stock *v (Lager)* lagern
stock *(Lager)* Bestand *m*, Lagerbestand *m*
stock difference *(Lager)* Bestandsdifferenzen *fpl*
stock duration *(Lager)* Lagerreichweite *f*
stock order *(Lager)* Lagerauftrag *m*
stock platform *(Lager)* Lagerbühne *f*
stock range *(Lager)* Bestandsreichweite *f (Anzahl in Zeiteinheiten in denen der Lagerbestand eines Produktes auf Basis der durchschnittlichen Abverkäufe verkauft wird)*
stock report *(Lager)* Lagerbestandsbericht *m*
stock throughput *(Lager)* Lagerdurchsatz *m*
stock transfer *(Lager)* Umlagerung *f*
stock turn rate *(Lager)* Lagerumschlagshäufigkeit *f (die Lagerumschlagshäufigkeit gibt an, wie oft sich das im Lager befindliche Material innerhalb einer genannten Periode umschlägt; d. h. wie oft sich das Material im Lager verbraucht oder verkauft und durch Neueinlagerung ersetzt wurde; bei der Lagerumschlagshäufigkeit wird der Materialverbrauch mit dem Lagerbestand in Beziehung gesetzt)*
stockkeeper *(Lager)* Lagerhalter *m*
stockkeeping *(Lager)* Lagerhaltung *f*
stockkeeping fee *(Lager)* Lagerübernahmesatz *m (pauschaler Abrechnungssatz,*

meistens pro Palette, der alle anfallenden Lagerkosten beinhaltet)
stockkeeping unit *(SKU) (Lager)* Bestandseinheit *f*
stocktaking *(Lager)* Inventur *f*
stocktaking regulations *(Lager)* Inventuranweisung *f*
stocktaking type *(Lager)* Inventurarten *fpl*
stopover *(Recht, Straße)* Fahrtunterbrechung *f*
storage *(Lager)* Lagerung *f*, Einlagerung *f*; Lager *n* • **in storage** eingelagert
storage and tipping of waste *(Lager)* Lagerung *f* und Ablagerung *f* von Abfällen
storage area *(Lager)* Lagerbereich *m*
storage charge *(Lager)* Lagergebühr *f*; Staugebühr *f*
storage charges *pl (ALog, Lager)* Lagerspesen *pl*, Lagergebühren *fpl*, Lagerkosten *pl*, Lagergeld *n*
storage costs *(ALog, Lager)* Kosten der Lagerhaltung, Lagerkosten *pl*, Lagerhaltungskosten *pl (synonymous: holding cost, i.e. the cost associated with holding goods in stock for one period of time including elements to cover capital cost = Kapitalkosten, taxes = Steuern, insurance = Versicherung, storage = Lagerung, handling = Umschlag, administration = Verwaltung, shrinkage = Schwund, obsolescence = Veralterung, deterioration = Verschlechterung)*
storage device *(Lager)* Lagerhilfsmittel *n*
storage fee *(Lager)* Lagerkostensatz *m*
storage in transit *(Lager)* transportbedingte Lagerung *f*
storage key figure *(Lager)* Lagerkennziffer *f*
storage period *(Lager)* Lagerdauer *f*
storage silo *(Lager)* Lagersilo *n*
storage space *(Lager)* Lagerfläche *f*, Stellfläche *f*
storage type *(Lager)* Lagerart *f*
storage unit *(Lager)* Lagereinheit *f*
store *v (Lager)* einlagern, lagern *(goods)*
store *v* **across** *(Lager)* quer einlagern
store *(Lager)* Lager *n*
store compatible picking *(Lager)* filialgerechte Kommissionierung *f (empfängerbezogene Kommissioniermethode, die Ware nicht entsprechend dem Layout des Handelslagers vornimmt, sondern dem Layout der zu beliefernden Filiale)*
stow *v (Lager, Schiff)* stauen *(Güter in Lager- und Laderäume einbringen und sichern, unter Beachtung lagerungs-, transport- und beanspruchungsrelevanter Eigenschaften)*
stowage plan *(Schiff)* Stauplan *m (legt fest, wie und wo Güter in der Transporteinheit bzw. dem Transportmittel zu stauen sind)*
stowing *(Schiff)* Stauung *f*
Str. *(Abk. für: steamer) (Schiff)* Dampfer *m*, Dampfschiff *n*
straddle carrier *(Schiff)* Portalhubwagen *m*
straight bill of loading *(Schiff, ZollAHa)* Namenskonnossement *n*
strap *v (Lager)* umreifen
strike *(ALog)* Streik *m*
strikes, riots and civil commotions *(S.R. and C.C.) (Vers)* Streik , Aufruhr und innere Unruhen *(Versicherungsklausel)*
strip *v (ALog)* demontieren
stripped-down *(Straße)* ohne Extras *(Fahrzeug, Maschine)*
strong packaging *(ALog)* feste Verpackung *f*
stuff *v (Schiff)* stauen
stuffing area *(Schiff)* Stauplatz *m*
sub-forwarder *(Schiene, Schiff, Straße, Luft)* Unterspediteur *m (der vom Hauptspediteur an dessen Stelle mit der Durchführung eines Speditionsauftrages betraute weitere Spediteur)*
subcontracts included in (the) cover *(Vers)* einbezogene Zulieferungen *fpl*, in die Deckung einbezogene Zulieferungen *fpl*
subject to alteration without notice *(ALog)* freibleibend
subject to approval, no risk *(S.A.N.R) (Recht, Vers)* bis zur Genehmigung kein Versicherungsschutz *(Versicherungsklausel)*
subject to modifications *(ALog)* Abänderungen vorbehalten
subsequent damage of goods *(Recht, Vers)* Güterfolgeschaden *m*
subsequent delivery *(Lager)* Nachlieferung *f*
substitute product *(ALog)* Substitutions-

artikel *m (Artikel, der einen anderen im Nutzen ersetzt)*
sue and labor clause *(S/L.C.) (AE) (Recht, Vers)* Schadensminderungsklausel *f*
sum carried forward *(ALog)* Übertrag *m*
summary proceedings *(Straße)* Bußgeldverfahren *n*
summation *(Recht, Vers)* Aufrechnung *f*
sunday traffic ban *(Straße)* Sonntagsfahrverbot *n*
super post panamax-sized ships *(Schiff)* Super-Post-Panamax-Schiffe *npl (Schiffe mit einer Kapazität über 7000 TEUs)*
superstructure 1. *(ALog)* Aufbau *m*, Oberbau *m*; 2. *(Schiff)* Aufbauten *mpl*, Deckaufbauten *mpl*
supervision *(ALog)* Kontrolle *f*, Überwachung *f*
supplementary packing aids *(Lager)* Zusatzpackmittel *n*
supplier *(ALog)* Lieferant *m*, Lieferwerk *n*, Zulieferer *m*
supplier selection *(ALog)* Lieferantenauswahl *f*
supplier's declaration *(ALog, ZollAHa)* Lieferantenerklärung *f*
supplier's direction *(ALog)* Lieferanweisung *f*
supplies *(Luft)* Ausrüstungsgegenstände *mpl (Warenbezeichnung zur Luftfrachtermittlung)*
supply *(Lager)* Bestand *m*
supply availability *(ALog)* Lieferfähigkeit *f (Qualitätsindikator der Logistikleistung; zeigt, in welchem Maß das beauftragte Unternehmen die vom Kunden gewünschte Logistikleistung hinsichtlich Menge, Termin und Ort einhält)*
supply chain *(ALog)* Lieferkette *f*, Versorgungskette *f*
supply chain collaboration *(ALog, Inf)* Zusammenarbeit in der Lieferkette *f (Optimierung der Nettowertschöpfung in der logistischen Lieferkette mit Beiträgen aller Beteiligten)*
supply chain event management *(SCEM) (ALog)* Lieferkettenkontrollsystem *n (Kontroll- und Warnsystem für Abläufe in der Logistikkette)*
supply chain management *(SCM) (ALog, Inf)* Lieferkettenmanagement *n*, Management *n* der Versorgungskette *(Planung, Steuerung und Kontrolle von Prozessen und dazugehörigen Informationen über laufende bzw. geplante Geschäftsaktivitäten innerhalb der Wertschöpfungs- bzw. Logistikkette; Ziel ist die Optimierung dieser Prozesse; oder: SCM = integriertes, softwaregestütztes Schnittstellenmanagement entlang der Wertschöpfungskette = value chain)*
supply chain security *(ALog)* Lieferkettensicherheit *f*
supply management *(Lager)* Materialbewirtschaftung *f*
supply planning *(Lager)* Bereitstellungsplanung *f*
supply shortfall *(Inf)* Versorgungsengpass *m*
surcharge *(Luft)* Aufschlag *m*
surface area *(Lager)* Fläche *f*
surface transport *(Schiene, Straße)* Landtransport *m*
S.V. *(Abk. für: sailing vessel) (Schiff)* Segelschiff *n*
swap body *(Straße, Schiene)* Wechselaufbau *m*, Wechselbehälter *m*, Wechselbrücke *f*, Wechselpritsche *f*
swap container *(Schiene, Straße)* Wechselbehälter *m (cf Wechselaufbau)*
swiss licence *(Straße)* Schweizerische Lizenz *f*

T

t. *(Abk. für: tare) (ALog)* Tara *f (weight of a vehicle or loading unit before the load is added, cf tare weight)*
tachograph chart *(Recht, Straße)* Schaublatt *n*
TACT *(Abk. für: The Air Cargo Tariff) (Luft)* Luftverkehrstarif *m*, Luftfrachttarif *m*
tag *(Lager, Inf)* Anhänger *m*, Etikett *n*, Anhängeretikett *n*, Kennzeichen *n (for the identification of cargo or products; cf RFID, smart label)*
tail lift *(Straße)* Ladebordwand *f*
tailor *v (Lager)* konfektionieren
tangible damage *(Recht, Vers)* Sachschaden *m*
tank barge *(Schiff)* Tankschubleichter *m*
tank container *(Schiene, Schiff, Straße)* Tankcontainer *m*

tank farm *(Lager)* Tanklager *n*
tank tug *(Schiff)* Tankschleppkahn *m*
tank vessel *(Schiff)* Tankmotorschiff *n*
tanker *(Schiff)* Tankschiff *n*
tare *(t., tr.) (ALog, Straße)* Tara *f (weight of a vehicle or loading unit before the load is added, cf tare weight)*
tare weight 1. *(Schiene)* Eigengewicht *n*; 2. *(Straße)* Taragewicht *f (weight of a vehicle in road going condition = Fahrzeuggewicht in fahrbereitem Zustand including the weight of the driver and a full tank of fuel)*
target stock *(Lager)* Sollbestand *m*
tariff *(Schiene, Schiff, Straße, Luft)* Rate *f*, Tarif *m*
tariff rules and regulations *(Schiff)* Tarifbedingungen *fpl*
tarp *(Abk. für: tarpaulin) (Straße)* LKW-Plane *f*, Wagendecke *f*
tarp hoop *(Schiene, Schiff, Straße)* LKW--Spriegel *m*
tarpaulin *(tarp) (Straße)* LKW-Plane *f*, Wagendecke *f*
tautliner *(Straße)* Schiebeplanenauflieger *m*
tax *(ZollAHa)* Steuer *f*
tax-free *(ZollAHa)* steuerfrei
taxiway *(Luft)* Rollbahn *f (festgelegte Wege für das Rollen der Flugzeuge von und zur Start- und Landebahn)*
T.B.L. *(Abk. für: through bill of lading) (Schiff, ZollAHa)* Durchkonnossement *n*, Durchfrachtkonnossement *n (synonymous: ThroB/L)*
TC (areas) *(Abk. für: traffic conference areas) (Luft)* Konferenzgebiete *npl*
T1 certificate of shipment *(Recht, ZollAHa)* T1-Versandschein *m*
T2 certificate of shipment *(Recht, ZollAHa)* T2-Versandschein *m*
tdwat *(Abk. für: tons deadweight all told) (Schiff)* Tragfähigkeit *f (Wasserverdrängung des beladenen Schiffes abzüglich der Wasserverdrängung des leeren Schiffes)*
telematics *(Inf)* Telematik *f (zusammengesetzter Begriff aus den Begriffen Telekommunikation und Informatik)*
telephone charges *(ALog)* Telefonkosten *pl*
telescopic conveyer *(Lager)* Teleskopförderer *m*
temperature-controlled container *(Schiene, Schiff, Straße)* temperaturgeführter Container *m*
temperature-controlled trailer *(Straße)* Kühlauflieger *m (LKW-Sattelauflieger mit Kühlaggregat für den Transport von temperaturempfindlichen Gütern)*
temperature-controlled waggon *(Schiene)* temperaturgeführter Wagen *m*
temperature-sensitive goods *(ALog)* temperaturempfindliche Güter *npl*
tender *(Lager)* Ausschreibung *f*
terminal *(Luft)* Abfertigungsgebäude *n*, Abfertigungshalle *f*, Terminal *m*
terminal handling charges *(THC) (Schiff)* Umschlagsgebühr *f (Hafenkosten)*
termination of a claim *(Recht, Vers)* Erlöschen *n* eines Anspruchs
termination of a limitation *(Recht, Vers)* Erlöschen *n* einer Verjährung
terms *(ALog)* Bedingungen *fpl*
terms and conditions for cold storage *(Lager)* allgemeine Bedingungen *fpl* für Kühlhäuser
terms of contract *(Recht, Vers)* Vertragsbedingungen *fpl*
terms of delivery *(ALog)* Lieferbedingungen *fpl*, Frankaturvorschrift *f (synonymous: delivery terms)*
terms of payment *(ZollAHa)* Zahlungsbedingungen *fpl*
terms of sale *(Recht)* Verkaufsbedingungen *fpl*
terrestrial communication *(Inf)* erdgebundene Übertragung *f*
teu, TEU *(Abk. für: twenty foot equivalent unit) (Schiff)* 20-Fuß-Einheit *f*, 20-Fuß--Standardcontainer *m (in containerization and shipping a measure of capacity or throughput related to a standard 20ft = 20' ISO container; e. g. a 40ft container = 2 teus; Außenmaß: Länge 6,058 m, Breite 2,438 m, Höhe 2,591 m, Rauminhalt 33,1 m³, Nutzlast: 21.670 kg)*
TGWU *(Abk. für: Transport and General Workers' Union) (Pers) British trade union representing the interests of transport workers*
THC *(Abk. für: terminal handling charges) (Schiff)* Umschlagsgebühr *f (Hafenkosten)*
The Air Cargo Tariff *(TACT) (Luft)* Luftverkehrstarif *m*, Luftfrachttarif *m*
theft, pilferage and non-delivery *(T.P.*

and N.D.) (Vers) Diebstahl, Beraubung und Nichtauslieferung *(Versicherungsklausel)*

third country *(ALog, Recht)* Drittstaat *m*, Drittland *n (synonymous: non-EC state, outside country)*

third-country licence *(Straße)* Drittstaatengenehmigung *f*

third-country trade *(ALog)* Transithandel *m*

third-generation containership *(Schiff)* Containerschiff *m* der 3. Generation *(bis 3000 TEU's)*

third-level operations *(AE) (Luft)* Luftverkehr *m* der dritten Ebene; Regionalverkehr *m (in den USA Flugdienste mit kleineren Flugzeugen auf Nebenstrecken, z. B. Regionaldienste oder Zubringerdienste = feeder services)*

third-party ... *(Recht, Vers)* Dritt... *(in Zusammensetzungen)*

third-party automobile insurance *(Vers)* Kfz-Haftpflichtversicherung *f*, Kraftfahrzeug-Haftpflichtversicherung *f (synonymous: BE motor insurance, third-party motor vehicle insurance)*

third-party damage *(Vers)* Drittschaden *m*

third-party damage insurance *(Vers)* Drittschadenversicherung *f*

third-party goods *(Recht, Vers)* Drittgut *n*

third-party indemnity *(Vers)* Haftpflicht *f*

third-party indemnity insurance *(Vers)* Haftpflichtversicherung *f*

third-party insurance *(Vers)* Haftpflichtversicherung *f* • **with third-party insurance** *(Vers)* haftpflichtversichert *(insured against third-party risks)*

third-party insurance cover *(Vers)* Haftpflichtdeckung *f*, Haftpflichtversicherungsschutz *m*

third-party liability insurance *(Vers)* Haftpflichtversicherung *f*

third-party logistics *(ALog)* Logistikleistungen *fpl*, Logistik-Dienstleistungen *fpl*, externe Logistik-Dienstleistungen *fpl*

third-party logistics provider *(3PL) (ALog)* Logistik-Dienstleister *m*, externer Logistik-Dienstleister *m*, Drittanbieter *m* von Logistikleistungen *fpl*, externer Anbieter *m* logistischer Dienstleistungen, 3PL-Anbieter *m (Weiterentwicklung der 2PL-Anbieter zu sogenannten Systemdienstleistern; Hauptaufgabe ist die Organisation des Waren- und Informationsflusses, teilweise inklusive Finanz- und Informationsdienstleistungen)*

third-party maintenance *(ALog)* Wartung *f* durch Fremdfirma, Fremdwartung *f*, Wartung *f* durch Fremdfirmen, Wartung *f* durch Drittfirma *(synonymous: third-party service)*

third-party maritime insurance *(Schiff, Vers)* Seehaftpflichtversicherung *f*

third-party motor insurance *(Vers)* Kfz--Haftpflicht *f*

third-party motor vehicle insurance *(Vers)* Kfz-Haftpflichtversicherung *f*, Kraftfahrzeughaftpflichtversicherung *f*, Kraftfahrzeug-Haftpflichtversicherung *f (synonymous: third-party automobile insurance, BE motor insurance)*

third-party risk *(Vers)* Haftpflichtrisiko *n*, Drittschadenhaftpflichtrisiko *n* • **insured against third-party risks** *(Vers)* haftpflichtversichert *(with third-party insurance)*

third-party risk insurer *(Vers)* Haftpflichtversicherer *m*

third-party service *(ALog)* Wartung *f* durch Fremdfirma, Fremdwartung *f*, Wartung *f* durch Fremdfirmen, Wartung *f* durch Drittfirma *(synonymous: third-party maintenance)*

third-party supplier *(ALog)* Drittanbieter *m (die externe Alternative zur Eigenerstellung einer Leistung oder Eigenfertigung; strategic make-or-buy decision; outsourcing)*

third-party warehouse *(Lager)* Fremdlager *n*

this side up! *(Schiene, Schiff, Straße, Luft)* oben!

three-leg motorway interchange *(Straße)* Autobahndreieck *n*

three-letter code *(Luft)* Dreibuchstabenkennzeichnung *f (Bezeichnungsart im City-Code-Verzeichnis für Flughäfen)*

ThroB/L *(Abk. für: through bill of lading) (ALog)* Durchkonnossement *n*, Durchfrachtkonnossement *n (synonymous: T.B.L.)*

through bill of lading *(T.B.L., ThroB/L) (ALog)* Durchkonnossement *n*, Durchfrachtkonnossement *n*

through road *(Straße)* Durchgangsstraße *f*

through traffic *(Straße)* Durchgangsverkehr *m*
tidal harbour *(Schiff)* Tidehafen *m (Hafen der nur bei Hochwasser angefahren werden kann, z. B. Antwerpen)*
time *(ALog)* Zeit *f* • **on time** pünktlich
time allowed for loading *(Straße, Schiene, Schiff, Luft)* Beladefrist *f*
time charter *(Schiff)* Zeitcharter *f (Buchung des Schiffes für eine bestimmte Zeit)*
time frame *(Luft)* Zeitfenster *n*
time-frame ID *(Luft)* Zeitfensterkennnummer *f*
time is of the essence *(Recht)* Fristeinhaltung ist Vertragsgrundlage *(Vertragsklausel)*
time limit *(Recht, Vers)* Frist *f*
time of availability *(TOA) (Luft)* Verfügbarkeitszeit *f*
time of delivery *(ALog)* Lieferzeit *f*
time of dispatch *(Schiene, Straße)* Abfertigungszeit *f*
time optimum route *(Schiene, Schiff, Straße, Luft)* zeitoptimale Route *f*
time-phased replenishment *(Inf, Lager)* zeitsynchroner Nachschub *m (in einem Warenwirtschaftssystem = WWS = MIS = merchandise information system)*
timely *(ALog)* rechtzeitig, zur rechten Zeit; zeitnah
tin *(ALog)* Dose *f*
tipping and storage of waste *(Lager)* Ablagerung *f* und Lagerung *f* von Abfällen
tire *(AE) (Straße)* Reifen *m*
tire pressure *(AE) (Straße)* Reifendruck *m*
T.L.O. *(Abk. für: total loss only) (Vers)* nur gegen Totalverlust *(Versicherungsklausel)*
TMC *(Abk. für: traffic message channel) (Straße)* Verkehrsfunk *m*
tn.l. *(Abk. für: longton) (Schiff)* britische Tonne *f (entspricht 1016 kg)*
TOA *(Abk. für: time of availability) (Luft)* Verfügbarkeitszeit *f*
to-bin transfer *(Lager)* Einlagerung *f*
to-bin transfer quantity *(Lager)* Einlagerungsmenge *f*
toll *(Straße)* Autobahngebühr *f*
toll collection installations 1. *(Luft, Schiff, Straße)* Einrichtungen *fpl* zur Erhebung von Abgaben, Einrichtungen *fpl* zur Abgabenerhebung, Abgabenerhebungseinrichtungen *fpl*; 2. *(Schiff)* Einrichtungen *fpl* zur Erhebung der Schifffahrtsabgaben
ton 1. *(ALog)* Tonne *f*, englische Tonne *f (imperial measure of weight, 1 long ton = 2,240 lbs = 1,016.05 kgs)*; 2. *(Schiff)* Tonne *f (Raummaß)*
ton kilometer *(AE) (ALog)* Tonnenkilometer *m*, tkm *(Kennziffer der Frachtlogistik)*
ton kilometre *(BE) (ALog)* Tonnenkilometer *m*, tkm *(Kennziffer der Frachtlogistik)*
tonnage *(Schiene, Schiff, Straße, Luft)* Tonnage *f*
tonnage displacement *(Schiff)* Wasserverdrängung *f (wird in Tonnen zu 1000 kg oder 1016 kg - longton - gemessen)*
tonne *(ALog)* Tonne *f (metric measure of weight: 1 tonne = 1,000 kgs = BE 0.984207 imperial ton or long ton = AE 1.102 short tons)*
tons deadweight all told *(tdwat) (Schiff)* Tragfähigkeit *f (Wasserverdrängung des beladenen Schiffes abzüglich der Wasserverdrängung des leeren Schiffes)*
total loss *(Recht, Vers)* Totalschaden *m*, Totalverlust *m*
total loss only *(T.L.O.) (Vers)* nur gegen Totalverlust *(Versicherungsklausel)*
total quality management *(TQM) (ALog)* umfassendes Qualitätsmanagement *n*
towboat *(Schiff)* Schlepper *m*, Schleppschiff *n*
tower crane *(Schiff)* Turmdrehkran *m*
T.P. and N.D. *(Abk. für: theft, pilferage and non-delivery) (Vers)* Diebstahl, Beraubung und Nichtauslieferung *(Versicherungsklausel)*
TQM *(Abk. für: total quality management) (ALog)* umfassendes Qualitätsmanagement *n*
tr. *(Abk. für: tare) (ALog)* Tara *f (weight of a vehicle or loading unit before the load is added, cf tare weight)*
trace *v (ALog)* aufspüren
track *v (ALog)* nachvollziehen
track *(Schiene)* Gleis *n*
track classification *(Schiene)* Streckenklassen *fpl*
track gauge *(Schiene)* Spurweite *f*
track substructure *(Schiene)* Gleisunterbau *m*
tracking & tracing *(Inf)* Sendungsrückverfolgbarkeit *f (Software-basiertes Sys-*

tem zur Verfolgung von Sendungen durch die gesamte Supply Chain; das Tracking ermittelt den aktuellen Status der Sendung; das Tracing ermöglicht, den Sendungsverlauf von Anfang bis Ende nachzuvollziehen)

trade *(Lager)* Handel *m* Handwerk *n*

trade fair logistics *(Schiene, Schiff, Straße, Luft)* Messelogistik *f*

trade partner *(ALog)* Handelspartner *m*

traffic conference areas *(TC, TC areas) (Luft)* Konferenzgebiete *npl*

traffic control *(Straße)* Verkehrskontrolle *f*

traffic engineering *(Straße)* Verkehrstechnik *f*

traffic junction *(Straße)* Verkehrsknotenpunkt *m*

traffic message channel *(TMC) (Straße)* Verkehrsfunk *m*

trailer *(Straße)* Anhänger *m*, Auflieger *m*

trailer certificate *(Recht)* Anhängerschein *m*

train *(Schiene)* Zug *m*

train ferry *(Schiff, Schiene)* Eisenbahnfähre *f (Fährschiffe, die in der Lage sind, Eisenbahnwaggons oder Triebzüge aufzunehmen; bevorzugte Einsatzgebiete sind Strecken, bei denen Brücken über Meerengen, Seen oder Flüsse aus technischen oder finanziellen Gründen nicht praktikabel sind)*

tramp steamer *(Schiff)* Trampschiff *n (steht während einer Reise überwiegend nur einem Befrachter zur Verfügung, in erster Linie Massengüter)*

transeuropeen railway network *(Schiene)* transeuropäisches Eisenbahnnetz *f*

transfer from reserves *(ALog)* Entnahmen *fpl*

transfer of merchandises *(ALog)* Güterübergabe *f*

tranfer of risk *(Vers, ZollAHa)* Gefahrenübergang *m*

transfer order *(Schiene, Schiff, Straße, Luft)* Transportauftrag *m*

transhipment *(Schiene, Schiff, Straße, Luft)* Umladung *f*

transhipment additionals *(Schiff)* Umladungszuschläge *mpl*

transhipment point *(Lager)* Umschlagpunkt *m (Ort des Warenumschlages von Versandeinheiten)*

transhipment port *(Schiff)* Umschlaghafen *m*

transhipment warehouse *(Lager)* Umschlaglager *n*

transit 1. *(Straße)* Durchgangsverkehr *m*; 2. *(ZollAHa)* Durchfuhr *f*

transit bond *(ZollAHa)* Zollbegleitschein *m*

transit goods *(ZollAHa)* Durchfuhrgut *n*, Transitgut *n*

transnational *adj (ZollAHa)* grenzüberschreitend

transport *(Schiene, Schiff, Straße, Luft)* Transport *m (Beförderung von Gütern)*

transport by rail *(Schiene)* Schienentransport *m*

transport chain *(ALog)* Transportkette *f (technische und organisatorische Verknüpfung von Transportvorgängen)*

transport cost *(Schiene, Schiff, Straße, Luft)* Transportkosten *pl*

transport documents *(Recht, ZollAHa)* Transportdokumente *npl (alle Schriftstücke, die zur Abwicklung und Begleitung eines Transports notwendig sind)*

transport insurance *(Vers)* Transportversicherung *f*

transport label *(Schiene, Schiff, Straße, Luft)* Transportetikett *n*, Warenanhänger *n*

transport logistics *(Schiene, Schiff, Straße, Luft)* Transportlogistik *f*

transport net *(Schiene, Schiff, Straße, Luft)* Transportnetz *n*

transport network *(Straße)* Verkehrswegenetz *n*

transport of air freight *(Luft)* Luftfrachtversand *m*

transport package *(Schiene, Schiff, Straße, Luft)* Transportverpackung *f (Verpackungen, deren Ausführung von den Versandanforderungen bestimmt sind)*

transport performance *(ALog)* Verkehrsleistung *f*

transport policy *(Straße)* Verkehrspolitik *f*

transport security administration *(TSA) (Luft)* US-Luftverkehrssicherheitsbehörde *f (US-Behörde für die Sicherheit im Luftverkehr; die Bedingungen, Einzelmaßnahmen und längerfristigen Strategien der TSA haben direkte Auswirkungen auf die europäischen Passagier- und Frachtmärkte)*

transport-sensitive goods *(Recht, Vers)* transportempfindliche Güter *npl*
transport type *(Schiene, Schiff, Straße, Luft)* Transportart *f*
transport unit *(TU) (ALog)* Frachtträger *m*, Transporteinheit *f*
transportation equipment *(Schiene, Straße)* Transporteinrichtungen *fpl*
transportation of goods *(ALog)* Güterbeförderung *f*
transshipment *(Schiene, Schiff, Straße, Luft)* Umladung *f*
transshipment additionals *(Schiff)* Umladungszuschläge *mpl*
transshipment point *(Lager)* Umschlagpunkt *m (Ort des Warenumschlages von Versandeinheiten)*
transshipment port *(Schiff)* Umschlaghafen *m*
transshipment warehouse *(Lager)* Umschlaglager *n*
travel plaza *(AE) (Straße)* Autohof *m*
trial order *(ALog)* Probeauftrag *m*
tributary stream *(Schiff)* Nebenfluss *m*
trim *v (Schiff)* trimmen
through bill of lading *(Schiff, ZollAHa)* Durchkonnossement *n*
truck *(AE) (Straße)* Lastkraftwagen *m*
• **by truck** per LKW
truck crane *(AE) (Straße)* LKW-Kran *m*
truck driver *(AE) (Straße)* LKW-Fahrer *m*
truck fleet *(Straße)* Fuhrpark *m*
truck load *(Straße)* LKW-Ladung *f*
truck trailer *(AE) (Straße)* LKW-Anhänger *m*
trucker *(AE) (Straße)* LKW-Fahrer *m*
trunk *(ALog)* Koffer *m*
trust/in *(Recht, ZollAHa)* zu getreuen Händen
trustee *(Recht)* Treuhänder *m*
TSA *(Abk. für: transport security administration) (Luft)* US-Luftverkehrssicherheitsbehörde *f (US-Behörde für die Sicherheit im Luftverkehr; die Bedingungen, Einzelmaßnahmen und längerfristigen Strategien der TSA haben direkte Auswirkungen auf die europäischen Passagier- und Frachtmärkte)*
TU *(Abk. für: transport unit) (ALog)* Frachtträger *m*, Transporteinheit *m*
tug *(Schiff)* Schleppkahn *m*
tunnel *(ALog)* Tunnel *m*
turnover *(ALog)* Umsatz *m*
turnover rate *(Lager)* Umschlagshäufigkeit *f*, Umschlagsgeschwindigkeit *f (velocity of turnover; synonymous: rate of turnover)*
turnover tax *(ZollAHa)* Umsatzsteuer *f*
twenty-foot container *(Schiff)* 20' Container *m (Außenmaß: Länge 6,058 m, Breite 2,438 m, Höhe 2,591 m, Rauminhalt 33,1 m³, Nutzlast: 21.670 kg; cf TEU, teu, twenty foot equivalent unit)*
twenty-foot equivalent unit *(TEU, teu) (Schiff)* 20' Container-Verrechnungseinheit *f*, 20-Fuß-Einheit *f*, 20-Fuß-Standardcontainer *m (in containerization and shipping a measure of capacity or throughput related to a standard 20ft = 20' ISO container; e. g. a 40ft container = 2 teus; Außenmaß: Länge 6,058 m, Breite 2,438 m, Höhe 2,591 m, Rauminhalt 33,1 m³, Nutzlast: 21.670 kg)*
two-dimensional picking *(Lager)* zweidimensionale Kommissionierung *f*
type of application *(ALog)* Einsatzart *f*
type of stockkeeping *(Lager)* Art *f* der Lagerung
tyre *(BE) (Straße)* Reifen *m*
tyre costs *(BE) (Straße)* Reifenkosten *pl*
tyre pressure *(BE) (Straße)* Reifendruck *m*

U

u.c. *(Abk. für: usual conditions) (ALog, Recht)* übliche Bedingungen *fpl*
UIC *(Abk. für: International Union of Railways) (Schiene)* Internationaler Eisenbahnverband *m (Union internationale des chemins de fer, gegründet 1922 in Paris mit dem Ziel der Vereinheitlichung der europäischen Bahnbetriebsbedingungen)*
ULD *(Abk. für: unit load device) (Luft)* einheitliche Ladeeinheit *f (Palette oder Container im Luftfrachtverkehr)*
ullage 1. *(ALog)* Flüssigkeitsverlust *m (Flaschen, Container)*; 2. *(Schiff)* Leckage *f*, Gewichtsverlust *m (bei Flüssigladung)*
unaccompanied baggage *(Luft)* unbegleitetes Reisegepäck *n (u.U. ist es günstiger, Übergepäck als Luftfrachtsendung aufzugeben, um die hohen Übergepäckgebühren - insbesondere bei*

Fernstrecken, in der Regel 1% des First--Class-Tarifs - zu vermeiden)

UNCTAD *(Abk. für: United Nations Conference on Trade and Development) (ALog, Schiff)* Welthandels- und Entwicklungskonferenz der Vereinten Nationen; *(infrml)* UN-Welthandelskonferenz *f*

UNCTAD Code 40:40:20 *(Schiff)* UN-CTAD-Übereinkunft *f* 40:40:20 *(regelt die Verteilung der Schiffsladungen im Außenhandel zwischen zwei Ländern zu jeweils 40 % pro beteiligtem Land, die restlichen 20 % werden von Schiffen anderer Länder gefahren)*

undelivered *(ALog)* nicht zugestellt, nicht ausgehändigt, nicht übergeben, nicht geliefert; unzustellbar *(undeliverable; Post)* • **if undelivered please return to sender** falls unzustellbar, bitte zurück an Absender *(Post)*

underfloor conveyor chain *(Lager)* Unterflurschleppkette *f*

underfloor shipping space *(Luft)* Unterflurfrachtraum *m*

UNECE *(Abk. für: United Nations Economic Commission for Europe) (ALog, Recht)* UN-Wirtschaftskommission *f* für Europa, Wirtschaftskommission *f* (der UN) für Europa, ECE *f (synonymous: ECE, Economic Commission for Europe; a UN agency seated in Geneva; eine Unterorganisation der Vereinten Nationen mit Sitz in Genf)*

UN/EDIFACT *(Abk. für: United Nations Electronic Data Interchange for Administration, Commerce and Transport) (Inf)* elektronischer Datenaustausch für Verwaltung, Wirtschaft und Transport (UN) *(Umsetzung von EDI = electronic data interchange in ein international anwendbares Protokoll; unter Federführung der UN entstandener internationaler Standard für die elektronische, branchenübergreifende Datenübertragung kommerzieller Geschäftsprozessdaten in einheitlichen Formaten)*

unit load *(ALog)* Ladungseinheit *f*

unit load device *(ULD) (Luft)* einheitliche Ladeeinheit *f (Palette oder Container im Luftftrachtverkehr)*

unit load devices charges *(Luft)* Containerrate *f*, Palettentarif *m (Gruppe im IATA-Tarifgefüge)*

unit price *(ALog)* Einzelpreis *m*

United Nations Conference on Trade and Development *(UNCTAD) (ALog, Recht)* Konferenz der Vereinten Nationen für Handel und Entwicklung, Welthandels- und Entwicklungskonferenz der Vereinten Nationen, UNCTAD; *(infrml)* UN-Welthandelskonferenz *f*, WHK *(UN)*

United Nations Electronic Data Interchange for Administration, Commerce and Transport *(UN/EDIFACT, EDIFACT) (Inf)* elektronischer Datenaustausch für Verwaltung, Wirtschaft und Transport (UN) *(durch Umsetzung von EDI = electronic data interchange in ein international anwendbares Protokoll unter Federführung der UN entstandener internationaler Standard für die elektronische, branchenübergreifende Datenübertragung kommerzieller Geschäftsprozessdaten in einheitlichen Formaten)*

unknown location of loss *(Recht, Vers)* unbekannter Schadenort *m*

unless otherwise agreed upon *(Recht)* wenn nichts Gegenteiliges vereinbart ist *(Versicherungsklausel)*

unload *v (ALog)* entladen

unloading *(Schiff)* Ausladung *f*

unloading of goods *(Schiff)* Ausladen *n* der Güter

unloading period *(Straße, Schiene, Schiff, Luft)* Entladefrist *f*

unloading point *(ALog)* Abladestelle *f*, Entladestelle *f*, Ausladestelle *f*

unloading station *(Schiene)* Entladebahnhof *m*

unloading time *(Schiene, Straße)* Entladezeit *f*

unpacked *adj* 1. *(ALog)* ohne Verpackung; 2. *(Schiene, Schiff, Straße, Luft)* unverpackt

up-hill passage *(Schiff)* Bergfahrt *f (gegen den Strom)*

upper deck *(Schiff)* Oberdeck *n*

upright rack *(Lager)* Ständerregal *n*

upriver traffic *(Schiff)* Bergfahrt *f*

usage fee *(Straße)* Benutzungsgebühr *f*

useful life *(Straße)* Laufleistung *f*; Nutzungsdauer *f (of an asset)*

usual conditions *(u.c.) (ALog, Recht)* übliche Bedingungen *fpl (synonymous: usual terms, u.t.)*

usual terms *(u.t.) (ALog, Recht)* übliche Bedingungen *fpl (synonymous: usual conditions, u.c.)*

u.t. *(Abk. für: usual terms) (ALog, Recht)* übliche Bedingungen *fpl*
utilisation fee *(Straße)* Benutzungsgebühr *f*

V

vacation form *(Recht, Pers)* Urlaubsschein *m*
valid until *(ALog)* gültig bis
validity *(ALog)* Gültigskeitsdauer *f*
valuation charge *(Luft, Vers)* Wertzuschlag *m (Frachtkostenzuschlag für außergewöhnlich wertvolle Sendungen wegen der Erhöhung der Versicherungssumme)*
value added *(ALog)* Wertschöpfung *f*, Mehrwert *m*
value-added service *(ALog)* Mehrwertdienst *m*
value-added tax *(VAT) (ZollAHa, ALog)* Mehrwertsteuer *f*
value as in original policy *(v.o.p.) (Vers)* Wert wie in Originalpolice *(Versicherungsklausel)*
value chain *(ALog, Inf)* Wertkette *f*, Wertschöpfungskette *f (Synonym: value creation chain)*
value creation *(ALog)* Wertschöpfung *f*, Wertschaffung *f*
value creation chain *(ALog, Inf)* Wertschöpfungskette *f*, Wertkette *f (Synonym: value chain)*
value for customs purposes only *(ZollAHa)* Wert *m* nur für Zollzwecke
value for insurance *(Recht, Vers)* Versicherungswert *m*
value replacement *(Recht, Vers)* Werterşatz *m*
value/without *(ZollAHa)* ohne Wert
variable costs *(ALog)* variable Kosten *pl*
VAT *(Abk. für: value added tax) (ZollAHa, ALog)* MWSt *f*, Mehrwertsteuer *f*
vehicle *(Recht, Straße)* Fahrzeug *n*, Wagen *m*, Beförderungsmittel *n*; Kraftfahrzeug *n*, Kfz *n* • **the vehicle has been serviced** das Fahrzeug war bei der Inspektion, das Fahrzeug war beim Kundendienst
vehicle cost calculation *(ALog)* Fahrzeugkostenrechnung *f*
vehicle identification number *(VIC) (Straße)* Fahrgestellnummer *f*
vehicle miles travelled *(Straße)* Laufleistung *f*
vehicle owner *(Recht, Straße)* Fahrzeughalter(in) *m(f)*
vehicle title document *(Recht, Straße)* Fahrzeugbrief *m*
vehicle transshipment *(Straße)* Fahrzeugumladung *f*
vehicle type *(Schiene, Straße)* Fahrzeugtyp *m*
vehicle unladen weight *(Straße)* Fahrzeug-Eigengewicht *n*
vendor-managed inventory *(VMI) (Lager)* lieferantenverantwortliche Bestandsüberwachung *f (lieferantengesteuertes Lager- und Bestandsdispositionssystem, wobei die Ware physisch beim Kunden vorhanden ist)*
vertical conveyor *(Lager)* Senkrechtförderer *m*
vessel *(Schiff)* Schiff *n*, Wasserfahrzeug *n (synonymous: watercraft, waterborne vehicle)* • **by vessel** per Schiff
VIC *(Abk. für: vehicle identification number) (Straße)* Fahrgestellnummer *f*
virtual warehouse *(Lager)* virtuelles Lager *n*
visa *(Recht)* Visum *n*
visibility *(ALog)* Sichtbarkeit *f (ein Verfahren, mit dessen Hilfe man einzelne Prozesse, aber auch ganze Geschäftsprozess-Szenarien innerhalb einer Supply Chain sichtbar macht)*
visible damage *(Recht, Vers)* erkennbarer Schaden *m*
VMI *(Abk. für: vendor-managed inventory) (Lager)* lieferantenverantwortliche Bestandsüberwachung *f (lieferantengesteuertes Lager- und Bestandsdispositionssystem, wobei die Ware physisch beim Kunden vorhanden ist)*
voice radio *(Schiff)* Sprechfunk *m*
volume *(ALog)* Fassungsvermögen *n*, Rauminhalt *m*
volume planning *(ALog)* Mengenplanung *f*
volume specifaction *(Schiene, Schiff, Straße, Luft)* Maßliste *f*
v.o.p. *(Abk. für: value as in original policy) (Vers)* Wert wie in Originalpolice *(Versicherungsklausel)*

voucher *(ALog)* Beleg *m*
voucherless picking *(Lager)* beleglose Kommissionierung *f*

W

W.A. *(Abk. für: with average) (Vers)* mit Beschädigung
WACCC *(Abk. für: Worldwide Air Cargo Commodity Classification) (Luft)* weltweite Luftfrachtgüter-Klassifizierung *f*
waggon able to open *(Schiene)* öffnungsfähiger Wagen *m*
waggon load *(Schiene)* Wagenladung *f*
waggon load freight *(Schiene)* Wagenladungsverkehr *m*
waiting list *(Luft)* Warteliste *f (passengers, cargo, Passagiere, Fracht; bei ausgebuchtem Flug angelegte namentliche Liste von Fluggästen, deren Buchungsanträge nicht bestätigt werden konnten)*
waiting period *(Recht, Vers)* Wartefrist *f*
waiting time 1. *(ALog, Schiene, Straße)* Wartezeit *f (synonymous: standby time)*; 2. *(Schiff)* Liegezeit *f*
WAK *(Abk. für: Warsaw agreement) (Luft)* Warschauer Abkommen *n (Abkommen zur Vereinheitlichung von Regeln über die Beförderung im internationalen Luftverkehr)*
walking-floor *(Straße)* beweglicher Boden *m*
war clause *(Schiff, Vers)* Kriegsklausel *f*
war risk surcharge *(WRS) (Schiff)* Kriegszuschlag *m*
warehouse *v (ALog)* lagern, auf Lager nehmen, speichern
warehouse *(whse) (Lager)* Hallenlager *n*, Lager *n* • **ex warehouse** *(ALog)* ab Lager *n*
warehouse charges *(Lager)* Lagergeld *n*, Lagergebühren *n*, Lagerkosten *pl*
warehouse contract *(Lager)* Lagervertrag *m*
warehouse logistics *(Lager)* Lagerlogistik *f*
warehouse management *(Lager)* Lagermanagement *n*
warehouse management system *(WMS) (Lager)* Lagerverwaltungssystem *n*
warehouse occupancy *(Lager)* Lagerfüllgrad *m*
warehouse optimization *(Lager)* Lageroptimierung *f*
warehouse order form *(WOF) (Lager)* Lagerbestellzettelsatz *m*, LBS *m*
warehouse organisation *(Lager)* Lagerorganisation *f*
warehouse rate of utilisation *(Lager)* Lagerauslastunggrad *m*
warehouse receipt *(Recht)* Lagerschein *m*
warehouse stock *(Lager)* Lagerbestand *m*
warehouse technic *(Luft)* Lagertechnik *f*
warehousing *(Lager)* Einlagerung *f*, Lagerhaltung *f*
Warsaw Agreement *(WAK) (Luft)* Warschauer Abkommen *n (Abkommen zur Vereinheitlichung von Regeln über die Beförderung im internationalen Luftverkehr)*
waste *(ALog)* Abfall *m*
waste logistics *(ALog)* Abfalllogistik *f*
water gage *(AE) (Schiff)* Pegel *m*, Wasserstand *m*
waterborne vehicle *(Schiff)* Wasserfahrzeug *n (synonymous: watercraft, vessel)*
watercraft *(Schiff)* Wasserfahrzeug *n (synonymous: waterborne vehicle, vessel)*
waterline *(Schiff)* Wasserlinie *f*
waterway *(Schiff)* Seeschifffahrtstraße *f*, Wasserstraße *f*
waybill *(Recht)* Konnossement *n*, Ladeschein *m*, Frachtbrief *m*, Frachtkarte *f*, Seefrachtbrief *m*
weekend traffic ban *(Straße)* Wochenendfahrverbot *n*
weekly driving time *(Recht, Straße)* wöchentliche Lenkzeit *f*
weekly rest period *(Recht, Straße)* wöchentliche Ruhezeit *f*
weigh *v (Schiene, Schiff, Straße, Luft)* verwiegen
weight *(ALog)* Gewicht *n*
weight charges *(Luft)* Gewichtskosten *pl*
weight limit *(Schiene, Schiff, Straße)* Gewichtsgrenze *f*
weight load factor *(ALog)* Nutzladefaktor *m*, NLF *m (synonymous: overall load factor, load factor; percentage of capacity utilization: e. g. tonnes carried on a goods vehicle in relation to its total ca-*

pacity; Verhältnis zwischen der verkauften und der angebotenen Leistung)
weight/measurement *(w/m) (Schiff)* Maß/Gewicht *n*
weight note *(ALog)* Wiegenote *f*
weight per package *(Schiene, Schiff, Straße, Luft)* Stückgewicht *n*
weight rate *(Schiene, Schiff, Straße)* Gewichtsfracht *f*
wet charter *(Luft)* Nasscharter *f (synonymous: wet lease; der Vercharterer stellt - im Gegensatz zum Trockencharter - neben dem Flugzeug auch die Besatzung und übernimmt alle Kosten, die im Zusammenhang mit dem Flug entstehen; cf Trockencharter = dry charter, dry lease)*
wet dock *(Schiff)* Schleusendock *n*
wet lease *(Luft)* Nasscharter *f (synonymous: wet charter; der Vercharterer stellt - im Gegensatz zum Trockencharter - neben dem Flugzeug auch die Besatzung und übernimmt alle Kosten, die im Zusammenhang mit dem Flug entstehen; cf Trockencharter = dry charter, dry lease)*
wf. *(Abk. für: wharf) (Schiff)* Kai *m*, Pier *m*
wharf *v (Schiff)* am Kai festmachen; löschen, ausladen *(freight, Fracht)*
wharf *(wf.) (Schiff)* Kai *m*
wharfage *(Schiff)* Kaigeld *n*, Kaigebühr *f*, Kaigebühren *fpl (fee charged to a ship operator for using the wharf; Gebühr für die Benutzung des Kais; synonymous: pierage, quayage)*; Kaianlage *f*
wharfage charge *(Schiff)* Löschgeld *n*
wharfs *(Schiff)* Lagerhäuser *npl*
wheel load *(Straße, Schiene)* Radlast *f (der senkrechte Druck des Rades auf die Straße)*
wholesale company *(ALog)* Großhandelsunternehmen *n*
wholesale unit pack *(ALog)* Gebinde *n*
wholesaler to client business *(Straße)* Streckengeschäft *n*
whse *(Abk. für: warehouse) (Lager)* Hallenlager *n*, Lager *n*
width *(ALog)* Breite *f*
wind *v (Lager)* wickeln
winter tyre *(Straße)* Winterreifen *m*
WIP *(Abk. für: work in process inventory) (Lager)* Umlaufbestand *m (Lagerbestände, die sich kontinuierlich verringern und in entsprechendem Umfang wieder aufgefüllt werden)*
without guarantee for *(ALog, Recht)* ohne Garantie für
w/m *(Abk. für: weight/measurement) (Schiff)* Maß/Gewicht *n*
WMS *(Abk. für: warehouse management system) (Lager)* Lagerverwaltungssystem *n*
WoCo *(Abk. für: world cover) (Vers)* weltweite Transportversicherung *f (Ergänzungseintrag)*
WOF *(Abk. für: warehouse order form) (Lager)* LBS *m*, Lagerbestellzettelsatz *m*
wooden case *(ALog)* Holzkiste *f*
work flow schedule *(ALog)* Arbeitsablaufplan *m*
work in process inventory *(WIP) (Lager)* Umlaufbestand *m (Lagerbestände, die sich kontinuierlich verringern und in entsprechendem Umfang wieder aufgefüllt werden)*
work permit *(Recht)* Arbeitserlaubnis *f*
working capital *(ALog)* Umlaufvermögen *n*
working day *(Pers)* Einsatztag *m*
working period *(Straße)* Lenkzeit *f*
working time act *(Recht, Straße)* Arbeitszeitgesetz *n*
workload *(Schiene, Schiff, Straße, Luft)* Nutzlast *f*
works *(ALog)* Fabrik *f* • **ex works** *(Recht, ZollAHa)* ab Werk, EXW *(cf Anhang: Incoterms 2000)* • **ex works** *(ALog)* ab Fabrik, ex Fabrik, x-Fabrik *(Lieferklausel)*
workshop *(ALog)* Werkstatt *f*
workshop card *(Straße)* Werkstattkarte *f*
world cover *(WoCo) (Vers)* weltweite Transportversicherung *f (Ergänzungseintrag)*
World Trade Organization *(WTO) (Recht, ZollAHa)* Welthandelsorganisation *f*, WTO *f (GATT successor organization, die Nachfolgeorganisation des GATT)*
Worldwide Air Cargo Commodity Classification *(WACCC) (Luft)* weltweite Luftfrachtgüter-Klassifizierung *f*
worst-case scenario *(ALog)* Szenario *n* für den ungünstigsten Fall, Szenario *n* der ungünstigsten Alternative, Worst-case Scenario *n*; größter anzunehmender Unfall *m*, GAU

W.P. *(Abk. für: without prejudice) (Vers)* ohne Präjudiz

WRS *(Abk. für: war risk surcharge) (Schiff)* Kriegszuschlag *m*

WTO *(Abk. für: World Trade Organization) (Recht, ZollAHa)* WTO *f*, Welthandelsorganisation *f (GATT successor organization, die Nachfolgeorganisation des GATT)*

Working Committee of the German Airports *(Luft)* Arbeitsgemeinschaft *f* Deutscher Verkehrsflughäfen

Y

YAR 1950 *(Abk. für: York-Antwerp-Rules) (ALog)* York-Antwerpen-Regeln *fpl (Regelung zur Gefahrengemeinschaft von Schiff und Ladung auf See)*

yard management *(ALog)* Betriebsgeländeüberwachung *f*

year of manufacture *(ALog)* Baujahr *n*

year of purchase *(ALog)* Anschaffungsjahr *n*

yield *(Luft)* Luftfrachtertrag *m (Luftfrachtertrag für die Beförderung einer Tonne Fracht oder eines Passagiers über einen Kilometer oder eine Meile)*

York-Antwerp-Rules *(YAR 1950) (Schiff)* York-Antwerpen-Regeln *fpl (Regelung zur Gefahrengemeinschaft von Schiff und Ladung auf See)*

Z

zero-defect picking *(Lager)* Null-Fehler--Kommissionierung *f*

zip merge *(Straße)* Reißverschlussverfahren *n*

Deutsch – Englisch

A

Abbild *n (ALog)* image
ABC-Analyse *f (ALog, Lager)* ABC evaluation analysis, ABC inventory control (system) *(Lagerwirtschaft, inventory management; Einteilung der Artikel in Umsatz- oder Absatzklassen, Klassifizierungskriterium ist das Mengen-Wert-Verhältnis: z. B. A-Teile mit hohem Wert- und geringem Mengenanteil, C-Teile umgekehrt mit hohem Mengen- und geringem Wertanteil, B-Teile dazwischen)*
abdecken *v (ALog)* cover with tarpaulins
Abfahrt *f (ALog, Schiff)* sailing, departure
Abfahrtshafen *m (Schiff)* port of sailing
Abfall *m (ALog)* waste
Abfalllogistik *f (ALog)* logistics of disposal, waste logistics
abfertigen *v (Schiene, Schiff, Straße, Luft)* dispatch
Abfertiger *m (Luft)* dispatcher *(Bodendienstleister der Luftfrachtabfertigung)*
Abfertigung *f* 1. *(Luft, Straße, Schiene)* dispatch; 2. *(ZollAHa)* clearance *(Zollabfertigung)*; 3. *(ALog)* service *(Passagiere)*
Abfertigungsart *f (ZollAHa)* method of forwarding
Abfertigungsgebäude *n (Luft)* terminal *(Synonym: Abfertigungshalle)*
Abfertigungshalle *f (Luft)* terminal *(Synonym: Abfertigungsgebäude)*
Abfertigungskosten *pl (Schiene, Schiff, Straße, Luft)* handling costs
Abfertigungsverfahren *n (Luft)* method of dispatch
Abfertigungszeit *f (Schiene, Straße)* time of dispatch
Abfuhr *f (Schiene, Straße, Schiff)* removal
abgabenfrei *(ZollAHa)* exempt from duty
abgabepflichtig *adj (ZollAHa)* dutiable
Abgang *m (ALog)* dispatch
Abgangsflughafen *m (Luft)* airport of departure
Abgangsflughafen *m*/**benannter** *(Luft)* named airport for departure
Abgangsort *m (ALog)* dispatching place
abgasarm *adj (Straße)* low-emission *(Synonym: schadstoffarm)*
abgasfrei *adj (Straße)* emission-free
Abgasuntersuchung *f (ALog, Straße)* emissions inspection
Abholdatum *n (ALog)* pick-up date
Abhollogistik *f (ALog)* pick-up logistics
Abholtermin *m (ALog)* pick-up date, date of collection
Abholtransport *m (ALog)* pick-up transport
Abholung *f (ALog)* collection, pick-up
Abholung *f* **der Güter** *(ALog)* collection of goods
ABK *(Abk. für: allgemeine Bedingungen für Kühlhäuser) (Lager)* terms and conditions for cold storage
Abkommen *n (ALog)* agreement
Abkommen *n*/**Chicagoer** *(Luft)* Chicago Agreement *(Abkommen zur einheitlichen Regelung von Fragen im technischen, wirtschaftlichen und rechtlichen Belangen des Weltluftverkehrs)*
Abkommen *n*/**Warschauer** *(Luft)* Warsaw Agreement, WAK *(Abkommen zur Vereinheitlichung von Regeln über die Beförderung im internationalen Luftverkehr)*
Abladestelle *f (ALog)* site, place of unloading, unloading point
Ablagerung *f* **und Lagerung** *f* **von Abfällen** *(Lager)* tipping and storage of waste
Ablaufdatum *n (ALog)* expiry date
Ablauforganisation *f (ALog)* operational structuring, process organisation
Ablieferungshindernis *n (Recht)* delivery barrier
Ablieferungsnachweis *m (ALog)* proof of delivery
Abmessungen *fpl (ALog)* dimensions
Abnahmeverpflichtung *f (Recht)* obligation to buy • **ohne Abnahmeverpflichtung** no obligation to buy, without obligation to buy
Abräumfaktor *m (Lager)* removal factor *(Faktor zur Ermittlung der Nachschubfrequenz)*
Abrollcontainer-Transportsystem *n (Straße)* roll-off container
Abruf *m (ALog)* call forward • **auf Abruf** *(ALog)* on call
Absatz *m (ALog)* sales quantity, sales volume *(Volumen in Konsumenten- oder Versandeinheiten)*
Absatzlogistik *f (ALog)* sales logistics, distributions logistic
Absatzplan *m (ALog)* sales plan, sales projection
Abschlag *m (Luft)* reduction

abschreiben *v (Schiff)* clause
Abschreibung *f (Schiff)* clause
Absender *m (ALog)* shipper, sender, consignor
Absendererklärung *f (Luft)* shipper's declaration
Absetzung *f* **für Abnutzung** *(AfA) (ALog)* depreciation
Abstandssicherung *f (Lager)* distance securing
Abstell- und Wartungsflächen *fpl (Luft)* parking and maintenance areas *(für Flugzeuge auf dem Vorfeld = apron)*
Abtaster *m (Inf)* scanner
Abtretung *f (Recht, Vers)* cession
Abverkauf *m (ALog)* sale
Abverkaufsmeldung *f (Inf)* sales report, SLSRPT *(Nachrichtentyp im EDIFACT)*
Abwertung *f (ZollAHa)* devaluation
Abzug *m (ZollAHa)* deduction • **nach Abzug** *(ALog)* after deduction
Achslast *f (Schiene, Straße)* axle load *(Traglast einer Achse)*
Achsstand *m (Schiene, Straße)* axle base *(Abstand zwischen den Achsen eines Fahrzeuges)*
Achszahl *f (Schiene, Straße)* number of axles
Adhäsion *f (ALog)* adhesion *(Haftung von Rädern/Reifen auf einer Fahrbahn/Schiene)*
ADR *(Abk. für: europäisches Übereinkommen für die internationale Beförderung gefährlicher Güter auf der Straße) (Straße)* European agreement concerning the internationl carriage of dangerous goods by road *(Accord européen relatif au transport des marchandises dangereuses par route)*
ADR-Beförderungspapier *n (Recht, Straße)* ADR transport document
ADR-Bescheinigung *f (Recht, Straße)* ADR certification
Adresse *f (ALog)* address
ADS *(Abk. für: Allgemeine Deutsche Seeversicherungsbedingungen) (Schiff)* standard marine insurance terms and conditions (ADS) *(allgemeinverbindliche Regeln für die Versicherung von Gütern - Seewarenversicherung - und Schiffen - Seekaskoversicherung)*
ADSp *(Abk. für: Allgemeine Deutsche Spediteurbedingungen) (ALog, Recht, Vers)* General German Forwarder Rules (ADSp), General Conditions of German Forwarders (ADSp), Standard German Forwarders Contract Terms (ADSp)
ADV *(Abk. für: Arbeitsgemeinschaft Deutscher Verkehrsflughäfen) (Luft)* Working Comittee of the German Airports
AE *(Abk. für: Ausfuhrerklärung) (ZollAHa)* export declaration
AEG *(Abk. für: Allgemeines Eisenbahngesetz) (Schiene)* general railway act
AfA *(Abk. für: Absetzung für Abnutzung) (ALog)* depreciation
AGB *(Abk. für: Allgemeine Geschäftsbedingungen) (Recht)* general terms and conditions
Agent *m (Vers)* agent, solicitor
Agentur *f (Vers)* agency
AKE *(Abk. für: Luftfrachtcontainer) (Luft)* air cargo container *(standardisierter Luftfrachtcontainer)*
Akkreditiv *n (ZollAHa)* letter of credit, LC, bank credit
Akkreditiv *n*/**bestätigtes** *(ZollAHa)* confirmed letter of credit, confirmed credit
Akkreditiv *n*/**unwiderrufliches** *(ZollAHa)* irrevocable credit
AKL *(Abk. für: automatisches Kleinteilelager) (Lager)* small parts storage system, automated small-parts storage, automated small-parts warehouse
AKP-Staaten *mpl (Recht, ZollAHa)* ACP states; African, Caribbean and Pacific states *(Synonym: Staaten in Afrika, im karibischen Raum und im Pazifischen Ozean; party to the Lomé Convention = Lomé-Abkommen; EU)*
Aktiengesellschaft *f (AG) (Recht) (AE)* Corporation, Corp., Incorporated, Inc., stock corporation; *(BE)* public limited company, plc, PLC; *(AE)* joint stock company *(eine US-Gesellschaft mit unbeschränkter Haftung mindestens eines Aktionärs, an unlimited US-company)*
Aktion *f (ALog)* promotion
Aktionsartikel *m (ALog)* promotion item *(Artikel, die im Rahmen einer zeitlich begrenzten Verkaufsförderungsmaßnahme angeboten werden)*
Aktionspreis *m (ALog)* special offer price *(Verkaufspreis zeitlich begrenzt unter dem Standardpreis)*
Akzept *n (ZollAHa)* acceptance
Akzeptant *m (ZollAHa)* acceptor

Akzeptanzstelle *f (ZollAHa)* point of acceptance

ALB *(Abk. für: Allgemeine Leistungsbedingungen Bahn) (Schiene)* general performance conditions for rail transport

alle Gefahren *(Recht, Vers)* all risks, A.R. *(Versicherungsklausel)*

Allradantrieb *m (Straße)* (full-time) all-wheel drive *(permanenter Antrieb)*; (part-time) four-wheel drive *(zu- oder abschaltbarer Antrieb)*

Allradantrieb *m*/**abschaltbarer** *(Straße)* part-time four-wheel drive, four-wheel drive

Allradantrieb *m*/**permanenter** *(Straße)* all-wheel drive, full-time all-wheel drive

Allradantrieb *m*/**zuschaltbarer** *(Straße)* part-time four-wheel drive, four-wheel drive

alphanumerisch *adj (Inf)* alphanumeric

Anbieter *m* **logistischer Dienstleistungen/externer** *(ALog)* third-party logistics provider

Anbieter *m* **logistischer Leistungen/externer** *(ALog)* third-party logistics provider

Anbord-Bescheinigung *f (Schiff)* mate's receipt

Anbordlieferung *f (Schiff)* FOB delivery, delivery free on board

Anbruchpalette *f (Lager)* partial pallet quantity

andocken *v (Schiene, Schiff, Straße, Luft)* dock

Andockstelle *f (Schiene, Schiff, Straße, Luft)* docking station

Anfahrschutz *m (Lager)* bumper

Anfrage *f (ALog)* request, enquiry

Anfuhr *f (Schiene, Straße, Schiff)* delivery

Angebot *n (ALog)* offer, proposal

Anhang *m (ALog)* appendix

Anhänger *m (Straße)* trailer

Anhängeretikett *n (Inf)* tag

Anhängeretikett *n*/**selbstwirkendes** *(Inf)* active tag

Anhängerschein *m (Recht)* trailer certificate

Anker *m (Schiff)* anchor

Ankündigung *f (ALog)* announcement

Ankündigung *f* **der Warenrückgabe** *(ALog)* notification of goods return

Ankunft *f (ALog)* arrival • **bei Ankunft melden bei** *(Recht)* on arrival aply to *(Meldeadresse)*

Anlaufhafen *m (Schiff)* port of call

Anlieferdatum *n (ALog)* delivery date

Anliefertermin *m (ALog)* delivery time

Anmeldepflicht *f (Recht, Vers)* obligatory registration

Annahmevorbehalt *m (Recht)* conditional acceptance

Annahmezeit *f*/**spätmöglichste** *(Luft)* latest acceptance time, LAT

Anpassrampe *f (Straße, Schiene)* dock leveller

Anschaffungsjahr *n (ALog)* year of purchase *(Synonym: Jahr der Anschaffung)*

Anschlagseil *n (Schiff)* slinging rope

Anschlussgleis *n (Schiene)* rail siding

Anschrift/an Ihre *(ALog)* to your address

Antenne *f (ALog, Inf)* antenna

Antrieb *m (ALog)* drive, propulsion

Anwendungsbereich *m (Recht, Vers)* coverage, scope of application

Anzahlung *f (ALog)* partial payment, first instalment, advanced payment

anzeigen *v*/**im Ladungsverzeichnis** *(ZollAHa)* manifest

Anzeigepflicht *f (Recht, Vers)* obligation to disclose

ARA-Häfen *mpl (Schiene, Schiff, Straße)* ARA ports *(Amsterdam, Rotterdam, Antwerpen)*

Arbeitsablaufplan *m (ALog)* work flow schedule, process plan

Arbeitserlaubnis *f (Pers, Recht)* work permit

Arbeitsgangbreite *f (Lager)* aisle width

Arbeitsgemeinschaft *f* **deutscher Verkehrsflughäfen** *(ADV) (Luft)* working committee of (the) German airports

Arbeitsteilung *f (ALog)* division of labour

Arbeitsteilung *f*/**internationale** *(ALog)* international divison of labour

Arbeitsvertrag *m (Pers, Recht)* contract of labour, employment contract

Arbeitszeitgesetz *n (ArbZG) (Pers, Recht, Straße)* working time act

Arbeitszeitvorschriften *fpl (Pers, Recht)* labour provisions

ArbZG *(Abk. für: Arbeitszeitgesetz) (Pers, Recht, Straße)* working time act

Art *f* **der Lagerung** *(Lager)* type of stockkeeping

Artikel *m (ALog)* article, item

Artikelmix *m (ALog)* mix of articles *(Arti-*

kelgruppenaufteilung innerhalb eines Sortiments)

Artikelnummer f/Europäische *(EAN) (Inf)* European Article Number, EAN

Artikelnummer f/Internationale *(Inf)* International Article Number, EAN *(veraltet: European Article Number)*

ATLAS *(Abk. für: Automatisiertes Tarif- und Lokales Zollabwicklungssystem) (Luft, ZollAHa)* Automatic Tariff and Local Customs Clearing System *(Abfertigung und Überwachung des EU-grenzüberschreitenden Warenverkehrs in der Zollabfertigung)*

ATP-Bescheinigung *f (Straße)* ATP certificate *(bei Beförderung von temperaturgeführten Gütern)*

Aufbau *m (ALog)* platform

Aufbauten *mpl (Schiff, Schiene, Straße)* superstructure *(z. B. Deckaufbauten)*

Aufenthaltserlaubnis *f (Recht)* residence permit

aufführen *v*/**im Ladungsverzeichnis** *(ZollAHa)* manifest

auffüllen *v*/**Lager** *(Lager)* restock, replenish

Aufgaben *fpl*/**gemeinwirtschaftliche** *(Schiene)* common duties

Auflieger *m (Straße)* trailer

Aufrechnung *f (Recht, Vers)* summation

Aufschlag *m (Luft)* surcharge

aufspüren *v (ALog)* trace

Auftrag *m (ALog)* order • **im Auftrag und für Rechnung von** *(ALog)* by order and for account of

Auftraggeber(in) *m(f) (ALog, Recht)* principal *(Synonym: Vollmachtgeber)*

Auftragsabwicklung *f (ALog)* order processing

Auftragsbestätigung *f* 1. *(ALog)* confirmation of order; 2. *(Inf)* order response, ORDRSP *(Nachrichtentyp im EDIFACT)*

Auftragsdaten *pl (Inf)* orders, ORDERS *(Nachrichtentyp im EDIFACT)*

Auftragskommissionierung *f (Lager)* order picking

Auftragsrückstand *m (Lager)* backlog

Aufwertung *f (ZollAHa)* revalorization

ausflaggen *v (Schiff)* change flag

Ausflaggung *f (Schiff)* outflagging

Ausfuhr *f (ZollAHa)* export • **Ausfuhr nach** for export to

Ausfuhranmeldung *f (ZollAHa)* export notification

Ausfuhrerklärung *f (ZollAHa)* export declaration

Ausfuhrgut *n (ZollAHa)* export goods

Ausführung f/elektronische *(Inf)* E-fulfilment

Ausfuhrvergütung *f (ZollAHa)* export premium

ausgliedern *v (ALog)* outsource

aushändigen *v* **gegen/nur** *(ALog)* deliver only against

Aushändigungspflicht *f (Straße)* obligation of handing-over

ausklarieren *v (Schiff)* clear outward *(beim Auslaufen vom Schiffmakler als Reedereivertreter durchzuführende Tätigkeiten, wie die Organisation von Liegeplätzen und Schlepperhilfen oder die Zahlung von Lotsengeldern und Hafenliegegeldern)*

Ausladehafen *m (Schiff)* port of discharge

ausladen *v* 1. *(ALog)* offload, discharge, unload; 2. *(Schiff)* wharf *(freight, Fracht; Synonym: löschen)*

Ausladen *n* 1. *(ALog)* offloading, discharging, unloading; 2. *(Schiff)* wharfing, landing *(freight, Fracht; Synonym: Löschen)*

Ausladen *n* **der Güter** 1. *(Schiff)* wharfing of goods *(freight, Fracht; Synonym: Löschen)*; 2. *(ALog)* unloading of goods

Ausladestelle *f* 1. *(ALog)* unloading point; 2. *(Schiff)* wharf

Ausladung *f* 1. *(Schiff)* wharfing, landing *(freight, Fracht; Synonym: Löschen)*; 2. *(ALog)* unloading, offloading

Auslage *f (ALog)* disbursement

auslagern *v (Lager)* bin

Auslagerung *f (Lager)* from-bin location, removal from storage

Auslagerungsmenge *f (Lager)* from-bin transfer quantity

Auslagerungsquittung *f (Lager)* confirmation of from-bin transfer

Auslastung *f (ALog)* capacity utilisation

Auslieferung *f (Schiene, Straße)* delivery

Auslieferung f/taggleiche *(ALog)* same-day delivery *(KEP-Dienst = Kurier-, Express- und Paketdienst = parcel transportation service)*

Auslieferungslager *n (Lager)* distribution warehouse

Ausnahmegenehmigung *f (Straße)* certificate of exemption, special approval

Ausrüstungsgegenstände *mpl (Luft)* supplies *(Warenbezeichnung zur Luftfrachtermittlung)*
Ausschreibung *f (Lager)* tender, bit invitation
Ausschreibung f/öffentliche *(Lager)* public tender
Außenlager *n (Lager)* outside warehouse
Außenmaße *npl (ALog)* exterior dimensions
Außenrampe *f (Lager)* exterior dock
Außenseiter *m (Schiff)* outsider *(unabhängiger Liniendienst)*
Außenstehende *m* 1. *(Schiff)* outsider, non-conference vessel *(Frachtschiff, das nicht einer Konferenz angehört und somit nicht an die dort gültigen Vereinbarungen gebunden ist)*; 2. *(ALog)* outside party
ausstatten *v* **mit** *(ALog)* service with, provide with *(Synonym: versorgen mit, beliefern mit)*
Aussteller *m (ALog)* drawer *(Wechselgeschäft)*
Ausstellungpalette *f (ALog)* display pallet *(Palette, die man nicht nur für den Transport, sondern auch für die Präsentation der Ware in den Verkaufsräumen einsetzt)*
Ausstellungsgüter *npl (ALog)* exhibition goods
auszuliefern nur gegen Übergabe des Frachtbriefdoppels *(ZollAHa)* to be delivered only against the duplicate of consignment note
Autobahn *f (Straße)* motorway, highway, autobahn
Autobahndreieck *n (Straße)* three-leg motorway interchange
Autobahngebühr *f (Straße)* toll
Autobahnkreuz *n (Straße)* motorway junction
Autobahnmeisterei *f (Straße)* road maintenance authority
Autohof *m (Straße) (AE)* travel plaza, rest area
Automobillogistik *f (Straße)* automotive logistics
Aval *n (ZollAHa)* aval, guarantee
Avionik *f (Luft)* avionics *(aviation + electronics for electronics used in aviation, i.e. flight instruments, navigation aids etc; Elektronikanwendungen in der Luftfahrt)*
Avis *n (ALog)* advice
avisieren *v (ALog)* advise, announce

B

backbord *(Schiff)* portside *(Kennzeichnung = rotes Licht, links)*
BAG *(Abk. für: Bundesamt für Güterverkehr) (Straße)* Federal commercial transport authority (BAG)
Bagatellschaden *m (Recht, Vers)* minor damage, petty damage
Bahn/per *(Schiene)* by rail
Bahnfrachtbrief *m (Schiene)* railroad bill of lading
Bahnhof *m (Schiene)* station, railway station
Bahntransport *m (Schiene)* transport by rail, railway transport
Bahnübergang *m (Straße, Schiene)* railroad crossing
Ballen *m (ALog)* bale
Bandeisen *n (Schiff)* hoop-iron
Bandförderer *m (Lager)* belt conveyer
Bankakzept *n (ZollAHa)* bank acceptance
Bankbestätigung *f (ZollAHa)* bank confirmation
Bankbürgschaft *f (ZollAHa)* bank guarantee
Bankkonto *n (ZollAHa)* bank account
Bankscheck *m (ZollAHa) (BE)* bank cheque
Bankspesen *pl (ZollAHa)* bank charges
Barge-Containerschiff *n (Schiff)* bacoliner *(Kombination aus Leichter-Mutterschiff und Containerschiff)*
Barscheck *m (ALog)* open cheque, cash cheque
Barzahlung *f (ALog)* cash payment, pay in cash, cash down payment
Basisrate *f (ALog)* basic rate, flat rate
Batterieladestation *f (Lager)* battery-charging station *(bei elektrisch betriebenen FFZ)*
Baujahr *n (ALog)* year of manufacture
Baurisiken *npl (ALog, Vers)* building risks, B./R.

Baustellenlogistik *f (Schiene, Schiff, Straße, Luft)* building site logistics
BC *(Abk. für: Binnencontainer) (Schiene, Schiff, Straße)* land container
Beanstandung *f (ALog)* claim, objection, complaint
Bearbeitungskosten *pl (Schiene, Schiff, Straße, Luft)* handling costs
Beauftragte *m(f)*/**reglementierte** *(RegB, RB) (Luft)* regulated authorized representative *(im Rahmen der Verordnung EG Nr. 2320/2002 sowie des deutschen Luftsicherheitsgesetzes - LuftSiG - eingeführter Status, den Luftfrachtunternehmen, Speditionen u.Ä. beantragen können, um eine einfachere Abwicklung der Fracht am Flughafen zu erreichen)*
Bedarf *m (Lager)* demand, need, requirement
Bedarfsermittlung *f (Lager)* determination of demand
bedarfsgenau *adj (ALog, Pers)* just-in--time, JIT, jit
Bedarfsmenge *f (Lager)* quantity requirement
Bedarfsplanung *f (Lager)* demand planning
Bedingung *f (ALog)* condition, terms
Bedingungen *fpl* **für Kühlhäuser/allgemeine** *(ABK) (Lager)* terms and conditions for cold storage
Bedingungen *fpl*/**übliche** *(ALog, Recht)* usual terms, u.t., usual conditions, u.c.
Beförderer *m (ALog)* carrier
Beförderung *f (ALog)* forwarding, haulage, carriage
Beförderungsbedingungen *fpl (ALog)* conditions of carriage
Beförderungshindernis *n (Recht)* forwarding barrier
Beförderungskosten *pl (ALog)* carriage charges
Beförderungskostennachnahme *f (Luft)* charges collect, CC *(Zahlung der Beförderungskosten am Bestimmungsflughafen)*
Beförderungskostenvorkasse *f (Luft)* prepaid, PP *(Zahlung der Beförderungskosten am Abgangsflughafen)*
Beförderungsmittel *n (ALog)* means of transport, means of conveyance
Beförderungspflicht *f (Schiene)* conveyance obligation
Beförderungsvertrag *m (Recht)* haulage contract
Beförderungsweg *m (ALog)* route for goods
Befrachter *m (ALog, Schiff)* shipper, charterer, freighter
Befrachter *m* **und Beförderer** *m (ALog)* shipper and carrier
Befrachtungsvertrag *m (Schiff)* contract of affreightment *(langfristige Bindung an einen Befrachter, z. B. beim Tankschiff)*
Begegnungsverkehr *m (Straße)* oncoming traffic
Beglaubigung *f (ZollAHa)* legalization
Begleitbrief *m (ALog, Inf)* covering letter, advice-note, accompanying letter, *(AE)* cover letter
Begleitfahrzeug *n (Straße)* escort vehicle
Begleitpapier *n (Recht)* accompanying document
Begünstigte *m (ZollAHa)* beneficiary
Behälter *m (Straße, Schiene, Schiff, Luft)* container
Behälter *m*/**nestbarer** *(Lager)* nestable container *(ineinander stapelbare Transportbehälter, die insbesondere den Rücklauf von Leergütern optimieren)*
Behälterregal *n (Lager)* container rack
Behälterwagen *m (Schiene)* container coach
Behelfsflugplatz *m (Luft)* airstrip, landing strip
behördlich *adj (ALog, Recht)* official
Beifahrer *m (Straße)* co-driver
Beilader *m (Straße, Schiene, Schiff, Luft)* co-loader
Beiladerspediteur *m (Straße, Schiene, Schiff, Luft)* co-load forwarder *(Spediteur, der für eine bestimmtes Zielgebiet keine eigene Sammelladung zusammenstellt, sondern das von ihm gesammelte Gut in den Sammelgutverkehr eines anderen Spediteurs = Versandspediteur = groupage agent = consolidator einfließen lässt)*
Beipack *n (Straße, Schiene, Schiff, Luft)* enclosure, extra item, co-pack
beipacken *v (Straße, Schiene, Schiff, Luft)* add to, enclose
Beladefrist *f (Schiff)* loading period, time allowed for loading
Beladegrenze *f (Schiff)* maximum load
Beladeliste *f (Schiff)* loading sequence

instruction *(vom Spediteur erstellte Beladeanweisung an den Fahrer eines Lkws für eine oder mehrere Beladestellen beim Verlader)*

Beladestelle *f (Schiene, Schiff, Straße, Luft)* loading point

Beladezeit *f (Schiene, Straße)* loading time

belastet/mit Nachnahme *(Schiene, Schiff, Straße)* charged with an amount to be collected on delivery

Beleg *m (ALog)* voucher

Belegarchivierung *f*/**elektronische** *(ALog)* electronic document storage

Belegung *f (Lager)* bin occupancy

Belegungsgrad *m (Lager)* level of bin occupancy

Belegungsinformation *f (Lager)* bin occupancy information

beliefern *v* **mit** *(ALog)* supply with, service with, provide with *(Synonym: ausstatten mit, versorgen mit)*

Belieferung *f*/**bedarfsgenaue** *(ALog, Pers)* jit supply, just-in-time supply

Belieferung *f*/**fertigungssynchrone** *(ALog, Pers)* jit procurement, just-in-time procurement, jit supply, just-in-time supply

Belieferung *f*/**produktionssynchrone** *(ALog, Pers)* jit procurement, just-in-time procurement

Belieferung *f*/**zeit- und mengengenaue** *(ALog, Pers)* just-in-time supply, jit supply

Benutzungsgebühr *f (Straße)* utilisation fee, usage fee

Benzin *n (Luft, Straße) (BE)* petrol; *(AE)* gas, *(AE)* gasoline; fuel *(Treibstoff)* • **Benzin sparend** *(Luft, Straße)* fuel-efficient, fuel-thrifty

Benzineinspritzung *f (ALog, Straße)* direct fuel injection

Benzinuhr *f (Luft, Schiff, Straße) (AE)* fuel gage, *(BE)* fuel gauge

Benzinverbrauch *m (Luft, Straße)* fuel consumption, *(BE)* petrol consumption, *(AE)* gas consumption

Bereitstellungsplanung *f (Lager)* supply planning

Bergfahrt *f (Schiff)* upriver traffic, up-hill passage *(gegen den Strom; Gegensatz: Talfahrt)*

Bergungskosten *pl (Recht, Vers)* salvage charges, S/C

Berichtigung *f (ALog)* rectification

Berufsgenossenschaft *f* **für Fahrzeughaltung** *(Straße)* employers liability insurance association

Beschädigung *f (Recht, Vers)* damage • **frei von Beschädigung** free of particular average, F.P.A. • **frei von jeglicher Beschädigung** free of damage absolutely, F.O.D. abs. • **mit Beschädigung** with average, W.A.

Beschaffung *f (ALog)* procurement, purchasing

Beschaffung *f*/**bedarfsgenaue** *(ALog, Pers)* jit procurement, just-in-time procurement

Beschaffung *f*/**fertigungssynchrone** *(ALog, Pers)* jit procurement, just-in-time procurement

Beschaffung *f*/**produktionssynchrone** *(ALog, Pers)* jit procurement, just-in-time procurement

Beschaffung *f*/**zeit- und mengengenaue** *(ALog, Pers)* just-in-time procurement, jit procurement

Beschaffungskonditionen *fpl (ALog)* procurement conditions

Beschaffungskosten *pl (ALog)* procurement costs

Beschaffungslogistik *f (ALog)* outbound logistics, procurement logistics

Beschaffungsstrategie *f (ALog)* procurement strategy

Beschaffungszeit *f (ALog)* lead time

Besitzstandsklausel *f (Recht, Luft)* grandfathering-clause, *(AE)* grandfather clause *(allgemein: Regelung, die für vor einem bestimmten Stichtag, z. B. dem Inkrafttreten eines neuen Umweltgesetzes, geltende Rechtsvorschriften einen Bestandsschutz anordnet; von Bedeutung u. a. bei der Zuteilung knapper Start- und Landerechte -allocation of slots- im Luftverkehr und bei der Vergabe von Umweltzertifikaten; a grandfather clause allows someone who previously had the right to do something to continue doing it even though a rule or the law forbids it to others; EU)*

Besitzstandswahrung *f (Recht, Luft)* maintenance of vested rights, preservation of vested rights; *(AE)* grandfathering *(cf Besitzstandsklausel = grandfather clause)*

Bestand *m (Lager)* stock, inventory, supply

Bestand *m*/**eisener** *(Lager)* iron stock *(absoluter Minimumbestand)*

Bestand *m*/**offener** *(Lager)* open stock

Bestand *m*/**revolvierender** *(Lager)* Roll Over Stock

Bestand *m*/**veralteter** *(ALog, Lager)* obsolete stock

Bestand *m*/**verfügbarer** *(Lager)* available stock

Bestand *m*/**verfügter** *(Lager)* command stock

Bestandsdatenreport *m (Inf)* inventory report, INVRPT *(Nachrichtentyp im EDIFACT)*

Bestandsdifferenzen *fpl (Lager)* stock difference

Bestandseinheit *f (Lager)* stock keeping unit, SKU

Bestandsführung *f*/**elektronische** *(Lager)* electronic inventory management

Bestandskosten *pl (Lager)* inventory costs, carrying costs

Bestandslücke *f (Lager)* out of stock, OOS

Bestandsmanagement *n (Lager)* inventory management

Bestandsreichweite *f (Lager)* stock range *(Anzahl in Zeiteinheiten, in denen der Lagerbestand eines Produktes auf Basis der durchschnittlichen Abverkäufe verkauft wird)*

Bestandsschutz *m (Recht, Luft) (AE)* grandfathering *(betrifft Regelungen, die für vor einem Stichtag = cutoff date geltende Rechtsvorschriften einen Bestandsschutz gewähren, z. B. beim Inkrafttreten eines neuen Umweltgesetzes, maintenance of vested rights = Besitzstandswahrung; cf Besitzstandsklausel = grandfather clause)*

Bestandssystem *n*/**zeitgenaues** *(Lager)* precisely timed existing system *(automatisches Bestandsführungssystem für die zeitgenaue Ermittlung des Regalbestandes für jedes Produkt)*

Bestandsüberwachung *f*/**lieferantenverantwortliche** *(Lager)* vendor-managed inventory, VMI *(lieferantengesteuertes Lager- und Bestandsdispositionssystem, wobei die Ware physisch beim Kunden vorhanden ist)*

Bestandsveralterung *f (ALog, Lager)* obsolescence of stocks

Bestellabwicklung *f (ALog)* order handling, order processing

Bestelländerung *f (ALog)* purchase order change

Bestellbestand *m (Lager)* open purchase order quantity

Bestellkosten *pl (ALog)* order costs

Bestellmanagement *n (Lager)* order management

Bestellmenge *f (ALog)* order quantity

Bestellmenge *f*/**optimale** *(ALog, Lager)* economic order quantity, EOQ, optimum order size

Bestellpunktverfahren *n (Lager)* reorder point procedere

Bestellstatusbericht *m (Lager)* order status report message

Bestellsystem *n*/**computerunterstütztes** *(Lager)* computer-based ordering system *(Softwaresystem, das unter Berücksichtigung von logistischen Rahmenbedingungen wie Bestands- und Verbrauchsdaten automatisch Bestellungen generiert)*

Bestellung *f (ALog)* order

Bestellzeitpunkt *m (Lager)* order time

Bestimmungsbahnhof *m (Schiene)* station of destination

Bestimmungsflughafen *m (Luft)* airport of destination

Bestimmungshafen *m (Schiff)* port of destination

Bestimmungsort *m (ALog)* place of destination

Betrag *m (ALog)* amount

Betriebsgeländeüberwachung *f (ALog)* yard management

Betriebsgewicht *n (Luft)* operating weight *(the sum of dry operating weight and take-off fuel)*

Betriebskontrolle *f (Straße)* operating control

Betriebskosten *pl (ALog)* costs of operation

Bewegungsdaten *pl (ALog)* movement data

Beweislast *f (Recht, Vers)* burden of proof, onus of proof

bezahlt *adj (ALog)* paid • **Porto bezahlt** *(Recht)* post paid

Bezahlung *f*/**sofortige** *(ALog)* immediate payment

Bezeichnung *f* **des Gutes** *(ALog)* description of goods
Bezeichnung *f***/handelsmäßige** *(ALog)* commercial description
Bezettelung *f (ALog)* label
Bezugsschein *m (ALog)* delivery order
BGB *(Abk. für: Bürgerliche Gesetzbuch) (Schiene)* German civil code
bieten *v***/Sitzplätze** *(Luft)* seat
Billigflagge *f (Schiff)* flag of convenience
Billigflieger *m (infrml) (Luft)* no-frills carrier *(no frills = ohne Schnickschnack)*; low cost carrier, low fare carrier *(mit einfachen Leistungen: minimaler Aufwand z. B. durch niedrige Vertriebskosten -Internetbuchung, Verzicht auf die Ausstellung von Flugscheinen oder Erstellung durch den Fluggast selbst- kurze Bodenzeiten, den ausschließlichen Einsatz im Punkt--zu-Punkt-Verkehr = point-to-point transport, die Verwendung von Maschinen eines Typs = geringe Wartungskosten)*
Binnen... *(ZollAHa)* domestic, inland, home, internal *(in Zusammensetzungen)*
Binnencontainer *m (BC) (Schiene, Schiff, Straße)* land container
Binnenhafen *m (Schiff)* inner harbour, domestic port
Binnenschiff *n (Schiff)* inland water vessel, barge, lighter
Binnenschiffer *m (Schiff)* inland waterway carrier
Binnenschifffahrt *f (Schiff)* inland waterway transportation
Biodiesel *m (ALog, Straße)* biodiesel
Blankoindossament *n (ZollAHa)* blank endorsement
Blaulicht *n (ALog)* flashing blue light
Bleiakkumulator *m (ALog)* lead accumulator
Blindeinlagerung *f (Lager)* blind storage
Blinker *m (Straße)* direction indicator
Blisterpackung *f (ALog)* blister pack
Blocklager *n (Lager)* block storage
Boden *m***/beweglicher** *(Straße)* walking floor
Bodenabfertigungsvertrag *m (Luft, Recht)* ground handling agreement; standard ground handling agreement, SGHA *(häufig benutzte IATA-Standardisierung vertraglicher Leistungen und entsprechender Abfertigungsentgelte)*
Bodenbelastbarkeit *f (Lager)* floor load
Bodenlagerung *f (Lager)* ground floor stocking
Bodmerei *f (Schiff)* bottomry *(Darlehensvertrag, den der Kapitän eines Schiffs in Notfällen gegen die Verpfändung des Schiffs, der Fracht und/oder der Ladung abschließen darf)*
Bodmereibrief *m (ALog, Recht)* bottomry bond *(Synonym: Bodmereivertrag, Schiffspfandbrief, Seewechsel; cf Bodmerei = bottomry)*
Bodmereiversicherung *f (Vers)* bottomry insurance
Bord/an *(Schiff)* on board
Bordbuch *n (Schiff)* logbook
Bordempfangsschein *m* 1. *(ZollAHa, Schiff, Vers)* mate's receipt, M.R.; 2. *(Schiene, Straße)* mate's receipt
Bordero *n (Schiene, Straße)* cargo manifest *(an inventory of cargo loaded and shipped)*
Bordkonnossement *n (Schiff)* shipped bill of lading
Breite *f (ALog)* width
Breitspur *f (Schiene)* broad gauge
Bremse *f (ALog)* brake
Bremsflüssigkeit *f (ALog)* brake fluid
Bremskraft *f (ALog)* brake power
Bremskraftverstärker *m (ALog)* brake power assist unit
Bremsweg *m (ALog)* braking distance
BRT *(Abk. für: Bruttoregistertonne) (Schiff)* gross registerd ton *(Grundlage ist der gesamte Schiffsraum ohne Niedergänge, Kombüse, Licht- und Luftschächte, Doppelboden, Ruderhaus, Wasch- und Toilettenräume)*
Bruchgefahr *f (Recht, Vers)* risk of breakage
Brücke *f (ALog)* bridge
Brückendurchfahrtshöhe *f (Schiff, Straße)* bridge headroom
Bruttogewicht *n (ALog)* gross weight
Bruttoraumzahl *f (BRZ) (Schiff)* gross ton, ct GT *(Gesamtraumgehalt aller geschlossenen Schiffräume auf Innenkante Außenhaut)*
Bruttoregistertonne *f (BRT) (Schiff)* gross registered ton, GRT *(Grundlage ist der gesamte Schiffsraum ohne Niedergänge, Kombüse, Licht- und Luftschächte, Doppelboden, Ruderhaus, Wasch- und Toilettenräume)*
BRZ *(Abk. für: Bruttoraumzahl) (Schiff)*

gross ton, ct GT *(Gesamtraumgehalt aller geschlossenen Schiffräume auf Innenkante Außenhaut)*

Buchbestand *m (ALog)* book inventory balance, inventory

Bucht *f (Schiff)* bay

Buchung *f (ALog)* booking

Buchungsbestätigung *f (ALog)* booking confirmation message

Bug *m (Schiff)* bow

Bugpforte *f (Schiff)* bow gate *(beim Ro--Ro-Schiff)*

Bündelung *f*/**logistische** *(ALog)* logistic bundling *(Zusammenfassung des Warenflusses im Sinne einer Transportoptimierung)*

Bündelung *f* **von Güterströmen** *(ALog)* bundling of goods flow

Bündelungseffekt *m (ALog)* bundle effect

Bundesamt *n* **für Güterverkehr** *(BAG) (Straße)* federal commercial transport authority

Bundesstraße *f (Straße)* federal road, state road

Bunkerölzuschlag *m (Schiff)* bunker adjustment factor, BAF

Bunkerzuschlag *m (Schiff)* bunker surcharge

Bürgschaft *f (ZollAHa)* bond, guarantee

Bußgeld *n (Recht)* fine, penalty

Bußgeldverfahren *n (Straße)* summary proceedings

Busspur *f (Straße)* bus lane

C

Call-Center *n (ALog)* call center *(Anrufzentrale)*

Carnet-ATA-Verfahren *n (Recht, ZollAHa)* carnet ATA mode *(gemeinschaftliches Versandverfahren: dient der vorübergehenden Einfuhr bestimmter Waren)*

Carnet-TIR-Verfahren *n (Recht, ZollAHa)* carnet TIR mode *(gemeinschaftliches Versandverfahren: Ziel ist es, die Warenbeförderung möglichst wenig durch Grenzformalitäten zu beeinträchtigen)*

CEMT *(Abk. für: Conférence Européenne des Ministres des Transports = Europäische Konferenz der Verkehrsminister) (ALog, Recht)* ECMT, European Conference of Ministers of Transport *(Synonym, jarg: Verkehrsministerkonferenz)*

CEMT-Genehmigung *f (Straße)* ECMT permit, ECMT licence *(berechtigt zur grenzüberschreitenden Beförderung zwischen den Mitgliedstaaten der CEMT; permit valid for road haulage activities between the member states of the ECMT)*

CEN *(Abk. für: Comité Européen de Normalisation) (ALog)* European committee for standardization, Europäisches Institut für Standardisierung

CFR *(Abk. für: Kosten und Fracht) (Recht, ZollAHa)* CFR, cost and freight *(cf Anhang: Incoterms 2000)*

Charge *f (ALog)* batch

Chargenkommissionierung *f (Lager)* batch picking

Charter *f (ALog)* charter

chartern *v*/**Schiffsraum** *(Schiff)* charter a ship, charter a vessel

Charterschiff *n (Schiff)* chartered vessel

Chartervertrag *m (Schiff)* charter party, C/P

Chip-Etikett *n (Lager, Inf)* smart label, chip label *(Synonym: elektronisches Etikett; cf RFID)*

CIF *(Abk. für: Kosten, Versicherung, Fracht) (Recht, ZollAHa)* CIF, cost, insurance, freight *(cf Anhang: Incoterms 2000)*

CIP *(Abk. für: frachtfrei versichert) (Recht, ZollAHa)* CIP, carriage and insurance paid to *(cf Anhang: Incoterms 2000)*

Citymaut *f (Recht, Straße)* congestion charge; toll *(z. B. London: für alle Fahrzeuge im bemauteten Citybereich 8.- GBP = ca. 10.- bis 12.- € je Tag 2007--2008)*

CKD-Teile *npl (ALog)* CKD parts, completely knocked down parts *(in Einzelteilen zerlegte und versendete Maschinen, Anlagen oder Bauelemente; dient häufig dazu, Einfuhrbeschränkungen oder hohe Zölle für Fertigprodukte zu umgehen)*

Codesharing *n (Luft)* codesharing *(Abkommen, das es einer selbständig am Markt auftretenden Fluggesellschaft erlaubt, einen Flug unter der eigenen Flugnummer zu verkaufen, obwohl er teilweise oder ganz von einer anderen Flugge-*

sellschaft durchgeführt wird; cf Marketingflugnummer = bei Kooperationsflügen die Flugnummer des nicht operierenden Carriers für den Vertrieb; cf operationelle Flugnummer = die Flugnummer des operierenden Carriers)

Codierung *f (ALog, Inf)* coding, encoding, encryption *(cf Kodierung)*

Coil *n (Straße, Schiene, Schiff)* coil

Collect-Seefrachten *fpl (Schiff)* freight payable at destination

20' Container *m (Schiff)* twenty-foot container *(Außenmaß: Länge 6,058 m, Breite 2,438 m, Höhe 2,591 m, Rauminhalt 33,1 m³, Nutzlast: 21.670 kg; cf TEU = twenty foot equivalent unit)*

40' Container *m (Schiff)* forty-foot container *(Außenmaß: Länge 12,192 m, Breite 2,438 m, Höhe 2,591 m, Rauminhalt 67,5 m³, Nutzlast: 26.480 kg)*

45' Container *m (Schiff)* high-cube container *(Außenmaß: Länge 13,716 m, Breite 2,438 m, Höhe 2,896 m, Rauminhalt 86,1 m³, Nutzlast: 25.680 kg)*

Container *m*/**befrachtereigener** *(Schiff)* shippers owned container

Container *m*/**oben offener** *(Schiene, Schiff, Straße)* open-top container

Container *m*/**reedereieigener** *(Schiff)* carriers-owned container

Container *m*/**temperaturgeführter** *(Schiene, Schiff, Straße)* reefer, temperature-controlled container

Containerbahnhof *m (Schiene)* container depot, container terminal *(Synonym: Containerterminal)*

Containerbrücke *f (Schiff)* gantry crane

Containerhandlingsgebühr *f (Schiff)* container service charges, CSC *(Hafenkosten)*

Containerkran *m (Schiff)* container crane

Containerladung *f*/**nicht volle** *(Schiff)* less than container load, LCL

Containerladung *f*/**volle** *(Schiff)* full container load, FCL

Containermiete *f (Schiff)* detention charge *(progressive Containermiete im Vor- und Nachlauf)*

Containerpackstation *f (Schiff)* container freight station, CFS *(Packstation für Container)*

Containerrate *f (Luft)* unit load devices charges *(Gruppe im IATA-Tarifgefüge)*

Containerschiff *n* **der 1. Generation** *(Schiff)* first-generation containership *(bis 1000 TEUs)*

Containerschiff *n* **der 2. Generation** *(Schiff)* second-generation containership *(bis 2000 TEUs)*

Containerschiff *n* **der 3. Generation** *(Schiff)* third-generation containership *(bis 3000 TEUs)*

Containerschiff *n* **der 4. Generation** *(Schiff)* fourth-generation containership *(bis 4000 TEUs)*

Containerschiff *n* **der 5. Generation** *(Schiff)* fifth-generation containership *(über 4000 TEUs)*

Containerschiff *n (Schiff)* container ship

Container-Sicherheitsinitiative *f (ALog)* container security initiative, CSI *(Reedereien und Seehafenspediteure müssen das Lademanifest spätestens 24 Stunden vor Schiffsbeladung an den US-Zoll melden; daher haben Versender den Spediteuren die Transportinformationen deutlich früher zu übergeben als in der Vergangenheit; das Lademanifest enthält neben Daten über Fahrtroute, Verlader und Verladehafen auch eine genaue Warenbeschreibung; bei Vollcontainern - -FCL- ist die Containernummer und die Siegelnummer anzugeben; Vollcontainer sind ab Werk zu versiegeln)*

Containerterminal *n (CT) (Schiff)* container yard, CY, container depot, container terminal

20' Container-Verrechnungseinheit *f (TEU) (Schiff)* twenty-foot equivalent unit *(Außenmaß: Länge 6,058 m, Breite 2,438 m, Höhe 2,591 m, Rauminhalt 33,1 m³, Nutzlast: 21.670 kg)*

COTIF *(Abk. für: Übereinkommen über den internationalen Eisenbahnverkehr) (Schiene)* convention concerning international carriage by rail *(Convention relative aux transports internationaux ferroviaires; regelt das zivilrechtliche Vertragsverhältnis zwischen Kunden und Bahnen)*

Courtage *f (Schiff)* brokerage, commission

CPT *(Abk. für: frachtfrei) (Recht, ZollAHa)* CPT, carriage paid to *(cf Anhang: Incoterms 2000)*

CT *(Abk. für: Containerterminal) (Schiff)* container yard

D

Dachverband *m* **der nationalen europäischen Logistikverbände** *(ALog)* European Logistics Association, ELA *(befasst sich auch mit der Normierung innerhalb des CEN = Comité Européen Normalisation = European Committee for Standardization)*
DAF *(Abk. für: geliefert Grenze) (Recht, ZollAHa)* DAF, delivered at frontier *(cf Anhang: Incoterms 2000)*
Dampfer *m (Schiff)* Steamer, Str.
Dampfschiff *n (Schiff)* steamer, steamboat
Daten *pl (Inf)* data
Datenaustausch *m*/**elektronischer** *(Inf)* electronic data interchange, EDI *(elektronische Übermittlung strukturierter Daten mittels festgelegter Nachrichtenstandards)*
Datenaustausch *m* **für Verwaltung, Wirtschaft und Transport/elektronischer** *(Inf)* Electronic Data Interchange for Administration, Commerce and Transport, EDIFACT *(UN standard for handling business data; UN-Standard für die elektronische, branchenübergreifende Datenübertragung im Geschäftsverkehr)*
Datenelement *n (EDI) (Inf)* data item
Datenerfassung *f*/**mobile** *(MDE) (Inf)* mobile data entry, MDE
Datenfernübertragung *f (DFÜ) (Inf)* remote data transmission
Datenschutz *m (Inf)* data security
Datenübertragung *f (Inf)* data transfer
Datenverarbeitung *f (DV) (Inf)* data processing
Datum *n (ALog)* date
Dauerlagerung *f (Lager)* long-term storage
DDP *(Abk. für: geliefert verzollt) (Recht, ZollAHa)* DDP, delivered duty paid *(cf Anhang: Incoterms 2000)*
DDU *(Abk. für: geliefert unverzollt) (Recht, ZollAHa)* DDU, delivered duty unpaid *(cf Anhang: Incoterms 2000)*
Deck *n (Schiff)* deck • **auf Deck** on deck, o/d • **auf Deck verladen** ship on deck • **unter Deck** under deck
Deckaufbauten *mpl (Schiff)* superstructure
Deckscontainer *m (Schiff)* deck container *(Container über Deck auf einem Containerschiff)*
Decksfläche *f (Schiff)* deck area
Deckskran *m (Schiff)* deck crane
Decksverladung *f (Schiff)* shipment on deck
Deckung *f*/**erweiterte** *(Recht, Vers)* Extended Cover, EC
Deckung nach Entladung/keine *(Recht, Vers)* no risk after discharge, n.r.a.d. *(Versicherungsklausel)*
Deckung nach Landung/keine *(Recht, Vers)* no risk after landing, n.r.a.l. *(Versicherungsklausel)*
Deckungsbeitrag *m (ALog)* contribution margine
Deckungsbeitragsrechnung *f (ALog)* break even analysis
Deckungsbestätigung *f (Recht, Vers) (BE)* cover note, C.N., C/N, CN *(vorläufige Versicherungspolice)*
Deckungsnote *f (Recht, Vers)* cover note, C.N.
Deckungszusage *f (Recht, Vers) (AE)* binder, *(BE)* cover note, C.N., C/N, CN *(vorläufige Versicherungspolice)*
Deckungszusage *f*/**vorläufige** *(Recht, Vers) (AE)* binder, *(BE)* cover note, C/N, CN, memorandum of insurance *(Deckungsnote, vorläufige Versicherungspolice)*
Deklaration *f* **des Verladers für den Transport von gefährlichen Gütern** *(ALog)* FIATA Shippers Declaration for the Transport of Dangerous Goods, SDT
Deklaration *f* **des Verladers über das Bruttogewicht der verladenen Güter** *(ALog)* Shippers Intermodal Weight Certification, SIC
demontieren *v (ALog)* strip
DEQ *(Abk. für: geliefert ab Kai) (Recht, ZollAHa)* DEQ, delivered ex quay *(cf Anhang: Incoterms 2000)*
DES *(Abk. für: geliefert ab Schiff) (Recht, ZollAHa)* DES, delivered ex ship *(cf Anhang: Incoterms 2000)*
Devisen *pl (ZollAHa)* foreign exchange
DFÜ *(Abk. für: Datenfernübertragung) (Inf)* remote data transmission
DFÜ-Warenbegleitschein *m (Inf)* EDI delivery note, electronic goods issue slip *(Standardlieferscheinform auf Normalpapier für Ware, die dem Empfänger vom*

Lieferanten per elektronischer Datenübertragung avisiert wird)

Diebstahl, Beraubung und Nichtauslieferung *(Vers)* theft, pilferage and non-delivery, T.P. and N.D. *(Versicherungsklausel)*

Dienstfracht *f (Luft)* service cargo *(konzerninterne, dienstlich veranlasste Beförderung)*

Dienstleistungen *fpl*/**zusätzlich wertschöpfende** *(ALog)* value-added services *(Synonym: Mehrwertdienste, Mehrwertleistungen)*

Dienstleistungsfluss *m (ALog)* flow of service

Dieselkraftstoff *m (ALog)* diesel fuel *(Synonym: Dieselbetriebsstoff)*

Dieselmotor *m (ALog)* diesel engine

Differentialgetriebe *n (ALog)* differential gear

Differentialsperre *f (ALog)* differential lock

Direktbelieferung *f (ALog)* direct delivery

Direkteinspritzung *f (ALog)* direct fuel injection

Direktladung *f (Straße)* direct load *(Gütermenge, die auf einem Direkttransport befördert wird)*

Direktlieferung *f (ALog)* direct delivery *(andere Bezeichnung für Direkttransport)*

Direkttransport *m (Straße)* direct transport *(Transport von Sendungen eines oder mehrerer Verlader ohne zwischengeschalteten Umschlag)*

Direktverkehr *m (ALog)* direct traffic *(Verkehre, die ohne Wechsel des Transportmittels direkt - ohne Umschlag - zwischen Versender und Empfänger erfolgen)*

Direktzug *m (Schiene)* direct train

Diskont *m (ZollAHa)* discount

Diskontsatz *m (ZollAHa)* discount rate

Disposition *f (ALog)* plan ahead, schedule

Distanzhandel *m (ALog)* distance selling

Distributionslager *n (Lager)* centre of distribution

Dockschein *m (Schiff)* dock warrant

Dokumente/gegen *(ZollAHa)* against documents

Dokumente gegen Zahlung *(ZollAHa)* documents against payment

Dokumentenakkreditiv *n (ZollAHa)* documentary credit

Dokumenteninkasso *n (ZollAHa)* documentary collection

Dokumentenübergabe *f (ZollAHa)* presentation of documents

Doppelregal *n (Lager)* double shelf system

Dose *f (ALog)* tin, can

Drehkreuz *n (Luft)* hub *(Synonym: Verkehrskreuz, Luftverkehrskreuz; Konzept: mit Hilfe von Zubringerlinien = feeder lines die systematische Zusammenführung von Passagieren und Fracht in einem Zentrum, dem Dreh- und Angelpunkt eines Streckennetzes, um zeitlich optimierte, kostengünstige Umsteige- und Umlademöglichkeiten sowie Größenvorteile = economies of scale im Hub und auf den Hauptstrecken zu erzielen)*

Dreibuchstabenkennzeichnung *f (Luft)* three-letter code *(Bezeichnungsart für Flughäfen im City-Code-Verzeichnis)*

Drittanbieter *m (ALog)* third-party supplier *(die externe Alternative zur Eigenerstellung einer Leistung oder Eigenfertigung; strategic make-or-buy decision; outsourcing)*

Drittgut *n (Recht, Vers)* third-party goods

Drittland *n (ALog, Recht)* third country, non-member country *(Synonym: Drittstaat; non-EC state)*

Drittschaden *m (Vers)* third-party damage

Drittschadenhaftpflichtrisiko *n (Vers)* third-party risk

Drittschaden-Haftpflichtversicherung *f (Vers)* third-party liability insurance, public liability insurance

Drittschadenversicherung *f (Vers)* third-party damage insurance

Drittstaat *m (ALog, Recht)* third country, non-member country *(Synonym: Drittland; non-EEC state)*

Drittstaatengenehmigung *f (Straße)* third-country licence

Drittstaatsangehörige(r) *f(m) (ALog, Recht)* third-country national *(EU)*

DSLV *(Abk. für: Deutscher Speditions- und Logistikverband) (ALog)* German Association of Forwarding and Logistics

Duplikatfrachtbrief *m (ALog, ZollAHa)* duplicate of consignment note

durchbuchen *v (Luft)* book through

(Flugticket für mindestens zwei Reiseabschnitte, die auch getrennt buchbar wären)

Durchfrachtkonnossement *n (ALog)* through bill of lading, T.B.L., ThroB/L

Durchfrachtkonnossement *n* **für den kombinierten Transport** *(Schiene, Schiff, Straße, Luft)* FIATA multimodal transport bill of lading, FBL

Durchfuhr *f (ZollAHa)* transit

Durchfuhrgut *n (ZollAHa)* transit goods

Durchgangsstraße *f (Straße)* through road

Durchgangsverkehr *m (Straße)* trough traffic, transit

Durchkonnossement *n (Schiff, ZollAHa)* through bill of lading, T.B.L., ThroB/L

Durchlaufplan *m (ALog, Inf)* flow chart *(Synonym: Flowchart, Flussdiagramm)*

Durchlaufregal *n (Lager)* flow rack

Durchlaufzeit *f (Lager)* running time, cycle time *(Zeitdauer zwischen der Auftragserteilung und der Warenlieferung)*

durchlösen *v (Schiene)* book through *(Fahrkarte für mindestens zwei Reiseabschnitte, die auch getrennt buchbar wären)*

Durchpalette *f (Luft)* booked-through pallet *(Palette oder Container im Luftfrachtverkehr, für Umladungen auf einen anderen Flugzeugtyp geeignet)*

Durchpaletten-System *n (Luft)* book--through pallet system *(Angebot von Frachtanschlüssen für Paletten und Container mit Umladung von einem Flug bzw. Flugzeugtyp zu einem anderen; die Fracht verbleibt dabei in den Containern und auf den Paletten)*

Durchsatz *m (Lager)* output

Durchschubsicherung *f (Lager)* anti-slip stopp

Durchwahl *f (Inf) (AE)* direct dialing, *(BE)* direct dialling, dd

DV *(Abk. für: Datenverarbeitung) (Inf)* data processing

E

EAN *(Abk. für: Europäische Artikelnummer) (Inf)* European Article Number

EAN-Artikelnummer *f (Inf)* EAN item number *(international abgestimmte, einheitliche und weltweit überschneidungsfreie 8-, 13- oder 14-stellige Artikelnummer für Produkte und Dienstleistungen; sie bildet die Grundlage für den Einsatz der Scannertechnologie und erleichtert wesentlich die elektronische Kommunikation)*

EANCOM-Logistiknachrichten *fpl (Inf)* EANCOM news *(Nachrichtentyp im EANCOM, die Instruktionen oder Informationen in Bezug auf Artikel und Mengen beinhalten)*

EAN-Datenmatrix *f (Inf)* EAN data matrix

EAN-Kennzeichen *n (Inf)* EAN Code

EAN-Kommunikation *f (Inf)* EAN communication, EANCOM *(Zusammengesetzt aus EAN und COMmunication. Standard für den elektronischen Datenaustausch)*

EAN-Kurznummer *f (Inf)* EAN short number

EAN-Prüfziffernberechnung *f (Inf)* EAN reference number

EAN-128-Transportetikett *n (Inf)* EAN 128 transport label *(von der EAN international empfohlenes Etikett mit Artikel-, Transport- und Logistik- sowie Verbraucherinformationen, sowohl in Klarschrift als auch in Strichcode nach dem EAN--128-Standard)*

EAN-Verbundsymbolsatz *m (Inf)* EAN composite symbology

EBA *(Abk. für: Eisenbahn Bundesamt) (Schiene)* federal railway authority

EBO *(Abk. für: Eisenbahn Bau- und Betriebsordnung) (Schiene)* German ordinance on the construction and operation of railway systems

ECE-Lieferbedingungen *fpl (ALog, Recht)* ECE terms of delivery *(von der UN-Wirtschaftskommission für Europa entwickelte Bedingungen im Hinblick auf Lieferverträge für Anlagen, Maschinen und langlebige Konsumgüter; anders: die Incoterms der Internationalen Handelskammer, Paris)*

Eckschiene *f (Schiff)* cell guide *(Führungsschiene in Containerschiffen zur Aufnahme der Container)*

ECR *(Abk. für: effiziente Kundenresonanz) (Inf)* efficient customer response *(ge-*

meinsame Initiative von Herstellern und Handel zur Kostenreduzierung)

EDI *(Abk. für: elektronischer Datenaustausch) (Inf)* EDI, electronic data interchange

Effektivgewicht *n (ALog)* actual weight

EG-Warenverkehrsbescheinigung *f (ZollAHa)* EC-movement certificate

Eichschein *m (Schiff)* calibration certificate

Eigengewicht *n (ALog)* dead weight, dead load *(Synonym: Leergewicht, Totgewicht, Totlast)*; tare weight

Eigenkapital *n (ALog)* equity

Eigentumsvorbehalt *m (Recht)* reservation of the owner's rights

Eilgut *n (Straße, Schiene, Schiff, Luft)* express

Eilversand *m (ALog)* express

Eimer *m (ALog)* bucket

Einbahnstraße *f (Straße)* one way street

Einbuchungsstelle *f (Straße)* check in point, log in point

eindecken *v (Vers)* cover *(einer Versicherung)*

Einfahrregal *n (Lager)* drive in rack

Einfuhr *f (ZollAHa)* Import

Einfuhrbewilligung *f (ZollAHa)* import licence

Einfuhrumsatzsteuer *f (EUST) (ZollAHa)* import turnover tax *(Steuer, die bei der Einfuhr von Waren aus Drittländern erhoben wird)*

Einfuhrzoll *m (ZollAHa)* import duty

Eingangsbestätigungsmitteilung *f (ZollAHa, Lager)* arrival notice message

Eingangsschein *m (Lager)* goods-in certificate

eingeschrieben *(ALog)* registered

einhalten *v***/den Liefertermin** *(ALog, Recht)* meet the delivery deadline

Einheit *f***/logistische** *(ALog)* logistic unit

Einheitspapier *n (ZollAHa)* single administrative document, SAD

einkassieren *v (ALog)* collect

Einkaufspreis *m (ALog)* purchase price

Einklarierung *f (Schiff)* clearance *(beim Einlaufen vom Schiffmakler als Reedereivertreter durchzuführende Tätigkeiten, wie die Organisation von Liegeplätzen und Schlepperhilfen oder die Zahlung von Lotsen- und Hafenliegegeldern)*

einladen *v (ALog)* load

Einladestelle *f (ALog)* loading place

Einladung *f (ALog)* loading *(von Gütern)*

Einlagen *fpl (ALog)* deposits

Einlagerer *m (Lager)* depositer

einlagern *v (Lager)* store, bin

einlagern *v***/quer** *(Lager)* store across

Einlagerung *f (Lager)* storage, warehousing, to-bin transfer

Einlagerungsmenge *f (Lager)* to-bin transfer quantity

Einlagerungsquittung *f (Lager)* confirmation of to-bin transfer

Einrichtungen *fpl* **zur Erhebung der Schifffahrtsabgaben** *(Schiff)* toll collection installations

Einrichtungen *fpl* **zur Erhebung von Abgaben** *(Luft, Straße, Schiff)* toll collection installations

Einsatzart *f (ALog)* type of application

Einsatzstunde *f (Pers)* operating hour

einsatzsynchron *adj (ALog, Pers)* just--in-time, JIT

Einsatztag *m (Pers)* working day

Einschreiben *n (ALog)* registered mail

Einschubregal *n (Lager)* slide-in rack

Einstandspreis *m (ALog)* cost price

Einteilung *f (ALog)* disposition

einvernehmlich *adj (Recht, Vers)* amicable

Einwegbehälter *m (Schiene, Straße)* one-way container

Einwegpalette *f (Lager)* one-way pallet *(nicht wiederverwendbare Transportpaletten mit den Abmessungen 800x600 / 1200x800 /1200x1000 und im Containermaß 1140x1140 mm)*

Einwegverpackung *f (Schiene, Straße)* one-way packing

Einzelgewicht *n (ALog)* single weight

Einzelheiten *fpl (ALog)* particulars

Einzelpreis *m (ALog)* unit price

Einzelwagenverkehr *m (Schiene)* single-waggon freight

Einzug *m (ALog)* collection *(Geld)*

Eisenbahn *f (Schiene)* rail

Eisenbahn-Bau- und Betriebsordnung *f (EBO) (Schiene)* German ordinance on the construction and operation of railway systems

Eisenbahn-Bundesamt *(EBA) (Schiene)* federal railway authority

Eisenbahnfähre *f (Schiff, Schiene)* railroad ferry, train ferry *(Fährschiffe, die in der Lage sind, Eisenbahnwaggons oder Triebzüge aufzunehmen. Bevorzugte Ein-*

satzgebiete sind Strecken, bei denen Brücken über Meerengen, Seen oder Flüsse aus technischen oder finanziellen Gründen nicht praktikabel sind)

Eisenbahngesetz *n*/**allgemeines** *(AEG) (Schiene)* general railway act

Eisenbahnnetz *f*/**transeuropäisches** *(TEN) (Schiene)* transeuropeen railway network

Eisenbahnsignalordnung *f (ESO) (Schiene)* railway signal regulation

Eisenbahnverband *m*/**Internationaler** *(Schiene)* International Union of Railways, UIC *(Union internationale des chemins de fer, gegründet 1922 in Paris mit dem Ziel der Vereinheitlichung der europäischen Bahnbetriebsbedingungen)*

Eisenbahnverkehr *m (Schiene)* railroad traffic

Eisenbahnverkehrsordnung *f (EVO) (Schiene)* rail traffic regulation

Eisenbahnverkehrsunternehmen *n (EVU) (Schiene)* railway undertaker, RU

Eisentrommel *f (ALog)* iron drum

Eisgang *m (Schiff)* ice drift

Emmissionsklasse *f (Straße)* emission category

Empfang *m (ALog)* reception

Empfänger *m (ALog)* consignee, recipient • **zu Lasten des Empfängers** on receiver's account

Empfangsbescheinigung *f (ALog)* receipt

Empfangsbestätigung *f (Lager)* acknowledgement

Empfangsblatt *n (Schiene)* reception sheet *(Blatt 3 des Formularsatzes Frachtbrief - Empfangsbahnhof)*

Empfangsspediteur *m (Schiene, Straße)* deconsolidator

Empfehlung *f*/**unverbindliche** *(Recht, Vers)* non-binding recommendation

Energiekosten *pl (Lager)* cost of energy

Entkopplungspunkt *m (ALog)* decoupling point, push-pull boundary

Entladebahnhof *m (Schiene)* unloading station

Entladefrist *f (Straße, Schiene, Schiff, Luft)* unloading period

entladen *v (ALog)* unload, discharge

Entladestelle *f (ALog)* unloading point

Entladezeit *f (Schiene, Straße)* unloading time

Entnahme *f*/**retrograde** *(Lager)* backflushing *(Produktkomponenten werden erst nach der Fertigstellung des Gesamtproduktes aus dem Bestand gebucht)*

Entnahme *f*/**sprachgesteuerte** *(Lager)* pick-by-voice *(Lagermitarbeiter erhalten die Entnahmeaufträge per Sprechfunk = radiotelephony)*

Entnahmen *fpl (ALog)* transfer from reserves

Entschädigungsberechtigte *m (Recht, Vers)* indemnitee

Entsorgungslogistik *f (ALog)* reverse logistics

Entsorgungsnachweis *m (Recht, Straße)* proof of disposal

Entzug *m* **der Fahrerlaubnis** *(Straße) (BE)* loss of (one's) driving licence, *(AE)* loss of (one's) driver's license *(Synonym: Führerscheinentzug)*

Ereignis *n*/**unabwendbares** *(Recht, Vers)* inevitable incident, inevitable event, unavoidable event; act of god

Erfüllungsgehilfe *m* 1. *(Recht)* agent *(person employed by the debtor in the performance of his or her obligations)*; 2. *(ALog)* assistant, servant

Erfüllungsort *m (Recht, Vers)* place of fulfilment

Erhebungssystem *n*/**elektronisches** *(Straße)* electronic charging

Erhöhung *f (ALog)* increase

Erklärung *f*/**ergänzende** *(Recht, Vers)* appended declaration, ApD *(der Transportversicherer)*

Erlaubnispflicht *f (Schiene, Schiff, Straße, Luft)* obligatory licence

Erlaubnisurkunde *f (Recht)* concession

Erlöschen *n* **einer Verjährung** *(Recht, Vers)* termination of an limitation

Erlöschen *n* **eines Anspruchs** *(Recht, Vers)* termination of a claim

Erlösminderung *f (ALog)* reduction in earnings

Ermäßigung *f (ALog)* reduction

Ersatz *m (ALog)* replacement

Ersatzlieferant *m (ALog)* second tier supplier

Ersatzlieferung *f (ALog)* compensation delivery

Ersatzteillogistik *f (Schiene, Schiff, Straße, Luft)* spare part logistics

Ersatzteilversorgung *f (ALog)* spare parts supply

erteilen *v*/**behördliche Genehmigung** *(ALog, Recht)* license

erteilen *v*/**Konzession** *(ALog, Recht)* *(AE)* license, grant a license, *(BE)* grant a licence

ESO *(Abk. für: Eisenbahnsignalordnung)* *(Schiene)* railway signal regulation

Etikett *n (ALog)* label

Etikett *n*/**elektronisches** *(Lager, Inf)* smart label, chip label *(Synonym: Chip-Etikett; cf RFID)*

etikettieren *v (Lager)* label

Etikettierung *f (Lager)* labeling

EU-Binnenmarkt *m (Straße)* EU domestic market, EU single market

EU-Gemeinschaftslizenz *f (Straße)* EU licence

Europa-AG *f (infrml) (Recht)* European Company, SE, Societas Europaea *(EU-weit eingeführte und übertragbare Rechtsform für börsennotierte Kapitalgesellschaften, mit monistischem Leitungssystem, wie im einstufigen angelsächsischen Board-Führungsmodell = single-tier board system; alternativ: das deutsche Aufsichtsratsmodell, ein zweistufiges Leitungsmodell = two-tier management system, wo Entscheidungen des Vorstands, dem das Tagesgeschäft obliegt, vom Aufsichtsrat kontrolliert werden sollen)*; European Public Company

Europäische Artikelnummer *f (EAN)* *(Inf)* European Article Number, EAN

Europäische Freihandelsassoziation *f (EFTA) (ALog, ZollAHa)* European Free Trade Association, EFTA *(seit 1995, nach dem Beitritt verschiedener Mitgliedstaaten zur EU, noch 4 Mitglieder: Island, Liechtenstein, Norwegen und Schweiz, die -alle außer der Schweiz- mit der EU in einer Freihandelszone = free trade area, dem EWR = Europäischer Wirtschaftsraum = European Economic Area = EEA verbunden sind)*

Europäische Freihandelsassoziation *f (EFTA) (ALog, ZollAHa)* European Free Trade Association, EFTA *(seit 1995, nach dem Beitritt verschiedener Mitgliedstaaten zur EU, noch 4 Mitglieder: Island, Liechtenstein, Norwegen und Schweiz, die -alle außer der Schweiz- mit der EU in einer Freihandelszone = free trade area, dem EWR = Europäischer Wirtschaftsraum = European Economic Area = EEA verbunden sind)*

Europäische Gesellschaft *f (SE)* *(Recht)* European Company, SE, Societas Europaea *(Synonym: Societas Europaea, infrml: Europa AG; EU-weit eingeführte und übertragbare Rechtsform für börsennotierte Kapitalgesellschaften, mit monistischem Leitungssystem, wie im einstufigen angelsächsischen Board-Führungsmodell = single-tier board system; alternativ: das deutsche Aufsichtsratsmodell, ein zweistufiges Leitungsmodell = two-tier management system, wo Entscheidungen des Vorstands vom Aufsichtsrat kontrolliert werden sollen)*; European Public Company

Europäische Konferenz der Verkehrsminister *(CEMT) (ALog, ZollAHa)* European Conference of Ministers of Transport, ECMT *(CEMT = Conférence Européenne des Ministres des Transports; Synonym, jarg: Verkehrsministerkonferenz)*

Europäischer Wirtschaftsraum *m (EWR) (ALog, ZollAHa)* European Economic Area, EEA *(umfasst EU + EFTA ohne die Schweiz; cf EFTA = Europäische Freihandelsassoziation)*

Europäisches Komitee für Normung *(ALog)* European comittee for standardization *(Comité Européen de Normalisation, CEN; eine privatrechtlich-gemeinnützige Vereinigung mit Sitz in Brüssel; Mitglieder sind u. a. die nationalen Normungsinstitute aus der EU und der EFTA; Aufgabe: die Entwicklung europäischer Standards; cf www.ce-norm.be)*

Europoolpalette *f (Lager)* european pool pallet *(UIC-genormte Flachpalette mit den Maßen 1200 x 800 x 144 mm)*

EUST *f*, **Eust** *f (Abk. für: Einfuhrumsatzsteuer) (ZollAHa)* import turnover tax *(Steuer, die bei der Einfuhr von Waren aus Drittländern erhoben wird)*

EVO *(Abk. für: Eisenbahnverkehrsordnung) (Schiene)* rail traffic regulation

EVU *(Abk. für: Eisenbahnverkehrsunternehmen) (Schiene)* railway undertaker

EWG-Warenverkehrsbescheinigung *f (ZollAHa)* EEC movement certificate

EWR *m (Abk. für: Europäischer Wirtschaftsraum) (ALog, ZollAHa)* EEA, European Economic Area *(umfasst EU + EF-*

TA ohne die Schweiz; cf EFTA = Europäische Freihandelsassoziation)

Exemplar *n (ALog)* copy

expedieren *v (Straße, Schiene, Schiff, Luft)* forward

Exportakkreditiv *n (ALog, ZollAHa)* export letter of credit

Exporteur *m (ZollAHa)* exporter, export firm

Exportgut *n (ZollAHa)* export good

Exportkontrollsystem *n (ZollAHa)* export control system, ECS *(elektronische Kommunikation zwischen der Ausfuhrstelle eines EU-Mitgliedstaates und der Eingangszollstelle eines anderen EU-Mitgliedstaates)*

Exportpreis *m (ZollAHa)* export price

Exportsystem *n*/**automatisches** *(ZollAHa)* automated export system, AES *(Annahme der Ausfuhranmeldung und Datenübermittlung von Ausfuhr an die Ausgangszollstelle)*

Exportverpackung *f (ZollAHa, Lager)* export packaging

Exportversand *m (ZollAHa, Lager)* export shipping

Expressdienst *m (ALog)* express service

Expressgut *n (Straße, Schiene, Schiff, Luft)* express parcels

Expresstrasse *f (Schiene)* express slot *(eine schnelle und direkte Verbindung mit hoher Zuverlässigkeit zwischen Ballungsgebieten)*

Extrarabatt *m (ALog)* special rebate

EXW *(Abk. für: ab Werk) (Recht, ZollAHa)* EXW, ex works *(cf Anhang: Incoterms 2000)*

EZT *(Abk. für: elektronischer Zolltarif) (Recht, ZollAHa)* electronic customs tariff

F

Fabrik *f (ALog)* factory, plant, works • **ab Fabrik** *(ALog, ZollAHa)* ex factory, ex plant *(Lieferklausel; Synonym: x-Fabrik)*; ex works, EXW *(ab Werk, cf Anhang: Incoterms 2000)*

Fabrikant *m (ALog)* manufacturer

Fabrikpreis *m (ALog)* factory price

Fachbodenregal *n (Lager)* small parts storage shelving *(Regal mit festen, durchgehenden Bodeneinlagen; die Böden bestehen vorwiegend aus Metall, Kunststoff oder Holz; die Regale werden zumeist manuell bedient)*

Fahrbahn *f (Straße)* lane, road

fahrbereit *(Straße)* in running order, in road going condition • **in fahrbereitem Zustand** in road-going condition

Fährbootverkehr *m (Schiff)* ferryboat traffic

Fähre *f (Schiff)* ferry

Fahrer *m (Straße)* driver, chauffeur

Fahrerbescheinigung *f (Recht)* drivers certificate

Fahrerkarte *f (Straße)* drivers card

Fahrerlaubnis *f (Straße)* driving license

Fahrerlohn *m (Pers, Straße)* driver wage

Fahrerspesen *pl (Pers, Straße)* driver expenses

Fahrgastschiff *n (Schiff)* passenger liner

Fahrgastzelle *f (ALog)* passenger cab(in)

Fahrgestell *n (Straße)* chassis

Fahrgestellnummer *f (Straße)* vehicle identification number, VIC

Fahrpersonalgesetz *n (FPersG) (Recht, Straße)* drivers act

Fahrpersonalverordnung *f (FPersV) (Recht, Straße)* drivers regulation

Fahrtenbuch *n (Schiff)* logbook

Fahrtgebiet *n (ALog)* relation *(bezeichnet Gesamtheit des Verkehrs oder der Verkehrsströme zwischen zwei Orten)*

Fahrtunterbrechung *f (Recht, Straße)* stopover, break of journey

Fahrzeit *f (Schiene, Straße)* journey time

Fahrzeug *n* 1. *(Straße)* vehicle; 2. *(Schiff)* vessel *(Wasserfahrzeug)*

Fahrzeug *n*/**abgasarmes** *(Straße)* low-emission vehicle, LEV *(Synonym: schadstoffarmes Fahrzeug)*

Fahrzeug *n*/**schadstoffarmes** *(Straße)* low-emission vehicle, LEV *(Synonym: abgasarmes Fahrzeug)*

Fahrzeugbrief *m (Recht, Straße)* vehicle title document

Fahrzeug-Eigengewicht *n (Straße)* vehicle unladen weight

Fahrzeughalter(in) *m(f) (Recht, Straße)* vehicle owner

Fahrzeugkostenrechnung *f (ALog)* vehicle cost calculation

Fahrzeugtyp *m (Schiene, Straße)* vehicle type

Fahrzeugumladung *f (Straße)* vehicle transshipment
Faktura *f (ALog)* invoice, bill
Fakturenwert *m (ALog)* invoice value
Fakturierung *f (Inf)* invoicing, billing
fällig bei Vorlage *(ALog)* due on presentation *(Synonym: fällig bei Sicht)*
Fälligkeit *f (ALog)* maturity
FAS *(Abk. für: frei Längsseite Schiff) (Recht, ZollAHa, Schiff)* FAS, free alongside ship *(cf Anhang: Incoterms 2000)*
Fass *n (ALog)* cask
Fass *n*/**leckendes** *(Schiff)* barrel leaking
Fassungsvermögen *n (ALog)* volume
Fautfracht *f (Schiene, Schiff, Straße, Luft)* dead freight *(Ausgleichsfracht für nicht genutzten Laderaum)*
FCA *(Abk. für: frei Frachtführer) (Recht, ZollAHa)* FCA, free carrier *(cf Anhang: Incoterms 2000)*
Fefo-Prinzip *n (Lager)* first expired - first out, fefo *(Ware mit dem frühesten Ablaufdatum wird zuerst ausgeliefert; Lagerbestandsbewertung)*
Fehlfracht *f (Straße)* dead freight
Fehlmenge *f (ALog)* shortage
Feinverteilung *f (ALog)* distribution
Feldlast *f (Lager)* field load *(Summe der Fachlasten in einem Regal zwischen zwei senkrechten Regalrahmen)*
festmachen *v*/**am Kai** *(Schiff)* wharf
Festofferte *f (ALog)* firm offer
Festplatzsystem *n (Lager)* fixed bin location
Feuchtigkeit *f (ALog)* moisture
Feuer *n (ALog)* fire
FFZ *(Abk. für: Flurförderfahrzeug) (Lager)* floor conveyor, industrial truck
FIATA *(Abk. für: Fédération Internationale des Associations de Transitaires et Assimilés) (ALog)* International Federation of Freight Forwarders Associations *(Internationale Föderation der Spediteurorganisationen)*
FIATA-Durchkonnossement *n* **für kombinierte Transporte** *(ALog)* negotiable FIATA multimodal transport bill of lading, FIATA FBL
FIATA-Lagerschein *m (ALog)* FIATA warehouse receipt, FIATA FWR
FIATA-Spediteur-Transportbescheinigung *f (ALog)* FIATA certificate of transport, FIATA FCT
FIATA-Spediteur-Übernahmebescheinigung *f (ALog)* FIATA forwarders certificate of receipt, FIATA FCR
Fifo-Prinzip *n (Lager)* first in - fist out, fifo *(Verbrauchsfolgeverfahren: zeitlich zuerst eingelagerte Ware wird auch zeitlich zuerst wieder ausgelagert, wegen Preisschwankungen erheblich für die Bestandsbewertung)*
Filialbelieferung *f*/**direkte** *(ALog)* direct store delivery *(vom Hersteller durchgeführte Filialbelieferung unter Umgehung der händlereigenen Distributionslager, siehe auch: Streckengeschäft)*
Filo-Prinzip *n (Lager)* first in - last out, filo *(Verbrauchsfolgeverfahren: zeitlich zuerst eingelagerte Ware wird zeitlich zuletzt wieder ausgelagert, wegen Preisschwankungen erheblich für die Bestandsbewertung)*
Fixkostenspediteur *m (ALog)* defined costs forwarder
FKM *mpl (Abk. für: Flugkilometer) (ALog, Luft)* flight kilometers *(Verkehrsstatistik: die von einem Flugzeug theoretisch zurückgelegte, über Großkreiskilometer berechnete Entfernung = Großkreiskilometer-Entfernung; im Fernstreckenverkehr ist der Großkreisbogen die kostenoptimale Verbindung zweier Punkte auf der Erdoberfläche; cf great circle distance = Großkreisentfernung)*
Flächen *f (Lager)* surface area
Flachpalette *f (Lager)* flat pallet
Flachwagen *m (Schiene)* flat waggon
Flaggendiskriminierung *f (Recht, Schiff)* flag discrimination
Flaggenprotektionismus *m (Recht, Schiff)* flag protectionism *(Bevorzugung der eigenen, nationalen Schiffe)*
Flasche *f (ALog)* bottle
Floß *n (Schiff)* raft
Floßschiff *n (Schiff)* rafter
Flotte *f (Schiff)* fleet
Flottenmanagement *n (Straße, Schiff, Luft)* fleet management
Flowchart *m (ALog, Inf)* flow chart
Flugbegleiter *m (Luft, Pers)* flight attendant; *(obs)* air steward, steward
Flugbenzin *n (Luft)* aviation spirit
Fluggast *m* **auf Warteliste** *(Luft)* standby passenger *(Synonym: Standby-Passagier, Standby-Fluggast)*
Fluggast *m* **außer Tarif** *(Luft)* non-revenue passenger *(Synonym: Freigast)*

Fluggastdaten *pl (Inf, Luft)* passenger data

Fluggastdatennutzung *f*/**gemeinsame** *(Inf, Luft, Recht)* passenger data sharing *(on the basis of an agreement between the EU and the USA, the FBI and other agencies are able to access 19 pieces of personal passenger information on transatlantic air passengers, such as name, telephone number and address and can retain the data for 15 years; cf passenger name record = PNR = Fluggastdatensatz)*; gemeinsamer Zugriff *m* auf Passagierdaten *(cf access to passenger data)*

Fluggastdatensatz *m (Luft)* passenger name record, PNR *(EU, USA; ein automatisch vergebener Datensatz, der alle Informationen zum Buchungsvorgang eines Passagiers -oder mehrerer Passagiere- enthält; Aufruf über einen sechsstelligen Buchstaben/Zahlencode; cf gemeinsame Fluggastdatennutzung)*

Fluggesellschaft *f (Luft)* carrier, airline, airline company *(Synonym: Luftverkehrsgesellschaft)*

Flughafen *m (Luft)* airport, apt.

Flughafengesellschaft *f (Luft)* airport business company

Flugkilometer *mpl (FKM) (ALog, Luft)* flight kilometers *(Verkehrsstatistik: die von einem Flugzeug theoretisch zurückgelegte, über Großkreiskilometer berechnete Entfernung = Großkreiskilometer--Entfernung; im Fernstreckenverkehr ist der Großkreisbogen die kostenoptimale Verbindung zweier Punkte auf der Erdoberfläche; cf great circle distance = Großkreisentfernung)*

Flugleitstelle *f (Luft, Recht)* air traffic control, ATC *(Synonym: Flugsicherung, Flugverkehrskontrollstelle)*

Flugnummer *f (Luft)* flight number

Flugnummer *f*/**operationelle** *(Luft)* operational flight number *(Verwendung bei Flügen mit Mehrfachflugnummer oder Multiple Carrier Designator, u. a. für Flugsicherung, Slot, Flugzeugbereitsstellung, Flugbewegungsmeldung; Gegensatz: Marketingflugnummer für den Vertrieb)*

Flugplan *m (Luft)* flight schedule

Flugplatz *m (Luft)* airfield, *(BE)* aerodrome, *(AE)* airdrome *(kleiner Flughafen)*; airport

Flugsicherheit *f (Luft)* air safety

Flugsicherung *f (Luft, Recht)* air traffic control, ATC *(Synonym: Flugleitstelle, Flugverkehrskontrollstelle)*

Flugstrecke *f (Luft)* air route

Flugtreibstoff(e) *m(pl) (Luft)* aviation fuel

Flugverkehrsdienst *m (Luft, Recht)* air traffic service

Flugverkehrskontrolldienst *m (FVK) (Luft)* air traffic control, ATC *(verantwortet die Verkehrskoordination in allen kontrollierten Lufträumen und an kontrollierten Flugplätzen; Synonym: Flugleitstelle, Flugsicherung)*

Flugweg *m*/**kürzester** *(Luft)* shortest operated route mileage *(Grundlage für die Berechnung der MPM = maximum permitted mileage und daraus eines Durchgangsflugpreises zwischen zwei Orten)*

Flugzeug *n (Luft)* plane, aircraft • **das Flugzeug nehmen** *(Luft)* go by air *(Synonym: fliegen)*

Flurförderfahrzeug *n (FFZ) (Lager)* floor conveyor, industrial truck

Flurförderkette *f (Lager)* floor chain conveyor

Fluss *m (Schiff)* river

Flussbett *n (Schiff)* river bed

FNLF *(Abk. für: Frachtnutzladefaktor) (Luft)* freight load factor *(Synonym: Nutzladefaktor Fracht; der Auslastungsgrad der für einen Flug zur Verfügung stehenden Nutzlast = Verhältnis zwischen der verkauften und der angebotenen Frachtleistung)*

FOB *(Abk. für: frei an Bord) (Recht, Zoll-AHa)* FOB, free on board *(cf Anhang: Incoterms 2000)*

FOB-Kosten *pl (ALog)* FOB charges *(cf Fob, Incoterms)*

Förde *f (Schiff)* fjord

Fördermittel *n (Lager)* conveyor

fördern *v (Lager)* lift, forward

Fördertechnik *f (Luft)* conveyor technic, material handling equipment

Formular *n (ALog)* form, blank

Formvorschrift *f (Recht)* formal regulation

FPersG *(Abk. für: Fahrpersonalgesetz) (Recht, Straße)* drivers act

FPersV *(Abk. für: Fahrpersonalverordnung) (Recht, Straße)* drivers regulation

Fracht *f (ALog)* carriage, freight charge, freightage, *(BE)* waggonage, *(AE)* wagonage *(Preis/Gebühr für den Transport von Gütern)*; frt., freight, load, payload, cargo *(bezeichnet die Ladung, die zu transportierenden Güter)* • **Fracht jeder Art** freight all kind, FAK • **Fracht zahlbar in** freight payable at

Fracht f/anteilige *(Recht)* proportional freight

Frachtabfertigung *f (ALog, ZollAHa)* cargo clearance

Frachtangebot *n (ALog)* quotation

Frachtanteil *m (ALog)* proportion of charge

Frachtbrief *m* 1. *(Recht)* bill of lading, shipping note, waybill; 2. *(Schiene)* consignment note *(Blatt 4 des Formularsatzes Frachtbrief - Empfänger)*

Frachtbriefdoppel *n (Schiene)* duplicate of the consignment note *(Blatt 2 des Formularsatzes Frachtbrief - Absender)* • **auszuliefern nur gegen Übergabe des Frachtbriefdoppels** *(ZollAHa)* to be delivered only against the duplicate of consignment note

Frachtbriefduplikat *n (ALog)* duplicate of consignment note

Frachtbuchung *f (ALog)* booking of space

Frachtenbahnhof *m (Schiene)* goods station, *(AE)* freight station

Frachter *m (Schiff)* cargo boat, cargo vessel, freighter *(Synonym: Frachtschiff)*

Frachterhöhung *f (ALog)* increase of freight

Frachterlös *m (Schiene, Schiff, Straße, Luft)* freight revenue

Frachtermäßigung *f (ALog)* freight reduction

Frachterstattung *f (Schiene)* refund of overcharges

Frachtflugzeug *n (Luft)* cargo plane, freight plane, freight aircraft, freighter, air freighter *(Synonym: Transportflugzeug)*

frachtfrei *adj* 1. *(ALog)* freight prepaid; 2. *(Recht, ZollAHa)* carriage paid to, CPT *(cf Anhang: Incoterms 2000)*

Frachtführer *m (Schiene, Straße)* freight carrier, road haulier, carrier

Frachtführer m/ausführender *(Recht)* actual carrier

Frachtführer-Haftpflicht *f (Vers)* carrier's liability

Frachtführerhaftung *f (Recht, Vers)* road haulier liabilities

Frachtführerrisiko *n (ALog)* carrier's risk *(Synonym: Risiko des Frachtführers)*

Frachtgebühr *f* 1. *(ALog)* carriage, frt., freight, freight charge; 2. *(Schiene) (BE)* waggonage, *(AE)* wagonage; 3. *(Schiff)* boatage; 4. *(Straße)* cartage *(Rollfuhrgebühr, Rollgeld)*

Frachtgut *n (ALog)* freight, cargo *(Ladung, Rollgut)* • **als Frachtgut** *(Schiene)* as ordinary freight, by slow freight

Frachtkapazität *f (Luft)* freight capacity

Frachtkarte *f (Straße, Schiene)* waybill *(selten genutzter Begriff für Bordero)*

Frachtkostenangleich *m* **an wechselnde Rohstoffpreise** *(ALog)* bunker adjustment factor, BAF

Frachtmanifest *n* 1. *(Schiff)* freight list; 2. *(Luft)* freight manifest *(schriftliche Aufstellung der auf einem Flug beförderten Sendungen; Funktionen: Abrechnungsunterlage, Zollabfertigungsunterlage, Arbeitspapier für statistische Zwecke; Gegensatz: passenger manifest = Passagiermanifest)*

Frachtnutzladefaktor *m (FNLF) (Luft)* freight load factor *(Synonym: Nutzladefaktor Fracht; der Auslastungsgrad der für einen Flug zur Verfügung stehenden Nutzlast als Verhältnis zwischen der verkauften Frachtleistung und der angebotenen Frachtleistung)*

Frachtraten *fpl***/allgemeine** *(Luft)* general cargot rates *(Gruppe im IATA-Tarifgefüge)*

Frachtraum *m***/freigehaltener** *(Luft)* Blocked Space Agreement *(Festraum--Chartervertrag in der Luftfracht; die Fluggesellschaft überlässt einem Verlader auf einem Linienflug ein genau festgelegtes Ausmaß der Transportkapazität)*

Frachtraumbuchung *f (ALog)* booking of space

Frachtsatz *m (ALog)* rate of freight

Frachtschiff *n (Schiff)* cargo boat, cargo vessel, freighter, cargo ship *(Synonym: Frachter)*

Frachtterminal *n (Luft, Straße)* cargo terminal, freight terminal

Fracht-TKT *pl (Luft)* freight TKT *(TKT = tonnes kilomètres transportées = RTK = revenue tonne kilometres = nachgefragte*

Tonnenkilometer = bezahlte Tonnenkilometer)
Frachttonne *f (F/T) (ALog)* freight tonne, measurement tonne *(Raummaß: die metrisch gemessene Abrechnungsbasis für die Fracht; metric measure of the tonnage on which freight is charged)*; freight ton, f/t, measurement ton *(Raummaß: die nicht-metrisch gemessene Abrechnungsbasis für die Fracht; in BE long tons = imperial tons or AE short tons, the measure of the tonnage on which freight is charged; imperial measure: 1 freight ton = 1 measurement ton = BE 40 cubic feet = 1,133 m^3; AE 1 freight ton = 1 measurement ton = AE 42 cubic feet = 1,189 m^3; cf Anhang: Britische und amerikanische Maße, Gewichte und Umrechnungsfaktoren)*
Frachtträger *m (ALog)* transport unit *(veraltet für Transporteinheiten)*
Frachtvereinbarung *f (ALog)* freight agreement
Frachtversicherung *f (Luft, Schiff)* cargo insurance *(Synonym: Kargoversicherung)*
Frachtvertrag *m (Schiene, Schiff, Straße, Luft)* freight contract, contract of carriage
Frachtvorlage *f (ALog)* advancement of freight charges
Frachtzahlung *f (Recht)* payment of freight charges
Frachtzahlung am Bestimmungsort *(Schiff)* freight payable at destination *(Lieferklausel)*
Frachtzahlungspflicht *f (Recht)* liability of payment of freight charges
Frankatur *f (Recht, ZollAHa)* freight terms
Frankaturvorschrift *f (ALog)* terms of delivery *(z. B. frei, franko, freight prepaid)*
franko *(ALog)* free of all charges
franko bis *(ALog)* prepaid up to
franko Fracht und Zoll *(ALog)* carriage and duty prepaid
frei an Bord *(FOB) (Recht, ZollAHa)* free on board, FOB *(cf Anhang: Incoterms 2000)*
frei Ankunftswaggon *(Schiene)* free arriving waggon
frei Frachtführer *(FCA) (Recht, ZollAHa)* free carrier, FCA *(cf Anhang: Incoterms 2000)*
frei Längsseite Schiff *(FAS) (Recht, ZollAHa, Schiff)* free alongside ship, FAS *(cf Anhang: Incoterms 2000)*
frei von bekanntem Schaden *(Recht, Vers)* free of reported casualty, f.r.c.
frei von Beschädigung *(Recht, Vers)* free of particular average, F.P.A.
frei von Beschädigung außer verursacht durch ... *(Recht, Vers)* free of particular average unless caused by ..., F.P.A.u.c.b. ...
frei von Beschlagnahme *(ZollAHa, Schiff, Recht)* free of capture and seizure, f.c. and s.
frei von jeglicher Beschädigung *(Recht, Vers)* free of damage absolutely, F.O.D. abs.
freibleibend *(ALog)* subject to alteration without notice
Freibord *n (Schiff)* freeboard *(Seitenbordfläche, mit der das beladene Schiff noch über die Wasserlinie herausragt)*
Freibordmarkierung *f (Schiff)* freeboard indication *(macht die Überladung eines Schiffes von außen sichtbar)*
Freigast *m (Luft)* non-revenue passenger *(Synonym: Fluggast außer Tarif)*
Freihafen *m (Schiff)* freeport
Freihandelsassoziation *f*/**Europäische** *(EFTA) (ALog, ZollAHa)* European Free Trade Association, EFTA *(seit 1995, nach dem Beitritt verschiedener Mitgliedstaaten zur EU, noch 4 Mitglieder: Island, Liechtenstein, Norwegen und Schweiz, die -alle außer der Schweiz- mit der EU in einer Freihandelszone = free trade area, dem EWR = Europäischer Wirtschaftsraum = European Economic Area = EEA verbunden sind)*
Freihandelszone *f (ALog, ZollAHa)* free trade area
Freiheit *f* **der Binnenschifffahrt** *(Recht, Schiff)* freedom of inland water navigation
Freiheit *f* **der Meere** *(Recht, Schiff)* freedom of the sees
Freiheiten *fpl* **der Luft** *(Recht, Luft)* freedoms of the air
Freilager *n (ZollAHa)* bonded warehouse
Freilagerfläche *f (Schiff, Lager)* stacking ground
Freistellungsanspruch *m (Recht, Vers)* right of recourse
Fremdkapital *n (ALog)* loan capital

Fremdlager *n (Lager)* contract warehouse, third-party warehouse
Fremdlieferant *m (ALog)* external supplier *(Synonym: externer Lieferant)*; third-party supplier *(Drittanbieter)*
Fremdwartung *f (ALog)* third-party maintenance, third-party service
Frischhaltepackung *f (ALog)* airtight pack
Frist *f (Recht, Vers)* time limit, period
Frist *f*/**lagergeldfreie** *(Lager)* rentfree period
Fristablauf *m (ALog)* expiring date, deadline
Fristeinhaltung ist Vertragsgrundlage *(Recht)* time is of the essence *(Vertragsklausel)*
F/T *(Abk. für: Frachttonne) (Schiff)* freight ton
FTF *(Abk. für: fahrerloses Transportfahrzeug) (Straße, Schiene)* automated guided vehicle
FTS *(Abk. für: fahrerloses Transportsystem) (Straße, Schiene)* automated guided vehicle system *(flurgebundes Fördersystem ohne Fahrer mit automatischer Spurführung)*
Führerhaus *n (Straße)* driver's cab
Führerschein *m (Recht) (BE)* driver licence, driving licence, *(AE)* driver's license
Führerscheinentzug *m (Straße) (BE)* loss of (one's) driving licence, *(AE)* loss of (one's) driver's license *(Synonym: Entzug der Fahrerlaubnis)*
Fuhrpark *m (Straße)* fleet, truck fleet
Führungsspanne *f (ALog)* span of control *(Anzahl der Stellen, die einer Instanz direkt untergeordnet sind; Synonym: Leitungsspanne, Kontrollspanne; anders: logistische Kontrollspanne = logistical span of control)*
Funkrufsystem *n (ALog, Lager)* radio messaging system
FVK *m (Abk. für: Flugverkehrskontrolldienst) (Luft, Recht)* ATC, air traffic control *(verantwortet die Verkehrskoordination in allen kontrollierten Lufträumen und an kontrollierten Flugplätzen; Flugleitstelle, Flugsicherung)*

G

G+V *(Abk. für: Gewinn und Verlust) (ALog)* profit and loss
Gabelhubwagen *m (Lager)* pallet carrier, pallet jack
Gabelstapler *m (Lager)* forklift truck
Gabelstapler *m*/**dieselbetriebener** *(Lager)* diesel fuel-driven forklift
Gabelstapler *m*/**elektrobetriebener** *(Lager)* electric forklift
Gabelstapler *m*/**flüssiggasbetriebener** *(Lager)* liquid gas-driven forklift
Gabelstaplerfahrer(in) *m(f) (Lager, Pers)* forklift driver
Gabelzinken *m (Lager)* fork arm
Ganzzug *m (Schiene)* block train
Garantie *f (ALog)* guarantee • **ohne Garantie für** without guarantee for
Garantieerklärung *f (Recht, Vers)* guarantee bond
GATT *n (Abk. für: Allgemeines Zoll- und Handelsabkommen; obs) (Recht, ZollAHa) (obs)* GATT, General Agreement on Tariffs and Trade *(replaced by the WTO = World Trade Organization = Welthandelsorganisation)*
Gbf *m (Abk. für: Güterbahnhof) (Schiene)* goods station, *(AE)* freight station
Gebietsspediteur *m (Straße)* area contract freight forwarder *(Spediteur, der für seine Auftraggeber in einem geographischem Gebiet den Güterversand und -empfang übernimmt)*
Gebinde *n (ALog)* wholesale unit pack
Gebühren *fpl (ALog)* fee
gedeckt/vorläufig *(Recht, Vers)* held covered, hlc
Gefahr *f (Vers)* risk • **auf Kosten und Gefahr von** *(Recht, Vers, ZollAHa)* on account and risk of • **alle Gefahren** *(Recht, Vers)* all risks, A.R.
Gefährdungshaftung *f (Recht, Vers)* absolute liability
Gefahrenanalyse *f* **durch kritische Kontrollpunkte** *(ALog)* hazard analysis and critical control points, HACCP *(Risikoanalyse, die auf der Festlegung kritischer Kontrollpunkte im gesamten Herstellungs- und Vertriebsprozess basiert)*
Gefahrengemeinschaft *f (Schiff)* risk-bearing community

Gefahrenübergang *m (Vers, ZollAHa)* tranfer of risk
Gefahrenumstand *m (Recht, Vers)* risk factor
Gefahrgut *n (ALog)* dangerous goods
Gefahrgutgebühr *f (Luft)* dangerous goods regulations fee, DGR-fee
Gefahrgutverordnung *f* **Eisenbahn** *(GGVE) (Recht, Schiene)* regulation concerning the transport of dangerous goods by rail *(Deutsche Rahmenverordnung, nimmt Bezug auf die ADR)*
Gefahrgutverordnung *f* **Straße** *(GGVS) (Recht, Straße)* regulation concerning the transport of dangerous goods by road *(Deutsche Rahmenverordnung, nimmt Bezug auf die ADR)*
Gefahrstofflager *n (Lager)* hazardous goods store
Gefrierladung *f (Schiene, Schiff, Straße)* reefer cargo
Gefrierraum *m (Schiff)* freezer
Gegenteiliges vereinbart ist/wenn nichts *(ALog, Recht)* unless otherwise agreed upon
Gegenwert *m (ZollAHa)* equivalent, countervalue
Geldbuße *f (ALog)* fine, penalty
Geldfluss *m (ALog)* cash flow
Geldstrafe *f (ALog)* fine
Geldüberweisung *f (ZollAHa)* remittance
geliefert ab Kai *(DEQ) (Recht, ZollAHa)* delivered ex quay, DEQ *(cf Anhang: Incoterms 2000)*
geliefert ab Schiff *(DES) (Recht, ZollAHa)* delivered ex ship, DES *(cf Anhang: Incoterms 2000)*
geliefert Grenze *(DAF) (Recht, ZollAHa)* delivered at frontier, DAF *(cf Anhang: Incoterms 2000)*
geliefert unverzollt *(DDU) (Recht, ZollAHa)* delivered duty unpaid, DDU *(cf Anhang: Incoterms 2000)*
geliefert verzollt *(DDP) (Recht, ZollAHa)* delivered duty paid, DDP *(cf Anhang: Incoterms 2000)*
Geltungsdauer *f (Recht)* period of availability
Gemeinkosten *pl (ALog)* general expenses, overhead costs
Gemeinschaftsdienst *m (ALog)* joint service
genehmigt/behördlich *(ALog, Recht)* officially authorized, authorized officially
Genehmigung *f***/bilaterale** *(Schiene, Straße)* bilateral licence
Genehmigung kein Versicherungsschutz/bis zur *(Recht, Vers)* subject to approval, no risk, S.A.N.R
Generalpolice *f (Vers)* general policy
Genossenschaft *f***/Europäische** *(SCE) (Recht)* European Cooperative Society, Societas Cooperativa Europaea, SCE *(Synonym: Societas Cooperativa Europaea; die SCE steht in den EU-Mitgliedstaaten als alternative Rechtsform neben den Genossenschaften nach dem bestehenden nationalen Recht)*
Gepäck *n (ALog) (BE)* luggage, *(AE)* baggage
geraten *v***/in einen Stau** *(Straße)* get into a traffic jam, get caught up in a traffic jam
Gerichtsstand *m (Recht, Vers)* place of jurisdiction
Gesamtgewicht *n***/zulässiges** *(Schiene, Straße)* gross vehicle weight
Gesamtladung *f* 1. *(Luft)* deadload *(Summe aus Fracht, Post und Gepäck an Bord eines Flugzeuges)*; 2. *(Schiff)* deadweight *(total weight of cargo, stores etc. which a ship can carry)*
Gesamtlänge *f (ALog)* overall length
Geschäftsbedingungen *f***/allgemeine** *(AGB) (Recht)* general terms and conditions
Geschäftsräume *mpl (ALog)* premises, business premises
Geschwindigkeitsbeschränkung *f (Straße)* speed limit
Gesellschaft *f* 1. *(ALog, Recht)* line; 2. *(ALog)* association *(Vereinigung, Verband)*; company, *(AE)* corporation *(Kapitalgesellschaft)*
Gesellschaft *f***/Europäische** *(SE) (Recht)* European Company, SE, Societas Europaea *(Synonym: Societas Europaea, infrml: Europa AG; EU-weit eingeführte und übertragbare Rechtsform für börsennotierte Kapitalgesellschaften, mit monistischem Leitungssystem, wie im einstufigen angelsächsischen Board-Führungsmodell = single-tier board system; alternativ: das deutsche Aufsichtsratsmodell, ein zweistufiges Leitungsmodell = two-tier management system, wo Entscheidungen des Vorstands vom Auf-*

sichtsrat kontrolliert werden sollen); European Public Company

Gesellschaft *f* **mit beschränkter Haftung** *(GmbH; Öst: Ges.m.b.H.) (ALog, Recht) (AE)* Incorporated, Inc., close company; *(BE)* limited company, Ltd, *(BE)* private company; limited liability company, LLC, private limited company; *(Singapore, Australia)* proprietary company, Pty *(internationale Rechtsformvergleiche sind Annäherungen und immer nur im Hinblick auf einzelne Merkmale und auch da nur eingeschränkt möglich)*

Gesetzbuch *n***/Bürgerliches** *(BGB) (Recht, ALog)* German Civil Code

gesetzestreu *adj (ALog)* law-abiding *(Bürger)*; compliant, in compliance with the law *(die Beachtung von Gesetzen, Richtlinien und auch freiwilligen Vereinbarungen auf allen Organisationsebenen des Unternehmens)*

Gesundheitsattest *n (ALog)* health certificate

Gesundheitszeugnis *n (Recht, ZollAHa)* health certificate

Getriebe *n (ALog)* gearbox

Gewahrsamshaftung *f (Recht, Vers)* duty of custody liability

Gewalt *f***/höhere** *(Recht)* force majeure

Gewicht *n (ALog)* weight

Gewicht *n***/frachtpflichtiges** *(ALog)* chargeable weight

Gewicht *n***/maximal zulässiges** *(ALog)* maximum permitted load

Gewicht *n***/tatsächliches** *(ALog)* actual weight

Gewicht *n***/wirkliches** *(ALog)* actual weight

Gewicht *n***/zu berechnendes** *(ALog)* chargeable weight

Gewichtsfracht *f (Schiene, Schiff, Straße)* weight rate

Gewichtsgrenze *f (Schiene, Schiff, Straße)* weight limit

Gewichtskosten *pl (Luft)* weight charges

Gewichtslimit *n***/genanntes** *(Luft)* pivot weight *(bei Palette oder Container im Luftftrachtverkehr)*

Gewichtsverlust *m (Schiff)* ullage *(Synonym: Leckage, bei Flüssigladung)*

Gewinn *m (ALog)* profit

Gewinn *m* **und Verlust** *m (G+V) (ALog)* profit and loss, P+L

Gewinnschwelle *f (ALog)* breakeven point, break-even-point *(Synonym: Breakeven-Punkt)*

GGVE *(Abk. für: Gefahrgutverordnung Eisenbahn) (Schiene, Recht)* regulation concerning the transport of dangerous goods by rail *(Deutsche Rahmenverordnung, nimmt Bezug auf die ADR)*

GGVS *(Abk. für: Gefahrgutverordnung Straße) (Straße, Recht)* regulation concerning the transport of dangerous goods by road *(Deutsche Rahmenverordnung, nimmt Bezug auf die ADR)*

Gift *n (ALog)* poison

Gitterbox *f (Lager)* pallet cage

Gitterboxpalette *f (Schiene, Schiff, Straße)* skeleton box pallet

Gleis *n (Schiene)* track, rail track

Gleisunterbau *m (Schiene)* track substructure

Gleitschiene *f (Schiff)* cell guide *(Führungsschiene in Containerschiffen zur Aufnahme der Container)*

GmbH *f (Abk. für: Gesellschaft mit beschränkter Haftung) (ALog, Recht) (AE)* Incorporated, Inc., close company; *(BE)* limited company, Ltd, *(BE)* private company; limited liability company, LLC, private limited company; *(Singapore, Australia)* proprietary company, Pty *(internationale Rechtsformvergleiche sind Annäherungen und immer nur im Hinblick auf einzelne Merkmale und auch da nur eingeschränkt möglich)*

GPS *(Abk. für: globale Satellitennavigation) (Straße)* global positioning system, GPS

Greifstapler *m (Lager)* reach-stacker

Grenzaufenthalt *m (Schiene)* border stop

Grenze *f (ZollAHa)* frontier, border

grenzüberschreitend *adj (ZollAHa)* cross-border, transnational, transfrontier

Grenzzollabfertigung *f (ZollAHa)* frontier customs clearance

Großcontainer *m (ALog)* large container

Großhandelsunternehmen *n (ALog)* wholesale company

Großkreis *m (ALog, Luft, Schiff)* great circle *(die kürzeste Verbindung zwischen zwei Punkten auf der Erdoberfläche, logistisch also die wirtschaftlichste Alternative; der Mittelpunkt eines Großkreises ist der Erdmittelpunkt)*

Großkreisentfernung *f (ALog, Luft,*

Schiff) great circle distance *(kürzeste Entfernung zwischen zwei Punkten auf der Erdoberfläche, gemessen in Großkreiskilometern = great circle kilometers oder nautischen Meilen; der Mittelpunkt eines Großkreises ist der Erdmittelpunkt)*

Großkreiskilometer *m (ALog, Luft, Schiff)* great circle kilometer *(cf Großkreis)*

Großraumcontainer *m (ALog)* large container

GSM *(Abk. für: globales Telekommunikationssystem für den Mobilfunk) (Straße)* global system for mobile communication

GüKG *(Abk. für: Güterkraftverkehrsgesetz) (Straße)* Road Haulage Law

gültig bis *(ALog)* valid until

Gültigskeitsdauer *f* 1. *(ALog)* (period of) validity; 2. *(Recht)* term *(Abmachung, Vertrag)*

Gunsten von/zu *(ALog) (BE)* in favour of

Gut *n (ALog)* commodity

Güter *npl (ALog)* cargo, goods

Güter *npl*/**ätzende** *(ALog)* corrosive goods

Güter *npl*/**explosionsgefährliche** *(ALog)* explosive goods

Güter *npl*/**gefährliche** *(ALog)* dangerous goods

Güter *npl*/**leicht entzündbare** *(ALog)* inflammable goods

Güter *npl*/**leicht zerbrechliche** *(ALog)* fragile goods

Güter *npl*/**sperrige** *(ALog)* bulky goods

Güter *npl*/**temperaturempfindliche** *(ALog)* temperature-sensitive goods

Güter *npl*/**transportempfindliche** *(Recht, Vers)* transport-sensitive goods

Güterabfertigung *f (ALog)* dispatch of goods

Güterbahnhof *m (Gbf) (Schiene)* goods station, *(AE)* freight station

Güterbeförderung *f (ALog)* transportation of goods

Güterfernverkehr *m (Straße)* long-distance haulage

Güterfolgeschaden *m (Recht, Vers)* subsequent damage of goods

Güterkraftverkehr *m*/**gewerblicher** *(Straße)* commercial road haulage

Güterkraftverkehr *m*/**grenzüberschreitender** *(Schiene, Straße)* international road haulage

Güterkraftverkehrsgesetz *n (GüKG) (Straße)* road haulage law

Gütermengenaufteilung *f (ALog)* modal split *(Aufteilung in Tonnenkilometer durch Straßen-, Land- und Binnenschiffsgüterverkehr)*

Güternahverkehr *m (Schiene, Straße)* short-distance hauling

Gütersammel- und -verteilzentrum *n (Straße)* hub

Gütersammelzentrum *n (Straße)* hub

Güterschaden *m (Recht, Vers)* damage of goods

Güterstruktureffekt *m (ALog)* goods structure effect

Güterübergabe *f (ALog)* transfer of merchandises

Güterverkehr *m (Straße)* commercial transport

Güterverkehrszentrum *n (GVZ) (ALog)* cargo transport centre, freight village *(geographische Konzentration von Logistikdienstleistern mit dem Ziel, den Warenübergang zwischen unterschiedlichen Verkehrsträgern - z. B. Straße/Schiene - effizient durchzuführen)*

Güterverteilzentrum *n (ALog, Luft)* hub

Güterverzeichnis *n* **für die Verkehrsstatistik in Europa (CSTE)/Internationales** *(ZollAHa)* Commodity Classification for Transport Statistics in Europe, CSTE

Güterwagen *m (Schiene)* goods waggon

Güterwagen *m*/**gedeckter** *(Schiene)* covered waggon

Güterwagen *m*/**offener** *(Schiene)* open waggon

Gutschrift *f (ALog)* credit

Gutschriftanzeige *f (ALog)* credit note

GVZ *(Abk. für: Güterverkehrszentrum) (ALog)* cargo transport centre, freight village *(geographische Konzentration von Logistikdienstleistern mit dem Ziel, den Warenübergang zwischen unterschiedlichen Verkehrsträgern - z. B. Straße/Schiene - effizient durchzuführen)*

H

Hafen *m (Schiff)* port, harbour • **Hafen zu Hafen** port to port
Hafenabgabe *f (Schiff)* harbour dues
Hafenarbeiter *m (Schiff)* dock worker
Hafenbahn *f (Schiff, Schiene)* dock railway
Hafenbecken *n (Schiff)* inner harbour, basin
Hafenbehörde *f (Schiff)* port authority
Hafenbereich *m* **für Container** *(Schiff)* container yard, CY
Hafengebühren *fpl (Schiff)* dock dues
Hafenliegezeit *f (Schiff)* port lay days
Hafenrisiken *npl (Recht, Vers)* port risks, P.R.
Hafenumschlagszeit *f (Schiff) (AE)* port turnaround time, *(BE)* port turnround time *(Synonym: Liegezeit im Hafen, Wendezeit; die Be- und Entladungszeit im Hafen)*
Haftpflicht *f (Vers)* third-party indemnity
Haftpflicht *f* **des Schiffseigentümers** *(Vers, Schiff)* shipowner's liability, S.O.L
Haftpflichtdeckung *f (Vers)* third-party insurance cover
Haftpflichtrisiko *n (Vers)* third-party risk
Haftpflichtversicherer *m (Vers)* third-party risk insurer
haftpflichtversichert *adj (Vers)* with third-party insurance, insured against third-party risks
Haftpflichtversicherung *f (Recht, Vers)* third-party insurance, liability insurance
Haftpflichtversicherungsschutz *m (Vers)* third-party insurance cover
Haftung *f (Recht, Vers)* liability
Haftung *f***/verschuldensunabhängige** *(Recht)* liability regardless of negligence of fault
Haftungsausschluss *m (Recht, Vers)* disclaimer
Haftungsgrenze *f (Recht, Vers)* limit of liability
Haftungskorridor *m (Recht, Vers)* corridor of liability
Haftungsminderung *f (Recht, Vers)* reduction of liability
Hakenriss- und Ölschaden *m (Recht, Vers)* hook and oil damage, h. and o.
Halbfabrikat *n (ALog)* semi-finished goods
Halfter *n (Lager)* holster *(Tasche für Handscanner, die der Bediener in der Regel am Körper trägt)*
Hallenlager *n (Lager)* warehouse
Handel *m (Lager)* trade
Handelsfaktura *f (ZollAHa)* commercial invoice
Handelsflotte *f (Schiff)* merchant fleet
Handelsgesetzbuch *n (HBG) (ALog)* code of commerce, commercial code
Handelskammer *f (ALog)* chamber of commerce
Handelskammer *f***/Internationale** *(ZollAHa)* International Chamber of Commerce, ICC
Handelslogistik *f (Schiene, Schiff, Straße, Luft)* retail logistics
Handelsmarine *f (Schiff)* mercantile marine, MM
Handelspartner *m (ALog)* trade partner, commercial partner
Handelsrechnung *f (Recht, ZollAHa)* commercial invoice
Händen/zu getreuen *(Recht, ZollAHa)* in trust
Handgabelhubwagen *m (Lager)* hand pallet truck
Handhabung *f (Lager)* handling
Handhabungsgebühr *f (Lager)* handling fee
Handwerk *n (ALog)* trade
Hängeware *f (Lager)* hanging goods
Harmonisierung *f (Schiene, Schiff, Straße, Luft)* harmonisation *(Angleichen von Wettbewerbsbedingungen)*
Hauptbeförderer *m (ALog)* principal carrier *(Synonym: Hauptspediteur)*
Hauptdeck *n (Luft)* main deck
Hauptfrachtführer *m (Recht)* contracting carrier
Hauptgeschäftsstelle *f (ALog, Recht)* principal office, principal place of business
Haupthafen *m (Schiff)* main port, principal port
Hauptlauf *m (Schiene, Schiff, Straße)* main carriage *(der Transport einer Sammelladung von einem Versandspediteur = groupage agent = consolidator an einen Empfangsspediteur = deconsolidator)*
Hauptniederlassung *f (ALog, Recht)* principal office, principal place of business

Hauptspediteur *m (ALog)* main forwarder *(Synonym: Hauptbeförderer)*
Haus-Haus-Beförderung *f (Schiene, Schiff, Straße)* door-to-door carriage
Haus-zu-Haus-Verkehr *m (Straße)* door-to-door transport
Havarie *f (Schiene, Schiff, Straße)* average
Havarie *f*/**besondere** *(Recht, Vers, Schiff)* particular average, P.A.
Havarie *f* **grosse** *(Recht, Vers, Schiff)* general average
Havarie-grosse-Schlussbericht *m (Schiff)* general average statement
Havarie-grosse-Verpflichtungsschein *m (Schiff)* general average bond
Havarie *f*/**kleine** *(Schiff)* petty average
Havariekommissar *m (Schiene, Schiff, Straße)* average adjuster
Heck *n* 1. *(Schiff)* stern; 2. *(Straße)* back
Heckklappe *f* 1. *(Schiff)* stern door; 2. *(Straße)* back door, tailgate
Heckpforte *f (Schiff)* stern door *(beim Ro-Ro-Schiff)*
Herausgeber *m (ZollAHa)* issuer
Herfahrt *f (Schiene, Schiff, Straße)* inward journey, return journey *(Rückreise, Rückfahrt)*
Herfracht *f (ALog)* inward cargo, inward freight
Herkunft *f (ZollAHa)* origin
Herkunftsland *n (ZollAHa)* country of origin
Hersteller *m (ALog)* manufacturer
Herstellererklärung *f (Recht, ZollAHa)* manufacturers declaration
HGB *(Abk. für: Handelsgesetzbuch) (ALog)* German commercial code, code of commercial law
Hifo-Prinzip *n (ALog, Lager)* highest in - first out, hifo *(die wertmäßig höchste Ware wird zeitlich zuerst wieder ausgeliefert; Bestandsbewertung)*
Hilfspackmittel *npl (ALog)* auxiliary packing aids
Hindernisse *npl (Recht, Vers)* barriers, hurdles
Hinflug *m (Luft)* outward flight
Hinreise *f (Schiene, Straße)* outward journey; outward leg
Hochgeschwindigkeitszug *m (Schiene)* high-speed train, HST
Hochregal *n (Lager)* high rack
Hochregallager *n (Lager)* high bay warehouse *(Lagerart mit einer Stapelhöhe, die über sechs Meter liegt; entweder handelt es sich um eine freistehende Konstruktion als Palettenregal, das in einer entsprechend hohen Halle untergebracht ist, oder es werden die Wände und das Dach der Halle direkt an dem Regal angebracht: Lagersilo = storage silo 12 m bis 45 m Höhe)*
Hochregalstapler *m (Lager)* high rack stacker
Höchstbestand *m (Lager)* maximum stock level
höchstens *(ALog)* maximum
Höchstgewicht *n (ALog)* maximum weight
Höchstlademaß *n (Schiene)* maximum loading gauge
Höchstschaden *m*/**wahrscheinlich anzunehmender** *(Recht, Vers)* probable maximum loss, PML
Hochwasser *n (Schiff)* flood, high tide
Höhe *f (ALog)* height
Hoheitsgebiet *n (Schiff)* sovereign territory *(12 Seemeilen von der Küstenlinie)*
Holz *n*/**glasfaserverstärktes** *(ALog)* plywood
Holzkiste *f (ALog)* wooden case
Hublast *f (Lager)* lifting capacity, lifting power
Hubmast *m (Lager)* lift pole, lifting mast
Hubmastkette *f (Lager)* lift pole chain
Hubraum *m (ALog)* cylinder capacity
Hubwagen *m (Lager)* hand lift truck, jack lift
Huckepackverkehr *m (Schiene, Straße)* piggyback traffic, piggy-back traffic *(kombinierter Verkehr, bei dem LKW, Sattelzüge, Auflieger und Wechselbehälter als Ladeeinheiten des Schienenverkehrs auf Eisenbahnwaggons transportiert werden; the use of rail wagons for the transport of road trailers by rail; BE road-rail transport = Straße-Schiene--Transport)*
Hundert/von *(v.H.) (ALog)* p.c., per cent *(Prozent)*
Hupe *f (ALog)* signal horn

I

IATA-Bodenabfertigungsvertrag *m (Luft, Recht)* standard ground handling agreement, SGHA *(häufig benutzte IATA--Standardisierung vertraglicher Leistungen und entsprechender Abfertigungsentgelte)*

IATA-Gefahrgutverordnung *f (Luft)* IATA dangerous goods regulations, DGR

IATA-Luftbeförderungsbedingungen *fpl (Luft)* IATA conditions of carriage

IATA-Luftfracht-Agent *m (Luft)* IATA Cargo-Agent

IATA-Vertragsbedingungen *fpl (Luft)* IATA conditions of contract *(abgedruckt auf der Frachtbriefrückseite und zwingend vorgeschrieben)*

ILN *(Abk. für: Internationale Lokationsnummer) (Inf)* Global Location Number *(identifiziert international die volle Firmen- oder Betriebsbezeichnung sowie die Anschrift; sie wird von den GS1-Organisationen vergeben)*

Impfnachweis *m (Recht)* certificate of vaccination

Importeur *m (ZollAHa)* importer

Importlizenz *f (ZollAHa)* import licence

Inanspruchnahme *f (Recht, Vers, ZollAHa)* recourse

Indossament *n (Schiff)* endorsement *(Übertragungseintragung auf einem Konnossement)*

indossieren *v (Schiff)* endorse

Indosso *n (Schiff)* endorsement

Industrie *f (ALog)* industry

Industriezentrum *n (ALog)* hub of industry, *(AE)* industrial center, *(BE)* industrial centre

ineinandergesetzt *(ALog)* nested *(bei in sich gestapelten Transportbehältern)*

Informationsfähigkeit *f (Inf)* information ability

Informationsfluss *m (Inf)* flow of information

Informationspflicht *f (Recht, Vers)* duty to inform, reporting requirement

Inhabergenehmigung *f (Schiene, Straße)* owner licence

Inhalt *m (ALog)* content • **Inhalt unbekannt** *(Schiff)* said to contain *(unbegründete Unbekanntheitsklausel nach § 646 HGB)*

Inhaltsangabe *f (ALog)* declaration of goods

Initialhub *m (Lager)* initial lift *(durch den Initialhub werden die Radarme eines FFZ angehoben)*

Inkasso *n (Recht, ZollAHa)* collection

Inkassoauftrag *m (Recht, ZollAHa)* collection order

inklusive *(ALog)* including

Inlandsmarkt *m (ALog)* domestic market

Innenmaße *npl (ALog)* inside measurement

Instandhaltungsartikel *mpl (ALog)* maintenance, repair and overhaul items, MRO *(Artikel, die für den Zweck von Instandhaltungen beschafft werden)*

Instandsetzung *f (ALog)* overhauling, repair

Institut *n* **für Normung e.V./Deutsches** *(DIN) (ALog)* German Institute for Standardization (DIN)

Institut *n* **für Standardisierung/Europäisches** *(ALog)* European Committee for Standardization *(Comité Européen de Normalisation, CEN; cf Europäisches Komitee für Normung)*

Instrumentenlandesystem *n (Luft)* instrument landing system, ILS

Intelligenz *f***/künstliche** *(Inf)* artificial intelligence

Intralogistik *f (Schiene, Schiff, Straße, Luft)* in-house logistics, intralogistics *(innerbetrieblicher Material- und Informationsfluss)*

Inventur *f (Lager)* stocktaking, inventory

Inventur *f***/permanente** *(Lager)* perpetual inventory, PI

Inventuranweisung *f (Lager)* stocktaking regulations

Inventurarten *fpl (Lager)* stocktaking type

Inventurbestand *m (Lager)* inventory file

Inventurdifferenz *f (Lager)* inventory difference

ISPS-Zuschlag *m (Schiff)* international ship and port facility security code *(Sicherheitsgebühr)*

J

JIT-Belieferung *f (ALog, Pers)* JIT supply, just-in-time supply
JIT-Beschaffung *f (ALog, Pers)* JIT procurement, just-in-time procurement
JIT-Lieferung *f (ALog, Pers)* JIT supply, just-in-time supply
Jutesack *m (ALog)* jute bag

K

Kabinenzeit *f (Straße)* cabin time *(Zeit, die ein Lkw-Fahrer in seiner Kabine verbringt und nicht fährt oder in Arbeitsbereitschaft ist)*
Kabotage *f (Recht)* cabotage *(Güterverkehr zwischen zwei Orten desselben Staatsgebietes, der von ausländischen Frachtführern durchgeführt wird)*
Kai *m (Schiff)* wharf, wf., quay • **am Kai festmachen** *(Schiff)* wharf
Kaiannahmeschein *m (Schiff)* dock receipt
Kaiempfangsschein *m (Schiff)* dock receipt
Kaigebühr *f (Schiff)* wharfage *(Gebühr für die Benutzung des Kais; fee charged to a ship operator for using the wharf)*
Kaigebühren *fpl (Schiff)* quay dues
Kaigeld *n (Schiff)* wharfage, pierage, quayage *(Gebühr für die Benutzung des Kais; fee charged to a ship operator for using the wharf)*
Kailagergeld *n (Schiff)* quay rent
Kaischuppen *m (Schiff)* quay shed, dock shed
kalibrieren *v (ALog)* calibrate
Kalibrierung *f (ALog)* calibration, sizing
kalkulieren *v (ALog)* calculate
Kanal *m (Schiff)* channel, canal
Kanalabgaben *fpl (Schiff)* canal fees
Kanalzuschlag *m (Schiff)* canal transit charge
Kanister *m (ALog)* canister
Kanne *f (ALog)* can
Kapazität *f (ALog)* capacity
Kapazitätsplanung *f (ALog)* capacity planning
Kapital *n***/betriebsnotwendiges** *(ALog)* necessary operating capital
Kapitalbindung *f (Lager)* capital lockup *(Ware; durchschnittlicher Bestand bewertet zum Einkaufspreis)*
Kargo *m (Luft, Schiff)* cargo
Kargoversicherung *f (Luft, Schiff)* cargo insurance *(Synonym: Frachtversicherung)*
Karosserie *f (ALog)* body
Kartellbehörde *f (Recht, Vers)* cartel authority
Karton *m (ALog)* card board box
Karussellregal *n (Lager)* roundabout rack
Kasko , Maschine etc. *(Recht, Vers)* hull, machinery etc., H.and M. etc. *(bei Motorschiffen)*
Kasko und Zubehör *(Recht, Vers)* hull and materials, H. and M. *(bei Segelschiffen)*
Kasse gegen Dokumente *(Recht, Zoll-AHa)* cash against documents
Käufer *m (ALog, Recht)* buyer, purchaser
Kaufpreis *m (ALog, Recht)* purchase price
Kaufverpflichtung *f (Recht)* obligation to buy • **ohne Kaufverpflichtung** no obligation to buy
Kaufvertrag *m (Recht)* purchase contract, contract of sale
Kennzahlen *fpl* **zur Leistungsmessung** *(ALog)* key performance indicators, KPI
Kennzeichen *n (ALog)* code
Kennzeichen *n***/amtliches** *(Straße)* licence plate
Kennzeichenteilung *f (Luft)* code sharing
Kennzeichnungspflicht *f (Lager)* labelling obligation
Kennziffer *f (Inf)* code number
KEP-Dienst *m (Abk. für: Kurier-, Express- und Paketdienst) (ALog)* parcel transportation (service) *(Transport von Päckchen, Kleinstückgütern oder Dokumenten mit begrenztem Volumen oder Gewicht, meist bis ca. 30 kg; gestattet hohe Standardisierung und damit die vereinfachte Automatisierung von Sortierung und Umschlag)*
Kesselnutzfahrzeug *n (Straße)* road cauldron

Kfz *n (Abk. für: Kraftfahrzeug) (Straße)* vehicle, motor vehicle
Kfz-Haftpflicht *f (jarg) (Vers)* third-party motor insurance
Kfz-Haftpflichtversicherung *f (Vers)* third-party motor vehicle insurance, third-party automobile insurance, *(BE)* motor insurance
Kfz-Kennzeichen *n (Straße)* car registration number, *(AE)* car license number; *(AE)* license plate, *(BE)* licence plate *(Kennzeichenschild)*
Kfz-Versicherung *f (Vers) (BE)* motor insurance
Kiste *f (ALog)* case
Kiste f/beschädigte *(Schiff, Vers)* case damaged
Klassifizierung *f (Schiff)* classification
Klausel f/kassatorische *(Recht, Schiff)* forfeiture clause *(Ungültigkeitserklärung weiterer Originale; Konnossementoriginale - meistens 3 - verbriefen das gleiche Recht auf die Ware; wird jedoch ein Original vom rechtmäßigen Besitzer im Bestimmungshafen nach Schiffsankunft eingereicht, so verlieren die anderen Originale ihren Anspruchsrechte)*
Kleinteilelager *n (Lager)* small-parts warehouse
Kleinteilelager n/automatisches *(AKL) (Lager)* small-parts storage system, automated small-parts storage, automated small-parts warehouse
Kleinwasserzuschlag *m (Schiff)* low-water surcharge
kodieren *v (Inf)* code, encode, encrypt
Kodierung *f (Inf)* coding, encoding, encryption
Koffer *m (ALog)* trunk (suitcase)
Kofferaufbau *m (Schiene, Straße, Lager)* box body
Kolli *npl (ALog)* packages
Kolliliste *f (ALog)* package list
Kollo *n (ALog)* package
Kombinationstransportunternehmer *m (Straße, Schiene, Schiff)* combined transport operator, CTO, multi-modal transport operator
Kombiverkehr *m (Straße, Schiene)* combined road-rail transport *(Synonym: kombinierter Verkehr; rollende Landstraße = piggyback transport)*
Komitee für Normung/Europäisches *(ALog)* European comittee for standardization *(Comité Européen de Normalisation, CEN; eine privatrechtlich-gemeinnützige Vereinigung mit Sitz in Brüssel; Mitglieder sind u. a. die nationalen Normungsinstitute aus der EU und der EFTA; Aufgabe: die Entwicklung europäischer Standards; cf www.ce-norm.be)*
Kommission *f (ALog, Lager)* commission
Kommissionär *m (ALog, Lager)* commission agent
Kommissionierbehälter *m (Lager)* picking container
Kommissioniereinheit *f (Lager)* picking unit
kommissionieren *v (Lager)* pick *(Ware auftragsbezogen entnehmen und zusammenstellen)*
kommissionieren v/artikelweise *(Lager)* pick by item
Kommissionierlager *n (Lager)* picking location
Kommissionierleistung *f (Lager)* order picking performance
Kommissionierliste *f (Lager)* picking list
Kommissionierplatz *m (Lager)* picking location
Kommissionierung *f (Lager)* order picking
Kommissionierung f/akustische *(Lager)* acoustical picking
Kommissionierung f/bandunterstützte *(Lager)* pick-to-belt *(Kommissionierprinzip, bei dem die zu kommissionierende Ware direkt auf ein Abförderband gelegt wird)*
Kommissionierung f/beleglose *(Lager)* voucherless picking
Kommissionierung f/chaotische *(Lager)* random picking
Kommissionierung f/filialgerechte *(Lager)* store-compatible picking *(empfängerbezogene Kommissioniermethode, die Ware nicht entsprechend dem Layout des Handelslagers vornimmt, sondern entsprechend dem Layout der zu beliefernden Filiale)*
Kommissionierung f/papierlose *(Lager)* paperless picking
Kommissionierung f/sequenzielle *(Lager)* sequential picking
Kommissionierung f/sprachgeführte *(Lager)* pick-by-voice *(System, bei dem der Kommissionierer die Anweisungen über einen Kopfhörer erhält und über ein*

Mikrophon die Ausführung bestätigt, der Kommissionierer hat so beide Hände frei)

Kommissionierung *f*/**visuell geführte** *(Lager)* pick-by-light

Kommissionierung *f*/**zweidimensionale** *(Lager)* two-dimensional picking

Kommissioniervorgang *m (Lager)* picking process

Kompaktlager *n (Lager)* block storage

Komplementärartikel *m (ALog)* complementary item *(Artikel, die einen anderen Artikel im Nutzen ergänzen)*

Komplettladung *f (Schiene, Schiff, Straße)* complete load, full load *(Gütermenge die für einen Transport bei einem Versender abgeholt und ohne Umschlag an einen Empfänger transportiert wird und die allein das Transportmittel auslastet)*

konfektionieren *v (ALog, Lager)* assemble, tailor

konfektioniert *(ALog, Lager)* ready made, customized fabricated *(Veredelung von Ware bzw. Produktion neuer Artikel durch das Zusammenfügen von Fertig- und/oder Halbfertigprodukten)*

Konferenz der Verkehrsminister/Europäische *(CEMT) (ALog, ZollAHa)* European Conference of Ministers of Transport, ECMT

Konferenzgebiete *npl (Luft)* traffic conference areas, TC (areas)

Konferenzschiff *n (Schiff)* conference vessel *(ein nach den abgestimmten Bedingungen und Verhaltensweisen eines Reederkartells einzusetzendes Schiff: nach nationalem Recht und EU-Wettbewerbsrecht grundsätzlich verboten; a vessel belonging to a shipping conference, i.e. a cartel of ship owners offering services on particular sea routes under agreed conditions)*

Königszapfen *m (Straße)* king pin *(Verbindungszapfen zwischen LKW-Zugmaschine und Sattelauflieger)*

Konnossement *n (ALog)* bill of lading, shipping note, waybill, shipping bill, b.l., B/L

Konnossement *n*/**reines** *(Schiff)* clean bill of lading *(Seefrachtbrief ohne Schadensvermerk)*

Konossement *n*/**unreines** *(Schiff)* flawed bill of lading *(Seefrachtbrief mit Beschädigungsvermerk)*

Konsensualvertrag *m (Recht)* consensus contract *(formlose übereinstimmende Willenserklärung)*

Konsignation *f (ALog)* consignment

Konsignationslager *n (Lager)* consignment warehouse *(bis zur Entnahme bleiben hier die eingelagerten Waren im Besitz des Lieferanten; der Abnehmer bezahlt nur für die tatsächlich entnommene Ware; die Bezeichnung geht auf das Konsignationsgeschäft zurück, in dem ein Importeur in Kommission für einen Exporteur den Verkauf von Waren vermittelt und dafür eine Provision erhält)*

Konsignationsware *f (ALog)* goods of consignment

konsolidieren *v (ALog)* consolidate

Konsolidierung *f (ALog)* consolidation

Konsulatsfaktura *f (Schiff, Recht, ZollAHa)* consular invoice

Konsulatsgebühren *fpl (Schiff, Recht, ZollAHa)* consular charges

Konsumentenresonanz *f*/**effiziente** *(Inf)* efficient consumer response, ECR *(Synonym: effiziente Reaktion auf Verbraucheranfragen; effiziente Reaktion auf die Kundenanfrage; logistics concept with the aim to minimize inventory and logistics cost and to optimize product availability = Produktverfügbarkeit; partnerschaftliches Distributionssystem der Konsumgüterindustrie und des Handels zur betriebsübergreifenden Optimierung komplexer Prozesse entlang der Wertschöpfungskette; der Einsatz verschiedener Managementmethoden zielt auf die effiziente Reaktion auf Anfragen durch die bedarfsorientierte = demand--driven bzw. verbraucherorientierte Steuerung der Versorgungskette = consumer-oriented control of the supply chain; cf SCM)*

Konsumgüter *npl*/**langsam drehende** *(ALog)* slow-moving consumer goods, SMCG

Konsumgüter *npl*/**schnell drehende** *(ALog)* fast-moving consumer goods, FMCG

Konsumgüterlogistik *f (ALog)* consumer goods logistics

Kontingent *n (Recht)* quota, contingent

Konto *n (ALog)* account

Kontoauszug *m (ALog)* statement of account

Kontokorrentkredit *m (ALog)* overdraft, sight credit
Kontrakt *m (ALog)* contract, agreement
Kontraktfahrt *f (Schiff)* contract of affreightment *(langfristige Bindung an einen Befrachter, z. B. beim Tankschiff)*
Kontraktlogistik *f (ALog)* contract logistics
Kontraktrate *f (Schiff)* contract rate
Kontrolle *f (Schiene, Schiff, Straße)* check, inspection, monitoring, supervision
Kontrolle *f*/**automatische** *(Straße)* automatic control
Kontrolle *f*/**mobile** *(Schiene, Schiff, Straße)* mobile control
Kontrollgerät *n (Recht, Straße)* control unit
Kontrollkarte *f (Straße)* control card
Kontrollspanne *f (ALog)* span of control *(Anzahl der Stellen, die einer Instanz direkt untergeordnet sind; Synonym: Führungsspanne, Leitungsspanne; anders: logistische Kontrollspanne)*
Kontrollspanne *f*/**logistische** *(ALog)* logistical span of control *(maßgebliche Einflussnahme auf die Ausgestaltung des Logistikkanals; sie verschiebt sich, zu Lasten der erzeugenden Industrie, zugunsten des marktmächtigen Handels und der Logistik mit ihren anspruchsvollen Informationssystemen; the logistical span of control develops to the disadvantage of the manufacturing industry and in favour of the logistics industry and the distributive trade)*
Kontrollverwiegung *f (Schiene, Schiff, Straße)* check weighing
Konzernverkehr *m (Schiene, Schiff, Straße)* intergroup transport
Konzession *f (Recht)* licence, concession • **Konzession erteilen** *(ALog, Recht) (AE)* license, grant a license, *(BE)* grant a licence
Kopframpe *f (Straße)* end-loading ramp
Kopie *f (ALog)* copy
Koppelverband *m (Schiff)* shared hook--up *(Verband zwischen einem Schubschiff und mehreren Leichtern)*
Kosten *pl (ALog)* cost, charges • **auf Kosten und Gefahr von** *(Recht, Vers, ZollAHa)* on account and risk of • **ohne Kosten** *(Recht, Vers)* no charges
Kosten *pl*/**andere** *(ALog)* other charges *(Synonym: sonstige Kosten)*
Kosten *pl* **der Lagerhaltung** *(Lager)* storage costs, holding cost, warehousing costs *(Synonym: Lagerkosten)*
Kosten *pl*/**direkte** *(ALog)* direct charges, direct costs
Kosten *pl*/**fixe** *(ALog)* fixed costs, constant costs, capacity costs *(Synonym: Fixkosten; business costs that are constant whatever the amount of goods produced, z. B. Miete)*; costs of readiness *(i.S.v. Bereitschaftskosten)*
Kosten *pl*/**indirekte** *(ALog)* indirect charges, indirect costs
Kosten *pl*/**kalkulatorische** *(ALog)* imputed costs
Kosten und Fracht *(CFR) (Recht, ZollAHa)* cost and freight, CFR *(cf Anhang: Incoterms 2000)*
Kosten *pl*/**variable** *(ALog)* variable costs
Kosten, Versicherung, Fracht *(CIF) (Recht, ZollAHa)* cost, insurance, freight, CIF *(cf Anhang: Incoterms 2000)*
Kostendeckungspunkt *m (ALog)* break-even point, break-even-point *(Gewinnschwelle)*
Kostenrechnung *f (ALog)* cost calculation, costing
Kraftfahrzeug *n (Kfz) (Straße)* vehicle, motor vehicle
Kraftfahrzeughaftpflichtversicherung *f (Vers)* third-party motor vehicle insurance, third-party automobile insurance, *(BE, jarg)* motor insurance *(Synonym: Kraftfahrzeug-Haftpflichtversicherung; jarg: Kfz-Haftpflicht)*
Kraftfahrzeugschein *m (Recht)* motor vehicle registration certificate
Kraftfahrzeugsteuer *f (Straße)* motor vehicle tax
Kraftstoff *m (ALog)* fuel, *(AE)* gas, *(AE)* gasoline, *(BE)* petrol
Kraftstoffmesser *m (Luft, Schiff, Straße) (AE)* fuel gage, *(BE)* fuel gauge
Kraftstoffpreis *m (ALog)* fuel price
Kraftstoffverbrauch *m (ALog)* fuel consumption
Kragarmregal *n (Lager)* cantilever shelf
Kragarmregallager *n (Lager)* cantilever shelf warehouse
Kran *m (Schiff)* crane
Kranausleger *m (Schiff)* jib boom

Krankenhauslogistik *f (ALog)* hospital logistics
Krankenversicherungsnachweis *m (Pers, Recht, Vers)* proof of health insurance cover
Kreditnota *f (ALog)* credit note
Kreisförderer *m (Lager)* circle conveyer
Kriegsklausel *f (Schiff, Vers)* war clause
Kriegszuschlag *m (Schiff, Vers)* war risk surcharge, WRS
Kubikmeter *m (ALog)* cubic metre
Kugelrollentisch *m (Lager)* ball table
Kühlauflieger *m (Straße)* temperature--controlled trailer *(LKW-Sattelauflieger mit Kühlaggregat für den Transport von temperaturempfindlichen Gütern)*
Kühlcontainer *m (Schiene, Schiff, Straße)* reefer, temperature-controlled container
Kühlfahrzeug *n (Straße)* reefer
Kühlgut *n (Schiene, Schiff, Straße, Luft)* reefer cargo
Kühlhaus *n (Lager)* cold store, refrigerated warehouse
Kühlladung *f (Schiene, Schiff, Straße)* refrigerated cargo
Kühlraum *m (Lager)* reefer
Kühlschiff *n (Schiff)* reefer, reefer vessel
Kümo *n (Abk. für: Küstenmotorschiff) (Schiff)* short sea vessel
Kumulation *f (ALog, Recht, ZollAHa)* cumulation *(Synonym: Kumulierung; einheitliche Regeln, welche die Einbeziehung von Vorerzeugnissen aus Be- oder Verarbeitungsvorgängen in bestimmten Partnerländern zum Erwerb oder zur Beibehaltung des präferenziellen Ursprungs der Waren erlauben; rules allowing components and processing in certain partner countries to be considered for the acquisition or maintenance of preferential origin; Waren mit Ursprung aus einem Land der paneuropäischen Kumulation erfüllen die Kriterien zur Gewährung der Zollpräferenz; cf paneuropäische Kumulation)*
Kumulation f/paneuropäische *(ALog, Recht, ZollAHa)* Pan-European Cumulation, Pan-European Cumulation Area *(Synonym: paneuropäische Kumulationszone; Mitglieder: EU-27, die Schweiz, die EWR-Mitglieder Norwegen, Liechtenstein und Island sowie Ceuta, Melilla und die Türkei; seit 1. Juni 2004 Präferenzzone mit einheitlichen Regeln für die Bestimmung des präferenziellen Ursprungs und die präferenzielle Behandlung von Ursprungszeugnissen; Waren mit Ursprung aus einem Land der paneuropäischen Kumulation erfüllen die Kriterien zur Gewährung der Zollpräferenz; a single preferential area with uniform rules for the determination of the preferential origin)*
Kumulationszone f/paneuropäische *(ALog, Recht, ZollAHa)* Pan-European Cumulation Area, Pan-European Cumulation *(cf paneuropäische Kumulation)*
Kumulierung *f (ALog, Recht, ZollAHa)* cumulation *(Synonym: Kumulation; cf Kumulation, paneuropäische Kumulation)*
Kunde *m (ALog)* client, customer
Kündigung *f (Recht, Vers)* notice of cancelation
Kurier-, Express- und Paketdienst *(KEP-Dienst) (ALog)* parcel transportation (service) *(Transport von Päckchen, Kleinstückgütern oder Dokumenten mit begrenztem Volumen oder Gewicht, meist bis ca. 30 kg; gestattet hohe Standardisierung und damit die vereinfachte Automatisierung von Sortierung und Umschlag)*
Kurs *m (ZollAHa)* conversion rate *(Währung)*
Kursschwankung *f (ZollAHa)* currency fluctuation
Kurzstrecke *f (Luft)* short haul *(Strecken bis ca. 1000 km oder ca. 90 Minuten)*
Kurzstreckenflug *m (Luft)* short-haul flight
Küste *f (Schiff)* coast
Küstenmotorschiff *n (Kümo) (Schiff)* short sea vessel
Küstenverkehr *m (Schiff)* short sea shipping *(Kurzstreckentransportverkehr im Bereich der Küstenschifffahrt; die Transporte erfolgen in küstennahen Gewässern über eine relativ kurze Strecke)*
KV *(Abk. für: kombinierter Verkehr) (Schiene, Straße)* intermodal transport, combined traffic, combined transport *(verkehrstechnischer Begriff für Gütertransporte, bei denen komplette Transporteinheiten - meist Container, Wechselbehälter, Sattelanhänger oder komplette LKW - auf der Strecke von mindestens zwei*

unterschiedlichen Verkehrsmitteln - LKW, Eisenbahn oder Schiff - befördert werden)

L

Ladebaum *m (Schiff)* derrick
Ladebordwand *f (Straße)* tail lift
Ladebucht *f (Straße)* loading bay
Ladedauer *f (ALog)* loading time
Ladeeinheit *f (Schiene, Schiff, Straße, Luft)* loading unit
Ladeeinheit *f*/**einheitliche** *(Luft)* unit load device, ULD *(Palette oder Container im Luftftrachtverkehr)*
Ladeeinheit *f*/**vereinfachte** *(ALog)* simplified loading unit *(Ladeeinheit entspricht der Liefereinheit)*
Ladefähigkeit *f* 1. *(ALog)* carrying capacity, load capacity, loading capacity, deadweight capacity, dwc, bulk capacity, cargo tonnage, deadweight tonnage, dwt; 2. *(Schiff)* dead weight carrying capacity, dwcc, deadweight, dw *(Tragfähigkeit eines Schiffes minus Brenn- und Schmierstoff, sämtliches Wasser an Bord, Besatzung, Ausrüstung und Proviant)*
Ladefaktor *m (Luft, Schiene, Straße)* load factor *(Logistik-Kennziffer zum Auslastungsgrad der zur Verfügung stehenden Kapazität mit zwei Ausprägungsformen: 1. Sitzladefaktor = SLF = seat load factor = passenger load factor; 2. Nutzladefaktor = NLF = over all load factor; operational logistics ratio; the percentage by which the capacity of a vehicle is occupied or utilized: seats occupied or tonnes carried on a goods vehicle in relation to total capacity)*
Ladefläche *f (ALog)* loading area, loading surface
Ladehilfsmittel *n (Straße, Schiene, Schiff, Luft)* loading device *(Spanngurte, Bretter, Balken, Ketten etc., die zur Ladungssicherung verwendet werden)*
Ladehöhe *f (Schiene, Schiff, Straße, Luft)* loading height
Ladelänge *f (Schiene)* loading length
Ladeliste *f (Schiene, Schiff, Straße, Luft)* loading list, loading manifest *(Verzeichnis über die auf einem Transportmittel verladenen Sendungen)*
Ladeliste *f*/**detaillierte** *(Schiff)* detailed loading list
Ladeliste *f*/**qualifizierte** *(Schiff)* detailed loading list *(nicht mehr gebräuchliche Bezeichnung für detaillierte Ladeliste)*
Ladeluke *f (Schiff)* hatch, cargo hatchway
Lademanifest *n (Schiff)* loading list, loading manifest *(es enthält neben Daten über Fahrtroute, Verlader und Verladehafen auch eine genaue Warenbeschreibung)*
Lademaß *n (Schiene)* loading gauge, loading dimension, profile *(Begrenzung, die eine Ladung im geraden Gleis nicht überragen darf)*
Lademeter *m (Straße, Schiene, Schiff, Luft)* loading metre
Lademittel *n (Straße, Schiene, Schiff, Luft)* loading tackle *(Paletten, Gitterboxen, Wechselbrücken, Container zur Vereinfachung von Umschlagstätigkeiten)*
Ladeplatz *m* 1. *(Schiff)* loading berth; 2. *(Straße)* loading bay
Ladeplatzberechtigung *f (Schiff)* dock warrant
Laderampe *f (Schiene, Schiff, Straße, Luft)* loading ramp, loading dock
Laderaum *m (Schiene)* storage space, loading space
Laderaumangebot *n (Straße)* available shipping space
Ladeschein *m (Recht, Vers)* bill of lading, B/L, shipping note, waybill
Ladeschluss *m (Schiene, Schiff, Straße, Luft)* closing for cargo
Ladestation *f (ALog)* charging point
Ladezeit *f (ALog)* loading time
Ladezone *f (Straße)* loading area, loading bay
Ladung *f (Schiene, Schiff, Straße, Luft)* load *(Gütermenge, die für einen Transport zusammengestellt und transportiert wird)*
Ladung *f*/**gefährliche** *(ALog)* dangerous cargo
Ladung *f*/**schwimmende** *(Schiff)* cargo afloat *(Synonym: schwimmende Fracht)*
Ladung *f*/**sperrige** *(Schiene, Schiff, Straße, Luft)* bulky cargo
Ladung *f*/**vorgestaute** *(Schiff)* pre-stuffed load

Ladungseinheit *f (ALog)* unit load
Ladungskapazität *f (Straße)* cargo capacity, CC
Ladungsmangel *m (Schiene, Schiff, Straße)* lack of cargo
Ladungssicherung *f (Schiene, Schiff, Straße, Luft)* security of loads, cargo securing
Ladungsträger *m (ALog)* loading unit, LU *(tragendes Mittel zur Zusammenfassung von Gütern zu einer Ladeeinheit, z. B. Palette)*
Ladungsverzeichnis *n (ZollAHa)* manifest • **im Ladungsverzeichnis anzeigen** *(ZollAHa)* manifest • **im Ladungsverzeichnis aufführen** *(ZollAHa)* manifest
Lager *n (Lager)* stock; storeroom, store *(Raum für Waren, Güter)*; warehouse, whse, depot *(building)* • **ab Lager** *(ALog, Lager, Recht)* ex warehouse, x-warehouse • **Lager auffüllen** *(Lager)* restock, replenish
Lager *n*/**virtuelles** *(Lager)* virtual warehouse
Lagerart *f (Lager)* storage type
Lagerauftrag *m (Lager)* stock order
Lagerauslastunggrad *m (Lager)* warehouse rate of utilisation
Lagerbereich *m (Lager)* storage area
Lagerbestand *m (Lager)* inventory, warehouse stock, stock
Lagerbestand *m*/**durchschnittlicher** *(Lager)* average inventory
Lagerbestand *m*/**optimaler** *(Lager)* optimum warehouse stock
Lagerbestand *m*/**veralteter** *(ALog, Lager)* obsolete stock
Lagerbestandsbericht *m (Lager)* inventory report, stock report
Lagerbestellzettelsatz *m (LBS) (Lager)* warehouse order form, WOF
Lagerbewertung *f (Lager)* inventory valuation
Lagerbuchhaltung *f (Lager)* inventory accounting
Lagerbühne *f (Lager)* stock platform
Lagerdauer *f (Lager)* storage period
Lagerdauer *f*/**durchschnittliche** *(Lager)* average time of storage
Lagerdurchsatz *m (Lager)* stock throughput
Lagereinheit *f (Lager)* storage unit
Lagerentgelt *n (Lager)* storage charges
Lagerfläche *f (Lager)* storage space
Lagerfläche *f*/**überdachte** *(Lager)* canopied storage space
Lagerfüllgrad *m (Lager)* warehouse occupancy
Lagergebühr *f (Lager)* storage charge
Lagergebühren *fpl (Lager)* warehouse charges, storage chargees, storage
Lagergeld *n (Lager)* warehouse charges
Lagerhalter *m (Lager)* stockkeeper
Lagerhaltung *f (Lager)* warehousing, stockkeeping
Lagerhaltung *f*/**chaotische** *(Lager)* random storage
Lagerhaltung *f*/**gewerbliche** *(Lager)* commercial stockkeeping
Lagerhaltungskosten *pl (Lager)* storage costs
Lagerhaus *n*/**öffentliches** *(Lager)* public warehouse
Lagerhilfsmittel *n (Lager)* storage device
Lagerkennzahl *f (ALog)* inventory turnover ratio, storage key figure
Lagerkennziffer *f (Lager)* storage key figure, inventory turnover ratio
Lagerkosten *pl (Lager)* storage cost, warehouse charges, holding cost, warehousing costs *(Synonym: Kosten der Lagerhaltung)*
Lagerkostensatz *m (Lager)* storage fee
Lagerlogistik *f (Lager)* warehouse logistics
Lagermanagement *n (Lager)* warehouse management
lagern *v (Lager)* stock, shelve
Lageroptimierung *f (Lager)* warehouse optimisation
Lagerorganisation *f (Lager)* warehouse organisation
Lagerplatz *m (Lager)* bin location
Lagerplatz *m*/**dynamischer** *(Lager)* dynamic bin location
Lagerplatzkontrollzahl *f (Lager)* bin location reference number
Lagerplatznummer *f (Lager)* location number
Lagerreichweite *f (Lager)* stock duration
Lagerschein *m (Lager, Recht)* warehouse receipt, FIATA warehouse receipt, FWR
Lagersilo *n (Lager)* storage silo
Lagerspiegel *m (Lager)* bin status report
Lagerstelle *f (Lager)* bearing position
Lagertechnik *f (Luft)* warehouse technic
Lagerübernahmesatz *m (Lager)* stock-

keeping fee *(pauschaler Abrechnungssatz, meistens pro Palette, der alle anfallenden Lagerkosten beinhaltet)*

Lagerumschlag *m (Lager)* inventory turnover, stock turnover

Lagerumschlagsfaktor *m (Lager)* inventory turnover factor

Lagerumschlagshäufigkeit *f (LU) (Lager)* stock turn rate *(die Lagerumschlagshäufigkeit gibt an, wie oft sich das im Lager befindliche Material innerhalb einer genannten Periode umschlägt, d. h. wie oft sich das Material im Lager verbraucht oder verkauft und durch Neueinlagerung ersetzt wurde; bei der Lagerumschlagshäufigkeit wird der Materialverbrauch mit dem Lagerbestand in Beziehung gesetzt)*

Lagerung *f (Lager)* storage

Lagerung *f*/**gesonderte** *(Lager)* separate storage

Lagerung *f*/**sachgemäße** *(Lager)* appropriate storage

Lagerung *f*/**transportbedingte** *(Lager)* storage in transit

Lagerung *f* **und Ablagerung** *f* **von Abfällen** *(Lager)* storage and tipping of waste

Lagerung *f*/**verfügte** *(Lager, Recht)* command storage

Lagerung *f* **von Massengütern** *(Lager)* bulk floor storage, storage of bulk goods

Lagerveralterung *f (ALog, Lager)* obsolescence of stocks

Lagervertrag *m (Lager)* warehouse contract

Lagerverwaltung *f (Lager)* inventory management

Lagerverwaltungssystem *n (LVS) (Lager)* warehouse management system, WMS

Landbeschädigung *f (Recht, Vers)* country damage, C.D.

Landeerlaubnis *f (Luft)* clearance to land

Landegebühr *f (Luft)* landing charge

Landeplatz *m (Luft)* airfield; airstrip, landing strip *(Behelfsflugplatz)*

Landstraße *f (Straße)* country road

Landstraße *f*/**rollende** *(RoLa) (Straße, Schiene)* piggyback transport *(cf Huckepack-Verkehr, kombinierter = intermodaler Verkehr)*

Landtransport *m (Schiene, Straße)* surface transport

Landungsbrücke *f (Schiff)* landing stage

Länge *f (ALog)* length

Länge *f*/**fixe** *(ALog)* fix length

Länge *f* **über Puffer** *(Schiene)* length over buffers

Längenzuschläge *m (Schiene, Straße)* length additionals

Langsamdreher *m (Lager)* slow mover

Längseinlagerung *f (Lager)* lengthwise storage

Langstrecke *f (Luft, Straße)* long haul

Lärm *m (ALog)* noise

Lärmschutz *m (ALog)* noise protection

Lärmschutzwand *f (Straße)* noise protection wall

Laschkette *f (Schiff)* lash chain *(Kette zur Befestigung von Containern auf/über Deck)*

LASH-Schiff *n (Schiff)* ligther aboard ship, LASH *(Leichter- Mutterschiff mit bordeigenem Portalkran zur Aufnahme der Barges)*

Lastauto *n (Straße)* lorry, truck

Lastenaufzug *m (Lager)* freight elevator

Lastkraftwagen *m (LKW) (Straße) (AE)* truck, *(BE)* lorry

Lastwagentransport *m (Straße)* road transport

Lattenverschlag *m (Schiene, Schiff, Straße)* crate

Laufkran *m (Lager)* overhead crane

Laufleistung *f (Straße)* mileage, vehicle miles travelled, life, useful life *(allgemein: Nutzungsdauer)*

Laufzeit *f (ALog)* duration

LBA *(Abk. für: Luftfahrtbundesamt) (Luft)* Federal Office of Civil Aviation

LBS *m (Abk. für: Lagerbestellzettelsatz) (Lager)* WOF, warehouse order form

LCL *(Schiene, Schiff, Straße, Luft)* less than container load *(Sammelgutcontainer)*

Leasing *n (ALog)* leasing

Leckage *f (Schiff)* ullage *(Flüssigkeitsverlust, Gewichtsverlust bei Flüssigladung)*

Leercontainertransport *m (Schiff)* deadheadings

Leerfahrt *f (ALog)* empty run, empty trip

Leerfracht *f (ALog)* dead freight

Leergang *m (Schiff)* down time

Leergewicht *n (ALog)* dead weight, dead

load *(Synonym: Eigengewicht, Totgewicht, Totlast)*
Leergut *n (Schiene, Schiff, Straße)* empties; empty containers
Leergutlogistik *f (ALog)* reverse logistics
Leerplatz *m (Lager)* empty bin location
Leerrückfahrt *f (Straße)* single back
Leertonne *f (Schiene, Schiff, Straße)* deadweight ton, deadweight tonne
Leerverschiffung *f (Schiff)* idle shipping
Leichter *m (Schiff) (AE)* barge
Leichter-Mutterschiff *n (Schiff)* barge carrier *(Trägereinheit für Leichter)*
Leihemballage *f (ALog, Straße)* loan container
Leihverpackung *f (ALog, Straße)* loan container
Leistung *f (Schiene, Straße)* engine power, power output
Leistungen *fpl*/**nicht dem logistischen Kerngeschäft zurechenbare** *(ALog)* non-core services
Leistungsbedingungen *fpl* **Bahn/allgemeine** *(ALB) (Schiene)* general performance conditions for rail transport
Leistungseigenerstellung *f (ALog)* insourcing
Leistungsfremdvergabe *f (ALog)* outsourcing *(Fremdvergabe von bisher im Unternehmen erstellten Leistungen oder Funktionen)*
Leitsystem *n (ALog)* control system
Leitungsspanne *f (ALog)* span of control *(Anzahl der Stellen, die einer Instanz direkt untergeordnet sind; Synonym: Führungsspanne, Kontrollspanne; anders: logistische Kontrollspanne = logistical span of control)*
Leitungsweg *m (Schiene, Schiff, Straße, Luft)* detail of route
Lenkzeit *f (Straße)* working period, driving time
Lenkzeit *f*/**tägliche** *(Recht, Straße)* daily driving time
Lenkzeit *f*/**wöchentliche** *(Recht, Straße)* weekly driving time
Lenzpumpe *f (Schiff)* bilge pump
Liberalisierung *f (Schiene, Schiff, Straße, Luft)* deregulation, liberalisation
Lichtschranke *f (ALog)* light barrier
Lieferant *m (ALog)* supplier
Lieferant *m*/**externer** *(ALog)* external supplier *(Synonym: Fremdlieferant)*; third-party supplier *(Drittanbieter)*
Lieferantenauswahl *f (ALog)* supplier selection
Lieferantenbewertung *f (ALog)* evaluation of suppliers
Lieferantenerklärung *f (ALog, ZollAHa)* supplier's declaration
Lieferanweisung *f (ALog)* supplier's direction
Lieferavis *n (Inf)* dispatch advice message, DESADV *(Nachrichtentyp im EDIFACT)*
Lieferbedingungen *fpl (ALog, Recht)* terms of delivery, delivery terms *(Synonym: Lieferungsbedingungen)*
Lieferbedingungen *fpl*/**allgemeine** *(ALog)* general terms and conditions of delivery *(Synonym: allgemeine Lieferungsbedingungen)*
Lieferbelege *mpl (ALog)* delivery papers *(alle Schriftstücke, die für die Abwicklung und gegebenenfalls Begleitung einer Lieferung erstellt werden)*
Lieferbereitschaftsgrad *m (ALog)* service level
Liefereinheit *f (ALog)* delivery unit
Lieferfähigkeit *f (ALog)* supply availability *(Qualitätsindikator der Logistikleistung; zeigt, in welchem Maß das beauftragte Unternehmen die vom Kunden gewünschte Logistikleistung hinsichtlich Menge, Termin und Ort einhält)*
Lieferflexibilität *f (ALog)* delivery flexibility
Lieferfrist *f (ALog)* delivery time
Lieferfristangabe *f (Recht, Vers)* declaration of delivery time
Lieferfristgarantie *f (Recht, Vers)* guarantee of delivery time
Lieferfristüberschreitung *f (Recht)* exceeding delivery time
Lieferkette *f (ALog)* supply chain
Lieferkettenkontrollsystem *n (ALog)* supply chain event management, SCEM *(Kontroll- und Warnsystem für Abläufe in der Logistikkette)*
Lieferketten-Management *n (Inf, ALog)* supply chain management, SCM *(Synonym: Management der Versorgungskette; integriertes, softwaregestütztes Schnittstellenmanagement entlang der Wertschöpfungskette = value chain; oder: Planung, Steuerung und Kontrolle von Prozessen sowie dazugehöriger Informationen über laufende bzw. geplante*

Geschäftsaktivitäten innerhalb der Wertschöpfungs- bzw. Logistikkette)
Lieferkettensicherheit *f (ALog)* supply chain security
Lieferkontrolle *f (ALog)* delivery control
Liefermeldung *f (ALog)* dispatch notification
Lieferpapier *n (ALog)* shipping document
Lieferplanmeldung *f (ALog)* delivery schedule message
Lieferqualität *f (ALog)* delivery quality
Lieferschein *m (ALog)* delivery note, delivery ticket *(Vom Lieferanten erstelltes Dokument über den Umfang einer Lieferung mit der Beschreibung von einer oder mehreren Lieferpositionen von einem Verkäufer an einen Käufer)*
Lieferservice *m (ALog)* delivery service
Lieferservicegrad *m (ALog)* delivery service level
Liefertermin *m (Recht)* delivery date, d.d., date of delivery • **den Liefertermin einhalten** *(ALog, Recht)* meet the delivery deadline
Liefertermin *m*/**voraussichtlicher** *(ALog, Recht)* estimated delivery date, EDD
Liefertreue *f (ALog)* delivery reliability *(Qualitätsindikator der Logistikleistung in der Produktion; gibt Aufschluss darüber, wie groß der Anteil der termingerecht und vollständig ausgelieferten Aufträge an der Gesamtzahl der ausgelieferten Aufträge ist)*
Lieferung *f (ALog)* delivery, supply; shipment, consignment *(Versendung)*
Lieferung *f* **nur gegen Übergabe des Frachtbriefdoppels** *(ALog)* deliverery only against the duplicate of consignment note
Lieferung *f*/**verspätete** *(ALog, Recht)* delayed delivery
Lieferungsbedingungen *fpl (ALog, Recht)* terms of delivery, delivery terms *(Synonym: Lieferbedingungen)*
Lieferungsbedingungen *fpl*/**allgemeine** *(ALog)* general terms and conditions of delivery *(Synonym: allgemeine Lieferbedingungen)*
lieferungsbereit *adj (ALog)* ready to deliver
Lieferverzug *m (ALog, Recht)* default in delivery
Lieferwerk *n (ALog)* supplier
Lieferzeit *f (ALog)* lead time, period of supply, time of delivery
Lieferzuverlässigkeit *f (ALog)* delivery reliability
Liegegeld *n (Schiff)* demurrage
Liegetage *mpl (Schiff)* lay days
Liegezeit *f (Schiff)* demurrage
Liegezeit *f*/**durchschnittliche** *(Schiff)* average laytime, average layover
Liegezeit *f* **im Hafen** *(Schiff)* laytime, *(AE)* port turnaround time, *(BE)* port turnround time, *(AE)* ship turnaround time, *(BE)* ship turnround time *(Synonym: Hafenumschlagszeit, Wendezeit; die Be- und Entladungszeit im Hafen, time spent in harbour)*
Liegezeit *f*/**mittlere** *(Schiff)* average layover, average laytime
Lifo-Prinzip *n (Lager)* last in - first out, lifo *(zeitlich zuletzt eingelagerte Ware wird zeitlich zuerst wieder ausgelagert)*
Liftachse *f (Straße)* lift axle
Lilo-Prinzip *n (Lager)* last in - last out, lilo *(zeitlich zuletzt eingelagerte Ware wird auch zeitlich zuletzt wieder ausgelagert; bei Preisschwankungen für die Bestandsbewertung bedeutsames Verbrauchsfolgeverfahren)*
Liniendienst *m*/**unabhängiger** *(Schiff)* outsider
Linienflugverkehr *m (Luft)* scheduled flight traffic
Linienflugzeugführerschein *m (Pers, Luft)* airline transport pilot's licence, ATPL *(die Voraussetzung für die Führung eines im gewerblichen Linienluftverkehr eingesetzten Flugzeuges = scheduled aircraft = Linienmaschine)*
Linienschiff *n (Schiff)* liner vessel *(verkehrt regelmäßig auf bestimmten Routen)*
Linienschiff *n*/**direkt fahrendes** *(Schiff)* cross trader *(Schiffe, die im internationalen Linienverkehr eingesetzt werden ohne den Heimathafen anzulaufen)*
Lizenz *f*/**Schweizerische** *(Straße)* swiss licence
lizenzieren *v (ALog, Recht) (AE)* license
LKW *m (Abk. für: Lastkraftwagen) (Straße) (AE)* truck, *(BE)* lorry • **per LKW** by truck
LKW-Anhänger *m (Straße) (AE)* truck trailer

LKW-Fahrer *m (Straße)* trucker, *(AE)* truck driver
LKW-Kipper *m (Straße) (BE)* lorry tippler
LKW-Kran *m (Straße) (AE)* truck crane
LKW-Ladung *f (Straße)* truck load
LKW-Plane *f (Straße)* tarpaulin, tarp
LKW-Runge *f (Straße)* roof stick
LKW-Spriegel *m (Schiene, Schiff, Straße)* tarp hoop
LKW-Zubringerdienst *m (Luft)* road feeder service
Lofo-Prinzip *n (Lager)* lowest in - first out, lofo *(Synonym: LOFO-Methode; Materialwirtschaft; Ware mit dem niedrigsten Wert wird zuerst ausgeliefert; bei Preisschwankungen gewinnrelevantes Verbrauchsfolgeverfahren für die Bewertung des Vorratsvermögens = inventory valuation; die billigsten Gegenstände werden als zuerst verbraucht oder veräußert unterstellt)*
Logistik *f (ALog)* logistics *(Logistik ist Schnittstellenmanagement aller Güter- und Informationsflüsse entlang integrierter Wertschöpfungsketten = value chains; auch: die zeit- und kostenoptimierte Verfügung über Ressourcen zur Befriedigung des Bedarfs der Nachfrager; the time-related and cost-related positioning of resources to meet user requirements)*
Logistik *f*/**innerbetriebliche** *(ALog)* in--house logistics
Logistik *f*/**lokale** *(ALog)* on-site-logistics
Logistik *f*/**überbetriebliche** *(ALog)* corporate logistics
Logistikberatung *f (ALog)* logistics consultancy
Logistikcontrolling *n (ALog)* logistics controlling
Logistik-Dienstleister *m (ALog)* third--party logistics, logistics provider, third--party logistics provider, provider of logistical services *(aus Unternehmenssicht ein externer Dienstleister)*
Logistik-Dienstleistungen *fpl (ALog)* third-party logistics, logistical services
Logistiker *m (ALog)* logistician
Logistikkanal *m (ALog)* logistics channel
Logistikkette *f (ALog)* logistic chain
Logistikkosten *pl (ALog)* logistic costs
Logistikleistung *f (ALog)* logistics performance
Logistikleistungen *fpl (ALog)* logistical services *(unternehmerisches Angebot, Geschäftsmodell)*
Logistik-Leitstand *m (ALog)* logistics control panel *(ein Softwarewerkzeug zur Steuerung, Kontrolle und Visualisierung von logistischen Prozessen in einem Logistikzentrum)*
Logistikmanagement *n (ALog)* logistics management
Logistiksystem *n (ALog)* logistics system
Logistikzentrum *n (ALog)* logistic centre
Lohnabrechnung *f (Recht)* pay slip
Lokationsnummer *f*/**Internationale** *(ILN) (Inf)* Global Location Number, GLN *(identifiziert international die volle Firmen- oder Betriebsbezeichnung sowie die Anschrift; sie wird von den GS1-Organisationen vergeben)*
Lokomotive *f (Schiene)* railway locomotive
löschen *v (Schiff)* wharf, discharge *(freight, Fracht; Synonym: ausladen)*
Löschen *n (Schiff)* wharfage
Löschgeld *n (Schiff)* wharfage charge
Löschkosten *pl (Schiff)* discharging expenses
Löschplatz *m (Schiff)* discharging berth
Löschung *f* 1. *(Recht)* discharge, extinction *(z. B. Schuld)*; 2. *(ALog)* discharge, landing, unloading *(Frachtgut, freight, cargo)*
LU *(Abk. für: Lagerumschlagshäufigkeit) (Lager)* stock turn rate *(die Lagerumschlagshäufigkeit gibt an, wie oft sich das im Lager befindliche Material innerhalb einer genannten Periode umschlägt, d. h. wie oft sich das Material im Lager verbraucht oder verkauft und durch Neueinlagerung ersetzt wurde; bei der Lagerumschlagshäufigkeit wird der Materialverbrauch mit dem Lagerbestand in Beziehung gesetzt)*
Luftfahrtbundesamt *n (LBA) (Luft)* Federal Office of Civil Aviation
Luftfahrtstatistik *f (Luft)* aviation statistics
Luftfracht *f (Luft)* air freight, air cargo
• **per Luftfracht** by air freight
Luftfrachtabrechnungssystem *n (Luft)* cargo accounts settlement system, CASS
Luftfrachtbrief *m (Luft)* air waybill, AWB
Luftfrachtcontainer *m (AKE) (Luft)* air

cargo container *(standardisierter Luftfrachtcontainer)*

Luftfrachtertrag *m (Luft)* yield *(Luftfrachtertrag für die Beförderung einer Tonne Fracht oder eines Passagiers über einen Kilometer oder einer Meile)*

Luftfrachtführer *m (Luft)* air freight forwarder

Luftfrachtkosten *pl (Luft)* air freight charges

Luftfrachtraum *m (Luft)* air freight space

Luftfrachtspediteur *m (Luft)* consolidator

Luftfrachtverkehr *m (Luft)* air freight service

Luftfrachtverkehrsunternehmen *n (Luft)* carrier

Luftfrachtverpackung *f (Luft)* air freight packaging

Luftfrachtversand *m (Luft)* transport of air freight

Lufthoheit *f (Luft)* sovereignty over the airspace

Luftpost *f (Luft)* air mail

Luftverkehr *m* **der dritten Ebene** *(Luft) (AE)* third level operations *(in den USA Flugdienste mit kleineren Flugzeugen auf Nebenstrecken, z. B. Regionaldienste oder Zubringerdienste = feeder services)*

Luftverkehrsgesellschaft *f (Luft)* carrier, airline, airline company *(Synonym: Fluggesellschaft)*

Luftverkehrsgesetz *n (LuftVG) (Luft)* aviation law

Luftverkehrskreuz *n (Luft)* hub *(Synonym: Drehkreuz, Verkehrskreuz; Konzept: mit Hilfe von Zubringerlinien = feeder lines die systematische Zusammenführung von Passagieren und Fracht in einem Zentrum, dem Dreh- und Angelpunkt eines Streckennetzes, um zeitlich optimierte, kostengünstige Umsteige- und Umlademöglichkeiten sowie Größenvorteile = economies of scale im Hub und auf den Hauptstrecken zu erzielen)*

Luftverkehrsorganisation *f*/**Internationale** *(Luft)* International Air Transport Association, IATA *(weltweite Dachorganisation zur Vereinheitlichung und Regelung des internationalen Luftverkehrs)*

Luftverkehrsrecht *n (Luft)* air traffic law

Luftverkehrssicherheitsbehörde *f (Luft)* Transport Security Administration, TSA *(US-Behörde für die Sicherheit im Luftverkehr. Die Bedingungen, Einzelmaßnahmen und längerfristigen Strategien der TSA haben direkte Auswirkungen auf die europäischen Passagier- und Frachtmärkte)*

Luftverkehrstarif *m (Luft)* The Air Cargo tariff, TACT

LuftVG *(Abk. für: Luftverkehrsgesetz) (Luft)* aviation law

Luftvorhang *m (Lager, Straße)* air courtain

Luke *f (Schiff)* hatch

Lukendeckel *m (Schiff)* hatchway

LVS *(Abk. für: Lagerverwaltungssystem) (Lager)* warehouse management system

M

MAK *(Abk. für: Montrealer Abkommen) (Luft)* Montreal Agreement *(Rechtsnorm für die internationale Luftbeförderung)*

Management *n* **der Versorgungskette** *(Inf, ALog)* supply chain management, SCM *(Synonym: Lieferketten-Management; integriertes, softwaregestütztes Schnittstellenmanagement entlang der Wertschöpfungskette = value chain)*

Mann zur Ware *(MzW) (Lager)* men to goods *(Kommissionierprinzip der statischen Bereitstellung von Ware; die zu kommissionierende Ware bleibt bis zu Entnahme am Lagerplatz; der Kommissionierer bewegt sich zur Ware hin)*

Marge *f (ALog)* margin, mark-up

Marke *f (ALog)* mark *(Messpunkt)*; brand, trademark *(Marketing)*; make *(Fabrikat)*

Marketingflugnummer *f (Luft)* marketing flight number *(die Flugnummer des nicht operierenden Carriers bei Kooperationsflügen; Gegensatz: operationelle Flugnummer; Verwendung beim Codesharing)*

Markierung *f (ALog)* marking

Marktlage *f (Recht, Vers)* market situation

Marktpreis *m (Recht, Vers)* market price

Marktzugangsregelung *f (ALog)* policy of market access

Masse *f (ALog)* bulk

Maßeinheiten *fpl*/**angelsächsisch-imperiale** *(ALog)* imperial system of units

(gesetzliches angelsächsisches, nicht-metrisches = non-metric Maß- und Gewichtssystem in Großbritannien und Nordirland = UK = United Kingdom = VK = Vereinigtes Königreich; cf Anhang: Britische und amerikanische Maße, Gewichte und Umrechnungsfaktoren)

Massengut *n (Schiene, Schiff, Straße)* bulk good, bulk commodity

Massengutschiff *n (Schiff)* bulk carrier

Massenladung *f (Schiene, Schiff, Straße)* bulk cargo

Massentransport *m (Schiene, Schiff, Straße, Luft)* bulk shipment

Maß/Gewicht *(M/G) (Schiff)* weight/measurement, w/m

Maßliste *f (Schiene, Schiff, Straße, Luft)* volume specifaction

Materialbedarfsplanung *f (Lager)* material requirements planning

Materialbewirtschaftung *f (Lager)* materials handling, supply management

Materialfluss *m (Lager)* flow of material, materials handling

Materialwirtschaft *f (Lager)* inventory management, materials management, materials and logistics management, materials administration

Maut *f (Straße)* toll, road charge

Maximalgeschwindigkeit *f (ALog)* maximum speed

MDE *(Abk. für: mobile Datenerfassung) (Inf)* mobile data entry

Meer *n (Schiff)* sea, ocean

Mehraufwendung *f (Recht)* additional expenditure

Mehrfachflugnummer *f (Luft)* multiple flight number *(bei Benutzung mehrerer Flugnummern, z. B. bei Gemeinschaftsdiensten, wird gegenüber der Flugsicherung und den Flughäfen nur eine operationelle Flugnummer = operational flight number angegeben, anders: die Marketingflugnummer für den Vertrieb)*

Mehrfachkonnossement *n (Schiff)* multiple bill of lading *(nur für den Containerverkehr)*

Mehrkosten *pl (ALog)* additional charges

Mehrplatz-Lagersystem *n (Lager)* multi-bin storage system

Mehrwegverpackung *f (ALog)* returnable packing *(Verpackung, die zum mehrmaligen Gebrauch bei Liefer- und Transportvorgängen geeignet ist)*

Mehrwert *m (ALog, ZollAHa)* value added, added value, increased value, I.V. *(Synonym: Wertschöpfung)*

Mehrwertdienst *m (ALog)* value-added service

Mehrwertsteuer *f (MWSt) (ZollAHa, ALog)* value-added tax, VAT

Mehrzweckfrachter *m (Schiff)* multipurpose ship *(konventioneller Frachter)*

Mehrzweckwagen *m (Schiene)* multipurpose waggon

Meilen *fpl*/**maximal erlaubte** *(Luft)* maximum permitted mileage, MPM *(Grundlage für die Berechnung eines Durchgangsflugpreises zwischen zwei Orten)*

Meldebestand *m (Lager)* reorder level

Menge *f (ALog)* quantity

Mengengerüst *n (ALog)* quantity structure

Mengenplanung *f (ALog)* volume planning

Mengenrabatt *m (ALog)* quantity rebate

Mengenrabattrate *f (Luft)* quantity discount rate *(Untergruppe der Allgemeinen Frachtrate für Luftfrachtsendungen über 45 kg)*

Messegut *n (Schiene, Schiff, Straße, Luft)* fair goods

Messelogistik *f (Schiene, Schiff, Straße, Luft)* trade fair logistics

Meterlast *f (Schiene)* meter load *(Schienenbelastung)*

M/G *(Abk. für: Maß/Gewicht) (Schiff)* weight/measurement

MHD *(Abk. für: Mindesthaltbarkeitsdatum) (ALog)* best before date

Miete *f (ALog)* rent

Miet-LKW *m (Straße) (AE)* rental truck

Minderauslieferung *f (ALog, Recht, Vers)* short delivery, s.d.

Mindestabnahmemenge *f (ALog)* minimum order

Mindestbestand *m (Lager)* minimum stock level

mindestens *(ALog)* minimum

Mindestfrachtbeträge *mpl (Luft)* minimum charges *(Gruppe im IATA-Tarifgefüge)*

Mindestfrachtrate *f (ALog, Inf)* required freight rate, RFR

Mindesthaltbarkeitsdatum *n (MHD) (ALog)* best before date, BBD

Mindestliefermenge *f (ALog)* minimum delivery quantity
Mineralölsteuer *f (Recht, Straße)* fuel oil tax, tax on (fuel) oil, petroleum tax
Minimalfracht *f (ALog)* minimum freight
Mischpalette *f (ALog)* mixed pallet *(Palette, auf welche mehr als ein Artikel kommissioniert wurde)*
Mitführungspflicht *f (Straße)* obligation of entrainment
Mitnahmeeinheit *f (Straße)* on-board unit, OBU *(zur mobilen Erfassung der Mautgebühren im LKW)*
Möbelspediteur *m (ALog)* furniture remover
Möbelspedition *f (ALog)* removal company, removal firm, *(AE)* moving company
Möbeltransport *m (ALog)* furniture removal
Monatsabsatz *m*/**durchschnittlicher** *(ALog)* average monthly sales
Montage *f (ALog)* field installation, site assembled
Montrealer Abkommen *n (MAK) (Luft)* Montreal Agreement, MAK *(Rechtsnorm für die internationale Luftbeförderung)*
Motorgüterschiff *n (Schiff)* motor barge
Motorschiff *n (Schiff)* motor vessel, M.V
Muss-Angabe *f (ALog)* mandatory declaration
Muster *n (ALog)* sample
Muster *n* **ohne Wert** *(ALog)* sample of no commercial value
MWSt *(Abk. für: Mehrwertsteuer) (Zoll-AHa, ALog)* VAT, value-added tax
MzW *(Abk. für: Mann zur Ware) (Lager)* men to goods *(Kommissionierprinzip der statischen Bereitstellung von Ware; die zu kommissionierende Ware bleibt bis zu Entnahme am Lagerplatz; der Kommissionierer bewegt sich zur Ware hin)*

N

Nabe-Speiche-System *n (Straße)* hub-spoke system *(Frachtverkehrsnetz mit einem zentralen Umschlagplatz = hub - und darauf sternförmig zulaufenden Strecken = spoke)*
Nachbestellung *f (Lager)* reorder
Nachbestellungszeitpunkt *m (Inf, Lager)* point of reorder *(ein vorab definiertes Bestandsniveau, bei dessen Unterschreiten eine Nachbestellung ausgelöst wird)*
Nachlass *m (ALog)* discount, reduction; allowance
Nachlauf *m (Schiene, Straße, Schiff)* on-carriage *(Transport vom Empfangsspediteur = receiving carrier zum Empfänger)*
Nachlieferung *f (Lager)* subsequent delivery
Nachlieferung *f*/**kostenlose** *(ALog)* replacement free of charge
Nachnahme *f (Schiene, Schiff, Straße)* cash on delivery, COD • **mit Nachnahme belastet** *(Schiene, Schiff, Straße)* charged with an amount to be collected on delivery
Nachnahmebetrag *m (Schiene, Schiff, Straße)* amount to be collected on delivery
Nachnahmesendung *f (Schiene, Schiff, Straße)* COD consignment
Nachprüfung *f (ALog)* examination
Nachricht *f*/**elektronische** *(Inf)* electronic message
Nachschub *m (Lager)* replenishment
Nachschub *m*/**zeitsynchroner** *(Inf)* just-in-time supply, jit supply, time-phased replenishment *(in Warenwirtschaftssystemen = WWS = MIS = merchandise information systems)*
Nachversicherung *f (Vers)* additional insurance
nachvollziehen *v (ALog)* track
Nachweis *m (Recht)* proof
Nachwiegung *f (Schiene, Schiff, Straße, Luft)* re-weighing
Nahverkehr *m (Straße)* short-distance traffic
Namenskonnossement *n (Schiff, Zoll-AHa)* straight bill of loading
Nasscharter *f (Luft)* wet charter, wet lease *(der Vercharterer stellt - im Gegensatz zum Trockencharter - neben dem Flugzeug auch die Besatzung und übernimmt alle Kosten, die im Zusammenhang mit dem Flug entstehen; cf Trockencharter = dry charter, dry lease)*
Nässeschaden *m (ALog)* damage caused by moisture
Nebenabtrieb *m (ALog)* power take-off, PTO

Nebenfluss *m (Schiff)* tributary stream
Nebengebühren *fpl (ALog)* additional fees
Nebengleis *n (Schiene)* spur
Nebenhafen *m (Schiff)* outport
Nebenleistungen *fpl* 1. *(ALog)* ancillary services *(zusätzlich erbrachte Dienstleistungen)*; non-core services *(Randaktivitäten, nicht dem logistischen Kerngeschäft zurechenbare Geschäftstätigkeit)*; incidental services *(gelegentlich, beiläufig erbrachte Leistungen)*; 2. *(Pers)* fringe benefits *(zum Lohn, Gehalt wie Weihnachts- oder Urlaubsgeld)*
Nebenstelle *f (Inf)* extension *(telephone)*
netto *(ALog)* net
Nettobedingungen *fpl (ALog)* net terms
Nettogewicht *n (ALog)* net weight
Nettopreis *m (ALog)* net price
Nettoraumzahl *f (NRZ) (Schiff)* net ton, ct NT *(Gesamtraumgehalt aller Laderäume auf Innenkante Außenhaut)*
Nettoregistertonne *f (NRT) (Schiff)* net ton, NT *(für Fracht und Passagiere verbleibender Nutzraum = BRT minus Besatzungs- und Provianträume, Maschinenraum, Schiffausrüstungsraum, Wasserballasttanks und Bunkeröltanks)*
Netzdichte *f (Schiene)* grid density
Netzwerk *n (ALog)* network
nicht stürzen *(ALog)* don't drop
nicht umlegen *(ALog)* keep upright
Nichtauslieferung *f (Recht, Vers)* non--delivery, n.d.
Niedrigwasser *n (Schiff)* low water
NLF *(Abk. für: Nutzladefaktor) (Luft, Schiene, Straße)* load factor, weight load factor, revenue load factor, overall load factor *(Gesamtauslastung = Auslastungsgrad der zur Verfügung stehenden Gesamtnutzlast = das Verhältnis zwischen der gesamten verkauften Leistung und der gesamten angebotenen Leistung in Prozent; the percentage of the capacity utilization: e. g. tonnes carried on a goods vehicle in relation to ist total capacity)*
Normalrate *f (Luft)* normal rate *(Untergruppe der allgemeinen Frachtrate für Luftfrachtsendungen bis 45 kg)*
Notadresse *f (ALog)* notify address
Notfallspur *f (Straße)* escape lane *(Synonym: Notspur)*
Notrufsäule *f (Straße)* emergency telephone
Notspur *f (Straße)* escape lane *(Synonym: Notfallspur)*
Notstandsklausel *f (Schiff)* contingency clause
NRT *(Abk. für: Nettoregistertonne) (Schiff)* net ton *(für Fracht und Passagiere verbleibender Nutzraum = BRT minus Besatzungs- und Provianträume, Maschinenraum, Schiffausrüstungsraum Wasserballasttanks und Bunkeröltanks)*
NRZ *(Abk. für: Nettoraumzahl) (Schiff)* net ton, ct NT *(Gesamtraumgehalt aller Laderäume auf Innenkante Außenhaut)*
Null-Fehler-Kommissionierung *f (Lager)* zero-defect picking
Nummer *f (ALog)* number
Nutzladefähigkeit *f (ALog)* payload, pld
Nutzladefaktor *m (NLF) (Luft, Schiene, Straße)* load factor, weight load factor, revenue load factor, overall load factor *(Gesamtauslastung = Auslastungsgrad der zur Verfügung stehenden Gesamtnutzlast = das Verhältnis zwischen der gesamten verkauften Leistung und der gesamten angebotenen Leistung in Prozent; the percentage of the capacity utilization: e. g. tonnes carried on a goods vehicle in relation to ist total capacity)*
Nutzladefaktor Fracht *(FNLF) (Luft)* freight load factor *(Synonym: Frachtnutzladefaktor; der Auslastungsgrad der für einen Flug zur Verfügung stehenden Nutzlast als Verhältnis zwischen der verkauften Frachtleistung und der angebotenen Frachtleistung)*
Nutzlast *f (ALog)* payload capacity, carrying capacity, payload, pld; load capacity, workload, carrying capacity *(allgemein: maximal zulässiges Gewicht = maximum permitted load der Ladung eines Transportmittels = means of transport; auch: aktuelles Gewicht = tatsächliches Gewicht = actual payload der Ladung eines Transportmittels; Gegensatz: Totlast = dead load, dead weight)*; allowed traffic load *(die für einen bestimmten Streckenabschnitt zur Verfügung stehende Nutzlast)*
Nutzlast *f***/maximale** *(Straße)* allowable payload, maximum payload, load-bearing capacity
Nutzung *f* **von Passagierdaten/ge-**

meinsame *(Inf, Luft, Recht)* passenger data sharing *(on the basis of an agreement between the EU and the USA, the FBI and other agencies are able to access 19 pieces of personal passenger information on transatlantic air passengers, such as name, telephone number and address and can retain the data for 15 years; cf passenger name record = PNR = Fluggastdatensatz; cf also access to passenger data = Zugriff auf Passagierdaten)*

Nutzungsdauer *f (ALog)* expected useful life

Nutzungsgrad *m (ALog)* degree of utilization

O

oben! *(ALog)* this side up!

Oberdeck *n (Schiff)* upper deck

Obhutshaftung *f (Recht, Vers)* duty of care liability

obligatorisch *adj (ALog)* mandatory

OBU *(Abk. für: on-board unit) (Straße)* OBU, on-board unit *(Mitnahmeeinheit zur mobilen Erfassung der Mautgebühren im LKW)*

Open-Sky-Abkommen *n (Luft)* open--sky agreement *(Regelung zwischen der EU und den USA zum freien Zugang aller Fluggesellschaften der Vertragsstaaten zu allen Flughäfen)*

Optimierung *f* **von Ladungseinheiten** *(ALog)* efficient unit loads, EUL

Optionshafen *m (Schiff)* port option *(bei Buchung des Laderaumes nicht feststehender Löschhafen)*

Optionszuschlag *m (Schiff)* option surcharge *(Zuschlag für bei Buchung nicht feststehender Löschhafen)*

Order von/auf *(Recht, ZollAHa)* to the order of

Ordnungswidrigkeit *f (Recht)* regulatory offence

Organisation *f* **der Spediteure/Internationale** *(FIATA) (ALog)* International Federation of Freight Forwarders Associations, FIATA *(Fédération Internationale des Associations des Transitaires et Assimilés)*

Organisation *f* **für den Internationalen Eisenbahnverkehr/Zwischenstaatliche** *(OTIF) (Schiene)* Intergovernmental Organisation for International Carriage by Rail *(Organisation intergouvernementale pour les transports internationaux ferroviaires)*

Organisation *f* **für Normung/Internationale** *(ALog)* International Standards Organisation, ISO

Originaldokument *n (ALog)* original document

Ort *m (ALog)* place

Ortsdurchfahrt *f (Straße)* cross-town link

Ortsumgehung *f (Straße)* ring road

Ostküste *f* **Südamerikas** *(ALog, Schiff)* East Coast of South America, E.C.S.A.

OTIF *(Abk. für: Organisation intergouvernementale pour les transports internationaux ferrovières = zwischenstaatliche Organisation für den internationalen Eisenbahnverkehr) (Schiene)* Intergovernmental Organisation for International Carriage by Rail

P

Päckchen *n (Schiene, Schiff, Straße, Luft)* small parcel

Packhilfsmittel *n (Lager)* packaging aid

Packliste *f (Recht, ZollAHa, Schiene, Schiff, Straße, Luft)* packing list

Packmittel *n (Lager)* packaging mean *(Mehrwegverpackungen mit einer spezifischen Bezeichnung)*

Packstation *f (Schiff) (AE)* packing center

Packstück *n (Schiene, Schiff, Straße, Luft)* loading unit, package

Packstück-Identifikationsnummer *f (Inf)* Global Trade Item Number, GTIN

Packung *f (ALog)* pack, package, pkg., pkge

Paket *n (Schiene, Schiff, Straße, Luft)* parcel

Paketdienst *m (Schiene, Schiff, Straße, Luft)* parcel service *(Dienstleister, die den Versand, Transport und die Zustellung von Paketen mit Gewichts- und Abmessungsbeschränkungen - in der Regel bis 31,5 kg - organisieren)*

Palette *f (Schiene, Schiff, Straße, Luft)* pallet *(stapelbare Mehrweg-Lademittel, die mit Gapelstapler oder Gabelhubwagen unterfahren und bewegt werden können)*
Palette f/artikelreine *(Lager)* single-material pallet *(Paletten, die nur einen Artikel enthalten, unabhängig von der Anzahl der Lagen des Artikels)*
Palette f/Düsseldorfer *(Lager)* duesseldorf pallet, half-size pallet *(Halbpalette mit einer halben Grundfläche der Europalette)*
Palettenanbruch *m (Lager)* partial pallet quantity
Palettenförderanlage *f (Lager)* pallet conveyor system
Palettengewicht *n (Lager)* pallet weight
Palettenhubwagen *m (Lager)* hand-pallet truck
Palettenregal *n (Lager)* pallet rack
Palettenregallager *n (Lager)* pallet high bay racking
Palettentarif *m (Luft)* unit load devices charges *(Gruppe im IATA-Tarifgefüge)*
Palettenüberstand *m (Lager)* excess overhang
palettieren *v (Lager)* palletize
Palettierer *m (Lager, Pers)* palletizer
Palettierroboter *m (Lager)* palletizing robot
palettisieren *v (Schiff)* palletize
Panama-Maximalgröße *f (Schiff)* panama maximum size *(Containerschiffe mit einer maximalen Breite von 32,20 m und einer Länge unter 300 m, ca. 4000 bis 5000 TEUs, die den Panamakanal noch passieren können)*
Panne *f (ALog)* breakdown • **eine Panne haben** *(ALog)* break down
Pannenhilfe *f (Straße)* breakdown service
Pannenstreifen *m (Straße)* emergency lane
Pappkarton *m (Schiene, Schiff, Straße, Luft)* cardboard case
Parken *n (Straße)* parking
Parkplatz *m (Straße)* parking area
Partikelfilter *m (ALog)* particle filter
Partikulier *m (Schiff)* ships owner operator
Passageleistung f/verkaufte *(Luft)* revenue passenger kilometres, RPK, passenger-kilometres transported, PKT *(Synonym: Passagierkilometer, PKM; die verkaufte Passageleistung; Gegensatz: TKT = tonnes kilomètres transportées = RTK = revenue tonne kilometres = nachgefragte Tonnenkilometer)*
Passage-TKT *pl (Luft)* passenger-kilometres transported, PKT, revenue passenger kilometres, RPK *(Synonym: Passagierkilometer, PKM; die verkaufte Passageleistung; Gegensatz: TKT = tonnes kilomètres transportées = RTK = revenue tonne kilometres = nachgefragte Tonnenkilometer)*
Passagierdatennutzung f/gemeinsame *(Inf, Luft, Recht)* passenger data sharing *(on the basis of an agreement between the EU and the USA, the FBI and other agencies are able to access 19 pieces of personal passenger information on transatlantic air passengers, such as name, telephone number and address and can retain the data for 15 years; cf passenger name record = PNR = Fluggastdatensatz)*; gemeinsamer Zugriff *m* auf Passagierdaten *(cf access to passenger data)*
Passagierflugzeug *n (Luft)* passenger plane, airliner
Passagierkilometer *m (PKM) (Luft)* passenger-kilometres transported, PKT, revenue passenger kilometres, RPK *(Synonym: Passage-TKT; die verkaufte Passageleistung; TKT = tonnes kilomètres transportées = RTK = revenue tonne kilometres = nachgefragte Tonnenkilometer)*
Passagierliste *f (Inf, Luft, Recht, Schiff)* passenger list, list of passengers
Passagierlogistik *f (ALog)* passenger logistics
Passagiermanifest *n (Inf, Luft, Recht)* passenger manifest *(namentliche Aufstellung aller an Bord befindlichen Fluggäste; Gegensatz: Frachtmanifest = freight manifest)*
Passagiermeilen *fpl (ALog)* passenger miles *(Kennziffer der Passagierlogistik: number of passengers carried multiplied by the average length of their journey in miles)*
Pauschalbetrag *m (Recht, ZollAHa)* lump sun
Pauschalfracht f/artikelunabhängige *(Schiff)* freight all kinds, FAK
Pauschalfracht *f* **per Container** *(Schiff)*

commodity box rate, CBR *(Pauschalfracht im Containerverkehr)*
Pauschalfracht *f* **per Ladeeinheit** *(Schiff)* lumpsum rate
Pegel *m (Schiff)* gauge
Pegelstand *m (Schiff)* gauge height
Peitscheneffekt *m (ALog)* bullwhip effect *(beschreibt, dass die unterschiedlichen Bedarfsverläufe bzw. kleinen Veränderungen der Endkundennachfrage zu Schwankungen der Bestellmengen führen, die sich entlang der logistischen Kette wie ein Peitschenhieb aufschaukeln können)*
Pendelverkehr *m (Schiene, Schiff, Straße, Luft)* shuttle
Personalausweis *m (Recht)* identity card
Personalentwicklung *f (Pers)* human resource development, HRD
Personalkosten *pl (Pers)* labour costs, personnel expenses
Personalmanagement *n (Pers)* human resource management, HRM
Personalnebenkosten *pl (Pers)* incidental wage costs
Personenschaden *m (Recht, Vers)* bodily injury
Pfandrecht *n (Recht, Vers)* carrier's lien
Pferdestärke *f (PS) (ALog)* horsepower, HP
Pflichten *fpl (ALog)* responsibilities, obligations
Pflichthaftpflichtversicherung *f (Vers)* compulsory third party insurance
Pier *m (Schiff)* jetty, pier, wharf • **ab Pier** ex quay, x-quay
PKM *(Abk. für: Passagierkilometer) (Luft)* passenger-kilometres transported, PKT, revenue passenger kilometres, RPK *(Synonym: Passage-TKT; die verkaufte Passageleistung; TKT = tonnes kilomètres transportées = revenue tonne kilometres = RTK = nachgefragte Tonnenkilometer)*
1PL-Anbieter *m (ALog)* first-party-logistics provider *(von produzierenden Unternehmen intern abgewickelte logistische Leistungen; die physische Warenbewegung - Transport-, Umschlag- oder Lagerungsleistungen - wird selbst durchgeführt)*
2PL-Anbieter *m (ALog)* second-party-logistics provider *(Speditionen, Reedereien, Verlader, Lagerei- und Umschlagsunternehmen sowie Anbieter von Kurier-, Express-, und Paketdiensten, die im Zuge der vermehrten Fremdvergabe von Logistikleistungen diese übernommen haben)*
3PL-Anbieter *m (ALog)* third-party-logistics provider *(Weiterentwicklung der 2PL-Anbieter zu sogenannten Systemdienstleistern; Hauptaufgabe ist die Organisation des Waren- und Informationsflusses, teilweise inklusive Finanz- und Informationsdienstleistungen)*
4PL-Anbieter *m (ALog)* fourth-party-logistics provider *(Systemintegratoren, die die Geschäftsbeziehungen zwischen ihren Kunden und anderen Logistikdienstleistern regeln; sie koordieren und organisieren alle Geschäftsprozesse entlang der Wertschöpfungskette; unter Zuhilfenahme moderner Technologien steuern sie die gesamte Supply Chain und koordinieren unternehmensübergreifende Geschäftsprozesse; sie verfügen über keine eigenen Transport-, Umschlag- und Lagerkapazitäten)*
Planen *n* **und Prognostizieren** *n* **von Beständen und Warenströmen/kooperatives** *(Inf)* collaborative planning, forcasting and replenishment, CPFR
Planenauflieger *m (Straße)* curtainsider
Planung *f (ALog)* scheduling
Planungssystem *n*/**vorausschauendes** *(Inf)* advanced planning systems, APS *(Simulationssystem im Rahmen einer vorausschauenden Planung)*
Plattformwagen *m (Schiene, Schiff, Straße)* flat waggon
Plombe *f (ZollAHa)* seal
Police *f (Vers)* policy
Police *f*/**laufende** *(Vers)* open policy
Police *f*/**offene** *(Vers)* open policy
Polizei *f (Recht, Straße)* police
Ponton *n (Schiff)* pontoon
Pontondock *n (Schiff)* pontoon dock
Portalhubwagen *m (Schiff)* straddle carrier
Portalkran *m (Schiff)* portal frame
Porto bezahlt *(Recht)* post paid
portofrei *(Recht)* post paid
Post-Panamax-Schiffe *npl (Schiff)* post panamax sized ships *(Schiffe, die entweder breiter als 32,20 m oder länger*

als 300 m sind und somit den Panamakanal nicht mehr passieren können)

Postadresse *f (ALog)* postal address

Postanweisung *f (Recht, ZollAHa)* postal order

Posteinlieferungsschein *m (Recht, ZollAHa)* postal receipt

Postgebühren *fpl (ALog)* postal charges

Postpaket *n (Schiene, Schiff, Straße, Luft)* postal parcel

Postsendung *f (Schiene, Schiff, Straße, Luft)* goods sent by post

PPS *(Abk. für: Produktionsplanung und -steuerung) (Inf)* production planning and control system *(Softwarelösungen, die Planung von Primär- und Materialbedarfen, die Durchlaufterminierung, der Kapazitätsabgleich, die Reihenfolgeplanung, die Verfügbarkeitsprüfung und Auftragsfreigabe sowie die Betriebsdatenerfassung und -kontrolle zum Aufgabenbereich durchführen)*

Präferenzrecht *n (ZollAHa, Recht)* preferential law *(cf paneuropäische Kumulation)*

Präferenzzone f/einheitliche *(ALog, Recht, ZollAHa)* single preferential area *(z. B. paneuropäische Kumulation: Waren mit Ursprung aus einem beliebigen Land der paneuropäischen Kumulation erfüllen die Kriterien zur Gewährung der Zollpräferenz)*

Präjudiz/ohne *(Vers)* without prejudice, W.P.

Prämie *f (Vers)* premium

Preis *m (ALog)* price • **Preis (ist) Verhandlungssache** rate to be agreed, r.t.b.a.

Preis *m* **ab Fabrik** *(ALog)* price ex works; *(AE)* factory price, price ex factory

Preisauszeichnung *f (Lager)* pricing, labelling

Preiskalkulation *f (Kalk)* price calculation

Preisliste *f* 1. *(ALog)* price list; 2. *(Inf)* price katalog, PRICAT *(Nachrichtentyp im EDIFACT)*

Preisvorbehalt *m (Recht, ZollAHa)* reservation of price

Privatunternehmen *n (ALog, Recht)* privately-owned company, private company, private enterprise

Probeauftrag *m (ALog)* trial order

Produktionslogistik *f (ALog)* production logistics

Produktionsplanung und -steuerung *f (PPS) (Inf)* production planning and control system *(Softwarelösungen, die die Planung von Primär- und Materialbedarfen, die Durchlaufterminierung, den Kapazitätsabgleich, die Reihenfolgeplanung, die Verfügbarkeitsprüfung und Auftragsfreigabe sowie die Betriebsdatenerfassung und -kontrolle zum Aufgabenbereich durchführen)*

Produktkennzeichnung f/elektronische *(Inf)* electronic product code, EPC *(definierte Ziffernfolge für die eindeutige Identifizierung eines einzelnen Objektes, vorrangig von Waren; wird auf RFID--Transpondern gespeichert und von Lesegeräten berührungslos ausgelesen)*

Proformarechnung *f (Recht, ZollAHa)* proforma invoice

Prognose *f (ALog)* forecast

Projektspedition *f (Schiene, Schiff, Straße, Luft)* project forwarding agency

Prolongation *f (Recht, ZollAHa)* prolongation

Protest *m (Recht, ZollAHa)* protest

protestieren *v* **mangels Annahme** *(Recht)* protest for non-acceptance

protestieren *v* **mangels Zahlung** *(Recht)* protest for non-payment

Protokoll *n (ALog)* minutes, report

Protokoll n/Haager *(Luft)* Hague Protocol, HP *(Zusatzvereinbarung zum Warschauer Abkommen)*

Provision *f (ALog)* commission; fee

Prüfung *f (ALog)* audit

Prüfziffer *f (Inf)* check digit

PS *(Abk. für: Pferdestärke) (ALog)* horsepower

Pufferlager *n (Lager)* buffer warehouse; buffer stock *(Produktionszwischenlager)*

pünktlich *(ALog)* punctual; on time

Pünktlichkeit *f (ALog)* punctuality

Punkt-zu-Punkt-Verkehr *m (Luft, Schiene, Schiff, Straße)* point-to-point transport

Q

Qualitätsbescheinigung *f (ALog)* certificate of quality
Qualitätskontrolle *f (ALog)* quality check
Qualitätsmanagement *n*/**umfassendes** *(ALog)* total quality management, TQM
Qualtität *f (ALog)* quality
Quereinlagerung *f (Lager)* crosswise storing
Quittung *f (Recht, Vers)* receipt
quotieren *v (Recht, ZollAHa)* quote

R

Rabatt *m (ALog)* rebate
Radar *n (Schiff)* radar
Radiofrequenz-Identifikation *f (RFID) (Inf)* radio frequency identification, RFID *(Chip-Etikett = smart label mit Minisender für die drahtlose Kommunikation mit Lesestellen, wie z. B. mit dem Kassenterminal, für die funktechnische Warenüberwachung; ermöglicht vollautomatische Warenverfolgung in Echtzeit über die gesamte Lieferkette hinweg; optimiert Logistikkette und Lagerhaltung)*
Radiofrequenztechnik *f* **zu Identifikationszwecken** *(Inf)* radio frequency identification, RFID *(Verfahren zum kontaktlosen Lesen und Speichern von Daten mittels RFID-Tag = Chip-Etikett = smart label mit Minisender für die drahtlose Kommunikation mit Lesestellen, wie z. B. mit dem Kassenterminal, für die funktechnische Warenüberwachung; ermöglicht vollautomatische Warenverfolgung in Echtzeit über die gesamte Lieferkette hinweg; optimiert Logistikkette und Lagerhaltung)*
Radlast *f (Straße, Schiene)* wheel load *(der senkrechte Druck des Rades auf die Straße)*
Radsatzlast *f (Schiene)* axle load *(Belastung des Radsatzes)*
Rahmenvertrag *m (Schiene, Schiff, Straße, Luft)* frame contract
Rampe *f (Straße)* platform, loading platform, loading ramp *(Laderampe)*; ramp *(auch: schräge Rampe oder Auffahrt)*
Rampe *f*/**innenliegende** *(Lager)* inner dock
Rampenlager *n (Lager)* ramp accessible warehouse
Range-Häfen *mpl (Schiff)* range ports *(Liste von Häfen einer bestimmten Region, z. B. Hamburg-Antwerpen-Range mit den Häfen Hamburg, Bremen, Bremerhaven, Amsterdam, Rotterdam, Antwerpen)*
Rangierbahnhof *m (Schiene)* railroad shunting yard, shunt yard
Rangierlokomotive *f (Schiene)* shunting locomotive, shunter
Rasthof *m (Straße) (BE)* motorway services
Rate *f (ALog)* rate, tariff; *(BE)* instalment, *(AE)* installment • **auf Raten** *(ALog) (BE)* on hire purchase, *(AE)* on the installment plan
Ratenzahlung *f (Recht, ZollAHa) (AE)* installment payment, *(BE)* instalment payment, payment instalments
Rauminhalt *m (Schiene, Schiff, Straße, Luft)* volume
RB *m(f) (Abk. für: reglementierte Beauftragte) (Luft)* regulated authorized representative *(im Rahmen der Verordnung EG Nr. 2320/2002 sowie des deutschen Luftsicherheitsgesetzes - LuftSiG - eingeführter Status, den Luftfrachtunternehmen, Speditionen u.Ä. beantragen können, um eine einfachere Abwicklung der Fracht am Flughafen zu erreichen)*
RBG *(Abk. für: Regalbediengerät) (Lager)* automated storage/retrieval system
Rechnung *f* 1. *(ALog, Recht, ZollAHa)* invoice; 2. *(Inf)* invoice, INVOIC *(Nachrichtentyp im EDIFACT)*
Rechnungsbetrag *m (Recht, ZollAHa)* invoice amount
Rechnungsdatum *n (Recht, ZollAHa)* date of invoice
Rechnungserhalt *m (Recht, ZollAHa)* receipt of invoice • **nach Rechnungserhalt** *(Recht, ZollAHa)* after receipt of invoice
Rechnungswert *m (ALog, ZollAHa)* invoice value, I.V.
Reede *f (Schiff)* roadstead
Reeder(in) *m(f) (Schiff)* shipowner *(Reeder ist der Eigentümer eines ihm zum Er-*

werb durch die Seefahrt dienenden Schiffes, § 484 HGB)
Reederei *f (Schiff)* shipping company, shipping line *(§ 489 HGB: wird von mehreren Personen ein ihnen gemeinschaftlich zustehendes Schiff zum Erwerb durch die Seefahrt für gemeinschaftliche Rechnung verwendet, so besteht eine Reederei)*
Reexpedition *f (ALog)* reshipment
Regal *n*/**zurückschiebbares** *(Lager)* push-back rack
Regalanlage *f (Lager)* rack system
Regalart *m (Lager)* rack type
Regalbediengerät *n (RBG) (Lager)* automated storage/retrieval system, AS/RS
Regalbelegungsplan *m (Lager)* rack face plan *(Aufschlüsselung der Artikelplatzierungen im Regal)*; shelf assignment schedule
Regaldurchfahrt *f (Lager)* shelf passage
Regalförderzeug *n (RFZ) (Lager)* shelf access equipment, stacker crane
Regalgang *m (Lager)* shelf aisle
Regalhöhe *f (Lager)* shelf height
Regallager *n (Lager)* racked warehouse
Regallagerung *f (Lager)* rack storage
Regallayout *n (Lager)* shelf layout *(Regallandschaft und Artikelanordnung in einem Lager)*
Regaloptimierung *f (Lager)* shelf optimisation
Regalservice *m (Lager)* shelf stocking
Regaltiefe *f (Lager)* shelf depth
Regalverfügbarkeit *f (Lager)* on-shelf availability, OSA
Regalzone *f (Lager)* shelf zone
RegB *m(f) (Abk. für: reglementierte Beauftragte) (Luft)* regulated authorized representative *(im Rahmen der Verordnung EG Nr. 2320/2002 sowie des deutschen Luftsicherheitsgesetzes -LuftSiG- eingeführter Status, den Luftfrachtunternehmen, Speditionen u.Ä. beantragen können, um eine einfachere Abwicklung der Fracht am Flughafen zu erreichen)*
Regelhaftungssumme *f (Recht, Vers)* regular indemnity limit
Regeln *fpl*/**Haager** *(Schiff)* Hague Rules *(Internationales Seehandelsrecht, übernommen in das deutsche Handelsgesetzbuch als 4. Buch Seehandel)*
Regeln *fpl*/**Haager-Visby** *(Schiff)* Hague-Visby Rules *(Zusatzabkommen zu den Haager Regeln)*
Regeltarif *m (Schiene, Schiff, Straße, Luft)* standard tariff
Regionaldienst *m (Luft, Schiene, Straße)* regional (transport) service; *(AE)* local (transport) service
Regionallager *n (Lager)* regional warehouse
Regionalverkehr *m (Luft, Schiene, Straße)* regional transport, regional transportation, regional transport service(s); *(AE)* local transport services
Registertonne *f (Schiff)* register ton *(100 cbf = 2,8313 cbm)*
Regressrecht *n (Recht, ZollAHa)* right of recourse
Reifen *m (Straße) (BE)* tyre, *(AE)* tire
Reifendruck *m (Straße) (BE)* tyre pressure, *(AE)* tire pressure
Reifenkosten *pl (Straße) (BE)* tyre costs
Reifenpanne *f (Straße)* puncture, *(BE)* flat tyre, *(AE)* flat tire
Reingewicht *n (Schiene, Schiff, Straße, Luft)* netweight
Reisegepäck *n*/**unbegleitetes** *(Luft)* unaccompanied baggage *(u.U. ist es günstiger, Übergepäck als Luftfrachtsendung aufzugeben, um die hohen Übergepäckgebühren - insbesondere bei Fernstrecken in der Regel 1% des First-Class Tarifs - zu vermeiden)*
Reisegeschwindigkeit *f (Schiene)* cruising speed
Reisepass *m (Recht)* passport
Reißverschlussverfahren *n (Straße)* zip merge
Reklamation *f (Recht)* complain, claim
reklamieren *v (Recht)* complain
Reparaturen *fpl (ALog)* repairs
Reparaturkosten *pl (ALog)* costs of repairs, repair charges
reparieren *v (ALog)* repair
Reservierung *f (ALog)* reservation
Reservierungsbestätigung *f (Schiene, Straße, Schiff)* reservation confirmation
Retouren *fpl (ALog, Recht)* returned goods
Retourenlogistik *f (Schiene, Straße, Schiff)* returns logistics
Retourenmanagement *n (Schiene, Straße, Schiff)* returns management
retournieren *v (Schiene, Straße, Schiff)* return

Retourware *f (Schiene, Straße, Schiff)* return goods
Revers *n (Recht, ZollAHa, Schiff)* letter of imdemnity *(Erklärung zur Freistellung von Eratzansprüchen)*
RFID-Etikett *n (Inf)* RFID tag *(besteht aus einer Antenne, einem analogen Schaltkreis zum Empfangen und Senden sowie einem digitalen Schaltkeis zum Speichern von Informationen)*
RFZ *(Abk. für: Regalförderzeug) (Lager)* shelf access equipment, stacker crane
Richtgeschwindigkeit *f (Straße)* recommmended speed
Risiko *n* **des Frachtführers** *(ALog)* carrier's risk *(Synonym: Frachtführerrisiko)*
Risiko und Gefahr *(Recht, ZollAHa)* risk and perils
Rohgewicht *n (ALog)* gross weight
Rohrleitung *f (ALog)* pipeline
Rohstoffe *mpl (ALog)* raw material
RoLa *(Abk. für: rollende Landstraße) (Straße, Schiene)* piggyback transport *(Synonym: kombinierter Verkehr, Kombiverkehr)*
Rollbahn *f (Luft)* taxiway *(festgelegte Wege für das Rollen der Flugzeuge von und zur Start- und Landebahn)*
Rollcontainer *m (Lager)* rolltainer
rollen *v (Schiff)* roll
Rollenbahn *f (Lager)* roller conveyor
Rollfuhrgebühr *f (Straße)* cartage, *(AE)* drayage, haulage, *(AE)* trucking charges, *(BE)* carriage *(Synonym: Rollgeld)*
Rollgeld *n (Schiene, Straße)* cartage, *(AE)* drayage, haulage, *(AE)* trucking charges *(Synonym: Rollfuhrgebühr)*
Rollkarte *f (Schiene, Straße)* cartage note, delivery run sheet *(uneinheitliches Lade- Entaldepapier für die Auslieferung von Gütern im Güternahverkehr)*
Rollpalette *f (Lager)* roller pallet
Rollweg *m (Luft)* apron-taxiway *(der Flugzeuge)*
Ro-Ro-Verkehr *m (Schiff)* roll-on-roll-off traffic *(Roll-on-Roll-off-Verkehr, Huckepackverkehr Straße/Schiene per Schiff)*
Rost *m (ALog)* rust
Route *f (Schiene, Schiff, Straße, Luft)* route
Route *f***/entfernungsoptimale** *(Schiene, Schiff, Straße, Luft)* low-distance route
Route *f***/zeitoptimale** *(Schiene, Schiff, Straße, Luft)* time optimum route
Rückfahrt *f (Schiene, Schiff, Straße)* inward journey, return journey *(Rückreise; Herfahrt)*
Rückgabeprämie *f (Recht, Vers)* return premium, R.P.
Rückgriff *m (Recht, Vers)* regress, recourse
Rückreise *f (ALog)* return journey
Rückstau *m (Luft)* backlog *(Beförderungsrückstau in der Luftfracht aufgrund zu geringer Beförderungskapazitäten)*
Rückvergütung *f (ALog)* rebate
Rückwaren *fpl (ALog, Recht)* returned goods
Ruhezeit *f (Straße)* rest period
Ruhezeit *f***/tägliche** *(Recht, Straße)* daily rest period
Ruhezeit *f***/wöchentliche** *(Recht, Straße)* weekly rest period
Runge *f (Straße)* stake
Rüstzeit *f (ALog)* start-up time

S

Sachgüter *npl (ALog)* real assets
Sachschaden *m (Recht, Vers)* tangible damage, material damage
Sack *m (ALog)* bag
Sack *m***/zerissener** *(Schiff)* bag torn
Saldo *n (Recht)* balance
Sammelcontainerfracht *f (Schiene, Schiff, Straße, Luft)* less than container load, LCL
Sammelgut *n (Schiene, Schiff, Straße, Luft)* groupage *(Synonym: Sammelladung)*
Sammelgutverkehr *m (Schiene, Schiff, Straße, Luft)* groupage service
Sammelkonnossement *n (ALog)* general bill of lading
Sammelladung *f (Schiene, Schiff, Straße, Luft)* groupage, consolidated shipment, pooled shipment *(Synonym: Sammelgut)*
Sammelladungscontainer *m (Schiene, Schiff, Straße, Luft)* LCL container
Sammellagerung *f (Lager)* bulk storage
Sammelsendung *f (Schiene, Schiff, Straße, Luft)* consolidated consignment
Sammeltransport *n (Schiene, Schiff, Straße, Luft)* bulk transport

Sammeltransportkonnossement *n* **des Spediteurs** *(ALog)* freight forwarder's combined transport bill of lading
Sammelverkehr *m (Schiene, Schiff, Straße, Luft)* groupage service
Sammelwagen *m (Schiene, Schiff, Straße, Luft)* collective truck
Sandwichpalette *f (Lager)* sandwich pallet *(mehrere, zu einer Gesamtpalette aufeinander gestapelte Einzelpaletten)*
Satellitenlager *n (Lager)* satellite warehouse
Satellitennavigation *f***/globale** *(GPS) (Straße)* global positioning system, GPS
Sattelauflieger *m (Straße)* semi-trailer
Sattelkraftfahrzeug *n (Straße)* articulated road train
Sattelzug *m (Straße)* articulated lorry
Satz *m (ALog)* set
SCE *f (Abk. für: Societas Cooperativa Europaea) (Recht)* SCE, Societas Cooperativa Europaea, European Cooperative Society *(Synonym: Europäische Genossenschaft; die SCE steht in den EU-Mitgliedstaaten als Rechtsform alternativ neben den Genossenschaften nach dem bestehenden nationalen Recht; EU)*
Schachtel *f (ALog)* box
Schaden *m (Recht, Vers)* damage
Schaden *m***/erkennbarer** *(Recht, Vers)* visible damage
Schaden *m***/verdeckter** *(Recht, Vers)* hidden damage
Schadenersatz *m (Recht)* compensation
Schadenort *m***/bekannter** *(Recht, Vers)* known location of loss
Schadenort *m***/unbekannter** *(Recht, Vers)* unknown location of loss
Schadensanzeige *f (Recht, Vers)* advice of damage, loss advice
Schadensbehebung *f (Recht, Vers)* curing the damage
Schadensbesichtigung *f* **durch Sachverständigen** *(Recht, Vers)* expert's survey
Schadensfall *m (Recht, Vers)* damage event, case of loss; liability case
Schadensminderung *f (Recht, Vers)* mitigation of damages
Schadensminderungspflicht *f (Recht, Vers)* sue and labo(u)r clause, S/L.C.
Schadenszertifikat *n (Recht, Vers)* certificate of damage
Schadenteilung *f (Recht, Vers)* loss allocation
schadstoffarm *adj (Straße)* low-emission *(Synonym: abgasarm)*
Schadstoffklasse *f (Straße)* exhaust emission
Schaublatt *n (Recht, Straße)* tachograph chart
Scheck *m (ALog) (AE)* check, *(BE)* cheque
schieben *v (ALog)* push
Schiebeplanenauflieger *m (Straße)* tautliner
Schienenbremse *f (Schiene)* slipper brake
Schienenbus *m (Schiene, Straße)* railcar
Schienenkopf *m (Schiene)* rail head
Schienentransport *m (Schiene)* transport by rail
Schiff *n (Schiff)* ship, vessel; boat *(kleineres Schiff)* • **ab Schiff** *(Recht, Schiff, Zoll/AHa)* ex ship, x-ship • **das Schiff aufgeben** *(Schiff, Vers)* abandon ship • **frei Längsseite Schiff** *(Recht, Schiff)* free alongside ship, FAS *(cf Anhang: Incoterms 2000)* • **geliefert ab Schiff** delivered ex ship, DES *(cf Anhang: Incoterms 2000)* • **jedes Schiff** any one vessel, AOV • **per Schiff** by vessel, by ship
Schiff *n***/flussgängiges** *(Schiff)* shortsea
schiffbar *adj (Schiff)* navigable
Schiffer *m (Schiff)* skipper
Schifferpatent *n (Schiff)* master's certificate
Schifffahrtskonferenz *f (ALog, Recht, Schiff)* shipping conference *(besteht aus mehreren Reedereien, die auf bestimmten Routen zusammenarbeiten, um regelmäßige Verkehre sicherstellen zu können; mussten in Europa ab Oktober 2008 eingestellt werden; EU)*
Schiffsabfertigung *f (Schiff)* ship's clearance
Schiffsausrüster *m (Schiff)* ship's chandler
Schiffsbauch *m (Schiff)* belly, bilge
Schiffscharterer *m (Schiff)* non vessel operator, NVO
Schiffseigner(in) *m(f) (Schiff)* shipowner, ship's owner
Schiffsfrachtvertrag *m (Schiff)* contract of affreightment *(langfristige Bindung an einen Befrachter, z. B. beim Tankschiff)*

Schiffsgeschirr *n (Schiff)* cargo gear
Schiffshaftpflichtversicherung *f (Recht, Vers, Schiff)* protection and indemnity, P&I, third-party maritime insurance
Schiffsmakler *m (Schiff)* agent
Schiffspfandbrief *m (ALog, Recht)* bottomry bond *(Synonym: Bodmereivertrag, Bodmereibrief, Seewechsel; cf Bodmerei = bottomry)*
Schiffspost *f (Schiff)* ship's mail
Schiffsregister *n (Schiff)* register of shipping
Schiffsschraube *f (Schiff)* marine propeller
Schiffsunfall *m (Schiff)* ship's accident
Schiffsverpfändung *f (ALog, Recht)* bottomry *(Bodmerei)*
Schiffswahl *f (Schiff)* ship's option
Schiffszettel *m (Schiff)* shipping order
Schiffszeugnis *n (Schiff)* sea worthiness certificate *(trifft Aussagen über die Tauglichkeit eines Schiffes zum Befahren bestimmter Wasserstraßen)*
Schlepper *m (Schiff)* towboat
Schleppkahn *m (Schiff)* tug, tugboat
Schleppkreisförderer *m (Lager)* drag circular conveyor
Schleppschiff *n (Schiff)* towboat
Schleuse *f (Schiff)* lock
Schleusendock *n (Schiff)* wet dock
Schleusungsgebühr *f (Schiff)* lock fee
schlingern *v (Schiff)* roll
Schmalganglager *n (Lager)* narrow aisle racking
Schmalspur *f (Schiene)* narrow gauge
Schmierstoffkosten *pl (Schiene, Schiff, Straße, Luft)* lubricant costs
Schneekette *f (Straße)* snow chain
Schnelldreher *m (ALog, Lager)* fast mover, fast-selling article, fast-selling product; fast-selling merchandise, fast-moving goods *(Synonym: Renner; Produkte mit hoher Umschlagshäufigkeit = turnover rate; Gegensatz: Langsamdreher = slow mover, slow seller)*
Schnittstelle *f (ALog, Inf)* interface, gateway *(Systeme, Geräte)*
Schnittstellen-Management *n (Inf, ALog)* interface management *(Planung, Realisierung, Betrieb und Kontrolle von Systemübergängen zur Überwindung kommunikativer Barrieren zwischen operativen Subsystemen; meeting and interaction point of operative subsystems)*
Schrägrollenförderer *m (Lager)* angular roller conveyor
Schubboot *n (Schiff)* push bow
Schubleichter *m (Schiff)* push barge
Schubverband *m (Schiff)* push convoy
Schuppen *m (Schiene, Schiff, Straße)* shed
Schute *f (Schiff)* barge
Schüttgut *n (Schiene, Schiff, Straße)* bulk freight
Schüttgutcontainer *m (Schiene, Schiff, Straße)* bulk cargo container
schützen *v*/**vor Hitze** *(ALog)* keep cool
schützen *v*/**vor Nässe** *(ALog)* keep dry
Schutzzoll *m (ZollAHa)* protective duty, protective tariff
Schwergewichtszuschläge *mpl (Schiene, Schiff, Straße, Luft)* heavy-lift additionals, H/L *(überwiegend ab 20 t Einzelgewicht)*
Schwergut *n (Schiene, Schiff, Straße, Luft)* heavy lift
Schwimmdock *n (Schiff)* floating dock
Schwimmkran *m (Schiff)* floating crane
Schwund *m (ALog)* shrinkage
SE *f (Abk. für: Societas Europaea) (ALog, Recht)* SE, European Company, Societas Europaea *(Synonym: Europäische Gesellschaft, Europa AG)*
See *m (Schiff)* lake
Seefahrerorganisation *f*/**Internationale** *(Schiff)* International Maritime Organisation, IMO
Seefracht *f (Schiff)* sea freight
Seefrachtbrief *m (Schiff, ZollAHa)* bill of lading, sea waybill
Seehafen *m (Schiff)* port, seaport
Seehafenspedition *f (Schiff)* shipping agent
Seehaftpflichtversicherung *f (Schiff, Vers)* third-party maritime insurance
Seemeile *f (sm) (Schiff)* nautical mile *(1 Seemeile entspricht 1,852 km)*
Seeschaden *m (Schiff, Vers)* sea damage, SD
Seeschiff *n (Schiff)* seagoing vessel
Seeschifffahrtstraße *f (Schiff)* waterway
Seetag *m (Schiff)* passage day
Seetransportversicherung *f (Schiff, Vers)* marine insurance, maritime insurance
Seetransportversicherungspolice *f*

(Recht, Vers, Schiff) marine insurance policy, MIP
Seeverkehr *m (Schiff)* maritime traffic
Seeverladerkomitee *n (Schiff)* shippers' council *(Zusammenschluss von Verladern als Gegenpol zur Schifffahrtskonferenz; in Deutschland ist das deutsche Seeverladekomitee - DSVK - eine Abteilung des Bundesverbandes der Deutschen Industrie e.V. BDI)*
Seeversicherung *f (Schiff, Vers)* maritime insurance
Seeversicherungsbedingungen *fpl/* **Allgemeine Deutsche** *(ADS) (Schiff)* standard marine insurance terms and conditions *(allgemeinverbindliche Regeln für die Versicherung von Gütern - Seewarenversicherung - und Schiffen - Seekaskoversicherung -)*
Seewurf *m* **und Überbordspülen** *n (Recht, Vers, Schiff)* jettison and washing overboard, j. and w.o.
Segelschiff *n (Schiff)* sailing vessel, S.V.
Seitenpforte *f (Schiff)* side gate
Seitenwind *m (ALog)* side wind, cross-wind
Sekundärverpackung *f (Lager)* secondary packaging *(Versandverpackungen, in der in der Regel mehrere Primärverpackungen zusammengefasst werden)*
Selbstabholung *f (ALog)* pick-up by the customer *(Kunde holt die beim Hersteller bestellte Ware selber oder durch Beauftragte ab)*
Selbstbeteiligung *f (Recht, Vers)* contribution
Selbsteintritt *m (Schiene, Schiff, Straße, Luft)* own-name transaction
Selbstkostenpreis *m (ALog)* cost price
senden *v (ALog)* send
Sendung *f (ALog)* consignment *(Gütermenge, die bei einem Verlader an einem Versandort für einen Empfänger an einem Empfangsort und für einen Anliefertermin übernommen wird)*
Sendungsgröße *f (ALog)* size of consignment
Sendungsposition *f (ALog)* consignment item *(ist ein einzelner, qualitativ unterscheidbarer Bestandteil einer Sendung)*
Sendungsrückverfolgbarkeit *f (Inf)* tracking & tracing *(Software-basiertes System zur Verfolgung von Sendungen durch die gesamte Supply Chain; das Tracking ermittelt den aktuellen Status der Sendung; das Tracing ermöglicht, den Sendungsverlauf von Anfang bis Ende nachzuvollziehen)*
Sendungsverfolgung *f (Inf)* shipment tracing
Senkrechtförderer *m (Lager)* vertical conveyor
Seriennummer *f (Inf)* serial number
Sicherheit *f (ALog)* safety
Sicherheitsabstand *m (Straße)* safety distance
Sicherheitsbestand *m (Lager)* minimum inventory level, safety stock *(Differenz zwischen dem prognostizierten und tatsächlichen Verbrauch und der Lieferzeit der bestellten Ware)*
Sicherheitsgurt *m (ALog)* seat belt
Sicherheitsleistung *f (Recht, Vers)* security deposit
Sicht/bei *(ZollAHa)* at sight
Sicht/nach *(Recht, Vers)* after sight
Sichtbarkeit *f (ALog)* visibility *(ein Verfahren, mit dessen Hilfe man einzelne Prozesse, aber auch ganze Geschäftsprozess-Szenarien innerhalb einer Supply Chain sichtbar macht)*
Sichttrate *f (ALog)* sight draft
Signatur f/elektronische *(Inf)* electronic signature
Silonutzfahrzeug *n (Straße)* road silo
Sitzkapazität *f (Luft)* seating capacity
Sitzkilometer *m (ALog, Luft, Schiene)* seat mile, seat mileage *(Kennziffer der Passagierlogistik)*
Sitzladefaktor *m (SLF) (Luft, Schiene, Straße)* seat factor, seat load factor, passenger load factor *(Kennziffer der Passagierlogistik: das Verhältnis der verkauften Sitzplätze zur Zahl der insgesamt verfügbaren Plätze; the ratio of seats sold or occupied out of the total number available)*
Sitzplätze *mpl (Luft, Schiene, Straße)* seating
Skonto *n (ALog)* discount
SLF *(Abk. für: Sitzladefaktor) (Luft, Schiene, Straße)* seat factor, seat load factor, passenger load factor *(Kennziffer der Passagierlogistik: das Verhältnis der verkauften Sitzplätze zur Zahl der insgesamt verfügbaren Plätze; the ratio of seats sold or occupied out of the total number available)*

Slot-Zuweisung *f (jarg) (Luft)* slot allocation, allocation of slots *(Synonym: Zuweisung von Start- und Landerechten, Zuteilung von Start- und Landerechten; cf slot, grandfather clause)*
Sofortrabatt *m (ALog)* immediate rebate
Sollbestand *m (Lager)* target stock
Sonderfahrt *f (Schiene, Straße)* special trip
Sonderrabatt *m (ALog)* special discount
Sondertransport *m (Straße, Schiene, Schiff, Luft)* abnormal load *(nicht vorgeplanter Transport einer Sendung, in der Regel mit Sonderkosten verbunden)*
Sonderziehungsrecht *n (SZR) (Recht, Vers, ZollAHa)* special drawing right, SDR *(IWF = Internationaler Währungsfonds = IMF = International Monetary Fund)*
Sonntagsfahrverbot *n (Straße)* sunday traffic ban
Sorgfaltspflicht *f (Recht, Vers)* duty of care
sortieren *v (Lager)* sort
Sortiment *n (Lager)* assortment
Sozialaufwendungen *fpl (Pers)* social costs
Sozialversicherungsausweis *m (Recht)* social security card
Sozialvorschriften *fpl (Recht)* social provisions
sparend/Benzin *(Luft, Straße)* fuel-efficient, fuel-thrifty
Spediteur *m (ALog)* carrier, forwarder, fwdr, forwarding agent, freight forwarder, *(AE)* hauler, *(BE)* haulier, transport agent, shipper *(organisiert die Beförderung, ergänzt sie gegebenenfalls durch selbst produzierte Dienstleistungen und verkauft beides als Gesamtleistung an seinen Auftraggeber)*
Spediteurbedingungen *fpl*/**Allgemeine Deutsche** *(ADSp) (ALog, Recht, Vers)* General German Forwarder Rules, General Conditions of German Forwarders (ADSp), Standard German Forwarders Contract Terms (ADSp)
Spediteur-Transportbescheinigung *f (Schiene, Schiff, Straße, Luft)* forwarder's certificate of transport, FCT
Spediteur-Übernahmebescheinigung *f (ALog, Recht)* forwarding agent's certificate of receipt, forwarder's certificate of receipt, FCR
Spedition *f*/**internationale** *(ALog)* international forwarding agency
Spedition zu festen Kosten *(Recht)* forwarding at fixed costs *(Zahlungsbedingungen)*
Speditionsabwicklung *f (ALog)* forwarders handling
Speditionsauftrag *m (ALog)* FIATA forwarding instruction, FFI *(dokumentiert Inhalt und Abwicklung des Speditionsvertrages, der sich auf eine Sendung bezieht)*
Speditionskauffrau *f (Deu)* 1. *(ALog, Pers)* forwarding agent; 2. *(Pers, Schiff)* shipping agent
Speditionskaufmann *m (Deu)* 1. *(ALog, Pers)* forwarding agent; 2. *(Pers, Schiff)* shipping agent
Speditions- und Logistikverband/ Deutscher *(DSLV) (Schiene, Straße, Schiff, Luft)* German Association of Forwarding and Logistics
Speditionsversicherung *f (Recht, Vers)* forwarding insurance
Speditionsvertrag *m (Recht, ALog)* forwarding contract *(beinhaltet die Organisation von Güterbeförderungen; hierzu gehört die Wahl der Frachtführer = carrier, Verfrachter = forwarding agent und Zwischenspediteure = intermediate forwarder, sowie das Erbringen von Nebenleistungen = non-core services = nicht dem Kerngeschäft zurechenbare Dienstleistungen, ancilliary services = zusätzlich erbrachte Dienstleistungen)*
Sperrgut *n (Schiene, Schiff, Straße, Luft)* bulky goods; bulky freight
Sperrigkeit *f (ALog)* bulkiness
Spesen *pl*/**zusätzliche** *(Schiff, ZollAHa)* additional charges
Spesenrechnung *f (Schiff, ZollAHa)* account of charges
Spezialraten *fpl (Luft)* specific commodity rates *(Gruppe im IATA-Tarifgefüge)*
Spitzenstand *m* **in der Lagertechnik** *(Lager)* state-of-the-art warehousing
Sprechfunk *m* 1. *(ALog, Lager)* radiotelephony, RT; 2. *(Schiff)* voice radio
Spurweite *f (Schiene)* track gauge
Staaten *mpl* **in Afrika, im karibischen Raum und im Pazifischen Ozean** *(Recht, ZollAHa)* African, Caribbean and Pacific states; ACP states *(AKP-Staaten;*

party to the Lomé Convention = Lomé--Abkommen; EU)
Stadtstraße *f (ALog, Straße)* city street
Stahlpalette *f (Lager)* steel plate
Stammdatei *f (Inf)* master file; main file *(Hauptdatei)*
Stammdaten *pl (Inf)* master data
stampfen *v (Schiff)* pitch
Stand *m* **der Lagertechnik/aktueller** *(Lager)* state-of-the-art warehousing *(Stand der Technik im Lagerwesen)*
Stand *m* **der Technik/aktueller** *(ALog)* (the) state of the art • **(aktueller) Stand der Technik sein** *(ALog)* be state of the art
Stand *m* **der Technik im Lagerwesen** *(Lager)* state-of-the-art warehousing
Stand *m* **der Technik/neuester** *(ALog)* (the) state of the art
Standardtrasse *f (Schiene)* standard slot *(steht für alle Züge des Güterverkehrs offen)*
Standby-Fluggast *m (Luft)* standby passenger *(Synonym: Standby-Passagier, Fluggast auf Warteliste)*
Standby-Passagier *m (Luft)* standby passenger *(Synonym: Standby-Fluggast, Fluggast auf Warteliste)*
Ständerregal *n (Lager)* upright rack
Standgeld *n (ALog)* demurrage
Standheizung *f (ALog)* independent vehicle heater, park heating
Standkontrolle *f (Straße)* stationary control
Standstreifen *m (Straße)* emergency lane, hard shoulder
Stapelkommissionierung *f (Lager)* batch picking
stapeln *v (Schiff)* stacking
Stapler *m (Lager)* fork lift
Startgewicht *n*/**höchstzulässiges** *(Luft)* allowed weight for take-off
Starthilfe *f (Straße)* jump start
Stau *m (Straße)* traffic jam; tailback, *(AE)* backup *(Rückstau)* • **in einen Stau geraten** *(Straße)* get into a traffic jam, get caught up in a traffic jam • **im Stau stecken** be stuck in a traffic jam, be caught up in a traffic jam • **im Stau stehen** be stuck in a traffic jam, be caught up in a traffic jam
Stauabgabe *f (Straße)* congestion charge *(Synonym: Staugebühr)*
stauen *v (Lager)* stow, stuff *(Güter in Lager- und Laderäume einbringen und sichern, unter Beachtung lagerungs-, transport- und beanspruchungsrelevanter Eigenschaften)*
Stauerei *f (Schiff)* packing station
Stauförderer *m (Lager)* accumulating conveyor
Staugebühr *f (Straße)* congestion charge *(Synonym: Stauabgabe)*
Stauplan *m (Schiff)* bay plan, stowage plan *(legt fest, wie und wo Güter in der Transporteinheit bzw. dem Transportmittel zu stauen sind)*
Stauplatz *m (Schiff)* stuffing area
Staurollenbahn *f (Lager)* accumulating roller conveyor
Stauung *f (Schiff)* stowing
stecken *v*/**im Stau** *(Straße)* be stuck in a traffic jam, be caught up in a traffic jam
stehen *v*/**im Stau** *(Straße)* be stuck in a traffic jam, be caught up in a traffic jam
Stellantrieb *m (Lager)* actuator
stellen *v*/**aufrecht** *(ALog)* place upright
Stellfläche *f (Lager)* storage space
Stempelgebühr *f (ZollAHa)* stamp duty
Stetigförderer *m (Lager)* continuous conveyor
Steuer *f (ZollAHa)* tax
steuerbord *(Schiff)* starboard *(Kennzeichnung = grünes Licht, rechts)*
steuerfrei *adj (ZollAHa)* tax-free
Steuerfreibetrag *m (ALog, ZollAHa)* tax--free amount
Steuerung *f (ALog)* control, steering, regulation
Stichprobe *f (ALog)* spot chek
Stichprobeninventur *f (Lager)* inventory sampling procedure *(körperliche Bestandsaufnahme bestimmter Vermögenswerte eines Unternehmens; aus einer abgegrenzten Grundgesamtheit wird eine repräsentative Stichprobe gezogen)*
Stichtagsinventur *f (Lager)* annual inventory count
Stirnrampe *f (Schiene, Straße)* end-loading ramp
Stoffe *mpl*/**feuergefährliche** *(ALog)* inflammable goods
Stoßdämpfer *m (ALog)* shock absorber
Straftat *f (Recht)* criminal offence, criminal act
Straße *f (Straße)* road
Straßenbenutzungsgebühr *f (Straße)* road toll

Straßenfahrzeug *n* **mit Dieselmotor** *(Straße)* diesel-engined road vehicle, DERV, Derv *(Synonym: dieselbetriebenes Straßenfahrzeug)*
Straßengüterfernverkehr *m (Straße)* road haulage, road transport
Straßentransport *m (Straße)* road transport, road haulage
Straßentunnel *m (Straße)* road tunnel
Straßenverkehrsordnung *f (StVG) (Recht, Straße)* road traffic regulations
Straßenverkehrszulassungsordnung *f (StVZO) (Recht, Straße)* road traffic licensing regulations
Streckenabschnitt *m (Schiene) (AE)* section
Streckengeschäft *n (Straße)* wholesaler to client business
Streckenklassen *fpl (Schiene)* track classification
Streik *m (ALog)* strike
Streik , Aufruhr und innere Unruhen *(Vers)* strikes, riots and civil commotions, S.R. and C.C. *(Versicherungsklausel)*
Strichcode *m (Inf)* barcode
Stückgewicht *n (Schiene, Schiff, Straße, Luft)* weight per package
Stückgut *n (Schiene, Schiff, Straße, Luft)* break bulk, conventional cargo
Stückgutsendung *f (Schiene, Schiff, Straße, Luft)* groupage consignment
Stückliste *f (ALog)* parts list
Stückzahl *f (ALog)* number of packages
24-Stundenservice *m (ALog)* overnight service; overnight delivery *(KEP-Dienst = Kurier-, Express- und Paketdienst = parcel transportation service)*
stürzen/nicht *(ALog)* don't drop
StVG *(Abk. für: Straßenverkehrsordnung) (Recht, Straße)* road traffic regulations
StVZO *(Abk. für: Straßenverkehrszulassungsordnung) (Recht, Straße)* road traffic licensing regulations
Substitutionsartikel *m (ALog)* substitute product *(Artikel, der einen anderen im Nutzen ersetzt)*
Super-Post-Panamax-Schiffe *fpl (Schiff)* super post panamax-sized ship *(Schiffe mit einer Kapazität über 7000 TEUs)*
Süßwasserschaden *m (Recht, Vers, Schiff)* freshwater damage, f.w.d.
System *n* **der Firma/logistisches** *(ALog)* logistics of the firm, business logistics *(Synonym: logistisches System von Betriebswirtschaften; Lehrfach und Forschungsbereich)*
System *n***/imperiales** *(ALog)* imperial system *(gesetzliches angelsächsisches, nicht-metrisches = non-metric Maß- und Gewichtssystem in Großbritannien und Nordirland = UK = United Kingdom = VK = Vereinigtes Königreich; cf Anhang: Britische und amerikanische Maße, Gewichte und Umrechnungsfaktoren)*
System *n* **von Betriebswirtschaften/ logistisches** *(ALog)* logistics of the firm, business logistics *(Synonym: logistisches System der Firma)*
Szenario *n* **der ungünstigsten Alternative** *(ALog, Vers)* worst-case scenario
Szenario *n* **für den ungünstigsten Fall** *(ALog, Vers)* worst-case scenario
SZR *n (Abk. für: Sonderziehungsrecht) (Recht, Vers, ZollAHa)* SDR, special drawing right *(IWF = Internationaler Währungsfonds = IMF = International Monetary Fund)*

T

Tachograph *m***/analoger** *(Recht, Straße)* analogue tachograph
Tachograph *m***/digitaler** *(Recht, Straße)* digital tachograph
Talfahrt *f (Schiff)* downstream traffic, downhill passage *(mit dem Strom)*
Tankcontainer *m (Schiene, Schiff, Straße)* tank container
Tanklager *n (Lager)* tank farm
Tankmotorschiff *n (Schiff)* tank vessel
Tanknutzfahrzeug *n (Straße)* road tanker
Tankschiff *n (Schiff)* tanker
Tankschleppkahn *m (Schiff)* tank tug
Tankschubleichter *m (Schiff)* tank barge
Tankstelle *f (Straße)* filling station, gas station
Tara *f (ALog, Straße)* tare, t., tr. *(weight of a vehicle or loading unit before the load is added, cf tare weight; Differenz zwischen Brutto- und Nettogewicht oder Gewicht des Fahrzeugs, der Ladeeinheit oder der Verpackung)*
Tarif- und lokales Zollabwicklungs-

system *n*/**automatisiertes** *(ATLAS) (Luft)* automatic tariff and local customs clearing system *(Abfertigung und Überwachung des EU-grenzüberschreitenden Warenverkehrs in der Zollabfertigung)*
Tarifbedingungen *fpl (Schiff)* tariff rules and regulations
Tarifrate *f (Schiene, Schiff, Straße, Luft)* rate
TDK *(Abk. für: Turmdrehkran) (Schiff)* tower crane
Teilcharter *f (Schiff)* split charter *(Buchung eines Teiles des Gesamtfrachtraumes)*
Teile *npl (Luft)* parts *(Warenbezeichnung zur Luftfrachtermittlung)*
Teilkonnossement *n (Schiff)* part bill of lading
Teilkostenrechnung *f (ALog)* direct costing
Teilladung *f (Schiene, Schiff, Straße, Luft)* part load *(eine Sendung, die aufgrund ihrer Größe nicht umgeschlagen wird, jedoch den zur Verfügung stehenden Frachtraum nicht vollständig auslastet; sie wird deshalb mit anderen Teilladungen oder auch zusammen mit Sammelgut befördert)*
Teillieferung *f (Schiene, Schiff, Straße, Luft)* part delivery
Teilstrecke *f (Luft)* leg *(Strecke, die eine Maschine zwischen Start und Landung zurücklegt)*
Teilstreckenentfernung *f (Luft)* leg distance *(zwischen Start und Landung zurückgelegte Entfernung)*
Teilverlust *m (Recht, Vers)* partial loss, P.L
Telefonkosten *pl (ALog)* telephone charges
Telekommunikationssystem *n* **für den Mobilfunk/globales** *(GSM) (Straße)* global system for mobile communication
Telematik *f (Inf)* telematics *(zusammengesetzter Begriff aus den Begriffen Telekommunikation und Informatik)*
Teleskopförderer *m (Lager)* telescopic conveyer
Tempolimit *n (Straße)* speed limit
TEN *(Abk. für: transeuropäische Eisenbahnnetze) (Schiene)* transeuropean railway network
TEU *(Abk. für: 20'-Container Verrechnungseinheit) (Schiff)* twenty foot equivalent unit *(Außenmaß: Länge 6,058 m, Breite 2,438 m, Höhe 2,591 m, Rauminhalt 33,1 m³, Nutzlast: 21.670 kg)*
Textnachrichtenübermittlung *f (Inf)* Short Message Service, SMS *(weltweiter Service für die Übertragung von Textnachrichten zwischen Mobilfunknutzern)*
Tidehafen *m (Schiff)* tidal harbour *(Hafen der nur bei Hochwasser angefahren werden kann, z. B. Antwerpen)*
Tiefgang *m (Schiff)* draught
Tiefkühlung *f (Schiene, Schiff, Straße, Luft)* deep-freezing
Tieflader *m (Schiene, Straße)* low-loader
Tonnage *f (Schiene, Schiff, Straße, Luft)* tonnage
Tonne *f*/**britische** *(Schiff)* longton, tn.l. *(entspricht 1016 kg)*
Tonne *f*/**metrische** *(ALog)* metric ton, metric tonne, mton, m.t. *(2204,6 lbs. = 1000 kg)*
Tonnenkilometer *m (tkm) (ALog) (AE)* ton kilometer, *(BE)* ton kilometre, ton kms *(Nutzungskennziffer der Frachtlogistik: Frachtgewicht x Entfernung; a measure of the utilization of a vehicle on the basis of the weight of load carried multiplied by the distance of the journey)*
Tonnenkilometer *mpl*/**angebotene** *(Luft)* available tonne kilometres, ATK *(die angebotene Gesamtleistung einer Luftverkehrsgesellschaft; Synonym: TKO = tonnes kilomètres offertes = Nutzlast in Tonnen x Teilstreckenentfernung)*
Tonnenkilometer *mpl*/**bezahlte** *(Luft)* revenue tonne kilometres, RTK *(Synonym: nachgefragte Tonnenkilometer)*
Tonnenkilometer *mpl*/**nachgefragte** *(Luft)* revenue tonne kilometres, RTK *(Synonym: bezahlte Tonnenkilometer; TKT = tonnes kilomètres transportées)*
Totalschaden *m (Recht, Vers)* total loss
Totalverlust *m (Vers)* total loss • **nur gegen Totalverlust** *(Vers)* total loss only, T.L.O. *(Versicherungsklausel)*
Totalverlust *m*/**konstruktiver** *(Recht, Vers)* constructive total loss, C.T.L.
Totgewicht *n (ALog)* dead weight, deadweight, dead load *(Synonym: Leergewicht, Eigengewicht, Totlast)*
Totlast *f (ALog)* dead load, dead weight, deadweight *(Eigengewicht eines Transportmittels = means of transport; Syno-*

nym: Leergewicht, Eigengewicht, Totgewicht; Gegensatz: Nutzlast)
Tourenplanung *f (Straße)* route planning
TPS *(Abk. für: Trassenpreissystem) (Schiene)* slot pricing system
Tragedorn *m (Lager)* carrying ram
Tragfähigkeit *f* 1. *(Schiene, Straße, Luft)* lifting capacity; 2. *(Schiff)* tons deadweight all told, tdwat *(Wasserverdrängung des beladenen Schiffes abzüglich der Wasserverdrängung des leeren Schiffes)*
Trampschiff *n (Schiff)* tramp steamer *(steht während einer Reise überwiegend nur einem Befrachter zur Verfügung, in erster Linie Massengüter)*
Transitgut *n (Schiene, Schiff, Straße, Luft)* transit goods
Transithandel *m (ALog, Recht)* transit trade, third-country trade, merchant trading *(EU)*
Transponder *m*/**aktiver** *(Inf)* active transponder
Transponder *m*/**ultraflacher** *(Inf)* Smart-Label *(wird im RFID-Bereich eingesetzt)*
Transport *m (Schiene, Schiff, Straße, Luft)* transport *(Beförderung von Gütern)*
Transport *m*/**innerbetrieblicher** *(Schiene, Schiff, Straße)* in house transport
Transport *m*/**mehrstufiger** *(Schiene, Schiff, Straße, Luft)* multilevel transport
Transport *m*/**multimodaler** *(Schiene, Schiff, Straße, Luft)* multimodal transport
Transportanbieter *m*/**multimodaler** *(Schiff)* multimodal transport operator, MTO
Transportart *f (Schiene, Schiff, Straße, Luft)* transport type
Transportauftrag *m (Schiene, Schiff, Straße, Luft)* transfer order
Transportbelege *mpl (Schiene, Schiff, Straße, Luft)* shipping note *(alle Schriftstücke, die für die Abwicklung und gegebenenfalls Begleitung eines Transports erstellt werden)*
Transportdokumente *npl (Recht, ZollAHa)* transport documents *(alle Schriftstücke, die zur Abwicklung und Begleitung eines Transports notwendig sind)*
Transporteinheit *f (Schiene, Schiff, Straße, Luft)* transport unit
Transporteinrichtungen *fpl (Schiene, Schiff, Straße, Luft)* transportation equipment
Transportetikett *n (Schiene, Schiff, Straße, Luft)* transport label
Transportfahrzeug *n*/**fahrerloses** *(FTF) (Straße, Schiene)* automated guided vehicle, AGV
Transportflugzeug *n (Luft)* cargo plane, freight plane, freighter, air freighter *(Synonym: Frachtflugzeug)*
transportieren *v*/**etw.** *(Schiene, Schiff, Straße, Luft)* carry sth., haul sth.
Transportkapazität *f (Schiene, Schiff, Straße, Luft)* shipping capacity
Transportkette *f (ALog)* transport chain *(die Transportkette ist die technische und organisatorische Verknüpfung von Transportvorgängen)*
Transportkosten *pl (Schiene, Schiff, Straße, Luft)* transport cost, freight charges
Transportlogistik *f (Schiene, Schiff, Straße, Luft)* transport logistics
Transportmittel *n (Schiene, Schiff, Straße, Luft)* means of transport
Transportmittel *npl (ALog, Vers)* conveyances, Convs.
Transportnetz *n (Schiene, Schiff, Straße, Luft)* transport net
Transportschaden *m (Schiene, Schiff, Straße, Luft)* damage in transit
Transportsystem *n*/**fahrerloses** *(FTS) (Straße, Schiene)* automated guided vehicle system, AGV *(flurgebundes Fördersystem ohne Fahrer mit automatischer Spurführung)*
Transportunternehmer *m (Schiene, Schiff, Straße)* freight carrier
Transportverpackung *f (Schiene, Schiff, Straße, Luft)* transport package *(Verpackungen, deren Ausführung von den Versandanforderungen bestimmt sind)*
Transportversicherung *f (Vers)* transport insurance
Transportversicherung *f*/**weltweite** *(Vers)* world cover, WoCo *(Ergänzungseintrag)*
Trasse *f (Schiene, Luft)* slot *(zeitlich begrenzte Nutzung einer Infrastruktur)*
Trassenpreissystem *n (TPS) (Schiene)* slot pricing system
Tratte *f (ALog)* draft *(ein Wertpapier, das eine unbedingte Zahlungsanweisung des Ausstellers an den Bezogenen enthält, an ihn oder einen Dritten zu einem bestimmten Zeitpunkt an einem bestimm-*

ten Ort eine bestimmte Geldsumme zu zahlen, auch Wechsel)

Tratte *f* **ohne Dokumente** *(ALog)* clean draft

Treibstoff *m (Luft, Schiff, Straße)* fuel, *(AE)* gas, *(AE)* gasoline

Treibstoffkosten *pl (Schiene, Schiff, Straße, Luft)* fuel costs

Treibstoffmesser *m (Luft, Schiff, Straße) (AE)* fuel gage, *(BE)* fuel gauge

Treibstofftank *m (ALog)* fuel tank

Treuhänder *m (Recht)* trustee

trimmen *v (Schiff)* trim

Trockencharter *f (Luft)* dry charter, dry lease *(der Vercharterer stellt - im Gegensatz zum Nasscharter - nur das Flugzeug, ohne Besatzung; cf Nasscharter = wet charter, wet lease)*

Trockendock *n (Schiff)* dry dock

Trommel *f (ALog)* drum

Tunnel *m (ALog)* tunnel

Turmdrehkran *m (TDK) (Schiff)* tower crane

T1-Versandschein *m (Recht, ZollAHa)* T1 certificate of shipment

T2-Versandschein *m (Recht, ZollAHa)* T2 certificate of shipment

U

Übereinkommen *n* **für die internationale Beförderung gefährlicher Güter auf der Straße/europäisches** *(Recht, Straße)* European agreement concerning the international carriage of dangerous goods by road *(Accord européen relatif au transport des marchandises dangereuses par route)*

Übereinkommen *n* **über den Beförderungsvertrag im internationalen Eisenbahnverkehr** *(Recht, Schiene)* Convention on the contract for the international carriage of goods by rail *(CIM, Convention internationale concernant le transport des marchandises par chemin de fer)*

Übereinkommen *n* **über den Beförderungsvertrag im internationalen Straßengüterverkehr** *(Recht, Straße)* Convention on the contract for the international carriage of goods by road, CMR, *(jarg)* CMR Convention *(Synonym, jarg: CMR-Convention; Convention relative au contrat de transport international de marchandises par route; cf CMR)*

Übereinkommen *n* **über den internationalen Eisenbahnverkehr** *(COTIF) (Recht, Schiene)* Convention concerning international carriage by rail, COTIF *(Convention relative aux transports internationaux ferroviaires; regelt das zivilrechtliche Vertragsverhältnis zwischen Kunden und Bahnen)*

Übereinkommen *n* **über die Arbeit des im internationalen Straßenverkehr beschäftigten Fahrpersonals/ europäisches** *(Recht, Straße)* European agreement concerning the work of crews of vehicles engaged in international road transport, AETR *(hours rules applied when drivers travel to or through states which are party to the agreement - other than EU member states where the EU rules apply)*

Übergabe *f (ALog)* presentation, hand-over

Übergepäck *n (Luft)* excess baggage *(aufgegebenes Gepäck, das die im Flugschein ausgewiesene Freigepäckgrenze überschreitet und das nach Gewicht oder als Festpreis gesondert zu bezahlen ist)*

Übergewicht *n (ALog)* overweight

Übergewichtsgebühr *f (Luft)* over-pivot rate *(bei Palette oder Container im Luftfrachtverkehr)*

überholen *v (ALog)* overtake

Überkapazität *f (ALog)* overtonnage

Überladebrücke *f (Lager)* dock leveller

Überlagernahme *f (Lager)* intermediate storage

Überlänge *f (Schiff)* long lengths, L/L *(überwiegend ab 12 m Einzellänge)*

Überliegegeld *n (Schiff)* demurrage

Überliegezeit *f (Schiff)* demurrage

Übernahmekonnossement *n (Schiff)* received for shipment bill of lading

Übernahmenachweis *m (Recht, Straße)* proof of acceptance

Übernahmesatz *m (Schiene, Schiff, Straße, Luft)* lump sum, inclusive rate

Überseecontainer *m (Schiene, Schiff, Straße)* overseas container

Übertrag *m (ALog)* sum carried forward

Übertragung f/erdgebundene *(Inf)* terrestrial communication
Überwachung *f (ALog)* supervision
überzählig *(ALog)* in excess
Ufer *n (Schiff)* coast
umachsen *v (Schiene)* reaxle
Umfuhr *f (Schiene, Straße)* cartage
Umgehungsstraße *f (Straße)* ring road
Umladung *f (Schiene, Schiff, Straße, Luft)* trans(s)hipment
Umladungszuschläge *mpl (Schiff)* trans(s)hipment additionals
Umlagerung *f (Lager)* stock transfer
Umlaufbestand *m (Lager)* work in process inventory, WIP *(Lagerbestände, die sich kontinuierlich verringern und in entsprechendem Umfang wieder aufgefüllt werden)*
Umlaufkommissionierung *f (Lager)* circle picking
Umlaufvermögen *n (ALog)* floating capital, working capital
umlegen/nicht *(ALog)* keep upright
Umleitung *f (ALog)* detour
ummarkieren *v (ALog)* re-mark
umpacken *v (ALog)* repack
Umrechnungskurs *m (ZollAHa)* rate of exchange
umreifen *v (Lager)* strap
Umsatz *m (ALog)* turnover
Umsatzsteuer *f (Recht, ZollAHa)* turnover tax
Umschlag *m (Schiene, Schiff, Straße)* handling, hdlg
Umschlag m/einstufiger *(Lager)* 1 step cross docking *(vom Lieferanten auf den Endempfänger bereits vorkommissionierte Ware, die beim Umschlag nicht weiter gelagert oder bearbeitet wird; sie geht vom Wareneingang direkt in den Warenausgang)*
Umschlag m/zweistufiger *(Lager)* 2 step cross docking *(vom Lieferanten für mehrere Empfänger zusammengefasste Ware, die beim Umschlag auf den Endempfänger kommissioniert wird; es verbleibt kein Warenbestand im Umschlagslager = transshipment warehouse)*
Umschlagbahnhof *m (Schiene)* railroad cargo tranfer station
umschlagen *v (Schiene, Schiff, Straße, Luft)* handle *(cross docking)*
Umschlaggebühr *f (Schiff)* terminal handling charges, THC *(Hafenkosten)*
Umschlaghafen *m (Schiff)* trans(s)hipment port
Umschlaghäufigkeit *f (Lager)* inventory turnover ratio, inventory turnover, turnover rate, rate of turnover
Umschlaglager *n (Lager)* trans(s)hipment warehouse
Umschlagleistung *f (Lager)* handling capacity
Umschlagplatz *m* 1. *(Schiene, Schiff)* place of trans(s)hipment; rail and water terminal; 2. *(ALog)* terminal, *(AE)* trading center, *(BE)* trading centre; hub *(zentraler Umschlagplatz, Drehkreuz)*
Umschlagpunkt *m (Lager)* tran(s)shipment point *(Ort des Warenumschlages von Versandeinheiten)*
Umschlagsgebühr *f (Schiff)* terminal handling charges, THC *(Hafenkosten)*
Umschlagshäufigkeit *f (Lager)* inventory turnover ratio, inventory turnover, turnover rate, rate of turnover
Umschlagspalette *f (Lager)* cross docking pallet
umspuren *v (Schiene)* regauge
Umverpackung *f (ALog)* outer package *(andere Bezeichnung für die äußere Verpackung)*
Umzug *m (Schiene, Schiff, Straße)* removal
Umzugsgut *n (Schiene, Schiff, Straße)* removal goods
Umzugsverkehr *m (Straße)* removal haulage
UNCTAD-Übereinkunft *f* **40:40:20** *(Schiff)* UNCTAD Code 40:40:20 *(regelt die Verteilung der Schiffsladungen im Außenhandel zwischen zwei Ländern zu jeweils 40 % pro beteiligtem Land, die restlichen 20 % werden von Schiffen anderer Länder gefahren)*
unentgeltlich *(Recht)* free of charge
Unfall *m (ALog)* accident
Unfallbericht *m (Recht, Vers)* accident report
Unfallmerkblatt *n (Recht, Straße)* accident procedures sheet
ungefähr *(ALog)* approximate
Ungültigkeitserklärung *f (Schiff)* invalidation
Unterdeck *n (Luft)* below-deck *(der Unterflurladeraum = belly eines Flugzeuges; reine Frachtflugzeuge können Container und Paletten auf dem Haupt- und Unter-*

deck laden;Passagierflugzeuge transportieren Güter nur unterflur im Unterdeck)
Unterfahrbarkeit *(ALog)* accessibility
Unterflurfrachtraum *m (Luft)* underfloor shipping space, belly *(für Fracht in einem Passagierflugzeug)*
Unterflurladeraum *m (Luft)* belly, underfloor shipping space *(für Fracht in einem Passagierflugzeug)*
Unterflurschleppkette *f (Lager)* underfloor conveyor chain
Unternehmen *n*/**privatrechtliches** *(ALog, Recht)* private company
Unternehmenskarte *f (Straße)* owners card
Unternehmenslogistik *f (ALog)* company logistics
Unternehmerlohn *m (ALog)* entrepreneurial profit
Unterschrift *f (ALog)* signature
Unterspediteur *m (ALog)* sub-forwarder *(der vom Hauptspediteur = main forwarder an dessen Stelle mit der Durchführung eines Speditionsauftrages betraute weitere Spediteur)*
unverbindlich *(Recht)* without engagement
unverpackt *adj (Schiene, Schiff, Straße, Luft)* unpacked
unversichert *(Vers)* not insured
unverzollt *(ZollAHa)* duty unpaid
UN-Welthandelskonferenz *f (infrml) (Schiff)* United Nations Conference on Trade and Development, UNCTAD *(frml: Welthandels- und Entwicklungskonferenz der Vereinten Nationen)*
unzustellbar *adj (ALog, Recht)* undeliverable *(Post)*
Urlaubsgeld *n (Pers)* leave pay
Urlaubsschein *m (Recht, Pers)* vacation form
Ursprung *m (ZollAHa)* origin
Ursprung *m*/**präferenzieller** *(ALog, Recht, ZollAHa)* preferential origin *(cf paneuropäische Kumulation: Waren mit Ursprung aus einem Land der paneuropäischen Kumulation erfüllen die Kriterien zur Gewährung der Zollpräferenz)*
Ursprungsland *n (ZollAHa)* country of origin
Ursprungszeugnis *n (ZollAHa)* certificate of origin

V

VE *(Abk. für: Verkaufseinheit) (ALog)* sales unit
Verbindlichkeit/ohne *(Recht)* without engagement
Verbotskunde *m (Recht, Vers)* customer exempted from forwarding, logistics and warehousing insurance
Verbraucher *m (Lager)* consumer
Verbrennungsmotor *m (ALog)* combustion engine
verchartern *v (Luft, Schiff, Straße)* charter out, freight out
Vercharterung *f (Luft, Schiff, Straße)* chartering out, freighting out
verderblich *adj*/**leicht** *(Schiene, Schiff, Straße, Luft)* perishable
Verdichtungsflug *m (Luft)* extra section, additional flight, supplementary flight *(Synonym: Zusatzflug; wenn das planmäßige Angebot die saisonal oder durch andere Faktoren, wie z. B. Messen oder Großveranstaltungen, beeinflusste erhebliche Nachfrageveränderung nicht abdecken kann)*
vereinbart ist/wenn nichts Gegenteiliges *(ALog, Recht)* unless otherwise agreed upon
Vereinigung *f* **der europäischen Fluggesellschaften** *(Luft)* Association of European Airlines, AEA
Vereinigung *f* **der in Deutschland tätigen Luftverkehrsgesellschaften** *(Luft)* Board of Airline Representatives in Germany, BARIG *(Mitglieder sind Gesellschaften mit operativer oder auch nur vertrieblicher Präsenz in Deutschland)*
Vereinnahmung *f (ALog)* appropriation *(physische und administrative Übernahme von Waren)*
Vereinzelungspunkt *m (ALog)* break-bulk point *(logistischer Knotenpunkt, an dem eine größere Sendung in einzelne Teilmengen aufgespalten wird)*
Verfahren *n*/**optimales** *(ALog)* best practice
Verfalltag *m (Recht)* due date
verfrachten *v (Schiene, Schiff, Straße)* ship
Verfrachter *m (Schiene, Schiff, Straße)* consignor, shipper
Verfrachter *m* **ohne eigenen Schiffs-**

raum *(Schiff)* non vessel operating common carrier, NVOCC
Verfügbarkeit *f (ALog)* availability
Verfügbarkeitszeit *f (Luft)* time of availability, TOA
Verfügung *f*/**nachträgliche** *(Recht, ZollAHa)* amending construction
Verfügung von/zur *(Recht, ZollAHa)* at the disposal of
Verfügungsberechtigter *m (Recht)* entitled to dispose of
Verfügungsberechtigung *f (Recht)* right of disposal
Verfügungsrecht *n (Recht)* right of disposal
Vergaser *m (ALog)* carburet(t)or
verhandelbar *adj (Schiff)* negotiable
verhandelbar *adj*/**nicht** *(Recht)* non-negotiable
Verhandlungsbasis *f (ALog)* rate to be agreed, r.t.b.a.
Verjährung *f (Recht, Vers)* limitation
Verkauf *m (ALog)* sale
Verkaufsaktion *f (ALog)* sales promotion
Verkaufsbedingungen *fpl (Recht)* terms of sale
Verkaufseinheit *f (VE) (ALog)* sales unit
Verkaufsort *m (Inf)* point-of-sale, POS
Verkaufspreis *m (ALog)* selling price
Verkaufspunkt *m (Inf)* point-of-sale, POS
Verkaufsstelle *f (Inf)* point-of-sale, POS
Verkaufsverpackung *f (ALog)* sales packaging, consumer packaging
Verkehr *m*/**fließender** *(Straße)* moving traffic
Verkehr *m*/**freier** *(ZollAHa)* free circulation
Verkehr *m*/**grenzüberschreitender** *(Straße, Schiene, Schiff, Luft)* cross-border traffic
Verkehr *m*/**intermodaler** *(Straße, Schiene, Schiff, Luft)* intermodal transport, combined traffic, combined transport
Verkehr *m*/**kombinierter** *(KV) (Schiene, Straße)* intermodal transport, combined traffic, combined transport, combined road-rail transport *(verkehrstechnischer Begriff für Gütertransporte, bei denen komplette Transporteinheiten - meist Container, Wechselbehälter, Sattelanhänger oder komplette LKW - auf der Strecke von mindestens zwei unterschiedlichen Verkehrsmitteln - LKW, Eisenbahn oder Schiff - befördert werden; Synonym: Kombiverkehr; rollende Landstraße = piggyback transport)*
Verkehr *m*/**ruhender** *(Straße)* stationary traffic
Verkehre *mpl*/**paarige** *(Straße, Schiene, Schiff, Luft)* paired traffic *(gleichmäßige Güterströme zwischen zwei Punkten)*
Verkehrsabkommen *n*/**bilaterales** *(Straße)* bilateral transport agreement
Verkehrsfunk *m (Straße)* traffic message channel, TMC
Verkehrsknotenpunkt *m (ALog)* traffic junction
Verkehrskontrolle *f (Straße)* traffic control
Verkehrskreuz *n (Luft)* hub *(Synonym: Güterverteilzentrum, Drehkreuz, Luftverkehrskreuz; Konzept: mit Hilfe von Zubringerlinien = feeder lines die systematische Zusammenführung von Passagieren und Fracht in einem Zentrum, dem Dreh- und Angelpunkt eines Streckennetzes, um zeitlich optimierte, kostengünstige Umsteige- und Umlademöglichkeiten sowie Größenvorteile = economies of scale im Hub und auf den Hauptstrecken zu erzielen)*
Verkehrsleistung *f (ALog)* transport performance
Verkehrsmittel *n (Schiene, Schiff, Straße, Luft)* means of transportation
Verkehrspolitik *f (Straße)* transport policy
Verkehrstechnik *f (ALog)* traffic engineering
Verkehrsträger *m (ALog)* mode of transport *(man unterscheidet zwischen den Verkehrsträgern Schiene, Straße, Schifffahrt -Binnen- und Seeschifffahrt-, Luftverkehr und Rohrleitungsverkehr)*
Verkehrswegenetz *n (Straße)* transport network
verkeilen *v (Schiene, Schiff, Straße, Luft)* secure by wedges
Verladeart *f (Schiff)* means of lading
Verladedokument *n (ALog)* shipping document
verladen *v*/**auf Deck** *(Schiff)* ship on deck
verladen mit *(ALog)* forwarded by
Verlader *m (ALog, Recht)* shipper, sender *(Nachfrager bzw. Auftraggeber für Transport- und Logistikdienstleistungen)*

Verladestelle *f (Schiene, Schiff, Straße)* loading point
Verladung *f (Schiene, Schiff, Straße, Luft)* shipment *(Übergabe der Güter vom Verlader an den Frachtführer)*
Verladung *f*/**beförderungssichere** *(Recht)* reliable transport consignment *(obliegt dem Absender)*
Verladung *f*/**betriebssichere** *(Recht)* consignment safe to operate *(obliegt dem Frachtführer)*
verlängern *v (Recht, ZollAHa)* extend, prolong
Verlängerung *f (Recht, ZollAHa)* prolongation *(meist zeitlich)*; extension *(Frist)*
Verlängerung *f* **der Geltungsdauer** *(Recht)* extension of validity
Verlustvermutung *f (Recht, Vers)* loss assumption
Vermögensschaden *m (Recht, Vers)* financial damage
verpacken *v (ALog, Lager)* pack, wrap; package *(maschinell verpacken)*
verpackt *adj (ALog)* packed; packaged *(maschinell verpackt)*
Verpackung *f (ALog)* packaging *(ganze oder teilweise physische Umhüllung von Waren zur Abgrenzung oder Sicherung)*; packing • **ohne Verpackung** *(ALog)* unpacked
Verpackung *f*/**innere** *(ALog)* inner packaging *(Packmittel, die einen direkten Kontakt mit den zu befördernden Artikeln haben)*
Verpackung *f*/**dauerhafte** *(ALog)* durable packaging
Verpackung *f*/**feste** *(ALog)* strong packaging
Verpackung *f*/**mangelhafte** *(ALog)* defective packaging
Verpackung *f*/**seemäßige** *(Schiff)* seaworthy packaging
Verpackung *f*/**ungenügende** *(ALog)* insufficient packaging
Verpackungseinheit *f (ALog)* package unit
Verpackungskosten *pl (ALog)* packaging costs
Verrechnungsscheck *m (ALog) (BE)* crossed cheque, non-negotiable cheque, account-only cheque; *(AE)* crossed check, account-only check, non-negotiable check
Versand *m (ALog)* dispatch, forwarding
Versand *m* **gemäß Instruktionen** *(ALog)* dispatch according to instructions
Versandanweisung *f (ALog)* forwarding instructions
Versandanzeige *f (ALog)* shipping advice
Versandauftrag *m (ALog)* shipping order *(richtet sich an einen Lagerhalter und fordert ihn auf, Ware zum Versand zu bringen)*
Versandavis *n (ALog)* shipping advice
Versanddatum *n (ALog)* date of dispatch
Versandeinheit *f (ALog)* shipment unit *(die kleinste Einheit von Gütern, die mit anderen nicht fest verbunden ist und in der Transportkette vom Versender oder Verlader bis zum Empfänger als geschlossener Umfang einzeln behandelt wird; Versandeinheiten sind Kisten, Paletten, Container, aber auch mehrere physisch nicht verbundene Packstücke)*
Versandeinheitennummer *f (Inf)* Serial Shipping Container Code, SSCC
versandfertig *adj (Schiene, Schiff, Straße, Luft)* ready for dispatch
Versandhandel *m (ALog)* mail order
Versandlager *n (Lager)* dispatch warehouse
Versandleiter(in) *m(f) (Pers)* shipping officer, shipping clerk
Versandnachweis *m (Schiene, Schiff, Straße, Luft)* evidence of dispatch
Versandpapiere *fpl (Schiene, Schiff, Straße, Luft)* shipping documents
Versandspediteur *m (Schiene, Straße)* consolidator, groupage agent *(Spediteur, der im Auftrag mehrerer Versender Einzelsendungen zu einer Sammelladung zusammenfasst)*
Versandtermin *m (ALog)* date of dispatch
Verschieberegal *n (Lager)* sliding rack, mobile rack *(ein quer zur Regalfront verfahrbares Regalsystem, häufig schienengeführt; Vorteil: optimale Flächenausnutzung, da einzelne Regale zu einem Regalblock zusammengeschoben sind und nicht zwischen jedem einzelnen Regal ein Gang vorhanden ist; eignet sich vor allem für langsam drehende Güter)*
Verschiffung *f (Schiff)* shipment
Verschiffungskosten *pl (Schiff)* shipping charges

Verschlag *m (ALog)* crate
Verschulden *n*/**geringfügiges** *(Recht, Vers)* marginal fault
Verschulden *n*/**qualifiziertes** *(Recht, Vers)* qualified fault
Verschulden *n*/**vermutetes** *(Recht, Vers)* assumed fault
versenden *v (Schiene, Schiff, Straße, Luft)* dispatch, forward, ship
Versender *m (Schiene, Schiff, Straße, Luft)* dispatcher, principal, consignor, sender, shipper
Versender *m*/**bekannter** *(Schiene, Schiff, Straße, Luft)* known dispatcher
versichern *v (Vers)* insure
versichert/frachtfrei *(CIP) (Recht, ZollAHa)* carriage and insurance paid to, CIP *(cf Anhang: Incoterms 2000)*
Versicherter *m (Recht, Vers)* insurant, insurance holder; the insured
Versicherung *f (Vers)* insurance • **einschließlich Versicherung** insurance included
Versicherung *f* **gegen alle Risiken** *(Vers)* all-risk insurance
Versicherungsbedingungen *fpl* **für Gütertransporte** *(Recht, Vers)* institute cargo clause, ICC
Versicherungsbetrug *m (Vers)* insurance fraud
Versicherungsdeckung *f (Recht, Vers)* insurance coverage
Versicherungskarte *f*/**grüne** *(Recht)* international insurance card
Versicherungsnachweis *m (Recht, Vers)* proof of insurance
Versicherungsnehmer *m (Recht, Vers)* insurant, insurance holder
Versicherungspflicht *f (Recht, Vers)* legal obligation to insure
Versicherungspolice *f (Recht, Vers)* insurance policy
Versicherungsprämie *f (Recht, Vers)* insurance premium, insurance rate
Versicherungsschutz/bis zur Genehmigung kein *(Recht, Vers)* subject to approval, no risk, S.A.N.R
Versicherungswert *m (Recht, Vers)* value for insurance
versiegeln *v (ZollAHa)* seal
versorgen *v* **mit** *(ALog)* service with, provide with *(Synonym: ausstatten mit, beliefern mit)*
Versorgungsengpass *m (Inf)* supply shortfall
Verspätungsschaden *m (Recht, Vers)* damage of delay
versteigern *v (ALog, Recht)* sell by auction
Verstopfungszuschlag *m (Schiff)* congestion surcharge, port delay charge
Verteilerlogistik *f (ALog)* distribution logistics
Verteiltransport *m (Straße)* distribution transport
Verteilung *f (Straße)* distribution
Verteilungslager *n (Lager)* distribution warehouse
Verteilzentrum *n (Lager) (AE)* distribution center, *(BE)* distribution center
Vertragsabschluss *m (Recht)* conclusion of contract
Vertragsbedingungen *fpl (Recht, Vers)* terms of contract
Vertragsfreiheit *f (Recht)* freedom of contract
Vertragspartner *m (Recht)* contractual partner
Vertragsstrafe *f (Recht, Vers)* penalty
Verwaltungskosten *pl (ALog)* administration costs, administrative costs
verwiegen *v (Schiene, Schiff, Straße, Luft)* weighing
Verzichtskunde *m (Recht)* customer exempted from forwarding, logistics and warehousing insurance
Verzögerung *f (Schiene, Schiff, Straße, Luft)* delay
Verzollung *f (ZollAHa)* customs clearance
Verzugszinsen *f (Recht, ZollAHa)* interest on arrears
verzurren *v (Schiff)* lash
v.H. *(Abk. für: von Hundert) (ALog)* p.c., per cent *(Prozent)*
VHB *(Abk. für: Verhandlungsbasis) (ALog)* rate to be agreed, r.t.b.a.
Vielflieger(in) *m(f) (Luft) (BE)* frequent traveller, *(AE)* frequent traveler, FTL, frequent flyer
Vignette *f (Straße)* road tax disc
Visum *n (Recht)* visa
Voll-Containerladung *f (ZollAHa)* full container load, FCL, F.C.L.
Vollkostenrechnung *f (ALog)* absorption costing, full costing; full cost pricing
Vollmacht *f (Recht, ZollAHa)* procuration • **in Vollmacht** per procuration

Vollmachtgeber(in) *m(f) (ALog, Recht)* principal *(Synonym: Auftraggeber)*
Volumengewicht *n (Straße, Schiene, Schiff, Luft)* dimensional weight
Vorauszahlung *f (Recht, ZollAHa)* advanced payment, prepayment, prepaid
Vorbehalt/unter *(Recht)* under reservation
vorbehalten/Abänderungen *(ALog)* subject to modifications
vorbehalten/alle Rechte *(Recht)* all rights reserved
vorbehalten/höhere Gewalt *(Recht, Vers)* force majeure excepted
vorbehalten/Irrtümer und Auslassungen *(Recht)* errors and omissions excepted
Vorderdeck *n (Schiff)* forward deck
Vorfeld *n (Luft)* apron, ramp, parking ramp *(einschließlich: Abstell- und Wartungsflächen = parking and maintenance areas für Flugzeuge, Rollwege = apron--taxiways der Flugzeuge, Vorfeldbereiche, auf denen Servicefahrzeuge fahren = apron-service-roads)*
Vorfracht *f (ALog)* prior carriage charges
Vorkontrolle *f (Straße)* pre-control
Vorlage *f (ZollAHa)* disbursement, advancement
Vorlauf *m (Schiene, Straße, Schiff)* pre carriage *(Transport von Sendungen eines oder mehrerer Verlader zur Umschlagsanlage des Spediteurs)*
Vormontage *f (Lager)* pre-assembly
Vorratslager *n (Lager)* store *(Waren, Güter)*; buffer stock
Vorratslücke *f (Lager)* buffer stock gap *(nicht vorhandener Artikel in einem Vorratslager)*
Vorschuss *m (Recht)* advance payment
Vorsorgeversicherung *f (Recht, Vers)* provisional insurance
Vorwahl *f (Inf) (AE)* area code, dialing code, *(BE)* dialling code *(telephone)*
Vorwahlnummer *f (Inf) (AE)* area code, dialing code, *(BE)* dialling code *(telephone)*

W

WAB *m (Abk. für: Wechselaufbau) (Straße, Schiene)* swap body *(cf Wechselaufbau)*
Wabenregal *n (Lager)* comb rack
Wagen *m*/**gedeckter** *(Schiene)* covered waggon
Wagen *m*/**offener** *(Schiene)* open waggon, open coach
Wagen *m*/**öffnungsfähiger** *(Schiene)* waggon able to open
Wagen *m*/**temperaturgeführter** *(Schiene)* temperature-controlled waggon
Wagendecke *f (Schiene)* tarpaulin
Wagengattung *f (Schiene)* model
Wagenladung *f (Schiene, Straße)* full truck load, waggon load, carload
Wagenladungsverkehr *m (Schiene)* waggon load freight
Wagenstandgeld *n (Schiene)* demurrage charges
Wagon *m (Schiene)* railway waggon
Währung *f (ZollAHa)* currency
Währungszuschlag *m (Schiff)* currency adjustment factor, CAF *(zum Ausgleich von Währungsschwankungen)*
Ware *f*/**lose** *(Schiene, Schiff, Straße)* bulk, bulk goods
Ware *f*/**rollende** *(ALog, Schiene, Straße)* goods in rail or road transit, goods in transit *(Ware, die sich auf dem Straßen- oder Schienentransport befindet; Bilanzierung als Bestand in der Bilanz des Verkäufers bis zum Zeitpunkt des Übergangs der Gefahr auf den Käufer, ab dann als Forderung gegen den Käufer; Synonym: unterwegs befindliche Ware)*
Ware *f*/**schwimmende** *(Schiff)* goods afloat
Ware *f*/**unterwegs befindliche** *(ALog, Schiene, Straße)* goods in rail or road transit, goods in transit *(Ware, die sich auf dem Straßen- oder Schienentransport befindet; Bilanzierung als Bestand in der Bilanz des Verkäufers bis zum Zeitpunkt des Übergangs der Gefahr auf den Käufer, ab dann als Forderung gegen den Käufer; Synonym: rollende Ware)*
Ware zum Mann *(WzM) (Lager)* goods to man *(Kommissionierprinzip, bei dem die dynamische Bereitstellung im Vordergrund steht; die zu kommissionierende*

Ware gelangt aus dem Lager an einen festen Kommissionierplatz, an dem der Mitarbeiter zur Entnahme bereitsteht)
Waren *fpl (ALog)* goods, gds
Waren *fpl*/**lose** *(Schiene, Schiff, Straße)* bulk, bulk goods
Waren *fpl* **unter Zollverschluss** *(ZollAHa)* bonded goods, B/G, b/g
Warenakkreditiv *n (ZollAHa)* documentary credit
Warenanhänger *m (Schiene, Schiff, Straße, Luft)* transport label
Warenannahme *f (Lager)* incoming goods department, receiving department; receipt of goods, ROG
Warenausgang *m (Lager)* goods issuing department
Warenausgangsprüfung *f (Lager)* goods issue check
Warenbereitstellung *f (Lager)* placing the goods at the disposal
Warenbezeichnung *f (ZollAHa)* description of goods
Wareneingang *m (Lager)* goods receipt, goods in
Wareneingangskontrolle *f (Lager)* goods receipt check
Wareneingangsmeldung *f (Lager)* notification of goods receipt
Wareneingangsschein *m (Lager)* goods-in certificate
Wareneingangsstelle *f (Lager)* goods receipt, receiving department
Warenfreigabe *f (ZollAHa)* release of goods
Warengruppe *f (ALog)* product groups *(bezeichnet eine Gruppe von Produkten und/oder Dienstleistungen, die als zusammengehörend definiert werden)*
Warenklassenraten *fpl (Luft)* class rates *(Gruppe im IATA-Tarifgefüge)*
Warenmuster *n (ZollAHa)* sample
Warenprobe *f (ZollAHa)* sample, probe
Warenprüfung *f (Lager)* product testing
Warenrechnung *f (ALog)* bill of material
Warenumschlag *m (Schiene, Schiff, Straße, Luft)* handling of goods
Warenverkehrsbescheinigung *f (Recht, ZollAHa)* movement certificate, certificate of circulation *(EUR1)*
Warenversorgung *f*/**kontinuierliche** *(Lager)* continuous replenishment *(kontinuierliche Warenversorgung entlang der gesamten logistischen Kette vom Hersteller zum Händler; der Impuls für die Nachschubversorgung geht nicht mehr vom Handel, sondern von der tatsächlichen am Point-of-Sale = Verkaufsort gemessenen Nachfrage oder dem prognostizierten Bedarf aus)*
Warenverteilzentrum *n (Lager)* distribution center
Warenwert *m (ZollAHa)* goods value
Warenwirtschaft *f (ALog, Lager)* materials management
Warenwirtschaftssystem *n (WWS)* 1. *(Inf, Lager)* merchandise information system, MIS *(Informationssystem zur Abbildung aller warenwirtschaftlichen Prozesse sowie zur mengen- und wertmäßigen Steuerung des Warenflusses und der erforderlichen personellen und finanziellen Prozesse; das System zeigt Nachfrageänderungen der Kunden zeitnah auf)*; 2. *(ALog, Inf)* enterprise resource planning (system), ERP (system)
Warnweste *f (ALog, Straße)* safety vest
Wartefrist *f (Recht, Vers)* waiting period
Wartekosten *pl (ALog)* cost of waiting time
Warteliste *f (ALog, Luft)* waiting list *(bei ausgebuchtem Flug angelegte namentliche Liste von Fluggästen mit unbestätigten Buchungsanträgen; Bestätigung ist u.U. noch möglich, wenn ein Platz frei wird oder wenn noch Plätze durch No-shows vor Abflug verfügbar sind; Reihenfolge nach der Position auf der Warteliste; Passagiere, Fracht, passengers, cargo)*
warten *v (ALog)* service, maintain
Wartezeit *f (ALog)* waiting time, standby time
Wartung *f (ALog)* servicing, maintenance
Wartung *f* **durch Fremdfirma** *(ALog)* third-party maintenance, third-party service *(Synonym: Wartung durch Drittfirma, externe Wartung)*
Wasserfahrzeug *n (Schiff)* watercraft, waterborne vehicle, vessel
Wasserlinie *f (Schiff)* waterline
Wasserstraße *f (Schiff)* waterway
Wasserverdrängung *f (Schiff)* tonnage displacement *(wird in Tonnen zu 1000 kg oder 1016 kg - longton - gemessen)*
Wechsel *m (ALog, ZollAHa)* bill of exchange
Wechselaufbau *m (WAB) (Schiene, Stra-*

ße) swap body *(Synonym: Wechselpritsche, Wechselbrücke; austauschbare Einheit, geeignet für den wechselnden Einsatz auf Straßen- und Schienenfahrzeugen zur Verkürzung der Umschlags- und Verweilzeit = turnround time; interchangeable body or unit built to standard lengths for alternative use on a road vehicle or a road trailer and railwagons; used in distribution and intermodal operations for speed of vehicle turnaround and greater flexibility in operation)*

Wechselbehälter *m (Schiene, Straße)* swap container, swap body

Wechselbrücke *f (Schiene, Straße)* swap body *(cf Wechselaufbau)*

Wechselbürgschaft *f (ALog, Recht, ZollAHa)* guarantee for an bill

Wechselpritsche *f (Schiene, Straße)* swap body *(cf Wechselaufbau)*

Wechselsteuer *f (ALog, ZollAHa)* bill stamp

Weihnachtsgeld *n (Pers)* christmas allowance

Weisung *f*/**nachträgliche** *(Recht)* hindsight advice

Weisungen *fpl (Pers, Recht)* instructions

Weiterbeförderung an.../zur *(Schiene, Schiff, Straße, Luft)* for reforwarding to...

weiterleiten *v (ALog)* reforward

Weiterleitung *f (ALog)* reforwarding

Wellpappe *f (ALog)* corrugated fibre-board

Welthandelsorganisation *f (Recht, ZollAHa)* World Trade Organization, WTO *(die Nachfolgeorganisation des GATT, the GATT successor organization)*

Welthandels- und Entwicklungskonferenz der Vereinten Nationen *(ALog)* United Nations Conference on Trade and Development, UNCTAD

Wendezeit *f (Schiff) (AE)* port turnaround time, *(BE)* port turnround time *(Synonym: Liegezeit im Hafen, Hafenumschlagszeit; die Be- und Entladungszeit im Hafen)*

Werbung *f (ALog)* advertising

Werk *n (ALog)* factory, works, plant, industrial plant • **ab Werk** *(Recht, ZollAHa)* ex works, EXW *(cf Anhang: Incoterms 2000)* • **ab Werk** *(ALog)* ex factory *(ab Fabrik; Lieferklausel)*

Werkpreis *m (ZollAHa)* price ex factory

Werkstatt *f (ALog)* workshop

Werkstattkarte *f (Straße)* workshop card

Werkverkehr *m (Schiene, Schiff, Straße)* intercompany transport, private haulage *(Beförderung von Gütern für eigene Zwecke mit eigenen Transportmitteln)*

Wert *m* **nur für Zollzwecke** *(ZollAHa)* value for customs purposes only

Wert/ohne *(ZollAHa)* without value

Wert wie Original Police *(Vers)* value as original policy, v.o.p. *(Versicherungsklausel)*

Wertangabe *f (ZollAHa)* declaration of values

Wertersatz *m (Recht, Vers)* value replacement

Wertkette *f (ALog)* value chain, value creation chain *(Synonym: Wertschöpfungskette)*

Wertschöpfung *f (ALog)* value creation; added value, value added; real net output *(im Logistiksektor = Verkaufserlöse aus der Erbringung logistischer Leistungen minus Vorleistungen)*

Wertschöpfungskette *f (ALog, Inf)* value chain, value creation chain *(Synonym: Wertkette)*

Wertzuschlag *m (Luft, Vers)* valuation charge *(Frachtkostenzuschlag für außergewöhnlich wertvolle Sendungen wegen der Erhöhung der Versicherungssumme)*

wickeln *v (Lager)* wind

Wiederausfuhr *f (ZollAHa)* reexportation

Wiedereinfuhr *f (ZollAHa)* reimportation

Wiegenote *f (Schiene, Schiff, Straße, Luft)* weight note

Winkel *m*/**toter** *(ALog)* blind spot, dead corner

Winterreifen *m (Straße) (AE)* winter tyre

Wirtschaftsbeteiligte *m(f) (ALog, Recht)* operator

Wirtschaftsbeteiligter *m*/**zugelassener** *(ZollAHa)* authorized economic operator, AEO

Wirtschaftsraum *m*/**Europäischer** *(EWR) (ALog, ZollAHa)* European Economic Area, EEA *(umfasst EU + EFTA ohne die Schweiz; cf EFTA = Europäische Freihandelsassoziation)*

Wirtschaftszone *f (Schiff)* economic zone *(200 Seemeilen von der Küstenlinie)*

Wochenendfahrverbot *n (Straße)* weekend traffic ban

Wulstbug *m (Schiff)* bulbous buw

WWS *(Abk. für: Warenwirtschaftssystem) (Inf, Lager)* merchandise information system, MIS *(Informationssystem zur Abbildung aller warenwirtschaftlichen Prozesse sowie zur mengen- und wertmäßigen Steuerung des Warenflusses und der erforderlichen personellen und finanziellen Prozesse; zeigt Nachfrageänderungen der Kunden zeitnah auf)*

WzM *(Abk. für: Ware zum Mann) (Lager)* goods to man

X

x-Fabrik *(ALog, ZollAHa)* ex factory *(Lieferklausel; Synonym: ab Fabrik)*; ex works, EXW *(ab Werk, cf Anhang: Incoterms 2000)*

Y

York-Antwerpen-Regeln *fpl (Schiff)* York-Antwerp-Rules, YAR 1950 *(Regelung zur Gefahrengemeinschaft von Schiff und Ladung auf See)*

Z

Zahlfracht *f (ALog)* revenue freight *(Cargo; Fracht, für die die anwendbare Frachtrate berechnet wird; Gegensatz: Dienstfracht, Freifracht)*

Zahlgast *m (ALog)* revenue passenger

Zahlung *f (ZollAHa)* payment

Zahlung an unseren Spediteur gegen Auslieferung der Ware *(ALog, Recht)* payment to our forwarder on delivery of goods

Zahlung bei Anzeige der Versandbereitschaft *(ALog, Recht)* payment on advice that goods are ready for dispatch

Zahlung bei Auftragserteilung *(ALog, Recht)* payment with order

Zahlung bei Erhalt der Rechnung *(ALog, Recht)* payment on receipt of invoice

Zahlung bei Lieferung der Ware *(ALog, Recht)* cash on delivery, CAD

Zahlung durch Bankwechsel *(ALog, Recht)* payment by bank draft

Zahlung gegen 3-Monats-Wechsel *(ALog, Recht)* payment against 3--month's draft

Zahlung innerhalb 10 Tagen mit 3% Skonto, innerhalb 30 Tagen netto *f (ALog, Recht)* payment within 10 days with 3% discount, within 30 days net

Zahlungsabwicklung *f*/**elektronische** *(Inf)* electronic payment, EFT, electronic funds transfer *(Abwicklung des Zahlungsverkehrs zwischen Handel und Herstellern über EDI)*

Zahlungsaufschub *m (ZollAHa)* deferred payment

Zahlungsavis *n (ALog)* advice of settlement

Zahlungsbedingungen *fpl (ZollAHa)* terms of payment

Zahlungsnachweis *m (ZollAHa)* proof of payment

Zahlungsverweigerung *f (ZollAHa)* refusal to pay

Zahlungsweise *f (ZollAHa)* mode of payment

Zapfsäule *f (ALog)* filling pump, fuel dispenser

Zeit *f (ALog)* time

Zeitcharter *f (Schiff)* time charter *(Buchung des Schiffes für eine bestimmte Zeit)*

Zeitfenster *n (Luft)* time frame, slot

Zeitfensterkennnummer *f (Luft)* time frame ID

zeitnah *(ALog)* timely; topical, up-to-date *(aktuell)*

Zeitnische *f*/**zugeteilte** *(Luft)* allocated slot *(Start- und Landerechte können nur im Rahmen zugewiesener Zeitnischen --allocated slots- genutzt werden; cf slot, grandfather clause)*

Zeitnische *f*/**zugewiesene** *(Luft)* allocated slot *(Synonym: zugeteilte Zeitnische; cf slot, grandfather clause)*

Zeitnischenzuteilung *f (Luft)* slot allocation *(jarg: Slot-Zuweisung; Synonym: Zeitnischenzuweisung; die Start- und Landerechte können nur im Rahmen zugewiesener Zeitnischen - allocated slots*

- genutzt werden; cf slot, grandfather clause)

Zeitnischen-Zuteilungsverfahren *n (Luft)* slot allocation procedure *(jarg: Slot-Zuweisungsverfahren; Summe der Zeitnischen eines Flughafens = Flughafenkapazität; die Start- und Landerechte können nur im Rahmen zugewiesener Zeitnischen - allocated slots - genutzt werden; cf slot, grandfather clause)*

Zeitnischenzuweisung *f (Luft)* slot allocation *(jarg: Slot-Zuweisung; Synonym: Zeitnischenzuteilung; die Start- und Landerechte können nur im Rahmen zugewiesener Zeitnischen - allocated slots - genutzt werden; cf slot, grandfather clause)*

Zeitnischen-Zuweisungsverfahren *n (Luft)* slot allocation procedure *(jarg: Slot-Zuweisungsverfahren; Summe der Zeitnischen eines Flughafens = Flughafenkapazität; die Start- und Landerechte können nur im Rahmen zugewiesener Zeitnischen - allocated slots - genutzt werden; cf slot, grandfather clause)*

Zeitpunkt *m* **der Vollkostendeckung** *(ALog)* break-even-point, breakeven point, BeP *(meist Synonym: Gewinnschwelle, Kostendeckungspunkt)*

Zeitrabatt *m (ALog)* deferred rebate

Zentrallager *n (Lager)* central warehouse

Zentrallagerfunktion *f (Lager)* central warehouse function

zerbrechlich *adj (ALog)* fragile

Zettel *m (ALog)* label

Z-Förderer *m (Lager)* continuous vertical conveyor

ziehen *v (ALog)* draw, pull

Zinsen *mpl (ALog, ZollAHa)* interest

Zivilluftfahrtorganisation *f*/**Internationale** *(Luft, Recht)* International Civil Aviation Organisation, ICAO *(Unterorganisation der UN zur Durchführung und Umsetzung des Chicagoer Abkommens)*

Zoll *m (ZollAHa, Recht)* customs

Zollabfertigung *f (ZollAHa)* customs clearance

Zollabgabe *f (ZollAHa)* customs duty

Zollanmeldung *f*/**internationale** *(ZollAHa)* international customs declaration

Zollbefreiung *f (ZollAHa)* exemption from duty

Zollbegleitschein *m (ZollAHa)* transit bond, customs permit

Zollblei *n (ZollAHa)* customs seal *(Synonym: Zollplombe)*

Zollerstattung *f (ZollAHa)* refund of duty

Zollfahndungsamt *n (Recht, ZollAHa)* customs investigation office

Zollfaktura *f (ZollAHa)* customs invoice

zollfrei *adj (ZollAHa)* duty-free

Zollfreilager *n (ZollAHa, Lager)* duty-free zone

Zollgut *n (ZollAHa)* dutiable goods in bond

Zolllager *n (ZollAHa, Lager)* bonded ware house, customs warehouse

Zolllager *n*/**offenes** *(ZollAHa)* open customs warehouse

Zollplombe *f (ZollAHa)* customs seal *(Synonym: Zollblei)*

Zollquittung *f (ZollAHa)* customs receipt

Zollsatz *m (ZollAHa)* rate of duty

Zolltarif *m (ZollAHa)* customs tariff, tariff

Zolltarif *m*/**elektronischer** *(EZT) (ZollAHa)* electronic customs tariff

Zolltarifnummer *f (ZollAHa)* customs tariff number

Zoll- und Handeslabkommen *n*/**Allgemeines** *(GATT) (obs) (Recht, ZollAHa) (obs)* GATT, General Agreement on Tariffs and Trade *(replaced by the WTO = World Trade Organization = Welthandelsorganisation)*

Zollverschluss/unter *(ZollAHa)* in bond

Zollverschlussanerkenntnis *n (Recht, ZollAHa)* bond acknowledgement

Zubehör *n (ALog, Luft)* accessories *(Warenbezeichnung zur Luftfrachtermittlung)*

Zubringer *m* 1. *(Straße)* feeder, feeder road; shuttle *(Bus)*; 2. *(Schiene)* shuttle

Zubringerbus *m* 1. *(Straße)* feeder bus, shuttle; 2. *(Luft)* airport bus

Zubringerdienst *m (Luft, Schiene, Schiff, Straße)* feeder service

Zubringerlinie *f (Luft, Schiff, Straße)* feeder line

Zubringerstraße *f (Straße)* feeder, feeder road

Zubringertrasse *f (Schiene)* feeder slot *(für die Überführung beladener und leerer Wagen)*

Zubringerverkehr *m (Luft, Schiene, Schiff, Straße)* feeder service

Zug *m (Schiene)* train

Zugriff *m (ALog)* grasp, access

Zugriff *m* **auf Passagierdaten** *(Inf, Luft,*

Recht) access to passenger data *(cf gemeinsame Fluggastdatennutzung)*

Zugriffsgrad *m (Lager)* access rate

Zugriffshäufigkeit *f (Lager)* access frequency

Zuladung *f* 1. *(Luft, Straße)* payload; load carrying capacity, deadload *(Summe aus Fracht, Post und Gepäck an Bord eines Flugzeuges)*; 2. *(ALog)* additional load

Zuladungsfaktor *m (Luft, Straße)* load factor

Zulageprämie *f (Recht, Vers)* additional premium, a.P.

Zulassung *f*/**behördliche** *(ALog, Recht)* concession

Zulieferbetrieb *m (ALog)* supplier, outside supplier *(Synonym: Zulieferer, Zulieferin)*

Zulieferer *m*, **Zulieferin** *f (ALog)* supplier, outside supplier; subcontractor *(Synonym: Zulieferbetrieb)*

Zulieferindustrie *f (ALog)* ancillary industry, components supplying industry

Zulieferungen *fpl (ALog)* supplies; subcontracts

Zulieferungen *fpl*/**einbezogene** *(ALog, Vers)* subcontracts included in (the) cover

Zulieferungen *fpl*/**in die Deckung einbezogene** *(ALog, Vers)* subcontracts included in (the) cover

Zuliefervertrag *m (Recht)* subcontract

Zurückbehaltungsrecht *n (Recht, Vers)* rigth of retention

Zusammenarbeit *m* **in der Wertschöpfungskette** *(Inf, Pers)* value chain collaboration, supply chain collaboration *(Optimierung der Lieferkette durch Beiträge aller Beteiligten)*

Zusatzflug *m (Luft)* extra section, additional flight, supplementary flight *(Synonym: Verdichtungsflug; wenn das planmäßige Angebot die saisonal oder durch andere Faktoren, wie z. B. Messen oder Großveranstaltungen, beeinflusste erhebliche Nachfrageveränderung nicht abdecken kann)*

Zusatzleistungen *fpl (ALog)* amenities, extended benefits, additional services

Zusatzpackmittel *npl (Lager)* supplementary packing aids

Zustand wieder eingeführt/in unverändertem *(ZollAHa)* returned without alteration

Zustelltransport *m (Straße)* delivery transport

Zustellung *f (Schiene, Schiff, Straße, Luft)* delivery

Zuteilung *f* **von Start- und Landerechten** *(Luft)* allocation of slots, slot allocation *(Synonym: Zuweisung von Start- und Landerechten; jarg: Slot-Zuweisung; cf slot, grandfather clause)*

Zuteilungssystem *n*/**dynamisches** *(Inf)* dynamic quota system *(Softwaresystem, das offene Bezugsmengen mit Absatzprognosen, Wiederbeschaffungszeiten und Mindestbestellmengen kombiniert, um durch einen dynamischen Verteilprozess die effizienteste Bezugsquelle für den Artikel festzustellen)*

Zuweisung *f* **von Start- und Landerechten** *(Luft)* allocation of slots, slot allocation *(Synonym: Zuteilung von Start- und Landerechten; jarg: Slot-Zuweisung; cf slot, grandfather clause)*

Zwischenlager *n (Lager)* interim storage

Zwischenspediteur *m (Schiene, Schiff, Straße, Luft)* intermediate forwarder *(wird durch den Hauptspediteur = main forwarder oder Gebietsspediteur = area contract freight forwarder beauftragt, Teilaufgaben innerhalb der Abwicklung eines Verkehrsauftrags zu übernehmen, beispielsweise als Empfangsspediteur = deconsolidator im Spediteursammelgutverkehr = groupage service oder an den Nahtstellen beim Übergang der Sendungen von einem auf ein anderes Beförderungsunternehmen)*

Anhang

Inhaltsverzeichnis

1. ADR-Gefahrgutklassen 168
2. Auswahl nützlicher Internet-Links 170
3. Bundeswasserstraßen 180
4. Übersicht der gängigsten Containertypen 181
5. Container-Umschlag der 20 größten Häfen 182
6. Dynamik im Welthandel 183
7. Die weltweit 30 größten Frachtflughäfen 184
8. Britische, amerikanische und deutsche Maße
   - Längenmaße 186
   - Flächenmaße 186
   - Raummaße 186
   - Nautische Maße 187
   - Hohlmaße 187
9. Handelsgewichte
   - Britische und amerikanische Avoirdupois-Gewichte 188
   - Deutsche Handelsgewichte 189
10. Umrechnungsfaktoren
   - Längen- und Flächenmaße 190
   - Hohlmaße für Flüssigkeiten 190
   - Gewichte 190
   - Temperatur-Umrechnung 191
11. Metrische Vorsilben 192
12. Incoterms 193
13. Abweichungen von den Incoterms 198

1. ADR 2007 Gefahrgutklassen – ADR 2007 class-specific Provosions

	Klasse 1. Class 1.	Explosive Stoffe und Gegenstände mit Explosivstoff Explosive substances and articles
	Klasse 2.1. Class 2.1.	Gase (entzündbar) Gases (flammable)
	Klasse 2.2. Class 2.2.	Gase (nicht entzündbar) Gases (non flammable)
	Klasse 2.3. Class 2.3.	Gase (giftig) Gases (poison)
	Klasse 3. Class 3.	Entzündbare flüssige Stoffe Flammable liquids
	Klasse 4.1. Class 4.1.	Entzündbare feste Stoffe Flammable solids, self-reactive substances and solid desensitized explosives
	Klasse 4.2. Class 4.2	Selbstentzündliche Stoffe Substances liable to spontaneous combustion
	Klasse 4.3. Class 4.3.	Stoffe, die mit Wasser entzündliche Gase bilden Substances which, in contact with water, emit flammable gases

	Klasse 5.1. Class 5.1.	Entzündend (oxidierend) wirkende Stoffe Oxidizing substances
	Klasse 5.2. Class 5.2.	Organische Peroxide (gültig seit 2007) Organic peroxides
	Klasse 6.1. Class 6.1.	Giftige Stoffe Toxic substances
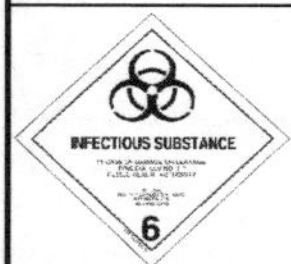	Klasse 6.2. Class 6.2.	Ansteckungsgefährliche Stoffe Infectious substances
	Klasse 7. Class 7.	Radioaktive Stoffe Radioactive material
	Klasse 8. Class 8.	Ätzende Stoffe Corrosive substances
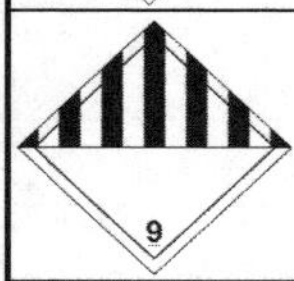	Klasse 9. Class 9.	Verschiedene gefährliche Stoffe und Gegenstände Miscellaneous dangerous substances and articles

ADR = (frz.) Accord européen relatif au transport des marchandises dangereuses par route

2. Auswahl nützlicher Internetlinks – Selection of Useful Hyperlinks

Länder-Informationen

Auswärtiges Amt mit Länder-Infos	www.auswaertiges-amt.de
Bundesagentur für Außenwirtschaft (bfai)	www.bfai.com
Bundesamt für Wirtschaft und Ausfuhrkontrolle (BAFA)	www.bafa.de
CIA World Factbook	www.cia.gov
Deutscher Industrie- und Handelskammertag (DIHK) sowie Industrie- und Handelskammern in Deutschland (IHK)	www.ihk.de
Die deutschen Außenhandelskammern (AHK)	www.ahk.de
Handelskammern weltweit	www.worldchambers.com
Holt McDougal	http://holtmcdougal.hmhco.com/hm/home.htm
Länder- und Hafen-Informationen des TIS	www.tis-gdv.de
Organisation for Economic Cooperation and Development (OECD)	www.oecd.org
The Market Access Database	www.mkaccdb.eu.int
The World Law Guide -Lexadin-	www.lexadin.de
Transparency International	www.transparancy.de
United Nations Public Information (UN)	www.un.org

Luft

Airport Bremen, Flughafen Bremen GmbH	www.airport-bremen.de
Airport Distanzrechner	www.cargoforum.de
Airship Ohio-class	www.ohioairships.com
Aviation Today - Airline-News	www.aviationtoday.com
Berliner Flughäfen Online	www.berlin-airport.de
Business Travel Guide	www.airlines.de
Fluggesellschaften, international	www.fernweh.com
Frankfurt Flughafen Information	www.frankfurt-airport.de
Haftungsregeln im Luftverkehr	www.luftrecht-online.de
International Air Transport Association (IATA)	www.iata.org
Lufthansa	www.lufthansa.de
Lufthansa Cargo	www.lufthansa-cargo.de

Schiene

Deutsche Bahn AG	www.bahn.de
Eisenbahn-Bundesamt (EBA)	www.eba.bund.de
Eurostar	www.eurostar.com
Internationales Eisenbahn- transportkomitee (CIT)	www.cit.ch
Kombi Verkehr -Kombinierter Verkehr	www.kombiverkehr.de
Railion Deutschland AG	www.railon.de
Railroad Community	www.trainweb.org
Zwischenstaatliche Organisation für den internationalen Eisenbahnverkehr (OTIF)	www.otif.org

Schiff

Binnenschiffahrt Research -BONAPART	www.bonapart.de
BINTRAS - u. a. Hafenprofile	www.bintras.de
Bremenports	www.bremen-port.de
Bremer Lagerhaus-Gesellschaft AG (BLG)	www.blg.de
Bremische Hafenvertretung e.V.	www.bhv-bremen.de
Bundesamt für Seeschifffahrt und Hydrographie (BSH)	www.bsh.de
Bundesverbandes der Deutschen Binnenschiffahrt e. V. (BDB)	www.binnenschiff.de
China Classification Society (CCS)	www.ccs.org.cn
Claim Line	www.claimline.com
Datenbank Bremische Häfen GmbH (dbh)	www.dbh.de
Det Norkse Veritas (DNV)	www.dnv.com
Deutsche Transport-Genossenschaft Binnenschifffahrt eG (DTG)	www.dtg-eg.de
Deutscher Verein für internationales Seerecht	www.seerecht.de
Die Bayerischen Staatshäfen	www.bayernhafen.de
equasis -Schiff-Suchdienst-	www.equasis.org
Georg Duncker -Internet-Links-	www.georg-duncker.com
German Maritime Arbitration Association, Deutsche Seeschiedsgerichtsbarkeit	www.gmaa.de
Germanischer Lloyd	www.germanlloyd.org
Hafen Hamburg (Port of Hamburg)	www.hafen-hamburg.de
Hapag-Lloyd	www.hapag-lloyd.com
Information about Russian Navy	www.navy.ru
Institut für Seeverkehrswirtschaft und Logistik ISL	www.isl.org

International Maritime Organization (IMO)	www.imo.org
International Union of Marine Insurance (IUMI)	www.iumi.com
Internationale Vereinigung des Rheinschiffsregisters (IVR)	www.ivr.nl
K Line America	www.kline.com
Lloyds Marine Intelligence Unit (Lloyds MIU)	www.lloydmiu.com
Lloyds Register of Shipping	www.lr.org
Maersk (A.P. Moller – Maersk Group)	www.maersk.com
Maersk Line (A.P. Moller – Maersk Group)	www.maerskline.com
Magdeburger Hafen GmbH	www.magdeburg-hafen.de
MarineLink	www.marinelink.com
OceanWide -shipping information around the globe-	www.oceanwide.com
P&O Nedlloyd	www.ponl.com
Ports And Terminals Guide	www.portguide.com
Ports of the World	www.claimline.com
SchedNet -Schedules Online-	www.schednet.com
Schiffsfotos	www.shiplovers.de
Schiffsmeldedienst GmbH	www.smd.de
Seaports Info	www.seaportsinfo.com
Seefrachtlexikon	www.cargoforum.de
Seehandelsrecht	www.seerecht.org
Shippingfinder	www.shippingfinder.com
The American Bureau of Shipping (ABS)	www.eagle.org
The Paris Memorandum of Understanding on Port State Control	www.parismou.org
United European Car Carriers (UECC)	www.uecc.com

Verband Deutscher Reeder (VDR)	www.reederverband.de
Virtual Library: Naval and Maritime	www.vlnavmar.usnaweb.org

Straße

ADAC Truck Service GmbH & Co. KG	www.adac-truckservice.de
Allgemeiner Deutscher Automobilclub (ADAC)	www.adac.de
Bundesamt für Güterverkehr (BAG)	www.bag.bund.de
Bundesanstalt für Straßenwesen (BASt)	www.bast.de
Deutschland- und Europa-Routenplanung	www.web.de
Falk Online Routenplanung	www.falk-online.de
International Road Transport Union (IRU)	www.iru.org
Internationaler Routenplaner	www.mapblast.com
KÜS - Ladungssicherungs-Rechner-	www.kues.de
Map 24	www.map24.de
Routenplaner-Online	www.routenplaner-online.com
Spedition im Internet	www.spediteure.de
Speditionsadressen	www.speditionsadressen.de
Stadtplandienst	www.stadtplandienst.de
Transfrigoroute Deutschland (TD) e.V.	www.transfrigoroute.de
Transfrigoroute International	www.transfrigo.com

KEP-Dienste*

Bundesverband Internationaler Express- und Kurierdienste e.V. (BIEK)	www.biek.de
Der Kuriertreff im Web	www.kurierforum.de
Deutsche Post	www.deutschepost.de
Deutscher Paket Dienst (DPD)	www.dpd.de
Info-Datenbank für Kurier-, Express- und Paketdienste	www.kurier.com
TNT	www.tnt.de
United Parcel Service (UPS)	www.ups.com

* Kurier-Express-Paket-Dienste

Recht

Bundesanzeiger Verlag	www.bundesanzeiger.de
Datenbank für höchstrichterliche Rechtsprechung	www.lexetius.de
Deutsche Gesellschaft für Transportrecht e.V.	www.transportrecht.org
Deutscher Verein für internationales Seerecht	www.seerecht.de
Entscheidungen des Bundesgerichtshofs	www.bundesgerichtshof.de
Gesetze, AGBs, intern. Übereinkommen	www.transportrecht.de
Haftungsregeln im Luftverkehr	www.luftrecht-online.de
ICC Deutschland -Incoterms 2000	www.icc-deutschland.de
International Chamber of Commerce (ICC)	www.iccwbo.org
International Law of Transport	www.multimodal-transport.com
Law of the Sea, Maritime Law	www.seerecht.org
RWS-Verlag - BGH-Volltexte	www.rws-verlag.de

Verkehrshaftungsversicherung	www.transportgesetze.de
Verlag Versicherungswirtschaft	www.vve.de
World Chambers Network (WCN)	www.worldchambers.com

Gefahrgut

Berufsgenossenschaftliches Institut für Arbeitsschutz	www.hvbg.de
Bundesministerium für Verkehr, Bau und Stadtentwicklung	www.bmvbs.de
Hazmat Saftey –US Department of Transportations Research	www.hazmat.dot.gov
IATA Dangerous Goods Information Online	www.iata.org
KFT Chemieservice	www.kft.de
Transport-Unfall-Informations-und Hilfeleistungssystem TUIS	www.chemische-industrie.de
United Nations Economic Commission for Europe	www.unece.org

Normen und Richtlinien

DIN Deutsches Institut für Normung e.V.	www.din.de
ISO International Organization for Standardization	www.iso.ch
VDI-Gesellschaft Fördertechnik Materialfluss Logistik	www.vdi.de

Verbände, Organisationen und sonstige Institutionen

Berufs- und Beschäftigungs-Guide Logistik	www.logistik-berufe.de
Berufsgenossenschaft für Fahrzeughaltung (BGF)	www.bgf.de
Bundeskriminalamt Wiesbaden (BKA)	www.bka.de
Bundespolizei	www.bundespolizei.de
Bundesverband der Deutschen Industrie (BDI)	www.bdi-online.de
Bundesverband der Transportunternehmen e.V. (BVT)	www.bvtev.de
Bundesverband Güterkraftverkehr Logistik und Entsorgung (BGL) e.V.	www.bgl-ev.de
Bundesverband Materialwirtschaft, Einkauf und Logistik (BME)	www.bme.de
Bundesverband Wirtschaft, Verkehr und Logistik e. V.	www.bwvl.de
Bundesvereinigung Deutscher Geld- und Wertdienste e.V. (BDGW)	www.bdgw.de
Bundesvereinigung Deutscher Wach- und Sicherheitsunternehmen e.V. (BDWS)	www.bdws.de
Bundesvereinigung Logistik e.V. (BVL)	www.bvl.de
Bundesverkehrsministerium	www.bmv.de
International Association of Classification Societies (IACS)	www.iacs.org.uk
Deutsche Gesellschaft für Logistik e.V. (DGfL)	www.dgfl.de
Deutsches Tiefkühlinstitut (dti) e.V	www.tiefkuehlinstitut.de
Die Bundesregierung	www.bundesregierung.de
Die Bundeszentralgenossenschaft Straßenverkehr eG	www.bzg.de
EBZ Beratungszentrum	www.ebz-beratungszentrum.de

FH Hamburg (BFSV) Verpackungsentwicklung	www.bfsv.de
Frauenhofer Institut Materialfluss und Logistik	www.iml.fhg.de
Hochschule Bremerhaven Fachbereich Transportwesen/Logistik (TWL)	www.1.hs-bremerhaven.de
ICC Deutschland	www.icc-deutschland.de
International Chamber of Commerce (ICC)	www.iccwbo.org
International Federation of Freight Forwarders Associations (FIATA)	www.fiata.com
National Transportation Safety Board (NTSB)	www.ntsb.gov
Polizei	www.polizei.de
Statistisches Bundesamt Deutschland	www.destatis.de
Studiengesellschaft für den kombinierten Verkehr e.V. (SGKV)	www.sgkv.de
United Nations Economic Commission for Europe (UNECE)	www.unece.org
Verband Deutscher Verkehrsunternehmen (VDV)	www.vdv.de
Verband für die Holzpackmittel-, Paletten- und Exportverpackungsindustrie (HPE) e.V.	www.hpv.de

Wetter

Climatic Prediction Center	www.cpc.ncep.noaa.gov
Deutscher Wetterdienst	www.dwd.de
Donnerwetter	www.donnerwetter.de
Georgs Wetterzentrale	www.wetterzentrale.de
Institut für Meteorologie- und Klimaforschung	www.imk.uni-karlsruhe.de

National Climatic Data Center	www.ncdc.noaa.gov
Oceanroutes -Real-Time Weather	www.oceanroutes.com
Wetter Online	www.wetteronline.de
Wetter.com AG	www.wetter.com
World Climate	www.worldclimate.com

Zeitungen/Zeitschriften/News

Economic Commission for Europe (ECE)	www.unece.org
Deutsche Verkehrs-Zeitung (DVZ)	www.dvz.de
FM Fracht + Materialfluss	www.fm-online.de
Hansa International Maritime Journal	www.hansa-online.de
Internet Portal to International Transportation	www.cargolaw.com
Internet-Forum für die Transport- und Logistikbranche	www.cargoforum.de
Lloyds List	www.lloydslist.com
Lloyds	www.lloyds.com
Logistik Heute	www.logistik-heute.de
Logistik Inside	www.logistik-inside.de
Marine Information Company	www.fairplay.co.uk
Maritime News	www.maritimenews.com
Schweizer Logistikführer	www.logistikmarkt.ch
The network of the European Transport Press (DVV Media Group)	www.dvvmedia.com
Transport News -Daily Guide to the Transportation Industry	www.transportnews.com
United Nations Economic, Zeitung für Transport, Verkehr und Management	www.transaktuell.de
Verkehrsrundschau	www.verkehrsrundschau.de

BUNDESWASSERSTRASSEN

- Wasser- und Schifffahrtsverwaltung des Bundes

Bundesministerium für Verkehr, Bau und Stadtentwicklung

20 0 20 40 60 80 km

BMVBS WS 13 Bonn, 2008 W 162

SÜDWEST	Bezeichnung einer Wasser-und Schifffahrtsdirektion		Grenze zwischen Wasser- und Schifffahrtsdirektionen
MAINZ ■	Sitz einer Wasser-und Schifffahrtsdirektion		Grenze zwischen Wasser- und Schifffahrtsämtern
Bingen ◆	Sitz eines Wasser-und Schifffahrtsamtes u. dgl.		WaStr-Klasse 0 - III
KARLSRUHE ●	Sitz einer Oberbehörde / Bundesanstalt		WaStr-Klasse IV - VI

Bundeswasserstraßen, die eine Länge von unter 5 km aufweisen, sind maßstabsbedingt teilweise nicht dargestellt.

Kartographie: Fachstelle für Geoinformationen Süd, Regensburg

Vertrieb: Drucksachenstelle der WSV bei der Wasser- und Schifffahrtsdirektion Mitte, Postfach 6307, 30063 Hannover

4. Übersicht der gängigsten Containertypen – Types of Containers

Standard

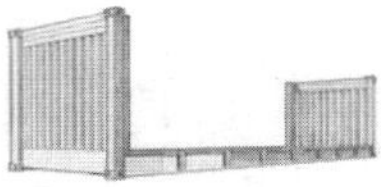

Flat Rack

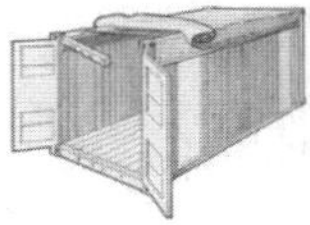

Open Top

Reefer

		Außenmaß			Innnenmaß		
Bezeichnung	**Maß**	**Länge**	**Breite**	**Höhe**	**Länge**	**Breite**	**Höhe**
20' dry	mm	6.058	2.438	2.591	5.896	2.350	2.393
Standard	feet	20'	8'	8' 6"	19' 4 1/16"	7' 8 1/2"	7' 9 7/8"
20'	mm	6.058	2.438	2.591	5.451	2.290	2.167
Reefer	feet	20'	8'	8' 6"	17' 10 9/16"	7' 6 1/8"	7' 1 1/4"
20'	mm	6.058	2.438	2.591	5.893	2.346	2.353
open top	feet	20'	8'	8' 6"	19' 3 5/16"	7' 8 5/16"	7' 8 9/16"
40' dry	mm	12.192	2.438	2.591	12.032	2.350	2.393
Standard	feet	40'	8'	8' 6"	39' 5 13/16"	7' 8 1/2 "	7' 10 3/16"
40' HC dry	mm	12.192	2.438	2.896	12.032	2.350	2.697
Standard	feet	40'	8'	9' 6"	39' 5 13/16"	7' 8 1/2 "	8' 10 3/16"
40' HC	mm	12.192	2.438	2.896	11.578	2.280	2.425
Reefer	feet	40'	8'	9' 6"	37' 11 13/16"	7' 5 1/2 "	7' 11 11/16"
40' HC	mm	12.192	2.438	2.896	12.029	2.348	2.359
open top	feet	40'	8'	9' 6"	39' 5 9/16"	7' 8 3/8 "	7' 8 13/16"
45' dry	mm	13.716	2.438	2.896	13.556	2.352	2.697
Standard	feet	45'	8'	9' 6"	44' 5 11/16"	7' 8 9/16"	8' 10 3/16"

		Türöffnung		Raum-	Gesamt-	Eigen-	
Bezeichnung	**Maß**	**Breite**	**Höhe**	**inhalt**	**gewicht**	**gewicht**	**Nutzlast**
20' dry	mm	2.340	2.274	33 m³	30.480kg	2.280kg	28.200 kg
Standard	feet	7' 8 1/16"	7' 5 1/2"	1.179 ft³	67.200 lb	5.130 lb	62.170 lb
20'	mm	2.290	2.212	27 m³	30.480kg	2.990 kg	27.490 kg
Reefer	feet	7' 6 1/8"	7' 3 1/16"	995 ft³	67.200 lb	6.590 lb	60.610 lb
20'	mm	2.338	2.273	32 m³	30.480kg	2.250 kg	28.230
open top	feet	7' 8"	7' 5 1/2"	1.143 ft³	67.200 lb	4.960 lb	62.240 lb
40' dry	mm	2.340	2.274	67 m³	32.500 kg	3.700 kg	28.800 kg
Standard	feet	7' 8 1/16"	7' 5 1/2"	2.390 ft³	71.650 lb	8.157 lb	63.493 lb
40' HC dry	mm	2.340	2.577	76 m³	32.500 kg	3.880 kg	28.620 kg
Standard	feet	7' 8 1/16"	8' 5 7/16"	2.700 ft³	71.650 lb	8.550 lb	63.100 lb
40' HC	mm	2.276	2.471	64 m³	34.000 kg	4.400 kg	29.600 kg
Reefer	feet	7' 5 1/9"	8' 1 1/4"	2.250 ft³	74.960 lb	9.700 lb	65.260 lb
40' HC	mm	2.338	2.275	66 m³	32.500 kg	3.800 kg	28.700 kg
open top	feet	7' 8"	7' 5 9/16"	2.355 ft³	71.650 lb	8.380 lb	63.270 lb
45' dry	mm	2.340	2.585	86 m³	32.500 kg	4.900 kg	27.600 kg
Standard	feet	7' 8 3/8"	8' 5 3/4"	3.040 ft³	71.650 lb	10.800 lb	60.850 lb

5. Container-Umschlag der 20 größten Häfen (TEI*, Stück) – Container Handlingin the 20 biggest Ports (TEU*, unit)

Rank	Hafen	Land	2007	2006	2005	2004	2003	Zuwachs 03 zu 07
1.	Singapur	Republik Singapur	27.932.000	24.792.400	23.192.000	21.329.000	18.410.500	51,7%
2.	Shanghai	Volksrepublik China	26.150.000	21.710.000	18.084.000	14.557.200	11.281.000	131,8%
3.	Hongkong	Volksrepublik China	23.881.000	23.234.000	22.427.000	21.984.000	20.449.000	16,8%
4.	Shenzhen	Volksrepublik China	21.099.000	18.468.900	16.197.173	13.655.484	10.649.900	98,1%
5.	Busan	Südkorea	13.270.000	12.030.000	11.840.445	11.491.968	10.407.809	27,5%
6.	Rotterdam	Niederlande	10.790.604	9.690.052	9.286.757	8.280.787	7.143.920	51,0%
7.	Dubai	VAE	10.653.026	8.923.465	7.619.222	6.428.883	5.151.955	106,8%
8.	Kaohsiung	Republik China (Taiwan)	10.256.829	9.774.670	9.470.000	9.714.115	8.843.365	16,0%
9.	Hamburg	Deutschland	9.888.792	8.861.804	8.087.545	7.003.479	6.137.926	61,1%
10.	Qingdao	Volksrepublik China	9.462.000	7.702.000	6.307.000	5.139.700	4.238.000	123,3%
11.	Ningbo	Volksrepublik China	9.349.000	7.068.000	5.208.000	4.005.500	2.772.200	237,2%
12.	Guangzhou	Volksrepublik China	9.200.000	6.600.000	4.683.000	3.308.200	2.761.000	233,2%
13.	Los Angeles	USA	8.355.039	8.469.853	7.484.624	7.321.433	7.178.940	16,4%
14.	Antwerpen	Belgien	8.175.951	7.018.799	6.488.029	6.063.746	5.445.437	50,1%
15.	Long Beach, CA	USA	7.312.465	7.290.365	6.709.818	5.779.852	4.658.124	57,0%
16.	Port Klang	Malaysia	7.702.000	6.320.000	5.543.527	5.243.593	4.841.235	59,1%
17.	Tianjin	Volksrepublik China	7.103.000	5.900.000	4.801.000	3.814.000	3.015.000	135,6%
18.	Tanjung Pelepas	Malaysia	5.550.000	4.770.000	4.169.177	4.020.421	3.487.320	59,1%
19.	New York	USA	5.400.000	5.128.430	4.792.922	4.478.480	4.067.811	32,7%
20.	Bremerhaven	Deutschland	4.912.177	4.449.624	3.743.969	3.469.253	3.189.853	54,0%

* twenty-foot equivalent unit = 20' Container

6. Dynamik im Welthandel – World Trade Dynamics

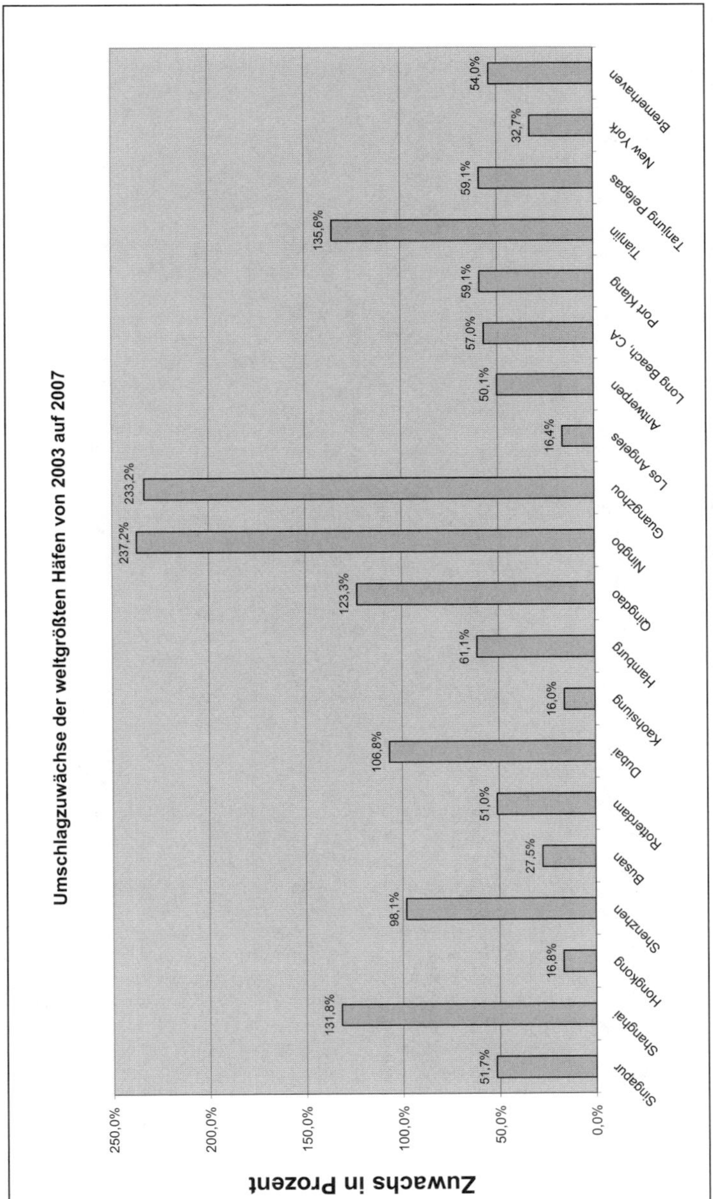

7. Die weltweit 30 größten Frachtflughäfen (2007) – The 30 biggest Cargo Airports worldwide (2007)

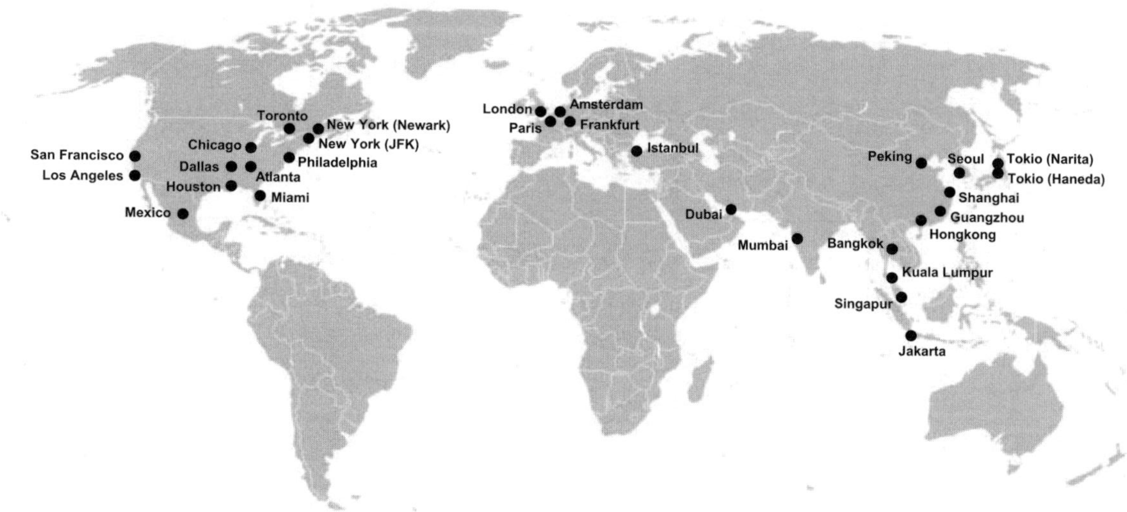

Rank	Flughafen Airport	Land Country	IATA- Code	Fracht Cargo
1	Hongkong	HKG	HKG	3.774
2	Shanghai	CHN	PVG	2.559
3	Seoul-Incheon	KOR	ICN	2.556
4	Paris-Charles de Gaulle	FRA	CDG	2.298
5	Tokio-Narita	JPN	NRT	2.254
6	Frankfurt am Main	GER	FRA	2.128
7	Miami	USA	MIA	1.923
8	Singapur	SIN	SIN	1.918
9	Los Angeles	USA	LAX	1.884
10	Dubai	VAE	DXB	1.669
11	Amsterdam Schiphol	NED	AMS	1.651
12	New York - JFK	USA	JFK	1.607
13	Chicago O'Hare	USA	ORD	1.534
14	London-Heathrow	GBR	LHR	1.396
15	Bangkok-Suvarnabhumi	THA	BKK	1.220

Rank	Flughafen Airport	Land Country	IATA- Code	Fracht Cargo
16	Peking	CHN	PEK	1.193
17	New York-Newark	USA	EWR	964
18	Tokio-Haneda	JPN	HND	852
19	Istanbul-Atatürk	TUR	IST	735
20	Dallas/Fort Worth	USA	DFW	724
21	Atlanta	USA	ATL	720
22	Guangzhou	CHN	CAN	695
23	Kuala Lumpur	MYS	KUL	649
24	San Francisco	USA	SFO	618
25	Philadelphia	USA	PHL	599
26	Toronto	CAN	YYZ	564
27	Mumbai	IND	BOM	536
28	Jakarta	INA	CGK	464
29	Mexiko-Stadt	MEX	MEX	453
30	Houston	USA	IAH	453

Total Cargo: loaded and unloaded freight and mail in metric thousand tonnes

8. Maße – Measures

Britische und Amerikanische Maße - British and American Measures

Linear Measure

1 line			=	2,12	mm
1 inch (“)	=	12 lines	=	2,54	cm
1 foot (‘)	=	12 inches	=	30,48	cm
1 yard (yd)	=	3 feet	=	91,44	cm
1 (statue) mile (mi)	=	1.760 yards	=	1,609	km
1 (land) league	=	3 (statue) miles	=	4,827	km
1 hand	=	4 inches	=	10,16	cm
1 rod (perch, pole)	=	5,5 yards	=	5,029	m
1 chain	=	4 rods	=	20,117	m

Square Measure

1 square inch			=	6,452 cm^2
1 square foot	=	144 square inches	=	929,029 cm^2
1 square yard	=	9 square foot	=	8361,26 cm^2
1 acre	=	4840 square yards	=	4046,8 m^2
1 square mile	=	640 acres	=	2,59 km^2

Cubic Measure

1 cubic inch			=	16,387 cm^3
1 cubic foot	=	1728 cubic inches	=	0,02832 m^3
1 cubic yard	=	27 cubic feet	=	0,7646 m^3
1 register ton	=	100 cubic feet	=	2,8317 m^3
1 freight ton	=	40 cubic feet *(BE)*	=	1,133 m^3

Deutsche Maße – German Measures

Längenmaße

1 mm			=	0,0394	inch
1 cm	=	10 mm	=	0,3937	inches
1 dm	=	10 cm	=	3,9370	inches
1 m	=	100 cm	=	1.0936	yards
1 km	=	1000 m	=	0.6214	mile

Flächenmaße

1 mm^2			=	0.00155	square inch
1 cm^2	=	100 mm^2	=	0.15499	square inch
1 dm^2	=	100 cm^2	=	15.499	square inches
1 m^2	=	100 dm^2	=	1.19599	square yards
1 km^2	=	1000 m^2	=	0.3861	square mile

Raummaße

1 mm^3			=	0.000061	cubic inch
1 cm^3	=	1000 mm^3	=	0.061023	cubic inch
1 dm^3	=	1000 cm^3	=	61.024	cubic inches
1 m^3	=	1000 dm^3	=	35.315	cubic feet

Nautical Measure - Nautische Maße

1 fathom *(BE)*	=	6 feet	=	1,829 m
1 cable's length	=	100 fathoms *(BE)*	=	182,9 m
1 cable's length	=	100 fathoms (int.)	=	185,2 m
1 nautical mile	=	10 cable's length	=	1,852 km
1 marine league	=	3 nautical miles	=	5,56 km
60 nautical miles	=	1 Längengrad am Äquator		

Britische Hohlmaße

				Flüssigkeitsmaße (liquid measure)	**Trockenmaße** (dry measure)
1 minim			=	0,0592 ml	
1 fluid ounce			=	0,0284 Liter	0,0284 Liter
1 gill	=	5 fluid ounces	=	0,142 Liter	0,142 Liter
1 pint	=	4 gills	=	0,568 Liter	0,568 Liter
1 (imperial) quart	=	2 pints	=	1,136 Liter	1,136 Liter
1 (imperial) gallon	=	4 quarts	=	4,5459 Liter	4,5459 Liter
1 peck	=	2 gallons			9,092 Liter
1 bushel	=	4 pecks			36,368 Liter
1 quarter	=	8 bushels	=	290,935 Liter	290,935 Liter
1 barrel	=	36 gallons	=	163,656 Liter	

Amerikanische Hohlmaße

				Flüssigkeitsmaße (liquid measure)	**Trockenmaße** (dry measure)
1 minim			=	0,0616 ml	
1 gill			=	0,1183 Liter	
1 pint	=	4 gills	=	0,4732 Liter	0,5506 Liter
1 quart	=	2 pints	=	0,9464 Liter	1,1012 Liter
1 gallon	=	4 quarts	=	3,7853 Liter	4,405 Liter
1 peck	=	2 gallons	=	8,8096 Liter	

1 bushel	=	4 pecks	=	35,2383 Liter
1 barrel	=	31,5 gallons	=	119,228 Liter
1 hogshead	=	2 barrels	=	238,456 Liter
1 barrel petroleum	=	42 gallons	=	158,07 Liter

Deutsche Hohlmaße		Britisch	Amerikanisch	
1 ml	=	16.89 minims	16.23	minims
1 cl	=	0.352 fluid ounces	0.338	fluid ounces
1 dl	=	3.52 fluid ounces	3.38	fluid ounces
1 l	=	1.76 pints	1.06	liquid quarts
1 hl	=	2.75 bushels	26.418	gallons

9. Handelsgewichte – Avoirdupois

Britisch and American Weights

1 grain	=		=	0,0648 g
1 dram	=	27.3438 grains	=	1,7718 g
1 ounce	=	16 drams	=	28,3495 g
1 pound	=	16 ounces	=	453,59 g
1 stone	=	14 pounds	=	6,348 kg
1 quarter	=	*(BE)* 28 pounds	=	12,701 kg
	=	*(AE)* 25 pounds	=	11,339 kg
1 hundredweight	=	*(BE)* 112 pounds	=	50,802 kg
	=	*(AE)* 100 pounds	=	45,359 kg
1 long ton	=	*(BE)* 20 hundredweights	=	1016,05 kg
1 short ton	=	*(AE)* 20 hundredweights	=	907,185 kg

Deutsche Gewichte

1 mg	=	0.0154 grain		
1 cg	=	10 mg	=	0.1543 grain
1 dg	=	10 cg	=	1.543 grains
1 g	=	10 dg	=	15.432 grains
1 dkg	=	10 g	=	0.353 ounce
1 hg	=	10 dhg	=	3.527 ounces
1 Pfd.	=	500 g	=	1.1023 pounds
1 kg	=	1000 g	=	2.205 pounds
1 Ztr.	=	50 kg	=	0.9842 hundredweight *(BE)*
			=	1.1023 hundredweight *(AE)*
1 dz	=	100 kg	=	1.9684 hundredweight *(BE)*
			=	2.2046 hundredweight *(AE)*
1 t	=	1000 kg	=	0.9842 long tons or imperial tons *(BE)*
			=	1.102 short tons *(AE)*

10. Umrechnungsfaktoren für Maße und Gewichte – Conversion Factors for Weights and Measures

Längen- und Flächenmaße
Linear and Square Measure

Umrechnen von:	in:	multiplizieren mit:
cm	inch(“)	0,3937
m	foot (‘)	3,2808
m	yard (yd.)	1,0936
km	mile (mi)	0,6214
cm^2	square inch (sq.in.)	0,1550
m^2	square foot (sq.ft.)	10,7639
km^2	square mile (sq.mi.)	0,3861
inch (“)	cm	2,5400
foot (‘)	m	0,3048
yard (yd.)	m	0,9144
mile	km	1,6093
square inch	cm^2	6,4516
square foot	m^2	0,0929
square yard	m^2	0,8361
square mile	km^2	2,5900

Hohlmaße für Flüssigkeiten
Measure of Capacity (Liquid)

Umrechnen von:	in:	multiplizieren mit:
cm^3	cubic inch (cu.in.)	0,06102
Liter	gallon *(BE)*	0,2200
Liter	gallon *(AE)*	0,2642
Liter	cubic foot (cu.ft.)	0,03531
m^3	cubic yard (cu.yd.)	1,308
m^3	register ton (reg.tn.)	0,3531
m^3	barrel petrol *(AE)*	6,2972
gill *(BE)*	Liter	0,1421
gill *(AE)*	Liter	0,1183
pint *(BE)*	Liter	0,5683
pint *(AE)*	Liter	0,4732
quart *(BE)*	Liter	1,1365
quart *(AE)*	Liter	0,9464
gallon *(BE)*	Liter	4,5461
gallon *(AE)*	Liter	3,7854

Gewichte
Avoirdupois Weights

Umrechnen von:	in:	multiplizieren mit:
g	grain	15,4323
g	dram (av.)	0,5644
g	ounce (av.)	0,0353
kg	pound (av.)	2,2046
t	long ton (BE)	0,9842
t	short ton (AE)	1,1023
grain	g	0,0648
dram	g	1,7718
ounce	g	28,3495
pound	kg	0,4536
long ton *(BE)*	kg	1016,05
short ton *(AE)*	kg	907,2

Anmerkung:
av. = avoirdupois weight = Avoirdupois (Handelsgewicht)

Temperatur-Umrechnung – Conversion of Temperature

°C (Celsius)	°F (Fahrenheit)
100	212
95	203
90	194
85	185
80	176
75	167
70	158
65	149
60	140
55	131
50	122
45	113
40	104
35	95
30	86
25	77
20	68
15	59
10	50
5	41
0	32
-5	23
-10	14
-15	5
-17.8	0
-20	-4
-25	-13
-30	-22
-35	-31
-40	-40
-45	-49
-50	-58

Umrechnungsregeln – Conversion Formulas

$°F = \frac{9}{5}\,°C + 32$

$°C = (°F - 32)\,\frac{5}{9}$

11. Metrische Vorsilben – Metric Prefixes

	Deutsch	Englisch	Zeichen Symbol
10^{12}	Tera	tera	T
10^{9}	Giga	giga	G
10^{6}	Mega	mega	M
10^{3}	Kilo	kilo	k
10^{2}	Hekto	hecto	h
10	Deka	deca	da
10^{-1}	Dezi	deci	d
10^{-2}	Zenti	centi	c
10^{-3}	Milli	milli	m
10^{-6}	Mikro	micro	µ
10^{-9}	Nano	nano	n
10^{-12}	Piko	pico	p
10^{-15}	Femto	femto	f
10^{-18}	Atto	atto	a

12. Incoterms 2000 – International Commercial Terms

Internationale Regeln zur Auslegung handelsüblicher Vertragsformeln in Außenhandelsverträgen der Internationalen Handelskammer, International Chamber of Commerce, ICC, Paris. Geregelt werden u.a. die Dokumentenbeschaffung, Form und Ort der Lieferung und der Abschluß von Versicherungsverträgen, aber auch die zentralen Fragen des Gefahrenübergangs vom Verkäufer auf den Käufer und die Teilung der Kosten für Frachten, Versicherungsprämien, Zölle usw.

Klausel				**Gefahrenübergang**	**Kostenteilung**	
Abk.	Deutsch	English	Gruppe*	auf den Käufer	Käufer	Verkäufer
EXW	ab Werk (... benannter Ort)	ex Works (... Named Place)	E	Ab Werk (ab Fabrikationsstätte, ab Lager usw.)	Alle Kosten ab Werk einschließlich Ein- und Ausfuhrzölle u. Ä.	–
FCA	frei Frachtführer (... benannter Ort)	Free Carrier (... Named Place)	F	Ab Lieferung frei Frachtführer am benannten Ort	Alle Kosten ab Lieferung einschließlich Einfuhrzölle u. Ä.	Alle Kosten bis zur Lieferung (frei Frachtführer) einschl. Ausfuhrzölle u. Ä.
FAS	frei Längsseite Schiff (... benannter Verschiffungshafen)	Free Alongside Ship (... Named Port of Shipment)	F	Ab Lieferung Längsseite Schiff im benannten Verschiffungshafen	Alle Kosten ab Lieferung einschließlich Einfuhrzölle u. Ä.	Alle Kosten bis zur Lieferung (Längsseite Schiff) einschließlich Ausfuhrzölle u. Ä.
FOB	frei an Bord (... benannter Verschiffungshafen)	Free on Board (... Named Port of Shipment)	F	Ab Lieferung Überschreiten der Schiffsreling im benannten Verschiffungshafen	Alle Kosten ab Lieferung einschließlich Einfuhrzölle u. Ä.	Alle Kosten bis zur Lieferung (Überschreiten der Schiffsreling) einschl. Ausfuhrzölle u. Ä.

Klausel				Gefahrenübergang	Kostenteilung	
Abk.	Deutsch	English	Gruppe*	auf den Käufer	Käufer	Verkäufer
CFR	Kosten und Fracht (... benannter Bestimmungshafen	Cost and Freight (... Named Port of Destination)	C	Ab Lieferung Überschreiten der Schiffsreling im benannten Verschiffungshafen	Alle Kosten ab Lieferung einschließlich Einfuhrzölle u. Ä., jedoch ohne Fracht u. Ä.	Alle Kosten bis zur Lieferung (Überschreiten der Schiffsreling) einschl. Ausfuhrzölle und zzgl. Fracht, Verladungs- und Ausladungskosten u. Ä.
CIF	Kosten, Versicherung, Fracht (... benannter Bestimmungshafen)	Cost, Insurance and Freight (... Named Port of Destination)	C	Ab Lieferung Überschreiten der Schiffsreling im benannten Verschiffungshafen	Alle Kosten ab Lieferung einschließlich Einfuhrzölle u. Ä., jedoch ohne Fracht u. Ä. und ohne Kosten der Transportversicherung	Alle Kosten bis zur Lieferung (Überschreiten der Schiffsreling) einschl. Ausfuhrzölle und zzgl. Fracht, Verladungs- und Ausladungskosten u. Ä. sowie zzgl. Kosten der Transportversicherung
CPT	frachtfrei (... benannter Bestimmungsort)	Carriage Paid to (... Named Place of Destination)	C	Ab Lieferung Übergabe an den Frachtführer zur Beförderung an den benannten Bestimmungsort	Alle Kosten ab Lieferung einschließlich Einfuhrzölle u. Ä., jedoch ohne Fracht u. Ä.	Alle Kosten bis zur Lieferung (Übergabe an den Frachtführer) einschl. Ausfuhrzölle und zzgl. Fracht, Verladungs- sowie Ausladungskosten am

Klausel				Gefahrenübergang	Kostenteilung	
Abk.	Deutsch	English	Gruppe*	auf den Käufer	Käufer	Verkäufer
						Bestimmungsort
CIP	frachtfrei versichert (... benannter Bestimmungsort)	Carriage and Insurance Paid to (... Named Place of Destination)	C	Ab Lieferung Übergabe an den Frachtführer zur Beförderung an den benannten Bestimmungsort	Alle Kosten ab Lieferung einschlich Einfuhrzölle u. Ä., jedoch ohne Fracht u. Ä. und ohne Transportversicherungskosten	Alle Kosten bis zur Lieferung (Übergabe an den Frachtführer) einschl. Ausfuhrzölle und zzgl. Fracht, Verladungs- und Ausladungskosten am Bestimmungsort sowie Kosten der Transportversicherung
DAF	geliefert Grenze (... benannter Ort)	Delivered at Frontier (... Named Place)	D	Ab Lieferung benannter Lieferort Grenze, unentladen	Alle Kosten ab Lieferung einschließlich Einfuhrzölle u. Ä., zzgl. Kosten der Entladung	Alle Kosten bis zur Lieferung (Lieferort Grenze, unentladen) einschl. Ausfuhrzölle u. Ä.
DES	geliefert ab Schiff (... benannter Bestimmungshafen)	Delivered ex Ship (... Named Port of Destination)	D	Ab Lieferung Bord benanntes Schiff im benannten Bestimmungshafen	Alle Kosten ab Lieferung einschließlich Einfuhrzölle u. Ä. und Kosten der Entladung	Alle Kosten bis zur Lieferung (Bord benanntes Schiff im benannten Bestimmungshafen) einschl. Ausfuhrzölle u. Ä. und Fracht

Klausel				Gefahrenübergang	Kostenteilung	
Abk.	Deutsch	English	Gruppe*	auf den Käufer	Käufer	Verkäufer
DEQ	geliefert ab Kai (... benannter Bestimmungshafen)	Delivered ex Quay (... Named Port of Destination)	D	Ab Lieferung Kai benannter Bestimmungshafen	Alle Kosten ab Lieferung einschl. Einfuhrzölle, Handlungskosten im Bestimmungshafen u. Ä., jedoch ohne Fracht	Alle Kosten bis zur Lieferung, insbesondere Fracht (Kai benannter Bestimmungshafen) und einschl. Ausfuhrzölle u. Ä.
DDU	geliefert unverzollt (... benannter Bestimmungsort)	Delivered Duty Unpaid (... Named Place of Destination)	D	Ab Lieferung ankommendes Beförderungsmittel unentladen am benannten Bestimmungsort	Alle Kosten ab Lieferung einschließlich Einfuhrzölle, jedoch ohne Fracht	Alle Kosten bis zur Lieferung, insbes. Fracht (unentladen, benannter Bestimmungsort) und einschl. Ausfuhrzölle u. Ä.
DDP	geliefert verzollt (... benannter Bestimmungsort)	Delivered Duty Paid (... Named Place of Destination)	D	Ab Lieferung ankommendes Beförderungsmittel unentladen am benannten Bestimmungsort	Alle Kosten ab Lieferung, jedoch ohne Fracht und ohne Einfuhrzölle	Alle Kosten bis zur Lieferung, insbes. Fracht (unentladen, benannter Bestimmungsort) und einschl. Ausfuhr- und Einfuhrzölle u. Ä.

*Erläuterung der Gruppen:

E-Klausel: Mindestverpflichtung des Verkäufers, der die Ware lediglich auf seinem Gelände oder an einem anderen benannten Ort zur Verfügung stellt; der Käufer trägt alle Kosten und Gefahren, beginnend mit dem Transport der Ware vom Gelände des Verkäufers.

F-Klauseln: Haupttransport wird nicht vom Verkäufer bezahlt, der übergibt vielmehr die Ware einem vom Käufer benannten Frachtführer.

C-Klauseln: Haupttransport wird vom Verkäufer bezahlt, der auch den Beförderungsvertrag auf eigene Kosten abschließt, allerdings ohne eine Haftung für Verlust oder Beschädigung der Ware oder zusätzliche Kosten, die aufgrund von Ereignissen nach dem Abtransport entstehen, zu übernehmen.

D-Klauseln: Ankunftsklauseln. Der Verkäufer trägt alle Kosten und Gefahren bis zur Ankunft der Ware am Bestimmungsort.

13. Abweichungen von den Incoterms – Deviations from the Incoterms

Länderspezifische Handelsklauseln, die auf den Incoterms aufsetzen, aber keine offizielle Anerkennung der Internationalen Handelskammer besitzen.

CIF& I	Cost, Insurance, Freight and Interest: Der Preis schließt die Bankzinsen bis zur Fälligkeit der Tratte mit ein.
CIF& C	Cost, Insurance, Freight and Commission: Der Preis beinhaltet die Einkaufsprovision / Kommission des Exporteurs.
CIFCI (CIFIC)	Cost, Insurance, Freight, Commission and Interest: Der Preis enthält die Zinsen und die Provision.
CIFW	Cost, Insurance, Freight, War Risk: Der Preis enthält die Deckung von Kriegsrisiken.
CIF Liner Terms	Der Verkäufer trägt die in die Frachtkosten einzukalkulierenden Löschkosten.
CIF Landed	Der Verkäufer trägt die Löschkosten selbst dann, wenn sie nicht Bestandteil der Fracht sind.
CIF Free-out	Der Käufer bzw. Empfänger trägt die Löschkosten (Bestätigung).
FOB gestaut, FOB Stowed	Der Verkäufer trägt zusätzlich die Staukosten.

FOB-Sonderformen:	FOB Named Inland Carrier at Named Point of Exportation FOB Named Port of Shipment FOB Named Inland Point in the Country of Importation

Zusatz:	Verschiffungskosten zu Lasten des Empfängers